W0353763

Reinhold Ruthe

Du bist an meiner Seite 2012

Reinhold Ruthe

Du bist an meiner Seite

Andachten für jeden Tag

Brendow
VERLAG + MEDIEN

Bibliografische Information der Deutschen Nationalbibliothek
Die Deutsche Nationalbibliothek verzeichnet diese Publikation in der Deutschen Nationalbibliografie; detaillierte bibliografische Daten sind im Internet über http://dnb.d-nb.de abrufbar.

ISBN 978-3-86506-357-1
© 2011 Joh. Brendow & Sohn Verlag GmbH, Moers
Einbandgestaltung: Brendow Verlag, Moers
Satz: Satzstudio Winkens, Wegberg
Druck und Bindung: CPI – Clausen & Bosse, Leck
Printed in Germany

www.brendow-verlag.de

Vorwort

Der Titel »Du bist an meiner Seite« verheißt

eine Zusage, die Mut macht,
eine Gewissheit, die aufbaut,
einen Schutz, der befreit.

Ich gehe getrost in den Tag, getrost in die Nacht, getrost an die Arbeit, denn ich habe die Verheißung, unser Herr ist bei mir. Er begleitet mich. Alles, was geschieht, Freud und Leid, Schlimmes und Schönes müssen an Ihm vorbei. Dieser biblische Gedanke räumt Sorgen und Befürchtungen aus dem Weg. Diese Aussage nimmt uns verschiedene Ängste, die sich in Herz und Hirn einnisten können.

Herr, Du hast es versprochen,
dass Du uns Worte in den Mund legst, wenn wir sprachlos werden,
dass Du nicht nur an unserer Seite bist, sondern dass Du uns von allen Seiten umgibst,
dass Du sogar unsere Haare auf dem Kopf gezählt hast.

Diese Zuwendung macht uns gelassen,
dieser Beistand macht uns stark,
diese Liebe schenkt uns Frieden.

Ich wünsche allen Leserinnen und Lesern,
dass Ihnen diese Andachten Mut machen,
dass Ihnen diese Besinnungen helfen, Konflikte zu lösen,
dass Ihnen diese Auslegungen Kraft schenken,
und dass Er Ihrem Alltag und Sonntag, Ihrer Arbeit und Ihrer Freizeit seinen Stempel aufdrückt.

Reinhold Ruthe

1. JANUAR

Der Herr ist mein Hirte, mir wird nichts mangeln.
PSALM 23,1

Ein neues Jahr beginnt. Der erste Vers aus dem 23. Psalm ist wie eine Verheißung: Wir haben einen Hirten, was immer auch geschieht. Wir machen keine Schritte ins Blaue hinein, wir spazieren nicht einfach drauflos wie verlassene kosmische Waisenkinder.

Noch vor wenigen Stunden haben uns Partner, Kinder und Freunde zugerufen: »Einen guten Rutsch!« Haben Sie gewusst, dass das gar nichts mit Rutschen zu tun hat? Der Ausdruck »Rosch Ha Schana« bedeutet im Hebräischen »Anfang des Jahres«. Das Wort »Rosch«, mitunter auch »Rosh« geschrieben, bedeutet Kopf, Haupt, Spitze. Daraus entwickelte sich bei uns der Begriff »Rutsch«. Unsere Sprache hat viele Worte aus dem Jiddischen übernommen. So lautet der jiddische Neujahrswunsch: »A gut Rosch«. Und das heißt eben nichts anderes als »ein gutes neues Jahr« oder auch »ein guter Kopf möge dich leiten«.

Auf die Köpfe in Politik, Wirtschaft und Gesellschaft ist kein Verlass. Was sie gestern verkündet haben, ist heute Makulatur. Wo gestern ihr Stuhl gestanden hat, ist heute ein leerer Platz, oder ein anderer sitzt drauf. Köpfe, Posten und Leitungsfunktionen sind austauschbar. Die Herren der Welt kommen und gehen. Unser Herr bleibt! Die Köpfe in unserer Welt sind »Mietlinge« oder bezahlte Spitzenfunktionäre. Unser Hirte arbeitet nicht in die eigene Tasche. Er hat nur unser Wohl im Auge. Ihm will ich mich anvertrauen. Mit ihm gehe ich zuversichtlich ins neue Jahr.

In diesem Sinne: »A gut Rosch – ein guter Kopf möge dich leiten.« Und gibt es da eine schönere Verheißung für den Beginn des Jahres als »Der Herr ist mein Hirte«?

2. JANUAR

Das Alte ist vergangen, siehe, Neues ist geworden.
2. KORINTHER 5,17

Das trifft genau für das neue Jahr zu. Das Alte gehört der Vergangenheit an, das Neue ist im Werden. Beim ehemaligen Bischof der bayerischen Kirche, Johannes Hanselmann, las ich ein bemerkenswertes Wort: »Ein kluger Kopf hat einmal gesagt: ›Ein Seil, das zwischen zwei Ufern ausgespannt ist, das sei der Mensch – ausgespannt zwischen dem Ufer der Vergangenheit und dem der Zukunft. Der Mensch zwischen woher und wohin.‹

Besonders im Monat Januar können wir uns darin wiederfinden: Das eine Ufer, die Vergangenheit, steht uns noch vor Augen, das andere indes ist uns noch gänzlich unbekannt. Insgesamt: Es ist eben tatsächlich wie in jedem Januar: Wenn wir uns gegenseitig ein gutes neues Jahr wünschen, so können wir nicht sagen, ob dieser Wunsch so in Erfüllung gehen wird ... Wir wissen, dass unser Monat Januar seinen Namen von dem römischen Gott Janus, dem ›Doppelgesichtigen‹, hat. Heute noch reden wir vom Januskopf. Januskopf kann auch bedeuten, dass jemand beide Seiten im Blick hat – die Vergangenheit und die Zukunft.«

Wir blicken vielleicht reumütig oder frustriert zurück. Das alte Jahr ist vergangen, Neues ist geworden. Der oben angeführte Text heißt im Zusammenhang: »Ist jemand in Christus, so ist er eine neue Kreatur, das Alte ist vergangen, siehe, Neues ist geworden.« Leben wir in Christus, sind wir eine neue Schöpfung, das Alte gehört der Vergangenheit an. Auch das alte Jahr mit seinen Belastungen, Fehlschlägen und Krankheiten ist passé. Mit Ihm leben wir fröhlich im Heute als neue Menschen. Mit Ihm gehen wir unbelastet ins Morgen. Wer weiß, was kommt. Als Christen wissen wir: Er geht mit.

3. JANUAR

Darum sollt ihr nicht sorgen und sagen: Was werden wir essen? Was werden wir trinken? Womit werden wir uns kleiden? Nach dem allen trachten die Heiden. Denn unser himmlischer Vater weiß, dass ihr das alles bedürft.
MATTHÄUS 6,31–32

Ich las einmal eine Geschichte von einem chinesischen Bauern, über die ich lange nachgedacht habe. Der Bauer ging die Straße entlang. Über seiner Schulter hielt er einen Stock. An diesem Stock hing ein Topf, der mit Suppe aus Sojabohnen gefüllt war. Plötzlich stolperte der alte Mann, der Topf fiel zu Boden und zerbrach. Doch er ging unbeirrt weiter, verschwendete keinen Augenblick an den Zwischenfall. Ein anderer Passant, der das Missgeschick des Bauern beobachtet hatte, stürzte herbei und rief aufgeregt: »Hast du denn nicht mitbekommen, dass dein Topf zerbrochen ist?« Der Alte ging ruhig weiter und sagte: »Doch, ich habe ihn runterfallen hören.« Der Passant schüttelte verständnislos seinen Kopf. »Und du hast dich nicht einmal umgedreht und etwas unternommen?« Der Alte lächelte und schaute den betroffenen Passanten an: »Der Topf ist zerbrochen, die Suppe ist weg. Was soll ich dagegen unternehmen?«

Es gibt Menschen, die unterhalten eine Sorgenfabrik. Sie grübeln über eine vergebene Chance und kommen über ein Missgeschick nicht zur Ruhe. Sie belasten sich, werden unglücklich und anfällig für alle möglichen Krankheiten. Der alte chinesische Bauer kann uns da zum Vorbild werden. Es lohnt sich einfach nicht, auch nur einen Blick auf die zerbrochene Suppenschüssel zu werfen. Problemlos – und das ist wörtlich zu verstehen – erreicht der Bauer sein Ziel.

Wie sieht die Straße unseres Lebens aus? Ist sie bedeckt mit zerbrochenen Schüsseln, mit angestaubten Problemen? Problemen, über die wir wieder und immer wieder grübeln? Pflegen wir den Lebensstil der Heiden, wie Jesus die Sorgenanbeter nennt?

Für heute und morgen will ich uns die Verheißung Jesu einhämmern: »Unser himmlischer Vater weiß, dass ihr das alles bedürft.«

Und sie gehorchten dem Wort des Herrn, kehrten um und gingen heim, wie der Herr gesagt hatte.
1. KÖNIGE 12,24

Der Text spricht vom Bruderkrieg Israel gegen Juda. Jerobeam, der König von Israel, führt Krieg gegen den König Rehabeam von Juda. Aber Gott interveniert über einen Propheten. Er will den Bruderkrieg verhindern. Das Erfreuliche und zugleich Wunderbare geschieht: Das ganze Haus Juda gehorcht und geht nach Hause. 180 000 streitbare Männer gehorchen. Eine einmalige Tat.

Eine alte jüdische Legende, die uns von Martin Buber überliefert wurde, lautet: »Als Gott seine Schöpfung vorbedachte und sie sich auf einen Stein hinritzte, wie ein Baumeister sich den Grundriss zeichnet, da sah er, dass die Welt keinen Bestand haben würde. Da schuf er die Umkehr. Nun hatte die Welt Bestand. Denn nun war ihr, wenn sie sich von Gott weg in Abgründe der Zerstörung verlief, die Rettung erschlossen und die Rückkehr ermöglicht.«

Immer wieder zerfleischen sich Völker. Unsere Welt wäre schon längst untergegangen, wenn es in ihr nicht die Möglichkeit zur Umkehr geben würde. Die Welt lebt von Umkehr und Versöhnung. Menschen leben davon, sich die Hand zu reichen. Granaten und Geschütze produzieren Tod, Trümmer und Feindschaft. Umkehr ist Rettung. Durch Umkehr ist Frieden möglich. Zerschnittene Tischtücher werden wieder geflickt. Kaputte Ehen werden wieder heil. Geballte Fäuste verwandeln sich in Hände, die den anderen umarmen.

Umkehr ist Geschenk. Versöhnung schafft Beziehungen, Freundschaften und ein friedliches Zusammenleben. Unser Herr Jesus will die Versöhnung, die Umkehr, den Frieden.

Weißt du nicht, dass dich Gottes Güte zur Buße leitet?
RÖMER 2,4

Es geht um Buße und Umkehr in unserem Leben.

Eine orientalische Weisheit drückt es so aus: »Willst du das Land in Ordnung bringen, musst du erst die Provinzen in Ordnung bringen. Willst du die Provinzen in Ordnung bringen, musst du die Städte in Ordnung bringen. Willst du die Städte in Ordnung bringen, musst du die Familien in Ordnung bringen. Willst du die Familien in Ordnung bringen, musst du dich in Ordnung bringen.«

Buße, Umkehr und Bekehrung beginnen bei uns. Wer selbst umkehrt, trägt eine Verwandlung in Familien, Städte und das Land hinein. Umkehr ist Abkehr vom bisherigen Leben ohne Gott und Hinkehr zu Jesus. Die Botschaft des Neuen Testamentes und der Inhalt der Sendung Jesu können mit diesem einen Gedanken beschrieben werden. Jesus ist kein Philosoph, der über die Umkehr großartige Vorlesungen hält. Er verkündigt nicht nur das Reich Gottes, er setzt es in die Tat um.

Karl Marx hat mal gesagt: »Die Philosophen haben die Welt nur interpretiert. Es geht aber darum, die Welt zu verändern.« In der Tat, Jesus und Karl Marx hatten wenig gemeinsam. Aber damit stimmen beide überein: Die Veränderung muss geschehen.

Jesus hat nicht über edle Wege meditiert, er ist der Weg für uns geworden. Er hat nicht die Vergebung reflektiert, er hat sie praktiziert. Jesus hat nicht die Armut zum Thema erhoben, er hat sich Armen und Schwachen zugewendet.

Im zwischenmenschlichen Leben und in der Familie wird oft Umkehr durch Liebesentzug, durch Strafe und durch Erpressung erreicht. Wir sollen von der Faulheit umkehren zum Fleiß, von der Oberflächlichkeit zur Gewissenhaftigkeit und von der Unordnung zur Ordnung. Gott will uns nicht durch Gewalt, durch Vorwürfe und Anklagen zur Buße führen, sondern durch Güte und durch Freundlichkeit. Gott benutzt keine Drohgebärden, sondern Liebe.

Ich vergesse, was dahinten ist, ich strecke mich aus nach dem, was da vorne ist, und jage nach dem vorgesteckten Ziel, dem Siegespreis der himmlischen Berufung in Christus.
PHILIPPER 3,13–14

Haben Sie ein Ziel vor Augen?

Viele Menschen leben plan- und ziellos vor sich hin. Andere jagen auch, wie der Apostel Paulus. Aber sie haben dabei ihre Karriere, Geld oder Häuser im Auge.

Ein bekannter amerikanischer Prediger erzählte einmal Folgendes: »Einer der besten Golfprofis sagte einmal zu mir: ›Eins der Geheimnisse eines guten Schlages besteht darin, zu sehen, wie der Ball dorthin geht, wo man ihn haben will – und zwar noch bevor man den Schlag ausführt. Was auch immer Ihr Ziel sein mag – um es zu erreichen, verankern Sie in Ihrem Geist ein deutliches, erfolgreiches Ergebnis. Halten Sie das Bild fest, und machen Sie sich dann an die Arbeit.‹«

Das Golfspiel war dem Paulus sicher unbekannt. Aber er handelte wie ein kluger Golfprofi, denn er behielt immer das vorgesteckte Ziel im Auge.

Die Vergangenheit ist passé.

Die schönen Dinge rechts und links am Wegrand sind reizvoll, aber nicht zielentscheidend.

Tausende von Angeboten übersteigen die Nachfrage.

Wer alles mitmachen will, wer nichts »anbrennen« lassen darf, verliert sich und das Ziel aus dem Auge. Paulus lehnt faule Kompromisse ab. Mit der »Guten Nachricht« formuliert er: „Ich halte geradewegs auf das Ziel zu, um den Siegespreis zu gewinnen. Dieser Preis ist das neue Leben, zu dem Gott mich durch Jesus Christus berufen hat.«

Das geknickte Rohr wird er nicht zerbrechen,
und den glimmenden Docht wird er nicht auslöschen.
JESAJA 42,3

Viele Menschen sind ausgesprochene Befürchtertypen.

Helmut Zöpfl bringt ein kleines Gedicht: »Wenn manche nur von Finsternissen und Dunklem zu berichten wissen, den Schatten stets der Sonn' vorziehen und vor dem hellen Wege fliehen, dann tun sie das wohl aus dem Grunde, weil sie erkannt in lichter Stunde, dass nur im Dunklen dann und wann ihr kleines Licht kurz leuchten kann.«

In der Tat, Pessimisten sind Menschen, die in der Dunkelkammer sitzen und nur Negative produzieren. Wer am Anfang des Jahres schwarz in die Zukunft schaut, sollte sich dieses Wort auf den Schreibtisch stellen oder in die Küche hängen. Es ist ein Wort für alle Pessimisten. Wie viel Geknickte gibt es unter uns? Wie viel Menschen, die seelisch auf dem Zahnfleisch kriechen? Wie vielen ist der Lebensmut bis auf den »glimmenden Docht« heruntergebrannt?

In der Zeitschrift »Ethos« fand ich einige gute Sätze: »Ich bat Gott um Stärke – er aber machte mich schwach, damit ich Bescheidenheit und Demut lernte. Ich erbat seine Hilfe, um große Taten zu vollbringen – er machte mich schwach, damit ich gute Taten vollbrachte. Ich bat um Reichtum, um glücklicher zu werden – er machte mich arm, damit ich weise würde. Ich bat um viele Dinge, damit ich das Leben genießen könnte – er gab mir das Leben, damit ich alle Dinge genießen könnte. Ich erhielt nichts von dem, was ich erbeten, aber alles, was ich erhofft hatte. Gegen mich selbst wurden meine Gebete erhört. Ich bin unter allen Menschen ein gesegneter Mann.«

Wer sich das verheißungsvolle Wort aus dem Propheten Jesaja zu Herzen nimmt, der kann ermutigt und getröstet in die Zukunft schauen. Der kann hoffentlich sagen: »Ich bin unter allen Menschen ein gesegneter Mann, eine gesegnete Frau.«

Und lasst uns aufeinander achthaben und uns anreizen zur Liebe und zu guten Werken, und nicht verlassen unsere Versammlungen, wie einige zu tun pflegen.
HEBRÄER 10,24–25

Wenn der Gottesdienst nicht mehr besucht wird, stirbt die Gemeinde. Pfarrerin Monika Deitenbeck-Goseberg erzählt die Mut machende Geschichte eines Pfarrers, der auf die geniale Idee kam, seine tote Gemeinde neu zu beleben. Er hatte gerade erst angefangen und musste bald feststellen, dass kaum jemand zum Gottesdienst kam. Bei seinen Besuchen in der Gemeinde bekam er überall zu hören: »Die Kirche ist tot.« Daraufhin setzte er eine Todesanzeige in die Zeitung und lud seine Gemeinde zur Beerdigung der Kirche ein.

An besagtem Tag war die Kirche bis auf den letzten Platz gefüllt. Vorn stand ein geöffneter Sarg. Der Pfarrer bat, dass jeder nun noch einmal vor dem offenen Sarg Abschied nehmen und dann das Gebäude durch das Seitenportal verlassen sollte. Er selbst werde dann als Letzter in aller Stille die Beerdigung abschließen. Allerdings, sollten einige der Meinung sein, eine Wiederbelebung der Kirche sei möglich, dann bitte er diese, durch das Hauptportal wieder hereinzukommen. Mit ihnen würde er dann eine Lob- und Dankfeier abhalten.

Die Besucher des Beerdigungsgottesdienstes gingen nach vorne zum Sarg, denn sie waren auch neugierig, was wohl darin liegen würde. Wie erstaunt waren sie, als sie sahen, dass in dem Sarg nicht die kalte, tote Kirche lag, sondern sie sich selbst ins Gesicht blickten. Der Pfarrer hatte nämlich einen Spiegel in den Sarg gelegt! Sie waren die Glieder dieser toten Gemeinde! Die meisten kamen durch das Hauptportal wieder in das Gotteshaus zurück.

So ist es: Wenn die Kirche im Sarg liegt, sind in Wahrheit wir es, die drinliegen. Wenn die Kirche tot ist, sind wir es, die sie haben sterben lassen. Wenn wir die Kirche verlassen, stirbt die Gemeinde.

So gibt es nun keine Verurteilung mehr für die, welche in Christus Jesus sind.
RÖMER 8,1

Viele Christen leiden an sich selbst. Ihre Selbstannahme ist durchlöchert. Sie verurteilen sich gnadenlos.

Der Begründer der Gestalttherapie, Frederick Pearls, hat mit knappen Sätzen formuliert, was die kranke Persönlichkeit von der gesunden unterscheidet: »Der Verrückte (der Geisteskranke) sagt: ›Ich bin Abraham Lincoln‹, der Neurotiker (der seelisch Gestörte) sagt: ›Ich wollte, ich wäre Abraham Lincoln‹, der Gesunde sagt: ›Ich bin ich, und du bist du.‹«

Viele Christen glauben nicht, dass Gott sie wirklich liebt. Je größer ihre Minderwertigkeitsgefühle, desto mehr versuchen sie, sich zu profilieren. Sie vergleichen sich mit anderen, die größer, schneller, gescheiter und schöner sind. Der Geisteskranke behauptet, um etwas aus sich zu machen, er sei Abraham Lincoln. Der Neurotiker wäre es gern. Der Gesunde hat Selbstvertrauen. Er ist, wie er ist.

Christen, die sich von Christus geliebt wissen, müssen sich nicht mehr verurteilen, klein machen und selbst diskriminieren. Sie sind wertvoll, weil Christus sie wertachtet. Sie sind liebenswert, weil Christus sie liebt. Das hat nichts mit Selbstruhm und Eitelkeit zu tun. Der Glaube an Christus und die Selbstannahme sind aufeinander bezogen. Glaubensschwierigkeiten und Selbstwertschwierigkeiten stehen in einem Zusammenhang.

Sie müssen nicht in Sack und Asche herumlaufen. Menschen, junge und alte, die glauben, gehören zur Gottesfamilie. Gott hat sie in Christus adoptiert. Das gibt Selbstwert und Selbstvertrauen.

Liebe deinen Nächsten wie dich selbst.
3. MOSE 19,18

Viele Christen haben Schwierigkeiten mit dem Begriff des Angenommenseins und der Selbstliebe. Wer sich selbst liebt und bejaht, hat Selbstwertgefühl.

Selbstliebe ist ein wesentliches Mittel, um Gott näherzukommen. Ohne ein gesundes Selbstwertgefühl sind wir ausschließlich mit uns selbst beschäftigt. Die Fähigkeit zu dienen setzt ein gesundes Selbstbild voraus.

Ein gläubiger Psychologe schreibt über die Selbstliebe: »Ist unsere moderne Beschäftigung mit dem Selbstbild in Wirklichkeit ein trojanisches Pferd, das weltliche Vorstellungen in die christliche Kirche hineinschmuggelt? Oder ist ein gesundes Selbstbild ein Segen, der denen geschenkt wird, die Gott kennen? ... Eine Prämisse, die sowohl aus biblischer als auch aus psychologischer Sicht Gültigkeit besitzt, ist die, dass wir andere nur lieben können, wenn wir uns selbst angenommen haben. Fünfmal kommt der Satz ›Liebe deinen Nächsten wie dich selbst‹ in der Bibel vor. Jesus bezeichnet ihn als das zweithöchste Gebot. Zunächst müssen wir allerdings einmal zur Kenntnis nehmen, dass dieses Gebot uns nicht in erster Linie auffordern will, uns selbst zu lieben. Die Selbstliebe wird einfach vorausgesetzt.«

Das ist der springende Punkt: ohne Selbstliebe keine Nächstenliebe, ohne Selbstbejahung keine Bejahung der anderen. Bei Menschen mit schwach entwickeltem Selbstbild beobachten wir Folgendes: Sie leiden unter einer »doppelten Erniedrigung«. Entweder erniedrigen sie sich selbst, in der Hoffnung, andere widersprechen ihnen und bauen sie auf. Oder sie erniedrigen andere Personen, damit sie größer als diese erscheinen. Das oberste Ziel ist aber nicht die Erlangung eines gesunden Selbstbewusstseins, sondern Christus in seiner ganzen Fülle kennenzulernen. Selbstwertgefühl ist das Bewusstsein, dass der Mensch fundamentalen Wert besitzt, weil er von Gott nach seinem Bilde geschaffen wurde.

Aber Gott rief den Menschen: »Wo bist du?« ...
Der Mann erwiderte: »Die Frau, die du mir gegeben hast,
reichte mir die Frucht, da habe ich gegessen.«
1. MOSE 3,9–12

Wir erleben es täglich selbst, es gibt Lügen und Überzeugungen, die wir glauben.

Dieser Lügen-Marathon begann im Paradies. Nach dem Sündenfall halten Adam und Eva nicht mehr ihre Köpfe hin. Sie drücken sich, sie reden sich heraus. Beide schieben die Schuld auf den anderen. Adam beginnt mit dem verlogenen Spiel. »Die Frau, die du mir gegeben hast.« Zwei Frechheiten in einem Satz. Und das Ungeheuerliche: Adam glaubt, was er sagt. Er ist ehrlich von dieser »subjektiven Wahrheit« überzeugt. Eva macht es ihm nach. Sie antwortete: »Die Schlange ist schuld, die hat mich dazu verführt.«

Wir sprechen von Rationalisierungen, von Selbstrechtfertigungen, von Selbsttäuschungen und Lügen, die wir glauben.

Der amerikanische Psychiater Chris Thurman beschreibt diesen Vorgang so: »Jemand anders ist schuld. Unsere Emotionen stehen und fallen damit, wie wir über die Ereignisse unseres Lebens denken. Die nächste Lüge ... erlaubt mir, die Schuld an all meinen emotionalen Ärgernissen, was gerade greifbar ist, anderen in die Schuhe zu schieben. Sie zeigt mit dem Finger auf andere. Jede eigene Verantwortung wird abgewiesen. Wie wir reagieren, ist letzten Endes allein unsere Entscheidung.«

Die Psychologen sprechen von einem Abwehrmechanismus, den Adam und Eva praktizieren. Sie wehren Schuld und Beschämung ab. Sie laufen vor der Verantwortung davon. Wir haben es teuflisch gut gelernt, die Schuld auf die anderen, auf die Umstände, auf die Politiker, auf den Staat, auf die Kirche, auf die Eltern und Kinder zu schieben. Es sind raffinierte Lügen, die wir glauben.

Gott schenke uns die Kraft, jede Schuldverschiebung auf andere ehrlich und gründlich zu überprüfen.

Da fragte der Herr ihn: »Wo ist dein Bruder Abel?« – »Was weiß ich?«, antwortete Kain. »Soll ich ständig auf meinen Bruder aufpassen?«
1. MOSE 4,10

Bin ich das Kindermädchen für meine Mitmenschen? Oder haben wir uns vielleicht zu heillosen Egoisten entwickelt?

Wie oft bin ich stumm gewesen, wo ich eigentlich hätte reden müssen?

Wie oft habe ich geschwiegen, wo ich eigentlich hätte schreien müssen?

In seinem Buch »Wer gesehen hat, muss schreien« erzählt Lindolf Weingärtner von einer alten Brücke, die eines Tages einstürzte und viele Menschen mit sich in die Tiefe riss. Nach dem Unglück geschah Folgendes: Menschen sammelten sich an beiden Ufern des Flusses. Und dann erzählte plötzlich einer mit wichtiger Miene, dass er gewusst habe, was passieren würde. Vor drei Wochen war er nämlich am Mittelpfeiler getaucht, weil sich ein Außenbordmotor seines Bootes gelöst hatte und bei der Brücke im Fluss versunken war. Dabei hatte er festgestellt, dass der Pfeiler völlig unterspült war und nicht mehr lange tragen würde.

»Und du hast nicht geschrien, Mann?«, fragte ihn ein anderer. »Hättest du nicht schreien müssen – auf der Straße? Bei der Behörde? Auf dem Bauamt?«

»Ich bin doch kein Fachmann!«, antwortete der Mann. »Mir hätte doch niemand geglaubt. Außerdem war es doch nicht meine Aufgabe, ich bin doch nur ein einfacher Bürger.«

Durch sein Schweigen waren viele Menschen zu Tode gekommen.

Auch ich habe manches Mal geschwiegen, weil ich dachte: »Misch dich nicht ein, wenn du nicht gefragt bist!«

Auch ich habe meine Vernunft sprechen lassen: »Der Mensch ist alt genug. Er muss wissen, was er tut!«

Auch ich habe mich entschuldigt: »Wenn du deine Hilfe aufdrängst, wirst du als Helfertyp abqualifiziert.«

Kennen Sie das auch? Kennen Sie auch diese Ausflüchte und Entschuldigungen? Dann machen Sie sich klar: Der Mitmensch ist mein Bruder, und Gott erwartet, dass ich mich um ihn kümmere.

Quält euch nicht mit Gedanken an morgen.
Der morgige Tag wird für sich selber sorgen.
Ihr habt genug zu tragen an der Last von heute.
MATTHÄUS 6,34

Viele Ängste bestehen aus unsinnigen Befürchtungen. Wir denken drei Meilen im Voraus. Hinter jedem Busch sehen wir einen Räuber. Aus Mücken machen wir Elefanten. Viele Menschen sind ausgesprochene Befürchtertypen. Überall lauern für sie Gefahren, überall gibt es Sackgassen, überall geht für sie etwas schief, überall wittern sie Unfälle. Wie wahr ist das: »Ein Pessimist ist ein Mensch, dem nicht wohl ist, wenn es ihm gut geht, weil er Angst davor hat, es könnte ihm schlechter gehen, wenn es ihm besser ginge.«

Werden Pessimisten so geboren? Nein. Kommen Menschen schon mit Befürchtungen zur Welt? Nein. Pastor Wolfram Kopfermann hat recht, wenn er im Vorwort eines Buches schreibt: »Wir sind nicht hilflose Opfer unserer Vergangenheit, vielmehr stabilisieren wir unser seelisches Leiden durch die unwahren Dinge, die wir uns heute sagen ... Der Wandlungsprozess, den Menschen mit psychischen Problemen benötigen, rechnet mit der erneuernden Macht des Heiligen Geistes und ist daher ohne Gebet undenkbar.«

Viele Christen sind Meister darin, das Unglück an die Wand zu malen. Sie schauen auf den dunklen Horizont statt auf die Macht Gottes.

Wir quälen uns mit Gedanken an morgen, wir machen uns verrückt, wir produzieren Befürchtungen, und wir zermartern unser Hirn mit unberechenbaren Selbsteinreden. Gottes Heiliger Geist krempelt unser Gehirn um, er erneuert unser Denken und verscheucht unsere zerstörerischen Befürchtungen.

Auch dich lockt er aus dem Rachen der Angst in weiten Raum, da keine Bedrängnis mehr ist.
HIOB 36,16

Wie Angst emotional erlebt wird, deutet bereits die Wortbedeutung Angst an. Angst kommt von dem lateinischen Wort »angustiae«, was Einengung bedeutet. Darüber hinaus enthält Angst aber auch das Gefühl, in die Enge getrieben zu werden, das Gefühl der Unsicherheit, der Beunruhigung, des Verlassen- und Ausgeliefertseins verbunden mit Sorgen und Gewissensqualen. Der Mensch ist gespannt und unruhig, erregt bis zur Flucht, sogar bis zur wilden sinnlosen Panik.

Einer der Freunde Hiobs, Elihu, sagt das oben genannte Wort. Das Bild ist treffend. Im Rachen, in der Enge, im Eingeschnürtsein wird die Angst zur grenzenlosen Bedrohung. Es sieht so aus, als gäbe es nur den Rachen eines Raubtieres und kein Entrinnen. Das Raubtier Angst ist existenzbedrohend. Wer im Rachen steckt, scheint rettungslos verloren. Gegen die fressende und vernichtende Angst steht Gottes Aber. Einen Vers vorher heißt es bei Hiob: »Aber den Elenden wird er erretten …« Aus der Enge in die Weite, aus dem Gefängnis in die Befreiung. Er lenkt uns und reißt uns aus dem Rachen der Angst und schenkt uns befreiende Weite.

Wie schrieb der Philosoph Nietzsche: »Liebe richtet den Blick nach vorne, Hass blickt zurück, Angst hat den ganzen Kopf voller Augen.« Nietzsche hat recht: Der überängstliche Mensch besteht nur aus Augen der Angst.

Übergroße Angst kann verrückt machen. Sie hat vorn und hinten Augen und fühlt sich rettungslos im Rachen eines Raubtieres. Sehen wir auf Jesus, dann hat die Angst ihren Schrecken verloren.

Ich bin gewiss, dass uns nichts von dieser Liebe trennen kann: weder Tod noch Leben, weder Engel noch andere Mächte, weder Gegenwärtiges noch Zukünftiges.
RÖMER 8,38

Eine Form der Angst ist die Sterbeangst. Der Arzt und Psychotherapeut Professor Horst-Eberhard Richter schreibt: »Das allgemeine Angstthema, das wir in der Psychotherapie dominierend vorfinden, ist die Sterbeangst. Das ist nur zu verständlich in einer Gesellschaft, der Größe, Stärke, ewige Fitness und Jugendlichkeit alles bedeuten. Da ist der Tod das unerträgliche Verhängnis schlechthin. Nichts bestätigt die Richtigkeit der These vom unbewussten Unendlichkeitswahn beziehungsweise dem Gotteskomplex unserer Gesellschaft so überzeugend wie diese Beobachtung, dass kaum jemand mehr sterben oder anderen zu sterben wirklich helfen kann und dass auch die Medizin das Sterben nicht eigentlich zu akzeptieren vermag. Die latente Unmenschlichkeit unserer heutigen Medizin besteht darin, dass sie den Tod pausenlos als Feind diffamiert, in dessen Verhütung sie hauptsächlich ihren Sinn sieht. Im Vorfeld der Sterbeangst findet sich die Angst vor Schwäche, Kleinheit, Gebrechlichkeit. Nur wenn der Mann groß ist, wenn er aufsteigt, wenn er andere unter sich hat, kann er anscheinend mit sich zufrieden sein. Jede Blöße, jede Schwachstelle bedeutet ein bedrohliches Ausgeliefertsein.«

Er hat recht: Der Mensch unserer Tage erlebt ein bedrohliches Ausgeliefertsein. Ohne Gott erliegt der Mensch einem »Unendlichkeitswahn«, endlos leben zu wollen, ohne Altern, ohne Gebrechlichkeit, ohne Schwäche. Das sind kindliche Illusionen. Die Gewissheit des Paulus besteht nicht darin, vor allem Schweren bewahrt zu bleiben, die Gewissheit besteht darin, dass uns nichts von Ihm trennen kann.

Bittet, so wird euch gegeben; suchet, so werdet ihr finden; klopfet an, so wird euch aufgetan. Denn wer da bittet, der empfängt; und wer da sucht, der findet; und wer anklopft, dem wird aufgetan.
MATTHÄUS 7,7–8

Kennen Sie die Geschichte von der rostigen Spitzhacke?

Irgendwo im Goldgebiet von Colorado fand man eines Tages eine alte, verrostete Spitzhacke. Der hölzerne Stiel war fast gänzlich verrottet, aber die Spitze der Hacke steckte auch nach hundert Jahren noch fest im Boden. Wahrscheinlich war der Goldschürfer eines Tages entmutigt davongelaufen. Seine Enttäuschung hatte ihn übermannt, und resigniert hatte er aufgegeben. Einige Jahre später hatten andere Schürfer, nur wenige Meter vom Fundort der Spitzhacke entfernt, eine ergiebige Goldader entdeckt. Sie hatte ihnen ein Vermögen eingebracht. Aber der Mann mit der Spitzhacke hatte resigniert aufgegeben.

Vielen Christen ist es ähnlich ergangen. Sie haben gebetet und nach kurzer Zeit aufgegeben. Sie haben bei Gott um Hilfe nachgesucht, und als nicht umgehend eine positive Antwort kam, haben sie die Hilfesuche eingestellt. In der Not haben sie bei Gott angeklopft, haben aber der Tür den Rücken gekehrt, als sich dort nichts bewegte.

Jesus macht uns Mut, nicht lockerzulassen. Er macht uns Mut, nicht zu resignieren.

Wissen Sie, was das Wort »Resignation« eigentlich bedeutet? Die ursprüngliche Bedeutung ist: Eine Unterschrift, die ich gegeben habe, wieder rückgängig machen. Einen Vertrag, den ich abgeschlossen habe, aufzulösen.

Wer als Christ resigniert, macht den Vertrag, den er mit Jesus geschlossen hat, rückgängig. Doch Jesus ermutigt uns, die Hoffnung nicht aufzugeben. Unser himmlischer Vater wird keinen Bittenden mit einer giftigen Schlange abspeisen, wird niemandem Steine zum Essen anbieten.

Wir können uns auf Jesus verlassen. Denken Sie an die rostige Spitzhacke. Wer aufgibt, der kann keinen Segen empfangen.

17. JANUAR

Von allen Seiten überfällt mich das Unglück. Ich kann nicht zählen, wie oft es zuschlägt. Meine Verfehlungen haben mich eingeholt, ich kann nichts anderes mehr sehen.

PSALM 40,13

Unsere Wahrnehmung kann uns einen Streich spielen. Denn wir sehen, was wir sehen wollen. Unser Blick ist getrübt, unsere Wahrnehmung ist verzerrt. Wer sich auf Negatives konzentriert, wie der Psalmbeter, der sieht nur Negatives und Unglück.

Der Psalmist hat recht: »Ich kann nichts anderes mehr sehen.« Wir sprechen heutzutage von »Negaholikern«, von Menschen, die nur Fehler, Pleiten und Pannen wahrnehmen. Sie sind fehlerorientiert und werden von Befürchtungen heimgesucht.

Professor Thielicke hat mal spitzbübisch erzählt: »Um meinen Kindern einen Eindruck von christlicher Standhaftigkeit zu vermitteln, zeigte ich ihnen einmal ein illustriertes Buch über die Kirchengeschichte. Auf einer Seite waren christliche Märtyrer abgebildet, die im Kolosseum den Löwen vorgeworfen wurden. Eines der Kinder schluchzte auf, so tief beeindruckt schien es. Ich fragte den Kleinen: ›Warum weinst du denn so?‹ Der Junge zeigte auf einen der grimmigen Löwen und sagte: ›Der Löwe sieht so traurig aus. Er hat als Einziger noch keinen Christen abbekommen.‹«

Thielickes Lehrstunde war ein Misserfolg. Die christliche Standhaftigkeit hatte den kleinen Jungen überhaupt nicht beeindruckt, wohl aber der traurige Löwe.

Was sehen wir? Die Fehler oder den Erfolg? Die Rosen oder die Dornen? Die Blumen oder das Unkraut? Sehen wir Gottes Güte und Barmherzigkeit oder seine strafende Hand? Erkennen wir seine Führung und seinen Willen oder lediglich sein »Schicksal«, das blindwütig zuschlägt?

Gott schenke uns positive Augen, damit wir seine Wunder wahrnehmen und seine Wohltaten zählen und nicht nur die Unglücksfälle.

Wer den Sohn hat, der hat das Leben;
wer den Sohn Gottes nicht hat, der hat das Leben nicht.
1. JOHANNES 5,12

Professor Helmut Thielicke schreibt über den Sinn des Lebens Folgendes: »Ich wüsste kein besseres Modell für die Frage, welchen Sinn unser Leben hat, als das Gleichnis Jesu vom verlorenen Sohn. Der junge Mensch geht, um sich selbst zu finden. Damit man sich selbst finden kann, muss man manchmal eigene Wege gehen. Er ging, um die Freiheit kennenzulernen, und sah sich sehr schnell gekettet an seine Triebe; an seinen Ehrgeiz; an die Angst vor der Einsamkeit. Bei seiner Selbstentfaltung entwickelten sich auch die dunklen Seiten seines Wesens. Als er so im Elend des Knechtsdaseins sitzt, da sehnt er sich nach der Freiheit, die er als Kind im Elternhaus gewonnen hat. Freiheit hat er nur, wenn er im Einklang mit seinem Ursprung lebt, wenn er in Frieden mit Gott lebt. Und als er sich zur Umkehr entschließt, ist das kein moralischer Entschluss, sondern eine Wende, die von zitternder Freude und dem Glanz der Hoffnung erfüllt ist. Ich glaube, man wird verstehen, wenn ich die Geschichte als einen entscheidenden Beitrag zur Frage nach dem Sinn des Lebens bezeichnet habe. Denn diesen Sinn gewinnen wir nur, wenn wir die Erfüllung unseres Lebens finden, wenn wir verwirklichen, wozu wir entworfen sind.«

Unzählige junge Menschen wollen leben. Mit allen Mitteln wollen sie das Leben auskosten. Auch der verlorene Sohn hat die sogenannte Freiheit in vollen Zügen genossen. Aber Sinn, Zufriedenheit und Erfüllung hat er draußen nicht gefunden. Ohne Gott, ohne Christus hat er sein Leben verwirklichen wollen. Er ist gescheitert. Und dann geht er in sich. Er schlägt nicht wild um sich. Er findet den Weg zum Ursprung, zum Vaterhaus zurück. Sein Vater bringt es auf den Punkt: »Er war tot, jetzt ist er wieder am Leben.« Gott wurde in Christus Mensch, um uns wahres Leben zu garantieren. Wer diesen Christus hat, der hat das Leben. Er kann auf tausend Freiheiten verzichten, die den Menschen von heute verführen und ihm ein Scheinleben vorgaukeln. Er hat genug.

Du zeigst mir den Weg zum Leben.
Deine Nähe erfüllt mich mit Freude,
aus deiner Hand kommt ewiges Glück.
PSALM 16,11

Wer mit dem Psalmbeter diesen Vers aus vollem Herzen beten kann, der lebt sinnvoll. Er lebt in der Gegenwart und schaut nicht ständig unzufrieden rückwärts oder resigniert in die Zukunft. Wer der Gegenwart Gottes ausweicht, lebt am Leben vorbei. Die Zeit verrinnt, alles Schöne und Beglückende bleibt ungelebt. In Gedanken ist er im Morgen. Ruhelos und besinnungslos schuftet er vor sich hin. Eine unbegreifliche Angst sitzt ihm im Nacken.

Der Psychoanalytiker und Arzt Horst-Eberhard Richter kennzeichnet diese Menschen so: »Diese Angst betrifft das Sterben erst sekundär. Primär ist es eine Angst vor dem Leben selbst oder genauer, vor der Leere seines Lebens, dem man den Sinn entzogen hat. Der Zwang zur Fortschrittsperspektive besagt, dass man nicht das Jetzt und Hier bejahen und ausschöpfen kann, sondern sich immer hektisch unterwegs sieht. Das Motto lautet: Immer nur nach vorn und oben blicken. Dabei verliert man den Augenblick. Dann ist es wirklich so, dass das Leben zerrinnt. Man erschrickt über das Tempo des Zerrinnens, weil man eben nie und nirgends mit seinem Bewusstsein wirklich verweilt und zur Gegenwart Ja sagt.«

Können wir den Augenblick genießen, den Kaffee Schluck für Schluck trinken, die Blüten in ihrer Pracht bewundern, die Vogelstimmen aufnehmen und ein Gedicht in seiner Tiefe bedenken? Wer in seinem Tun und Lassen einen Sinn spürt und wer sein Leben als sinnvoll wahrnimmt, kann zur Gegenwart Ja sagen, kann den Augenblick genießen, kann Stille aushalten, kann verweilen und muss nicht krampfhaft die Zeit ausfüllen.

Wer die Gewissheit hat: »Du zeigst mir den Weg zum Leben«, der schätzt den Augenblick und genießt die Gegenwart.

Ihr wisst auch, dass es heißt: »Liebe alle, die dir nahestehen, und hasse alle, die dir als Feinde gegenüberstehen.« Ich aber sage euch: »Liebet eure Feinde und betet für die, die euch verfolgen.«
MATTHÄUS 5,43–44

Ist diese Forderung Jesu nicht eine unmögliche Zumutung?

Als ich einmal nach Süddeutschland unterwegs war, las ich im Zug eine kleine Geschichte. Ein Mann besaß einen Tante-Emma-Laden im Städtchen. Er verdiente nicht schlecht, und er war zufrieden. Aber dann öffnete in der Nähe ein großer Supermarkt, und der Besitzer des Tante-Emma-Ladens geriet in Verzweiflung. Er war Christ, deshalb ging er zu seinem Seelsorger und offenbarte ihm seine Not. Am liebsten hätte er den Supermarkt angezündet, um die übermächtige Konkurrenz loszuwerden. Der Seelsorger riet ihm aber, jeden Tag zuerst für sein Geschäft und dann für den Supermarkt Gottes Segen zu erflehen. Durch diese Gebete änderte der Besitzer des Tante-Emma-Ladens seine destruktive Gesinnung vollkommen, ja er bekam sogar eine gute Beziehung zum Leiter des Supermarktes. Eines Tages musste er dann doch seinen kleinen Laden schließen, aber was passierte? Der Leiter des Supermarktes holte ihn als Filialleiter in sein Unternehmen.

In der Tat: Es ist mein Denken, das eine Sache positiv oder negativ macht. Wer negativ denkt, handelt negativ.

Wer positiv betet, ändert seine Denk- und Lebensweise. Wir können uns eine solche Gesinnung von Gott schenken lassen. Denn niemand kann aus eigener Kraft für seine Feinde beten, niemand kann von sich aus mit einer Handbewegung den Hebel von der Feindschaft zur Freundschaft umlegen.

Ihn ließ er sterben zu unserer Rettung. Unsere ganze Schuld hat er uns vergeben, weil Christus sein Blut vergossen hat. So zeigte uns Gott den ganzen Reichtum seiner Gnade.
EPHESER 1,7

Können wir einem Todfeind vergeben?

Der Schriftsteller Dostojewski schrieb über zwei Brüder, die miteinander über Gott sprachen. Einer war ein Zweifler, der andere ein Mönch. Der Zweifler erzählte eine grausame Geschichte: »Ein böser Herr hatte einen Lieblingshund. Ihm hatte der kleine Sohn eines Leibeigenen aus Versehen einen Stein ans Bein geworfen. Aus Zorn ließ der Herr den Knaben vor den Augen seiner Mutter umbringen. Was soll man hier tun?«, fragte der Zweifler den gläubigen Mönch. »Den Herrn erschießen? Aber wem hilft das? Und wenn es Versöhnung geben soll: Wer darf eine solche Tat überhaupt verzeihen? Der Junge? Oder darf die Mutter dem Mörder ihres Jungen vergeben?« Und er forderte: »Hör auf, nach Sühne und Versöhnung zu suchen, die es im Himmel und auf Erden doch nicht gibt, weil es sie gar nicht geben kann!«

»Nein, dabei kann ich mich nicht beruhigen«, antwortete der Mönch. »Du sagtest: Ist denn auf der ganzen Welt auch nur einer, der verzeihen könnte und ein Recht dazu hätte? Aber dieser Eine lebt ja, und er kann alles verzeihen, allen und jedem, weil Er ja selbst sein unschuldiges Blut hingab für alle und alles. Du hast seiner vergessen.«

Mit unserer Kraft gelingt es uns nicht, einem Todfeind zu vergeben. Der Sohn Gottes betete am Kreuz für seine Mörder: »Vater, vergib ihnen, denn sie wissen nicht, was sie tun!« So etwas übersteigt unsere Kraft. Nur in Jesus können wir glühenden Hass und bittere Feindschaft überwinden. Nur in Jesus können wir die Spirale der Rache und der Gewalt stoppen.

Versöhne dich mit deinem Bruder, und als Dank komm und opfere deine Gaben.
MATTHÄUS 5,24

Die Versöhnung spielt in Ehen, Familien und unter Völkern eine wesentliche Rolle. Ohne Versöhnung bleiben Hass und Lieblosigkeit lebendig.

Jürgen Werth hat ein schönes Lied über die Versöhnung geschrieben:

»Wie ein Regen in der Wüste,
frischer Tau auf dürrem Land.
Heimatklänge für Vermisste,
alte Feinde, Hand in Hand.
Wie ein Schlüssel im Gefängnis,
wie in Seenot ›Land in Sicht‹,
wie ein Weg aus der Bedrängnis,
wie ein strahlendes Gesicht.
So ist Versöhnung.
So muss der wahre Friede sein.
So ist Versöhnung.
So ist Vergeben und Verzeihen.«

Vergebung und Versöhnung schaffen ein völlig neues Lebensgefühl. Hass und Feindschaft sind vorbei. Isolation, Gefängnis und Einsamkeit haben ein Ende.

Die Holländerin Corrie ten Boom, die selbst Feindschaft und Konzentrationslager erlebt hat, formuliert es so: »Wenn dir der Herr deine Sünden abnimmt, siehst du sie niemals wieder. Er wirft sie ins tiefste Meer, vergeben und vergessen. Ich glaube sogar, dass er ein Schild darüber anbringt: Fischen verboten!«

Jesus macht die Reihenfolge klar: Erst Frieden und Versöhnung mit deinem Bruder, mit deiner Schwester, mit deinem Nächsten, und dann gehe in den Gottesdienst. Der Gottesdienst ohne die Versöhnung im Zwischenmenschlichen wird zur Heuchelei.

23. JANUAR

Und derselbe (Jesus Christus) ist die Versöhnung für unsere Sünden, nicht allein aber für die unseren, sondern auch für die der ganzen Welt.

1. JOHANNES 2,2

Kennen Sie die Geschichte von Claude Eartherly, einem der Piloten, der die Bombe auf Hiroshima abgeworfen hat? Er gab den Befehl. Nach seiner Entlassung aus der Armee unternahm er zwei Selbstmordversuche und landete in einer psychiatrischen Anstalt. Die Schuld raubte ihm den Verstand.

Dreißig Mädchen aus Hiroshima schrieben ihm: »Wir Mädchen sind zwar glücklicherweise dem Tod entkommen, aber durch die Atombombe haben wir Verletzungen in unseren Gesichtern und am ganzen Körper davongetragen. Nun hörten wir kürzlich, dass Sie nach dem Vorfall von Hiroshima mit einem Schuldgefühl leben und dass man Sie deshalb in ein Hospital für Geisteskranke gebracht hat. Dieser Brief kommt zu Ihnen, um Ihnen unsere aufrichtige Teilnahme zu überbringen und Ihnen zu versichern, dass wir jetzt nicht die geringste Feindseligkeit gegen Sie persönlich hegen ... Wir haben gelernt, freundschaftlich für Sie zu empfinden in dem Gedanken, dass Sie ebenso ein Kriegsopfer sind wie wir. Wir wünschen, dass Sie sich bald erholen und sich denen anschließen, die sich dafür einsetzen, das barbarische Geschehen, Krieg genannt, durch den Geist der Brüderlichkeit zu überwinden!«

Dreißig Mädchen legen Hass, Feindseligkeit und Rachegefühle ab. Sie versöhnen sich mit einem Menschen, der unermessliches Elend über eine Stadt und ein Land mit einem Knopfdruck aus einigen Tausend Meter Höhe gebracht hat. Eartherly ist darüber verrückt geworden. Die Mädchen haben recht, nur die ausgestreckte Hand der Versöhnung beendet das barbarische Geschehen, den Krieg. Wer die Versöhnung in Christus annimmt, reiht sich ein in die Schar derer, die Versöhnung leben.

So bitten wir nun an Christi statt: Lasst euch versöhnen mit Gott.
2. KORINTHER 5,20

Versöhnung ist ein Urwort der Bibel und ein Kernwort der Reformation.

Der im Exil lebende ugandische Bischof Festo Kivengere, der das Buch »Ich liebe Idi Amin« geschrieben hat, erzählte in Zürich, dass er immer wieder von Journalisten gedrängt wurde, negative Aussagen über Idi Amin zu machen. Und er fuhr fort: »Ich habe jedoch als Christ keinen Auftrag zu verdammen. Ich habe den Auftrag zu versöhnen!« Die ganze Persönlichkeit dieses Bischofs ist geprägt von der Art jener Menschen, welche nicht nur »Vergebung sagen«, sondern das auch als Auftrag leben.

Idi Amin war in seinem Land ein Menschenverächter und Verbrecher. Der Bischof hat die Verbrechen hautnah erlebt und lässt sich dennoch nicht zu Rachegedanken verleiten. In der Tat: Wir haben keinen Auftrag zu verdammen. Wir haben den Auftrag, uns zu versöhnen. Versöhnte Menschen sind neue Kreaturen, neue Menschen. Sie sind nicht repariert, sie sind nicht renoviert, sie sind auch nicht restauriert, sie sind ganz neu geschaffen. Menschen werden aus der Egozentrik, aus der Mittelpunkthaltung herausgeholt und erfahren eine kopernikanische Wandlung.

Bischof Festo Kivengere macht nicht nur fromme Worte, er lebt die Versöhnung. Und mit welchen Menschen versöhnt sich Gott? Im Grunde sind wir Gottes Feinde. Aber Christus reicht uns, wer wir auch sind, die Hand der Versöhnung. Schlagen wir in die dargebotene Hand ein!

Denn wenn wir mit Gott versöhnt sind durch den Tod seines Sohnes, als wir noch Feinde waren, um wie viel mehr werden wir selig werden durch sein Leben, nachdem wir nun versöhnt sind.
RÖMER 5,10

Versöhnung ist das Gegenteil von Feindschaft. Versöhnung ist das Gegenteil von Hass. Versöhnung ist das Gegenteil von Zertrennung.

Ein schwarzer Pastor aus Tansania formulierte die Botschaft der Versöhnung so: »Ich möchte Ihnen an einem Bild zeigen, was Versöhnung bedeutet. Zeichnen Sie es doch mit Ihrem Herzen und Denken nach. In meiner Sprache, in Massai, hat das Wort ›Versöhnung‹ eine sehr tiefe Bedeutung. Im Bauch einer schwangeren Frau wächst ein Kind heran. Die Verbindung von Mutter und Kind, die Nabelschnur, heißt bei uns ›Osotwa‹. Dasselbe Wort wird gebraucht, wenn Menschen, die Feinde waren, sich versöhnen und zueinanderfinden. Die Nabelschnur sorgt dafür, dass das Kind Nahrung und Luft von der Mutter bekommt ... Genauso ist es mit uns. Das Wort der Versöhnung, das Jesus Christus ist, ist diese Nabelschnur zwischen uns und unserem himmlischen Vater. Solange diese Nabelschnur uns verbindet, leben wir.«

Versöhnung ist Leben. Feindschaft, Tod und Trennung haben ein Ende. Versöhnung ist »Osotwa«. Wir brauchen diese geistliche Nabelschnur zum Vater, durch die unser Leben garantiert ist. Diese Nabelschnur wird durchschnitten, wenn wir anderen Menschen nicht vergeben, wenn wir Mauern aufrichten und Zwietracht säen. Wir zerreißen diese Nabelschnur zum Leben, wenn wir Kränkungen nachtragen, wenn wir die Hand zur Vergebung und Versöhnung ausschlagen.

Selig sind die Barmherzigen;
denn sie werden Barmherzigkeit erlangen.
MATTHÄUS 5,7

Barmherzigkeit ist keine große menschliche Tugend. Sie ist ein Geschenk Gottes. Paulus nennt Gott sogar den »Vater der Barmherzigkeit«. Die Suren im Koran beginnen jeweils mit den Worten »Im Namen Gottes, des barmherzigen Erbarmers«.

Barmherzigkeit liegt uns nicht im Blut. Wir urteilen, kritisieren und verurteilen. Darum schreibt Kurt Marti in einem Gedicht mit dem Titel »Wünsche«: »Ach, dass ich, wenn´s drauf ankommt, im Gegner den Bruder, im Störer den Beleber, im Unangenehmen den Bedürftigen, im Süchtigen den Sehnsüchtigen, im Säufer den Beter, im Prahlhans den einst Gedemütigten, im heute Feigen den morgen Mutigen, im Mitläufer den morgen Geopferten, im Schwarzmaler den Licht- und Farbenhungrigen, im Gehemmten den heimlich Leidenschaftlichen erkennen könnte ... Auch das, auch das gehört zur Liebe, wie Jesus sie lebte.«

Kurt Marti bringt die Sache auf den Punkt.

Wir sehen oft nur den Fehler und nicht die Not im Hintergrund.
Wir sehen die Sucht und nicht die Sehnsucht.
Wir sehen das Negative und nicht den Wunsch nach Veränderung.
Wir sind fehlerorientiert und nicht liebeorientiert.

Barmherzigkeit ist keine Tugend, die wir einfach nur aus der Anstrengung eines guten Willens erreichen können. Sie ist ein Geschenk des Heiligen Geistes. Wenn wir uns an Christus binden, ändert sich unser Denken, wir bekommen positive Augen. Wir sehen nicht mehr in erster Linie das Versagen, wir sehen die falschen Schritte eines unglücklichen Menschen.

Barmherzig ist, wer ein Herz hat für die Armen, für die Verwaisten und Unglücklichen, für die Einsamen und Bemitleidenswerten. Barmherzigkeit üben heißt aber auch, barmherzig mit uns selbst umzugehen.

Denn Christus ist mein Leben,
und Sterben ist mein Gewinn.
PHILIPPER 1,21

Können wir diesen Satz glauben und mit Überzeugung sagen? Der ehemalige Hamburger Theologieprofessor Thielicke fasste unsere Vorbehalte und Zweifel in Worte: »Vielleicht werden wir einmal, wenn wir von Gottes Thron aus am Jüngsten Tag zurückblicken, voller Staunen und Überraschung sagen: ›Ja, wenn ich das geahnt hätte, als ich an den Gräbern meiner Lieben stand und alles zu Ende schien; wenn ich das geahnt hätte, als ich das Gespenst des Atomkrieges auf mich zukriechen sah; wenn ich das geahnt hätte, als ich vor dem sinnlosen Geschick einer endlosen Gefangenschaft oder einer tückischen Krankheit stand; wenn ich das geahnt hätte, dass Gott durch alle diese Wehen seine Entwürfe, seine Pläne vorantreibt, dass mitten in meinem Sorgen und Mühen und Verzweifeln seine Ernten reifen und dass alles auf seinen letzten königlichen Tag zutreibt und zudrängt – wenn ich das gewusst hätte, dann wäre ich stiller und getrösteter, ja, dann wäre ich wohl auch heiterer und von größerer Gelassenheit gewesen.‹«

Den Satz aus dem Philipperbrief möchte ich auch gerne ohne jegliche Einschränkung sagen können. Ich glaube an den Auferstandenen – und doch stellt diese irdische Welt noch viele Ansprüche und traktiert uns mit Skepsis und Bedenken, die unsere Gewissheit erschüttern. Helmut Thielicke hat recht, wenn er sich zu unserem Sprecher macht und unsere Zweifel und Fragezeichen formuliert. Zweifel machen unruhig, rauben unsere Heiterkeit und Gelassenheit. Zweifel lassen uns hektisch und geschäftig werden. Wir fliehen in die Zerstreuung. Wir verdrängen die Gedanken an Tod und Sterben.

Noch ist uns der Blick aus dem Raum der Ewigkeit verwehrt. Und doch machen wir die Erfahrung: Er ist unser Leben.

Als Johannes am nächsten Tag sah, dass Jesus auf ihn zukam, sagte er: »Dieser ist das Opferlamm Gottes, das die Schuld der ganzen Welt wegnimmt.«
JOHANNES 1,29

Gott kann Schuld nicht einfach ignorieren. Seine Gerechtigkeit fordert Wiedergutmachung. Der amerikanische Prediger Josh McDowell veranschaulicht diese Gerechtigkeit Gottes anhand einer Begebenheit, die sich in Kalifornien zugetragen hat: Eine junge Frau wurde wegen eines Verkehrsdeliktes vor Gericht geladen. Der Richter verlas die Anklageschrift und fragte: »Erklären Sie sich schuldig oder nicht schuldig?« Die Frau bekannte sich schuldig. Der Richter fällte das Urteil. Es lautete auf hundert Dollar Geldstrafe, ersatzweise zehn Tage Haft. Doch dann geschah etwas Überraschendes. Der Richter erhob sich, legte seine Amtstracht ab, verließ seinen Platz, zog seine Brieftasche hervor und zahlte die Strafe. Wie lässt sich das erklären? Ganz einfach: Der Richter war der Vater der Verurteilten. Er liebte seine Tochter, war aber auch ein gerechter Richter. Seine Tochter hatte das Gesetz übertreten, und er konnte nicht einfach zu ihr sagen: »Weil ich dich liebe, verurteile ich dich nicht. Du kannst gehen.« Dann wäre er kein gerechter Richter gewesen, hätte sogar selbst das Gesetz gebrochen.

Die Bibel macht deutlich, dass wir alle gesündigt haben. Die Strafe für unsere Sünde ist der Tod, und Gott muss das Todesurteil verkünden. Aber seine Liebe zu uns ist so unvorstellbar groß, dass er seinen Sohn als Opferlamm ausgewählt hat, um die Sünde der Welt zu sühnen.

Der Ausdruck »Lamm Gottes« ist so wunderbar, dass er zu einem der kostbarsten Titel Jesu Christi wurde. In diesem einen Ausdruck ist alle Liebe, das ganze Opfer, das gesamte Leiden und der großartige Sieg Jesu Christi zusammengefasst.

Ich bin ein Fremder gewesen, und ihr habt mich nicht aufgenommen.
MATTHÄUS 25,43

Eine fremde Stimme oder eine fremde Hautfarbe erscheinen vielen Menschen verdächtig. Sie haben das Gefühl, Fremde stehen ihnen im Weg und nehmen ihnen die Arbeit weg, weshalb sie sie ablehnen.

Die Dichterin Elisabeth Langgässer erzählte einmal eine Begebenheit. Am Eingang eines schönen Bergdorfes wollten Arbeiter einen Pfahl aufstellen, an dessen Spitze ein großes Schild genagelt werden sollte. Sie suchten sorgfältig nach dem günstigsten Platz, um ihr Schild anzubringen, denn es sollte »gewissermaßen als Gruß, den die Ortschaft jedem Fremden entgegenschickte«, dienen. Nach langem Suchen stellten sie ihr Schild unmittelbar neben ein Wegkreuz mit dem gekreuzigten Christus. Das schien ihnen der beste Platz zu sein, denn hier konnte jeder die Inschrift lesen. Und sie hatten recht, viele Menschen kamen vorbei und lasen, was auf dem Schild geschrieben stand. Langgässer schreibt: »Auch der sterbende Christus, dessen blasses, blutüberronnenes Haupt im Tod nach der rechten Seite geneigt war, schien sich mit letzter Kraft zu bemühen, die Inschrift aufzunehmen, sie ging ihn gleichfalls an ...« Und wie lautete die Inschrift? »In diesem Kurort sind Juden unerwünscht.«

Für Fremde ist hier kein Zuhause. Damals waren es die Juden, heute sind es Türken, Afrikaner, Übersiedler, Asylbewerber ... Menschen, die eine andere Religion, andere Sitten und Gebräuche, andere Eigenarten haben. Aber gerade in ihnen begegnet uns Jesus, in den Fremden, den Heimatlosen, den Vertriebenen, den Verfolgten. Jesus hat sich immer für Ausgestoßene und Abgelehnte stark gemacht. Wer sie antastet, tastet auch ihn an. Wie schrieb der katholische Theologe Romano Guardini: »Das ist aller Gastfreundschaft tiefster Sinn, dass einer dem anderen Rast gebe auf dem Weg nach dem ewigen Zuhause.«

Denk an deinen Schöpfer in der Jugend, ehe die bösen Tage kommen und die Jahre sich nahen, da du wirst sagen: »Sie gefallen mir nicht.«

PREDIGER 12,1

»Altwerden ist das schwerste Examen, das Gott uns zumutet«, hat ein weiser alter Mensch geschrieben.

Der Schriftsteller Edgar Allan Poe ist für seine spannenden, oft gruseligen Geschichten bekannt. Eine handelt von einem Gefangenen, der in einer Zelle sitzt und das unbarmherzige Gefühl hat, dass sich die vier Wände langsam, aber unaufhaltsam auf ihn zubewegen. Der Häftling muss erkennen, dass sein Lebensraum von Stunde zu Stunde kleiner wird und ihm allmählich die Luft ausgeht. Schließlich kann er die Tage berechnen, die ihm noch bis zum Ende verbleiben, bevor ihn die Wände grausam zermalmen werden. Er sieht keinen Ausweg, es gibt keine Tür, kein Fenster, keine andere Öffnung.

Solche Panikattacken können auch uns befallen, wenn unsere Erwartungen auf diese Weltzeit beschränkt bleiben. Ich denke zum Beispiel an einen Mann, der von Selbstmordgedanken geplagt wurde, weil er im Leben keinen Ausweg mehr sah. Auch für ihn gab es keinen Lichtblick, kein Schlupfloch, seine Welt war »mit Brettern zugenagelt«, wie wir zu sagen pflegen, wenn wir es mit Menschen ohne Hoffnung und ohne Zukunft zu tun haben.

Der Prediger hat recht: »Denk an deinen Schöpfer in der Jugend, ehe die bösen Tage kommen.« Das Alter wird gern mit den Jahreszeiten Herbst und Winter verglichen. Die Kraft der Sonne hat dann nachgelassen. Die klare Luft ist mit weiter Fernsicht verbunden. Das Reifen der Früchte und die Beeren an den Sträuchern sind eine letzte wunderbare Hymne an den lebendigen Gott. Aber Resignation und Verzweiflung müssen nicht das letzte Wort behalten, denn das Leben hat kein schreckliches Ende. Vielmehr heißt das Ziel Ewigkeit bei Gott. Wer aber von diesem irdischen Leben alles erwartet, der wird »böse Tage« doppelt schmerzlich empfinden.

Noch im Greisenalter gedeihen sie, sind saftvoll und grün.
PSALM 92,1–5

Von den Alten ist hier die Rede. »Sie werden sprossen wie Palmen und Zedern. Sie werden grünen in den Vorhöfen unseres Gottes.« So heißt es im Textzusammenhang.

Albert Schweitzer, der bekannte Arzt und universelle Denker, hat wunderbare Sätze über den alternden Menschen geschrieben: »Niemand wird alt, weil er eine Anzahl Jahre hinter sich gebracht hat. Man wird nur alt, wenn man seinen Idealen Lebewohl sagt. Mit den Jahren runzelt die Haut, mit dem Verzicht auf Begeisterung aber runzelt die Seele. Sorgen, Zweifel, Mangel an Selbstvertrauen, Angst und Hoffnungslosigkeit, das sind die langen, langen Jahre, die das Haupt zur Erde ziehen und den aufrechten Geist in den Staub beugen. Ob siebzig oder siebzehn, im Herzen eines jeden Menschen wohnt die Sehnsucht nach dem Wunderbaren. Du bist so jung wie deine Hoffnung, so alt wie deine Verzagtheit. Solange die Botschaften der Schönheit, Freude, Kühnheit, Größe, Macht von der Erde, den Menschen und dem Unendlichen dein Herz erreichen, solange bist du jung. Erst wenn die Flügel nach unten hängen und das Innere deines Herzens vom Schnee des Pessimismus und vom Eis des Zynismus bedeckt sind, dann erst bist du wahrhaft alt geworden.«

Wer dem Herrn vertraut, lässt die Flügel und die Mundwinkel nicht hängen. Wer sich vom Herrn begeistern lässt, egal wie alt er ist, der wird nicht vom Pessimismus und vom Zynismus, von Sorgen und Zweifeln in den Staub gebeugt. Der Psalmist sagt es: Noch im Greisenalter gedeihen diese Menschen, sie sind saftvoll und grün.

Wer sich gehen lässt, geht rückwärts. Wer alle Hoffnung fahren lässt, lebt hoffnungslos. Wer Pläne und Wünsche in Gottes Namen realisiert, bleibt häufiger als andere kraftvoll, frisch und im Saft.

Du, Herr, hast deine Vorschriften gegeben, damit man sich mit Sorgfalt danach richtet. Ich wünsche mir noch mehr Entschiedenheit, mich deinen Ordnungen zu unterstellen.
PSALM 119,4–5

Wenn Gottes Ordnungen einfach über den Haufen geworfen werden, dann baden Mensch und Tier dies aus. Die Folgen sehen wir überall: Die heutige westliche Gesellschaft wird von den Konsequenzen solcher Unterlassungen geprägt. Der Journalist und Politiker Peter Gauweiler kennzeichnet das Drama so: »Das sind Erosion und Verwahrlosung, Aids, Rinderwahnsinn und Creutzfeld-Jakob-Krankheit. Jetzt die Maul- und Klauenseuche, die wie ein großes Steppenfeuer ausgebrochen ist. Ist es ein Zufall, dass diese Debakel jetzt auftreten? ... Der Rinderwahnsinn (BSE) ist besser bekannt als Fütterungswahnsinn. Dahinter steckt der perfide Vorgang, zur Optimierung der Milchproduktion von Hochleistungskühen Tierkadaver zu verfüttern.«

Die Zahlen sprechen für sich. Millionen Tiere mussten wegen BSE-Verdachts geschlachtet und vernichtet werden. Noch einmal Peter Gauweiler: »Aber hinter diesem Unglück steckt mehr, eine übergreifende Verblendung: Es ist der rücksichtslose Wille, Grenzen zu beseitigen. Ein ›Fortschritt‹, der über Leichen rollt.«

Der lebendige Gott hat uns Vorschriften, Gebote und Ordnungen gegeben. Wer sie beiseiteschiebt, schadet sich und der Gemeinschaft. Nur wir selbst können – mit noch mehr Entschiedenheit, wie der Psalmist es für sich fordert – daran arbeiten, uns Gottes Ordnungen zu unterstellen.

Was meint ihr? Wenn ein Mensch hundert Schafe hätte und eins unter ihnen sich verirrte: Lässt er nicht die neunundneunzig Schafe auf den Bergen, geht hin und sucht das verirrte?
MATTHÄUS 18,12

Das Leben ist ein Labyrinth, in dem man sich schnell verirren kann. Das gilt für Schafe, und das gilt für Menschen. Die Angebote zur Gestaltung des Lebens gehen in die Tausende. Nicht wenige haben sich verirrt und finden sich im Wirrwarr der Angebote nicht mehr zurecht.

Eine griechische Sage erzählt von einem unterirdischen Labyrinth auf der Insel Kreta. Dort lebte ein Ungeheuer, halb Mensch, halb Stier, der Minotaurus. Alle neun Jahre mussten ihm sieben junge Mädchen und sieben junge Männer der Insel geopfert werden. Der Held Theseus meldete sich freiwillig zum Opfer. Ariadne, die Tochter des Königs von Kreta, hatte sich in Theseus verliebt und wollte ihn retten. Sie gab ihm ein Knäuel roten Garns, das ihm helfen sollte, aus dem Labyrinth wieder lebend herauszufinden. Theseus befestigte das Ende des Garns am Eingang und suchte dann den Minotaurus. Es gelang ihm, das Ungeheuer zu töten und unversehrt zurückzukehren.

Unser Herr will nicht, dass wir uns im Labyrinth dieser Welt verirren und vor die Hunde gehen. Er sucht gerade die Verlorenen und Verirrten. Er sucht nicht die Satten und Gerechten. Er geht nicht den Selbstzufriedenen und Gesunden nach. Er sucht die, die vom Wege abgekommen sind. Er ist der gute Hirte, der die Schafe, die die Orientierung verloren haben, zurückbringt. Unser Herr sucht die Verirrten und lässt sie nicht im Dreck und in der Sackgasse sitzen. Er selbst und sein Wort sind der rote Faden, der uns zu ihm zurückbringt, wenn wir uns in den zahllosen Angeboten dieser Welt verrannt haben. Ist das nicht ein tröstlicher Gedanke?

Wie ich mit Mose gewesen bin, werde ich mit dir sein;
ich werde dich nicht aufgeben und dich nicht verlassen.
JOSUA 1,5

Gott wird mit dir sein! Eine Verheißung, die stärkt und beflügelt. Eine Zusage, die Mut macht.

Pastor Heinrich Giesen, der ehemalige Direktor der Berliner Stadtmission, berichtete von einem Gottesdienst, den er als junger Mann in einer Herrnhuter Brüdergemeinde halten sollte. »Ich wartete in der Sakristei auf den Einsatz des Orgelvorspiels. Dabei seufzte ich, wie alle Diener am Wort seufzen vor ihrem Dienst, und zitterte, wie alle, die nicht predigen können. Da kommt der Bruder Schmidt in die Sakristei, legt seine Hand auf meine Schulter und sagt: ›Heinrich, Er ist da!‹ Mehr sagte er nicht, aber damit hat er alles gesagt.«

Keine Frage, damit ist alles gesagt! Er ist bei Mose gewesen, und er ist bei Josua gewesen. Er hat den Jona und Elia nicht aufgegeben, und er wird auch keinen von uns aufgeben. Er ist bei uns! Er hat Petrus nicht aufgegeben, der ihn dreimal verleugnete. Unvorstellbar, er hat sogar Judas jahrelang ertragen, obwohl er genau wusste, dass dieser ihn verraten würde.

Es ist wie in dem Gebet von den vierzehn Engeln, das die kleinen Kinder vertrauensvoll beten, wenn sie schlafen gehen. Vierzehn Engel stehen bei ihnen, am Kopf- und am Fußende. Wir werden gedeckt und geweckt, werden gehalten und getragen. Der lebendige Gott hat seine Diener überall. Welche Gelassenheit schafft seine Gegenwart! Er geht mit auf die Kanzel. Er geht mit in die Schule. Er wacht am Krankenbett und schließt unsere Augen, wenn wir den letzten Atemzug tun.

Müssten wir da nicht viel ruhiger, gelassener und zufriedener sein? Müssten wir nicht viel mehr Zuversicht auf unsere Umgebung ausstrahlen? Er ist bei uns, er gibt uns nicht auf!

Herr, ich rufe zu dir um Hilfe!
Du mein Beschützer, stelle dich nicht taub!
PSALM 28,1

Kein Anschluss unter dieser Nummer! Haben Sie das auch schon erlebt?

Ich wollte einen alten Bekannten anrufen, einen vertrauten Weggefährten. Jahrelang hatte ich nichts von ihm gehört. Wir hatten im CVJM zusammengearbeitet, hatten Hand in Hand Freizeiten organisiert und geleitet. Wir hatten zusammen gebetet und gefeiert. Wir hatten viel gelacht und viele ernste Gespräche geführt.

Ich wählte die acht Ziffern, die Nummer stand in meinem Kalender. Jedes Jahr wurde sie neu übertragen. »Gleich wird er sich melden! Wie überrascht er sein wird, meine Stimme zu hören! Ich freue mich schon auf seinen Tonfall, wenn er ›Hallo‹ sagt!« Aber dann, nach kurzer Verzögerung, meldete sich eine eiskalte Stimme. Eigentlich noch nicht einmal eine menschliche Stimme, eher ein technischer Laut, der mir eine Botschaft ins Ohr schob: »Kein Anschluss unter dieser Nummer!« Wie unvorstellbar gnadenlos klangen diese fünf Wörter! Später erfuhr ich dann auf Umwegen, dass er inzwischen verstorben war.

Kein Anschluss unter dieser Nummer ...

Gott sei Dank ist es bei unserem himmlischen Vater anders. Die Leitung zu ihm ist immer frei. Bei ihm gibt es kein Besetztzeichen. Er hat immer ein Ohr für uns. Allerdings haben wir manchmal den Eindruck, wenn wir eine konkrete Antwort brauchen, unsere Gebete würden an der Zimmerdecke kleben, würden nicht zu ihm durchdringen. Wir bekommen das Gefühl, wir reden ins Leere, spüren nichts von seiner Anwesenheit. Dann können wir mit dem Psalmisten sprechen: »Du mein Beschützer, stelle dich nicht taub!« Es stimmt, nicht immer hören wir Gottes Stimme, spüren seine Gegenwart. Aber das andere stimmt auch: Wenn wir beten, tönt niemals an unser Ohr: »Kein Anschluss unter dieser Nummer!«

Denn du hast nicht Gefallen an unserem Verderben:
Nach dem Gewitter lässt du die Sonne wieder scheinen,
und nach Klagen und Weinen überschüttest du uns mit Freuden.
Deinem Namen sei ewig Ehre und Lob, du Gott Israels.
TOBIAS 3,23

Ein Mut machender Gedanke: Du, Gott, hast keinen Gefallen an unserem Verderben.

Ein bekannter amerikanischer Theologe berichtet von einem erfolgreichen Geschäftsmann, den ein wirtschaftlicher Misserfolg in die Knie gezwungen hatte. Er war am Ende, gab aber trotzdem nicht auf. Wie ein Verzweifelter kämpfte er ums Überleben. Als der Theologe ihn fragte, wie er sich seinen Umschwung erklären könne, wo er doch alles verloren habe, antwortete der Mann: »Es war das Bild eines Schiffes, das ich gesehen habe. Es saß bei Ebbe auf dem Sand fest. Der Titel jenes Bildes lautete: Die Flut kommt immer zurück.«

Können wir uns diese Verheißung zu eigen machen? Nach einem Gewitter kann die Sonne wieder scheinen. »Nach Klagen und Weinen überschüttest du uns mit Freude.« Misserfolge, Pleiten und Enttäuschungen gehören zu unserem Leben. Aber wenn wir aufgeben und uns der Verzweiflung hingeben, ruinieren wir uns selbst, seelisch und körperlich.

Wer aufgibt, zweifelt an der Hoffnung.
Wer aufgibt, glaubt nicht an die Wende.
Wer aufgibt, verschmäht Gottes Möglichkeiten.

Behalten Sie das Bild des Schiffes im Auge: »Die Flut kommt immer zurück.«

Handelt nicht aus Selbstsucht oder Eitelkeit! Keiner soll sich über den anderen erheben, sondern ihn mehr achten als sich selbst. Verfolgt nicht eure eigenen Interessen, sondern seht auf das, was dem anderen nutzt.
PHILIPPER 2,3–4

Ehrgeiz spielt in unserer Leistungsgesellschaft eine große Rolle. Ein ehrgeiziger Mensch, ob jung oder alt, ist angesehen und geachtet. Doch hat der hoch geschätzte Ehrgeiz mehr als eine Schwachstelle. Vor allem, wenn wir ihn geistlich unter die Lupe nehmen. Ein gutes Beispiel ist der Film »Die Dornenvögel«. Der hochbegabte Pater Ralph tritt in Australien eine große Erbschaft an, die ihm in Rom beim Vatikan Ehre einbringen soll. Er verzichtet auf die Liebe zu einer jungen Frau. Er sagt zu ihr: »Ich liebe dich sehr, aber Gott steht an erster Stelle.« Er reißt sich von ihr los und kehrt nach Rom zurück, wo er zunächst Sekretär des Erzbischofs und später Kardinal wird. Der Erzbischof ist wie ein väterlicher Freund zu ihm. Aber er hat den jungen Priester durchschaut. In einer ruhigen Stunde sagt er zu ihm: »Sie haben sich in Australien nicht zwischen einer Frau und Gott entschieden, sondern zwischen einer Frau und dem Ehrgeiz.«

Wir möchten uns und den anderen vormachen, dass Gott über allem steht. Wir täuschen und belügen uns selbst. Nicht der lebendige Gott ist das einzige Motiv, Ehrgeiz, Eitelkeit und Anerkennungssucht sind die tief liegenden Triebfedern. Nicht nur Pater Ralph, der spätere Kardinal, wird von solchen Lebenslügen heimgesucht. Jeder von uns kennt diese raffinierten Selbsttäuschungen. Dieser getarnte fromme Ehrgeiz gaukelt uns ein frommes Selbstbild vor. Wir glauben an unsere Selbstlosigkeit. Wir glauben an unseren ehrbaren Ehrgeiz. Dabei verrät allein das deutsche Wort, dass sich der Ehrgeiz als ein äußerst fragwürdiges geistliches Streben entpuppt. In unserer Gesellschaft wird Ehrgeiz hoch geschätzt, und viele Christen erwarten von Predigern, Seelsorgern und Therapeuten, dass diese »heilige Kuh«, der Ehrgeiz, unangetastet bleibt. Wir sollten da achtgeben.

Eine jegliche Rebe, die da Frucht bringt,
wird er reinigen, dass sie mehr Frucht bringt.
JOHANNES 15,2

Christen sind dazu da, Frucht zu bringen. Wie geht das vor sich? Ein bekanntes Sprichwort sagt: »Sich regen bringt Segen.« Diese Volksweisheit spricht es unmissverständlich aus, dass feste Arbeit, Strebsamkeit und Tüchtigkeit den Segen Gottes zur Folge haben. Christen, die in einer Leistungsgesellschaft leben, werden pausenlos verführt, Tüchtigkeit mit Segen, Erfolg und Besitz mit Frucht und Opferbereitschaft und Selbstüberforderung mit Gottes Willen gleichzusetzen.

Die Faust-Tragödie von Goethe handelt von falschen Versprechungen, die uns die Welt macht, für die wir arglos unser Leben verkaufen. Goethes Theologie, die er im Faustdrama auf den Punkt bringt, lautet: »Wer immer strebend sich bemüht, den können wir erlösen.« Diese Schlussfolgerung ist theologisch falsch. Nicht unsere Tüchtigkeit, Strebsamkeit und Opferbereitschaft retten uns, sondern Christus allein.

Im »Theologischen Wörterbuch« von Ralf Luther heißt es: »Frucht ist Gewachsenes im Gegensatz zu Gekünsteltem. Frucht heißt das, was organisch aus einer Wurzel wächst; das Gegenteil davon ist das Gemachte, Gekünstelte, Gesteigerte ... Die innerste Art, die tatsächliche Lebensrichtung eines Menschen, ist daran zu erkennen, ob an ihm gute Früchte zu sehen sind, ob seine Güte, seine Wärme, sein Wohltun, seine Frömmigkeit, seine Liebenswürdigkeit ursprünglich und wurzelecht sind oder ob das alles Mache, Verstellung, Steigerung, von außen aufgedrückter Stempel, moralischer oder religiöser Drill ist.«

Jesus zeigt in den Abschiedsreden seinen Jüngern und uns, wie Früchte wachsen. Bleiben in Christus – wie eine Rebe am Weinstock. Er reinigt die Reben und damit uns. Er sorgt dafür, dass wir mehr Frucht bringen. Von unseren Anstrengungen ist keine Rede.

Ein gesunder Baum trägt gute Früchte und ein kranker Baum schlechte. Umgekehrt kann auch ein gesunder Baum keine schlechten Früchte tragen.
MATTHÄUS 7,17–18

Wie gesunde Bäume möchten wir Christen verwurzelt sein und Frucht bringen.

In seiner Schrift »Von der Freiheit eines Christenmenschen« greift Martin Luther das Bild vom Baum und den Früchten auf. Er schreibt: »Die beiden Sprüche sind wahr: Gute Werke machen nimmermehr einen guten Mann, sondern ein guter Mann tut gute Werke. Böse Werke machen keinen bösen Mann, sondern ein böser Mann macht böse Werke. So muss immer das Wesen oder die Person selbst zuvor gut sein, vor allen guten Werken; und die guten Werke folgen und gehen aus von der guten Person. Es ist ja klar, dass die Früchte nicht den Baum tragen, so wächst auch der Baum nicht auf den Früchten, sondern umgekehrt. Die Bäume tragen die Früchte, und die Früchte wachsen auf den Bäumen ... also muss zuerst die Person des Menschen selbst gut oder böse sein, ehe er ein gutes Werk tut. Seine Werke machen ihn nicht gut oder böse, sondern er selbst macht seine Werke gut oder böse.«

Frucht wächst von selbst. Kein Bauer stellt sich auf seinen Acker und appelliert an die Fruchtbarkeit der Erde. Früchte wachsen nicht auf Befehl. Sie reagieren nicht auf Appelle und Beschwörungen. Nur wir Menschen möchten gerne Früchte erzwingen. Als Seelsorger oder Prediger »bearbeiten« wir die Menschen, weil wir Frucht sehen wollen. Wir wollen Früchte erleben, wir drängen und manipulieren, dass Früchte sichtbar werden. Die Bibel hat recht: Der gute Baum bringt gute Früchte, und der Christ, der aus Christus lebt, wird Frucht bringen.

Er bleibt sich selbst treu, indem er alle als treu anerkennt, die sich einzig und allein auf das verlassen, was er durch Jesus getan hat.
RÖMER 3,26

Ohne Leistung und Erfolg fühlt sich der moderne Mensch hilflos und nutzlos. Leistung und Erfolg gehören – nach seiner Meinung – zum wahren Menschsein. Martin Luther, der bis zu seiner »Bekehrung« auch von dieser Tatsache überzeugt war, hat mit der »Reformation« eine Revolution im Denken, Fühlen und Handeln der Kirche eingeleitet. Und doch ist diese Revolution im Kopf der meisten Christen stecken geblieben. Sie wissen, dass es einzig und allein auf Christus ankommt, aber sie praktizieren das Gegenteil.

Der amerikanische Psychiater Chris Thurman hat über dreißig »Lügen, die wir glauben« zusammengestellt. In allen Lebensbereichen fand er Lügen, die wir Christen für wahr halten und die wir handfest praktizieren. Eine Lüge beschreibt er, die mit Leistung und Erfolg zusammenhängt. Im Sinne einer weithin akzeptierten Überzeugung lautet die Lüge: »Du bist nur so viel wert wie deine Leistung.«

Thurman kommentiert diesen Selbstbetrug folgendermaßen: »Viele dieser gehetzten Leute kommen bis an die Schwelle des Selbstmordes, wenn sie durch ihre Neigung, Wert und Leistung gleichzusetzen, Gefühlen des Versagens und des Selbsthasses ausgesetzt werden … In unserer Gesellschaft lautet die Botschaft nur zu oft: ›Du bist nur dann ein wertvoller Mensch, wenn du die Erfolgsleiter heraufsteigst, in einem großen Haus, in einem Vorort wohnst, ein teures Auto fährst, eine goldfarbene Kreditkarte besitzt, nur Designeranzüge trägst …‹ Diese Lüge ist schwer zu knacken!«

Das Erfolgsstreben hat viele Gesichter. Erfolg kann durch Kraft, Macht, Geschicklichkeit, Intelligenz, Schnelligkeit und Risikobereitschaft erzielt werden. Paulus deckt diese Lügen schonungslos auf. Nur wer sich einzig und allein auf Christus verlässt, kann gerettet werden. Alles andere ist Werk- und Selbstgerechtigkeit. Können wir mit dieser Aussage übereinstimmen?

Herr, zeige mir den Weg, den ich gehen soll;
lass mich erkennen, was du von mir verlangst.
PSALM 25,4

Viele Christen verwechseln Arbeitssucht mit Nachfolge. Sie wollen ihrem Herrn pausenlos dienen und glauben, wenn sie atemlos für ihn unterwegs sind, dass sie den Weg gehen, den er für uns bestimmt hat.

Ein amerikanischer Arzt bekennt von sich: »Immer wieder begegnen mir Menschen, die alles tun, um ihren Mangel an Zugehörigkeit und Wertschätzung dadurch auszugleichen, dass sie ihre persönlichen Leistungen in den Vordergrund stellen. Ihr Selbstwertgefühl hängt völlig davon ab, was sie vollbringen ... Auch mir ist es so ergangen. Schon sehr bald nach unserer Hochzeit wurde ich ein Workaholic. Als ich dreißig war und meine Ausbildung zum Psychiater beendet hatte, verbrachte ich kaum Zeit mit Jan und den Kindern. Stattdessen war ich bemüht, mein Ansehen zu steigern. Ich war ein religiöser Workaholic. Ich übte eine vollzeitige Lehrtätigkeit an der Trinity International University von Chicago aus, und nebenher praktizierte ich noch in Milwaukee mit einem Anfahrtsweg von 60 Meilen. Schließlich wollte ich mich noch weiterbilden. Um meinen christlichen Neigungen nachzukommen, kümmerte ich mich fast jeden Abend bei uns seelsorgerlich um Studenten. Sonntags leitete ich dann noch Seminare und Lehrveranstaltungen in verschiedenen Gemeinden. So ging es einige Jahre. Und ich war vollkommen überzeugt davon, dass ich mein Bestes tat, um Gott und meinen Mitmenschen zu dienen.«

Eine hilfreiche Selbstkarikatur eines Arbeitssüchtigen. Unser Herr Jesus ist kein Sklaventreiber. Er peitscht niemanden ins Aus. Wir ganz allein machen uns zu Arbeitssüchtigen. Darum ist Davids Gebet Gold wert: »Herr, zeige mir den Weg, den ich gehen soll!«

Gott selbst hat euch dazu berufen, für immer mit seinem Sohn Jesus Christus, unserem Herrn, verbunden zu sein, und Gott steht zu seinem Wort.
1. KORINTHER 1,9

Es geht um Berufung. Es gibt Christen, die hat Gott berufen und für Christus in den Dienst gestellt. Und es gibt andere, die haben sich selbst ernannt, stehen im Beruf und arbeiten für Christus.

Der ehemalige Managementberater Myron Rush, der unter Arbeitssucht litt und seelisch und körperlich völlig ausgebrannt war, schrieb nach seiner Umkehr: »Es ist mir aufgefallen, dass gläubige Christen, die ausbrennen, sich häufig getrieben fühlen, aber nicht berufen. Sie verlieren die Tatsache aus den Augen, dass Gott sie an ihre jeweilige berufliche Aufgabe oder in ein Vorhaben gestellt hat, mit der Zusage, sie mit allem zu versorgen, was sie zur Ausführung seines Willens brauchen. Trotzdem fühlen sie sich genötigt, die Arbeit eher für Gott zu tun, als sie durch ihn vollbringen zu lassen. Sie verlassen sich auf ihre eigene Stärke statt auf die Gottes.« Ein Wort, das ehrgeizigen Christen unter die Haut geht. Getriebene tun ihre Arbeit in erster Linie für sich selbst. Sie wollen Erfolg, wollen ankommen und ihr Prestige vergrößern. Sie powern, sind geschäftig, geraten in Hektik und überschreiten ständig ihre Kraftreserven. Der Berufene dagegen will Frucht bringen. Er stellt Gott in den Mittelpunkt. Er ist mit dem Herrn verbunden und verlässt sich auf seine Kraft. Der Getriebene überfordert sich. Der Berufene lässt sich von Gott fordern. Und der mutet keinem zu viel zu.

Arbeiten wir für Christus, und sind wir auf Erfolg angewiesen, oder lassen wir alle Arbeit durch ihn verrichten? Dann sind wir mit ihm verbunden, und die Arbeit frisst uns nicht auf.

12. FEBRUAR

Der Gottlose flieht, auch wenn niemand ihn jagt;
der Gerechte aber ist furchtlos wie ein junger Löwe.
SPRÜCHE 28,1

Wie gehen wir mit Angst um? Flucht ist ein beliebtes Verhaltensmuster, um der Angst auszuweichen. Die Flucht wird von dem katholischen Theologen Hans Küng so charakterisiert: »Es ist vielfach eine große Angst vor der eigenen inneren Leere, die uns dazu treibt, uns eine volle Agenda (Terminkalender) zuzulegen. Ohne einen ausgefüllten Arbeitstag bin ich ein halber Mensch.«

Und der bekannte Tennisspieler Ivan Lendl sagte in einem Gespräch: »Ich habe Angst, ganz tief in mich zu sehen, weil dort vielleicht nichts ist. Tennis ist Leben. Es bewahrt mich vor dieser Angst.«

Die Bibel hat recht. Der Gottlose flieht in die Arbeit, in die Leistung, ins Vergessen, in die Zerstreuung, um seiner Leere nicht begegnen zu müssen. Menschen, die ihren Wert allein in Arbeit und Leistung suchen, müssen mit Angst reagieren, wenn die Kräfte nachlassen, wenn die Gesundheit beeinträchtigt ist, wenn der Körper streikt. Ihr Wert hängt in der Luft. Die Angst wird übermächtig.

Der Mensch, der Gott vertraut, ist »furchtloser«. Er weiß sich in Christus geliebt und angenommen und muss sich nicht durch Erfolg und Leistung selbst beweisen.

Denn wer sein Leben erhalten will, der wird es verlieren; wer aber sein Leben verliert um meinetwillen, der wird's erhalten.
LUKAS 9,24

Loslassen können ist eine Kunst. Wer loslässt, wird beschenkt.

Ein Theologiestudent erzählt in einer Zeitschrift folgende Geschichte: In England lebte eine Familie, die eine wunderschöne und wertvolle chinesische Mingvase besaß. Eines Tages rief die Frau den Mann an seinem Arbeitsplatz an, um ihm mitzuteilen, dass der fünfjährige Sohn seine Hand in die Vase gesteckt habe und sie nicht mehr herausziehen könne. Er solle sofort nach Hause kommen. Aber der Mann konnte nicht helfen und rief in seiner Not die Feuerwehr. Alle versuchten, den Sohn von der teuren Vase zu befreien. Sie probierten es mit kaltem und heißem Wasser, mit Butter und anderen Gleitmitteln. Nichts half. Also beschloss der Feuerwehrmann, dass die Axt zum Einsatz kommen müsse. Da sagte der Sohn zum Vater: »Daddy, soll ich den Penny loslassen, bevor der Mann die Vase kaputt schlägt oder danach?« Der Sohn hatte eine Münze in der Vase entdeckt und hielt das Geldstück krampfhaft fest.

Nicht nur Kindern, auch Erwachsenen fällt das Loslassen schwer. Besitz, Menschen, Ehre, Ämter und Ehrgeiz – wir wollen alles festhalten, so wie der Junge die Münze. Jeder von uns klammert sich an Dinge, die ihm viel bedeuten. Es ist schwierig, geliebte Menschen loszulassen. Und dann erst das Leben. Viele sind überzeugt: Gesundheit ist das höchste Gut. Jesus ist konsequent: »Wer sich abstrampelt, um das Leben zu erhalten, der wird es verlieren.«

Menschen, die von Hektik und Hetze umgetrieben werden, können nicht loslassen. Sie wirken angespannt und nicht gelassen. Sie selbst wollen sich alles für ihr Leben erzwingen. Aber nur wer sich voll auf unseren Herrn einlässt, wer sein Vertrauen voll auf ihn setzt, der wird sein Leben erhalten.

Mehr als auf alles andere achte auf deine Gedanken, denn sie bestimmen dein Leben.
SPRÜCHE 4,23

Der römische Kaiser Marcus Aurelius regierte etwa 150 Jahre nach Christus in Rom. Er beschäftigte sich intensiv mit der Wahrheit. Er wurde bekannt als der großherzigste und gewissenhafteste römische Kaiser. In seinen Meditationen schrieb er folgenden Satz: »Nicht die Tatsachen bestimmen unser Leben, sondern wie wir darüber denken.« Die Gedanken machen eine Sache gut oder böse. Ja, die Gedanken bestimmen unser Leben. Nun gibt es positive und irrige Gedanken. Es gibt einen Irrglauben, der aus negativen Gedanken besteht.

Zwei Amerikaner, William Backus und Marie Chapian, haben sich intensiv mit diesem Phänomen auseinandergesetzt. Bei ihnen heißt es: »Wenn Sie etwas glauben, handeln Sie danach. Aus diesem Grunde sind Ihr Glaube beziehungsweise Irrglaube die wichtigsten Faktoren Ihres geistigen und emotionalen Lebens. Was bedeutet Irrglaube? Er ist wohl die geeignetste Bezeichnung für die teilweise lächerlichen Dinge, die wir uns einbilden. Es ist erschreckend, welches Leid wir uns selbst durch verletzte Gefühle und durch wahre Festungen negativer Gedanken zufügen. Der Grund für eine durcheinandergeratene Gefühlswelt, für falsche Verhaltensweisen und sogenannte ›psychische Erkrankungen‹ sind irrige Überzeugungen ... Ansprüche wie ›Was ich auch anfange, es geht immer schief‹ oder ›Ich mache immer so viele Fehler‹ sind deutliche Beispiele hierfür ... Wenn Sie solche Worte für wahr halten, glauben Sie dieser Lüge.«

Der Irrglaube besteht aus Ängsten, negativen Gedanken und irrigen Überzeugungen. Wem vertrauen wir mehr, den irrigen Überzeugungen, die wir im Herzen produzieren, oder der Zusage aus der Bibel: »Ich vermag alles durch den, der mich mächtig macht: Christus«?

Dein Wort ist meines Fußes Leuchte und ein Licht auf meinem Wege.
PSALM 119,105

Gottes Wort und unser Wort – das sind zwei Welten. Noch niemals zuvor wurden so viele Worte geschrieben, gesprochen, gesungen und verbreitet wie heute. Worte und Informationen überfluten uns. Ein unendlicher Wortregen berieselt uns Tag und Nacht. Welchem Wort sollen wir da vertrauen?

Der Kabarettist Hanns-Dieter Hüsch, ein gläubiger Katholik, hat ein Buch veröffentlicht, das den bezeichnenden Titel trägt: »Das erste und das letzte Wort«. An einer Stelle schreibt er: »Wenn alles ausgeredet, ausgerechnet, kalkuliert und spekuliert, wenn alles tausendfach erklärt, bewiesen, aufgesagt und abgeschrieben, widerrufen, hinausposaunt, manipuliert und propagiert, hundertprozentig prophezeit, dokumentiert und illustriert, korrigiert, vorgeworfen, nachgeworfen ... und wenn dann alles, wirklich alles, ausgeredet hat und sprachlos ist, dann möge Gott der Herr uns immer wieder sagen, uns immer wieder zeigen, dass nur sein Wort, das erste und letzte Wort, dass unser Tun und Hören seinem Wort entsprechen möge. Denn sein Sprechen ist unser täglich Brot.«

Er hat recht: Wir haben das menschliche Wort aufgesagt und abgeschrieben, dementiert und falsch betont, propagiert und suggeriert. Und wenn wir endlich sprachlos sind, dann können wir nur hoffen und beten,

> dass sein Wort unseres Fußes Leuchte wird;
> dass wir unseren Mund halten und dass sein Wort uns Orientierung gibt;
> dass wir uns nicht durch Millionen Worte verrückt machen lassen.

Wenn sein Wort unsere Speise wird, sind wir gegen die Wortflut in Zeitungen, Rundfunk und Fernsehen geschützt. Dann wissen wir, was wir zu tun und zu lassen haben.

Darum sollt ihr also beten: Unser Vater in dem Himmel.
MATTHÄUS 6,9

Das ist die Anrede des Vaterunsers, des Gebets, das Jesus seine Jünger lehrte.

Der bekannte Fernsehpfarrer Adolf Sommerauer sagte zu diesem Gebet: »Ich muss mich wahrhaftig nicht genieren, wenn ich die Bitte wiederhole: Hantieren Sie beim Gebet nicht mit so vielen Vorsichtsmaßnahmen, sondern beten Sie in der Art, wie Jesus es gelehrt hat! Viele Gebete werden im Stil einer Buchführung vor Gott gebracht. Man ist ängstlich darauf bedacht, keinen Wunsch zu vergessen, und plappert wie die Heiden, als ob die Kraft des Gebetes in der Beredsamkeit und Vollzähligkeit der Wünsche liegen würde.«

Reden Sie mit Gott wie mit Ihrem leiblichen Vater. Sagen Sie ihm alles, was Sie bewegt! Die Sätze müssen nicht schön und gedrechselt klingen.

Das Gebet des Herrn ist ein Kernstück unserer Gottesbeziehung. Beten ist die Kontaktaufnahme mit dem lebendigen Gott, unserem Vater. Im Gebet geschieht eine personale Beziehung. Wir reden nicht vom lebendigen Gott, um ihn zu vermenschlichen. Gott ist Person, weil er sich uns in Liebe zuwendet. Nur Personen können sich begegnen. Zwei Partner reden miteinander, die ich und du sagen können.

Beten müssen wir lernen. Nicht umsonst bitten die Jünger ihren Herrn: »Herr, lehre uns beten!« Wer die Hohe Schule des Gebetes lernen will, muss üben. Auch das andere gilt: Wir sollen beten. Jesus erlaubt es nicht nur – er gebietet es uns. Beten heißt: den Vater anrufen. Beten ist in der Tat der ›höchste und wichtigste Gottesdienst‹, wie Martin Luther gesagt hat.

Aber ich weiß, dass mein Erlöser lebt, und als der Letzte wird er sich über dem Staub erheben.
HIOB 19,25

Aus diesem Bekenntnis spricht eine untrügliche Erfahrung.

Über Hiob ist das Chaos hereingebrochen. Er sitzt buchstäblich auf den Trümmern seines Lebens. Der Zerschundene und Verzweifelte hält aber aus Erfahrung an seinem Erlöser fest. Er weiß, dass Gott als sein Anwalt lebt. Hiob hat gute und bittere Erfahrungen sammeln müssen. Aber er gibt nicht auf.

Der ehemalige Präses der Rheinischen Kirche, Peter Beier, hat sich mit Glauben und Erfahrung auseinandergesetzt. Er formuliert: »Legitimiert Erfahrung den Glauben oder lebt der Glaube aus sich selbst? Bedarf er der Sichtbarkeit, bedarf er demonstrierbarer Erfahrung? Die Antwort fällt durchaus nicht so leicht, wie es zunächst scheinen mag. Glaube, der Erfahrung und Erleben ausschließt (als Möglichkeit, als Geschenk, als Einsicht), entleert sich selbst. Das Wort Gottes reizt gerade dazu an, mit diesem Wort Erfahrungen im Alltag der Welt zu machen. Glaube aber, der erst durch Erfahrung legitimiert wird, entwürdigt diesen zu einer menschlichen (religiösen!) Möglichkeit unter anderen, während er doch Geschenk des souveränen Wortes Gottes bleibt, das betrifft und betroffen macht, wo und wann und wen immer es will. Das heißt: Der Glaube hält sich an ein bloßes, hörbares (nicht sichtbares) Wort, das auch ebenso wohl eine Illusion sein könnte, und wagt es, damit zu leben – selbst wenn alle religiöse Erfahrung ausbleibt. Spiritualität als Methode von Selbstvergewisserung oder gar Selbstdarstellung christlichen Glaubens ist unevangelisch und für mein Empfinden verwerflich.«

Hiob wäre in Verzweiflung untergegangen, wenn er lediglich blutleere dogmatische Formeln nachgesprochen hätte. Hiob weiß, dass sein Erlöser lebt. Haben wir auch diese Glaubensgewissheit erfahren?

Dein Wille geschehe wie im Himmel so auf Erden.
MATTHÄUS 6,10

Den Willen Gottes zu akzeptieren fällt nicht leicht. Die Bitte im Vater-unser-Gebet ist für viele Menschen eine Anfechtung.

Johann Sebastian Bach, der berühmte Kantor der Thomaskirche in Leipzig, war im Alter blind geworden. Da teilte ihm sein Freund, Pfarrer D., eines Tages mit, dass ein berühmter Augenarzt in die Stadt gekommen sei und sich bereit erklärt habe, seine Kunst an ihm zu versuchen, wenn er sich einer Operation unterwerfen wolle. »In Gottes Namen!«, sagte der alte Bach. Schließlich kam der Tag, aber – die Operation misslang! Als der Arzt nach vier langen Tagen die Binde von Bachs Augen löste und die umstehende Familie den geliebten Vater erwartungsvoll fragte: »Kannst du sehen?«, antwortete er: »Des Herrn Wille geschehe! Ich sehe nichts.« Als alle Umstehenden darüber weinten und den alten Mann bemitleiden wollten, rief er: »Singt mir lieber mein Lieblingslied: ›Was mein Gott will, geschehe allzeit, sein Wille ist der Beste!‹«

Gebetserhörungen sind in der Welt der Christen alltäglich. Aber genauso alltäglich sind Gebete, die sich nicht erfüllen, wenn Menschen es wünschen. Es sterben unschuldige Kinder an Krebs, es sterben Menschen im Krieg. Und bei Terroranschlägen werden sowohl Christen als auch Menschen ohne Gott zum Opfer. Eine Frau sagte mir einmal im Gespräch: »Ich habe gebetet wie ein Weltmeister, aber geschehen ist nichts.«

Wie sagte Dietrich Bonhoeffer: »Gott erhört alle unsere Gebete, aber er erfüllt nicht alle unsere Wünsche.« Ich möchte mich auf das Mut machende Lutherwort stützen: »Wenn nicht geschieht, was wir wollen, geschieht, was besser ist.« Gott schenke uns das Vertrauen, diese Wahrheit realisieren zu können.

Da antwortete Simon Petrus und sprach:
Du bist Christus, des lebendigen Gottes Sohn.
MATTHÄUS 16,16

Petrus gibt ein persönliches Zeugnis aus persönlicher Erfahrung. Dieses Bekenntnis ist kein auswendig gelernter Satz aus dem Katechismus. Dieses Wort ist mehr als eine wichtige Antwort auf eine theologische Frage. Ein amerikanischer Theologe schreibt: »Über persönliche Erfahrungen des Glaubens spricht man in vielen protestantischen und katholischen Kirchen selten oder überhaupt nicht. In lutherischen Pastorenkonventen sprechen Pastoren über Christologie und Ökologie, über Sexualität und Informatik, aber so gut wie nie über persönliche Erfahrungen mit Jesus. Die Sprache der Frömmigkeit als Ausdruck der Liebe zu Jesus ist tabuisiert. Hier herrscht unter emanzipierten ebenso wie unter konservativen Theologen eine merkwürdige Prüderie.«

Helmut Thielicke drückt sich so aus: »Deshalb also verhalten die Jünger sich nicht wie die Angestellten eines Archivs, die mit historischen Dokumenten hantieren, sondern sie sind Zeugen eines schicksalhaften Geschehens, das ihr Leben aus den Angeln gehoben hat. Darum ist das Bezeugte niemals ablösbar von ihnen selbst und von dem Reim, den sie sich darauf machen können. Der Zeuge redet immer auch von sich selbst und von dem, was ihm begegnet ist. Er redet sehr persönlich, und man sollte das nicht durch den Begriff ›subjektiv‹ verballhornen. So können sie über das Vergangene und einst Geschehene mehr berichten, ohne es ständig durch den Erfahrungsschatz zu kommentieren.«

Erfahrungen sind immer auch menschlich gefärbt. Unser Temperament und unsere Persönlichkeit spiegeln sich in den Erfahrungen. Solche Einsichten können wir nicht unter den Teppich kehren. Aber ohne intensive Erfahrungen mit Jesus bleibt unser Glaube blutleer. Welche Erfahrungen haben Sie mit Jesus gemacht?

Du selbst bist die Quelle, die uns Leben schenkt.
PSALM 36,10

Eine Quelle ist lebensnotwendig. Wenn die Quelle versiegt, fließt kein Wasser mehr. Das hat zur Folge, dass auch das Leben stirbt.

Pfarrer Konrad Eißler erzählt von einer Freizeit, die er mit 50 Jungen veranstaltete. Gemeinsam radelten sie erst um den Bodensee, dann ging es hinauf zu einer Almhütte. Schlafen in Viehboxen, Essen im Heuschober und Trinken aus dem Brunnen vor dem Tor waren angesagt. Und dann passierte es: Aus dem Brunnenrohr kam kein Wasser mehr! Der alte Senn wurde alarmiert. Der kletterte den Berg hinauf und untersuchte den Brunnen. Schließlich zog er eine tote, bereits aufgedunsene Kröte aus der Leitung. Deshalb hatte das Wasser auch einen solch dumpfen Beigeschmack gehabt! Aber von da an sprudelte das Wasser wieder quellfrisch. Pfarrer Eisler wörtlich: »Nun gibt es nicht nur Quell-, sondern auch Lebenswasser. Bei manchen läuft es spärlicher. Das arme Rinnsal wird zum dünnen Faden und hört schließlich ganz auf. Eine Katastrophe für die durstige Seele. Es gibt ja nicht nur verendete Kröten, die das Rohr verstopfen, sondern auch gestorbene Hoffnungen, gestorbene Planungen, gestorbener Glaube. Einen menschlichen Rohrputzer, einen ›Mister Rohrfrei‹ gibt es nicht. Aber wir wissen um einen anderen. Der Heilige Geist ist der richtige Rohrputzer. Er kann verstopfte Leitungen frei blasen.«

Jesus ist die Quelle und das Wasser des Lebens zugleich. Leben wir aus ihm oder aus Wasserlöchern, die Leben versprechen, aber einen unstillbaren Durst hinterlassen? Menschen hungern nach einem erfüllten Leben. Er ist der Sinn und der Kern wahren Lebens. Der Psalmist hat es erfahren: »Du bist die Quelle, die uns Leben schenkt.«

Wenn zwei unterwegs sind und einer hinfällt, dann hilft der andere ihm wieder auf die Beine. Aber wer allein geht, der ist übel dran, wenn er fällt, weil keiner ihm helfen kann.
PREDIGER 4,11

Allein sein und einsam sein sind verwandte Eigenschaften. Wer allein geht, hat es schwerer. Ich möchte es an einem Beispiel demonstrieren. Wir machten in unseren Seminaren der therapeutischen Seelsorge, die bestrebt ist, den Menschen nach Leib, Seele und Geist zu helfen, oft eine Übung. Den Teilnehmern wurde folgende Aufgabe gestellt: »Stellen Sie sich vor, Sie sind ein Boot. Wählen Sie in Ihrer Vorstellung ein Boot aus, von dem Sie meinen, dass es Ihrem Wesen und Ihrem Denken am ehesten entspricht. Was ist das für ein Boot? Welche Eigenschaften hat es? Beschreiben Sie es in höchstens 15 Zeilen.« In der Regel beschreiben die Teilnehmer ein Boot, das unbewusst, aber eindrücklich den Charakter ihrer Person spiegelt. Schwächen und Stärken, Mängel und Gaben kommen in der »Bootsgeschichte« zur Sprache.

Eine Teilnehmerin schrieb: »Ich bin ein Ruderboot, allein auf dem Meer. Ein Ruderblatt ist zerbrochen. Weit und breit sehe ich kein Schiff, das mir Hilfe bringen könnte. Verzweifelt suche ich das Meer nach Hilfe ab. Mich packt eine gewaltige Resignation.« Diese Beschreibung spricht für sich. Hoffnungsloser kann niemand seine Situation beschreiben. Es handelte sich um eine Frau, die vom Mann verlassen worden, in schwere Depressionen verfallen war und sich von Gott und der Welt im Stich gelassen fühlte. Sie sah nur Wellen und Wasser, die sie jeden Augenblick verschlingen konnten. Sie selbst war machtlos, ein Ruder gar war zerbrochen. Die Resignation hatte ihren Glauben an Gott erdrückt. Wer – wie Petrus – nur auf die Wellen und das Meer schaut, versinkt in Verzweiflung. In der Bootsgeschichte hatte die Frau sich offenbart. Doch nun waren auch Menschen da, die ihr beistanden und den »Untergang« verhindern konnten. Der Glaube an den lebendigen Gott, der niemand im Stich lässt, keimte bei ihr wieder auf.

Wenn ihr fastet, dann setzt keine Leidensmiene auf wie die Heuchler. Sie machen ein saures Gesicht, damit jeder merkt, dass sie fasten.
MATTHÄUS 6,16

Passionszeit ist Fastenzeit. Dr. Friso Melzer schrieb über das Fasten: »Die Kirche hat das Fasten als Ordnung geistlichen Lebens ins Kirchenjahr aufgenommen. Für solche Zeiten (Fasten im Advent und vor allem vor Ostern) gelten besondere Fastenordnungen. Zum Fasten im weiteren Sinne gehört Enthaltsamkeit gegenüber allem, was den Christen am geistlichen Leben und Wirken hindern will; so fasten wir gern vor dem heiligen Abendmahl, halten unsere ›Stille Zeit‹ gern nüchtern, enthalten uns weltlicher Zerstreuung am Sonntag und wann immer es gut ist.« Fasten kann allerdings zum frommen Werk entarten. Die Leidensmiene der Christen ist eine verlogene und heuchlerische Fassade. Zu Recht hat Jesus das Fasten als »frommes Werk«, mit dem man sich das Heil verdienen kann, abgelehnt.

Auch ein Rabbi hielt nichts vom selbstverordneten Fasten. Darum riet er: »Anstatt deinen Magen zu zähmen, wäre es besser, du zähmst dein Herz!«

Jesus und seine Jünger haben das Fasten selbst geübt und empfohlen. Jesus fastete vierzig Tage und Nächte. Es dauerte Tag und Nacht. Im Kampf gegen böse Gewalten siegt nur, wer Jesu Wort befolgt: »Diese Art fährt nur aus denn durch Beten und Fasten.« Fasten hat etwas mit Selbstzucht zu tun. Wir verzichten auf Vergnügungen, die uns lieb sind. Wir wollen sichergehen, dass wir Herr über sie sind und nicht umgekehrt.

Er (Jesus) sprach zu ihm: »Du hast recht geantwortet; tu das, so wirst du leben.«
LUKAS 10,28

Was ist wahres Leben? Worauf kommt es an? Ein Pharisäer fragt Jesus nach dem wahren Leben. Jesus bittet den Schriftgelehrten, selbst die Antwort zu geben. Der kluge Mann gibt die präzise Antwort: »Du sollst den Herrn, deinen Gott, lieben von ganzem Herzen, von ganzer Seele, von allen Kräften und von ganzem Gemüt und deinen Nächsten wie dich selbst.« Und Jesus antwortet mit dem obigen Wort.

Worauf es beim wahren Leben im Einzelnen ankommt, hat Eva Thiele-Winckler so formuliert: »Es kommt nicht darauf an, glücklich zu sein, sondern andere glücklich zu machen. Es kommt nicht darauf an, zu genießen, sondern mitzuteilen. Es kommt nicht darauf an, sich selbst durchzusetzen, sondern sich selbst zu verleugnen. Es kommt nicht darauf an, sein Leben zu finden, sondern es zu verlieren. Es kommt nicht darauf an, dass Gott unseren Willen tut, sondern dass wir seinen Willen tun. Es kommt nicht darauf an, ob wir lange leben, sondern dass unser Leben den richtigen Inhalt hat. Es kommt nicht darauf an, was die Menschen von uns denken und sagen, sondern was wir vor Gott sind. Es kommt nicht darauf an, ob wir viel Erkenntnis haben, sondern ob wir das Erkannte in die Tat umsetzen.«

Der Schriftgelehrte hat das wahre Leben erkannt. Ob er es auch realisiert, ist eine andere Sache. Ergeht es uns anders? Wir haben viele Wahrheiten begriffen, aber haben wir sie ergriffen? Praktizieren wir sie? Wir haben seine Botschaft gehört, aber gehorchen wir ihr auch? Jesus gibt uns die gleiche Antwort wie dem Pharisäer: »Tu das, so wirst du leben.«

Fragt immer, was dem Herrn gefällt! Beteiligt euch nicht an dem finsteren Treiben, das nur verdorbene Frucht hervorbringt. Im Gegenteil, deckt es auf! Man muss sich schämen, auch nur zu nennen, was manche heimlich tun.
EPHESER 5,10FF

In einer wissenschaftlichen Zeitschrift las ich über einen neuen Kulturtrend: Trash-Kultur. Ich habe im Lexikon nachgeschlagen, was das englische Wort »Trash« bedeutet: Abfall, Plunder, Unsinn, Blech, Kitsch.

Ein Philosophieprofessor beschreibt diesen Trend so: »Die Kultur des Trash erobert unseren Alltag. Ihr Markenzeichen: Entblößung und Enthemmung, Rülpsen ohne schlechtes Gewissen ... Die sexuelle Drastik der Werbeplakate, die hohle Geschwätzigkeit der Antihelden des Privatfernsehens, die Vulgarisierung von Kleidungscodes – in ihnen manifestiert sich ein Gemeinsames: die Kultur des Trash, die unseren Alltag immer mehr kolonialisiert und die Liebhaber des Dezenten und Leisen der Lächerlichkeit preiszugeben droht.« Wohlgemerkt, das ist keine Kritik aus der christlichen Szene!

Die Entblößung des Fleisches und der Seele ist widerlich. Wie kommen Fachleute aber zu dieser Sicht? Sie erleben, dass Dieter Bohlens Selbstentblößung auf der Bestsellerliste erscheint und der Fußballspieler Stefan Effenberg mit ähnlichen Enthüllungen nachzieht. Sich in der Öffentlichkeit zu prostituieren scheint »in« zu sein. Lassen wir noch einmal den Philosophen zu Wort kommen: »Die Veralltäglichung des Trash ist daher die Geburtsstunde einer neuen Form kleinbürgerlichen Ungeistes.«

Paulus gibt uns eine hilfreiche Orientierung: »Fragt immer, was dem Herrn gefällt!« Den »Plunder« und den »Abfall« müssen wir nicht mitmachen, obwohl die Versuchung groß ist, sich den »Schwachsinn« und den »kleinbürgerlichen Ungeist« in den Medien anzuschauen. Paulus bringt es auf den Punkt: »Darum achtet genau auf eure Lebensweise. Lebt nicht wie Unwissende, sondern wie Menschen, die wissen, worauf es ankommt.«

Deshalb habt keine Angst vor der Zukunft! Es ist doch genug, wenn jeder Tag seine eigenen Lasten hat. Gott wird auch morgen für euch sorgen.
MATTHÄUS 6,34

Es geht um das Heute. Sie kennen bestimmt das Sprichwort: »Morgen, morgen, nur nicht heute, sagen alle faulen Leute.« Es gibt aber auch die Übereifrigen, die sich selbst überholen, die Fortschrittlichen, die heute schon das Morgen bewältigt haben.

Die Firma Sony verwirrt ihre Kunden gern mit knackigen Werbesprüchen. Einer lautet: »Tomorrow starts today (Morgen beginnt heute)!« Das ist eine schreckliche Perspektive. Keine Pause mehr, alles hat schon begonnen, innehalten ist unmöglich. Das Morgen haben wir heute bereits bewältigt. Die Veränderung von Morgen ist heute schon geleistet. Was ist die Folge? Wir liegen abgehetzt am Boden, wir sind mit den Nerven fertig, und unser Körper versagt den Dienst. Nein, so wollen wir nicht leben!

Heute wollen wir Gott loben.
Heute wollen wir seine Stimme hören.
Heute wollen wir ihm danken.

Die Vergangenheit ist erledigt.
Das Gestern ist passé.
Das Heute ist gefragt.
Das Morgen legen wir getrost in Gottes Hände.

Wir grübeln nicht und machen uns nicht darüber verrückt, was morgen geschieht. Gelingt es uns, Jesus beim Wort zu nehmen? Die Zukunft verantwortet er. Daher ist unsere Angst überflüssig. Über das Morgen müssen wir uns nicht den Kopf zerbrechen. Aber ohne Vertrauen holen uns die Ängste ein. Wie sagte Christoph Blumhardt: »Heute lebt Er, heute ist Er da, heute sollst du Seine Kraft spüren, dass heute dein Leben vom Tode befreit wird.«

Jesus sagte zu ihnen: »Warum habt ihr solche Angst. Ihr habt so wenig Vertrauen!« Dann stand er auf und bedrohte den Wind und die Wellen.
MATTHÄUS 8,26

Vertrauen ist der Schlüssel für alle guten Beziehungen. Vertrauen ist die Basis zwischen Jesus und uns. Ohne Vertrauen leiden alle zwischenmenschlichen Beziehungen. Ohne Vertrauen ist unser Glaube krank.

Ein gläubiger amerikanischer Theologe und Psychotherapeut macht diesen Zusammenhang an einem simplen Beispiel deutlich. Er schreibt: »Im Augenblick, da ich diese Zeilen schreibe, sitze ich auf einem Stuhl. Und während Sie diese Zeilen lesen, sitzen auch Sie wahrscheinlich auf einem Stuhl. Während Sie nun auf Ihrem Stuhl sitzen, sollten Sie einmal Ihre Füße vom Boden heben. Damit setzen Sie Ihr ganzes Vertrauen in den Stuhl, dass er Sie hält. Da Sie nicht allwissend sind, können Sie nicht hundertprozentig sicher sein, dass er nicht doch unter Ihnen zusammenbricht. Trotzdem setzen Sie Ihr vollkommenes Vertrauen in diesen Stuhl und verlassen sich darauf, dass er Sie hält. Entsprechend können Sie auch Ihr Vertrauen in Jesus setzen und ihn zu Ihrem Herrn und Heiland machen. Wenn Sie auf Ihrem Stuhl sitzen, bekommen Sie den sicheren Halt, ohne dass Sie etwas dazu tun; und wenn Sie sich auf Jesus verlassen, dann bekommen Sie gleichfalls völlig umsonst das ewige Leben.«

Ist es nicht ein überzeugend schlichtes Beispiel? Wir vertrauen dem Stuhl blindlings und ohne Einschränkungen, und beim Herrn der Welt kommen uns tausend Zweifel und Vorbehalte.

Die Jünger sitzen mit dem Sohn Gottes in einem Boot. Aber sie lassen sich von Sturm und Wellen in Angst bringen. Sie verlassen sich mehr auf ihre Befürchtungen als auf die leibhaftige Gegenwart ihres Herrn und Meisters. »Ihr habt zu wenig Vertrauen!« Geht uns dieser Vorwurf nicht auch unter die Haut?

Fürchtet euch nicht vor denen, die den Leib töten, doch die Seele nicht töten können: Fürchtet euch vielmehr vor dem, der Leib und Seele verderben kann in der Hölle.
MATTHÄUS 10,28

Mit der Hölle ist nicht zu spaßen. Ich bin zwar kein Freund von Angst machenden Höllenpredigten, aber der Ort der Finsternis ist etwas, das wir ernst nehmen müssen.

Der brasilianische Schriftsteller und Nobelpreisträger Paulo Coelho erzählt eine nachdenkliche Geschichte über die Hölle. Nach dem Tod fand sich ein Mann an einem wunderschönen Ort wieder. Er war umgeben von all dem Luxus und all der Schönheit, von der er stets geträumt hatte. Ein weiß gekleideter Mann kam auf ihn zu. »Du hast das Recht, alles zu tun, was du willst. Du kannst alles essen, alles genießen, dich mit allem zerstreuen, was du dir wünschst«, sagte er zu ihm. Der Mann war begeistert und tat alles, wonach er sich sein Leben lang gesehnt hatte. Nachdem er sich ein paar Jahre lang alle Wünsche erfüllt hatte, suchte er den Mann in Weiß auf: »Ich habe alles ausprobiert, wozu ich Lust hatte. Jetzt brauche ich eine Arbeit, um mich wohlzufühlen.«

»Tut mir leid«, sagte der Mann in Weiß, »das ist alles, was ich dir bieten kann. Arbeit gibt es hier nicht.«

Der Mann war entsetzt. »Aber das ist ja grauenhaft! Ich werde die Ewigkeit damit verbringen, mich zu langweilen! Da wäre ich tausendmal lieber in der Hölle.«

Der Mann in Weiß trat zu ihm und sagte leise: »Und wo, glaubst du, bist du hier?«

Am Ende unserer Tage spricht unser Herr ein Machtwort. Zwei Orte entscheiden über unsere Ewigkeit: Himmel oder Hölle. Ist es nicht auffallend, wie viele Menschen arglos der Ewigkeit aus dem Wege gehen? Ich möchte nicht der Mann in Paulo Coelhos Geschichte sein.

28. FEBRUAR

Kummer im Herzen drückt einen Menschen nieder.
Aber ein freundliches Wort heitert ihn auf.
SPRÜCHE 12,25

Ich lese gerade in einem Bestseller. Der Autor schildert eine Fahrt mit dem Bus an einem schwülen Sommertag. Der Schweiß perlt, und die Leute stöhnen. Der schwarze Omnibusfahrer begrüßt die Fahrgäste lächelnd und mit freundlichem Gesicht. Doch kein Mensch grüßt zurück. Die Schwüle des Tages hat alle missmutig gemacht. Der Busfahrer lässt sich nicht beirren. Die Fahrt geht durch die Innenstadt von New York. Der Busfahrer gibt einen lebendigen und anregenden Kommentar zum Geschehen, das an den Fahrgästen vorübergleitet. »In dem Geschäft da rechts an der Ecke kauft man besonders günstig. Hier bekommen Sie die billigsten und knitterfreisten Hemden von ganz New York. Im Museum auf der anderen Seite gibt es zurzeit eine wunderbare Ausstellung über ›Blumenbilder in der Geschichte der Malerei‹. Eine Augenweide! Voll klimatisierte Räume. Die Schwüle fällt von Ihnen ab wie ein altes Kleid ...« Als es ans Aussteigen geht – der Bus endet dort –, haben die Menschen ihre mürrischen Gesichter abgelegt. Viele lächeln. Einige rufen dem Busfahrer zu: »Bye-bye, viel Spaß heute!« Einer klopft ihm wohlwollend auf die Schulter. Eine Frau beugt sich herunter und küsst seine verschwitzte Stirn.

In der Tat, ein freundliches Wort und ein fröhliches Gesicht können Wunder wirken. Schweiß und Schwüle werden anders empfunden. Mürrische Gesichter hellen sich auf. Der Kummer verfliegt. Bedrückende Gedanken und Gefühle verebben. Liebe ist die Kunst, das Positive zu sehen. Liebe ist die Kunst, zu ermutigen und aufzuheitern. Die Liebe, die Gott uns gibt, ist die Kunst, aus Zitronen Limonade zu machen. Schenken wir sie heute!

Lass mich dein Licht und deine Treue sehen!
Sie sollen mich führen, mich hinbringen zu dem Ort,
wo du wohnst.
PSALM 43,3

Aus dem Dunkel ins Licht!

Der Evangelist Johannes Hansen kommentiert einen Bericht aus einer Schweizer Zeitung. »Da steht: ›Chur. Mit einer Lichterkette hat die Polizei des Schweizer Kantons Graubünden einen Zugvogelschwarm durch den San-Bernardino-Straßentunnel gelotst. Die Beamten fanden am frühen Morgen in dem 6,6 Kilometer langen Tunnel einen Schwarm von etwa 200 Staren. Die Vögel waren von der Nordeinfahrt kommend drei Kilometer weit in den Tunnel geflogen, wo sie im Dunkel stecken blieben. Die Polizei lockte die Vögel Richtung Süden, indem sie etappenweise die Tunnelbeleuchtung vor dem Vogelschwarm voll einschaltete und hinter ihm wieder ausschaltete. In einer Viertelstunde erreichten die Stare das Südportal, wo sie in die Freiheit entschwanden.‹ Diese Zeitungsmeldung habe ich aufbewahrt, weil sie mich faszinierte. Nicht nur wegen der Tierliebe der Polizeibeamten, das auch, sondern weil sie ein Bild für unser Leben sein kann. Da steckt ein Mensch wie im dunklen Tunnel und weiß nicht mehr weiter. Doch dann macht Gott vor ihm das Licht an, er findet den Weg nach vorne, hinter ihm bleibt das Dunkel zurück. So geht es Schritt für Schritt, er hört Gutes von Gott und immer neu von Jesus, durch den wir zu Gott finden dürfen.«

In der Tat: Viele Menschen haben sich verrannt. Sie sitzen in der Falle, in der Sackgasse. Alles ist dunkel. Auch der Psalmist scheint in einen solchen Tunnel geraten zu sein. Ihm ist die Lebensperspektive verloren gegangen. Ein Leben ohne Ziel ist schrecklich. Der Mensch vegetiert dahin. Wir alle brauchen Licht und Orientierung, dann fühlen wir uns gehalten und geborgen. Wie sagt Jesus: »Ich bin das Licht der Welt.« In seinem Licht wird das Dunkel hell.

1. MÄRZ

Gott sei uns gnädig und segne uns,
er lasse uns sein Antlitz leuchten.
PSALM 67,2

Wenn vom Segen die Rede ist, geht es um alle guten Gaben, mit denen der lebendige Gott seinem Volk das Leben ermöglicht. Christen sprechen Segenswünsche zu allen möglichen Anlässen aus. Wir verschicken Segenswünsche zum Geburtstag, zu Feiertagen, zu neuen Lebensabschnitten, zur Genesung und zum Urlaub.

Manche so genannten Segenswünsche klingen verrückt. Gerhard Bruns hat so einen Segenswunsch mal genauer unter die Lupe genommen und schreibt: »Hals- und Beinbruch! Sie kennen den Spruch. Wir sagen ihn als guten Wunsch. Dem anderen soll etwas glücken. Es soll ihm bei seinem Vorhaben nichts zustoßen. Aber warum wünschen wir einander eigentlich ›Hals- und Beinbruch‹? Ob Sie ahnen, dass die ursprüngliche Bedeutung dieses Satzes uns in eine ganz andere Richtung weist? Es ist ein alter Segenswunsch. Er stammt aus dem Hebräischen. Ursprünglich heißt er ›hazloche un broche‹ und bedeutet so viel wie Glück und Segen (hazlacha = Glück, b'racha = Segen). Juden sagen einander diesen Wunsch auch heute noch. Wie gut, wenn wir dem andern ›hazloche un broche‹ wünschen. Vielleicht können Sie diesen Wunsch beizeiten erklären, wenn zu Ihnen wieder einmal jemand Hals- und Beinbruch sagt. Wir brauchen es, dass uns andere mit guten Wünschen begleiten, dass sie an uns denken. Wie wichtig ist es, dass uns etwas glückt, dass wir eine glückliche Hand haben und der Segen Gottes über dem steht, was wir tun und lassen!«

Gott segne uns heißt: Gott möge uns die Kraft verleihen, die wir brauchen. Gott segne uns heißt: Gott möge uns die Lebenskraft geben, um das Leben zu bejahen. Gott segne uns heißt: Gott möge unsere Pläne unterstützen und sein Antlitz über uns leuchten lassen.

Segnet, die euch fluchen: bittet für die, die euch beleidigen.
LUKAS 6,28

»An Gottes Segen ist alles gelegen.« So formuliert es ein Sprichwort. Friso Melzer schrieb, dass das Wort segnen aus dem lateinischen »signare« abgeleitet ist: Signum crucis = das Zeichen des Kreuzes machen. Das Kirchenlatein kennt das Wort »signare«, und es heißt so viel wie sich besegnen, sich bekreuzigen.

Christus war ein Revolutionär. Er stellt unsere menschlichen Strategien auf den Kopf.

Ich schlage zurück – er segnet, wir verfluchen – er erfleht Gottes Fülle und Gnade über den Menschen, wir vergelten – er will, dass ihm alles Gute widerfährt, wir wünschen Böses – er stellt ihn unter den Schutz Gottes.

Diese Liebe können wir uns nur schenken lassen. Unsere Kraft reicht nicht aus, den Beleidiger zu segnen, dem Verletzer alles Gute und Gottes Beistand zu wünschen. Jörg Zink kommentiert den Segen so:

»Der Herr segne dich! Der Herr, der Mächtige, Ursprung und Vollender aller Dinge, segne dich, gebe dir Gedeihen und Wachstum, Gelingen deiner Hoffnungen, Frucht deiner Mühe und behüte dich vor allem Argen. Sei dir Schutz in Gefahr und Zuflucht in Angst. Der Herr lasse sein Angesicht leuchten über dir, wie die Sonne über der Erde Wärme gibt dem Erstarrten und Freude gibt dem Lebendigen, und sei dir gnädig, wenn du verschlossen bist in Schuld, erlöse dich von allem Bösen und mache dich frei. Der Herr erhebe sein Angesicht auf dich, er sehe dein Leid und höre deine Stimme, er heile und tröste dich. Und gebe dir Frieden, das Wohl des Leibes und das Wohl der Seele, Liebe und Glück. Amen. So will es der Herr, der von Ewigkeit zu Ewigkeit bleibt. So steht es fest nach seinem Willen für dich.«

3. MÄRZ

»Hast du etwa von den verbotenen Früchten gegessen?« Der Mann erwiderte: »Die Frau, die du mir gegeben hast, reichte mir die Frucht, da habe ich gegessen.«
1. MOSE 3,11–12

Seit dem Sündenfall versteht der Mensch meisterhaft, Schuld und Verantwortung abzuschieben.

Ein Seelsorger hat das Verantwortungsgefühl des Menschen einmal in einem Bild beschrieben: »Das Leben ist wie ein kompliziertes Teppichgewebe, das mit Webstuhl und Weberschiff hergestellt wurde. Vererbung, Umwelt, alle Kindheitserlebnisse mit Eltern, Spielkameraden, alle Hemmnisse des Lebens, das steht alles auf der einen Seite des Webstuhls, und all das schiebt uns das Weberschiffchen zu. Wir sollten uns aber daran erinnern, dass wir das Weberschiffchen durch den Webstuhl zurückreichen. Diese Handlungen und die Antworten, die wir darauf geben, weben das Muster in den Teppich unseres Lebens. Wir sind für unsere Handlungen verantwortlich. Wir werden erst dann Heilung für unsere beschädigte Gefühlswelt erlangen, wenn wir aufhören, andern die Schuld in die Schuhe zu schieben, und wenn wir unsere Verantwortung erkennen.«

Seit dem Sündenfall schieben wir Schuld und Verantwortung ab. Wir verschaffen uns eine reine Weste. An unseren Problemen und Schwierigkeiten sind nur die anderen schuld. Die Eltern, die Großeltern, die Erzieher, die Lehrer, die Schulen, die Kirche, die Politiker, die Umstände, die Strukturen und selbst Gott. In der Eheberatung läuft das gleiche Spiel ab. Der *andere* hat mich unglücklich gemacht, der *andere* vernachlässigt mich, der *andere* liebt mich nicht mehr richtig, der *andere* fängt immer Streit an. »Der andere hat mir die Frucht gegeben.« Wir sind nicht schuld, sondern der andere hat mich angeschmiert. Wann lernen wir, vor dem lebendigen Gott unseren Kopf für Probleme, Schwierigkeiten und Sünden hinzuhalten?

Die Seele des Gottlosen gelüstet nach Bösem und erbarmt sich nicht seines Nächsten.
Sprüche 21,10

Sehen wir die Verantwortung unserem Nächsten gegenüber? Als ich Generalsekretär im CVJM Hamburg war, hielt ich jede Woche einige Stunden Religionsunterricht an einem Privatgymnasium. In einer Klasse sammelten wir monatlich einen Mindestbeitrag von 25,00 DM für einen indischen Jungen, dem wir ein Leben in dieser Welt ermöglichen wollten. Ich wollte, dass die Kinder mit einem Betrag von ihrem persönlichen Taschengeld bezahlten und nicht aus der Geldbörse ihrer reichen Eltern. Nur wenige opferten ehrlich einen Teil ihres Taschengeldes. Und die waren es, die sich ernsthaft um ein Menschenleben in Indien kümmerten, die Nächstenliebe und Weltverantwortung praktizierten. Sie schrieben Briefe und nahmen Anteil. Sie dachten nicht nur an sich, sondern an einen Menschen, dessen Leben durch Armut und Hunger bedroht war.

Dietrich Bonhoeffer, der im Konzentrationslager ermordet wurde, schrieb vor seiner Hinrichtung: »Die letzte verantwortliche Frage ist nicht, wie ich mich heroisch aus der Affäre ziehe, sondern wie eine kommende Generation weiterleben soll.« Wer sich aus der Affäre zieht, überlässt den Nächsten seinem Schicksal. Wer verantwortungslos handelt, handelt gottlos. Wer sich seines Nächsten erbarmt, tut es für Christus: »Was ihr getan habt einem von diesen meinen geringsten Brüdern, das habt ihr mir getan.«

Christusliebe und Nächstenliebe gehören unzertrennlich zusammen. Christusliebe ohne praktizierte mitmenschliche Liebe ist Heuchelei. Jesus hat nicht umsonst die Gottesliebe und die Nächstenliebe zum Fundament des Glaubens erklärt. Es ist logisch: Auch für die Flucht vor der Verantwortung sind wir verantwortlich.

Und vergib uns unsere Schuld,
wie wir vergeben unseren Schuldigern.
MATTHÄUS 6,12

In einer großen Wochenzeitung griff Walter Kempowski die inflationäre Behandlung der Vergebung an. Er kritisierte, dass das Entschuldigen wild um sich greife. Im Geschäft, am Telefon, im Fernsehen – überall verwende man floskelhaft das neudeutsche Wort »sorry«. Er beklagte, dass ein anderer Stil in unserer Dienstleistungs- und Mediengesellschaft Einzug gehalten habe. Die öffentliche Entschuldigung sei zum Ritual verkommen; man bitte selbst für Taten um Verzeihung, die man nicht begangen habe. Er schreibt: »Bill Clinton entschuldigt sich für den amerikanischen Sklavenhandel, der Papst für die Kreuzzüge ins Heilige Land und die Inquisition, Johannes Rau in Jerusalem für die Verbrechen des Nationalsozialismus, die PDS für die Zwangsvereinigung von KPD und SPD. Ist denn den Opfern damit gedient? Mit einer unverbindlichen Floskel, die einem so leicht über die Lippen kommt, die zu nichts verpflichtet, am allerwenigsten zur Übernahme der Verantwortung? Ein Symptom der neuen Oberflächlichkeit unserer geschwätzigen Zeit.«

Da ist die christliche Bitte um Vergebung der Sünden etwas anderes. Es geht dabei um das Eingeständnis persönlicher Schuld. Nur wer wirklich bereut, dem kann die Gnade der Vergebung zuteilwerden.

Hat Herr Kempowski nicht recht? Im Vaterunser formuliert Jesus unmissverständlich: »Vergib uns unsere Schuld.« Es geht um mein persönliches Versagen. Die »Sorry«-Floskel hat nichts mit wirklicher Vergebung zu tun. Nur wer ehrlich bereut und den himmlischen Vater um Vergebung bittet, der erfährt die Gnade der Vergebung. Denn Gott hat seinen Sohn geopfert, damit unsere Schuld bereinigt wird, wenn wir ihn herzlich um Vergebung bitten.

Was ist denn schon Besonderes daran,
wenn ihr nur zu euren Brüdern freundlich seid?
Das tun auch die, die Gott nicht kennen.
MATTHÄUS 5,47

Es geht um die Vollkommenheit der Menschen, die zu Christus gehören. Diese Forderung macht vielen Christen Kopfzerbrechen. Sie verwechseln Vollkommenheit mit Perfektionismus, Vollkommenheit mit Fehlerlosigkeit. Wer dem Perfektionismus huldigt, macht sich und die Umgebung unglücklich.

Wer kennt nicht den Spruch: »Nobody is perfect!« Aber wie viele dahergesagten Worte trifft er den Nagel auf Kopf. Es gibt immer wieder Christen, die weisen auf Jesu Wort in der Bergpredigt hin, wie er seinen Jüngern sagt: »Nein, ihr sollt vollkommen sein, weil euer Vater im Himmel vollkommen ist.« Das griechische Wort im Grundtext, das fast immer mit »vollkommen« übersetzt wird, lautet »teleios« (von telos = Ziel, Ende). Es steht also gar nicht die Makel- und Fehlerlosigkeit im Vordergrund. Man sollte eher »reif« oder »vollendet« sagen. Wenn Jesus seinen Anhängern gebietet, sie sollen »vollendet« sein, dann würde das in heutiger Sprache vielleicht so klingen: »Werdet reif, werdet so, wie Gott euch geplant hat.«

Der Zusammenhang des Wortes über die Vollkommenheit macht deutlich, dass kein Perfektionismus gemeint sein kann, sondern geistliche Reife, ein vollendetes Verhalten, wie Christus es von Menschen erwartet, die sich der Herrschaft Gottes und seinen Maßstäben unterstellen. Die Maßstäbe, die Jesus in der Bergpredigt seinen Nachfolgern zumutet, kommen uns in unserer Moralvorstellung fremd vor. Jesus spitzt den Verhaltenskodex der Christen zu: »Ihr wisst, dass zu den Alten gesagt ist, ich aber sage euch ...« Wer Perfektionismus und damit Fehlerlosigkeit anstrebt, redet der Selbsterlösung das Wort. Christus ist aber für Sünder gestorben und nicht für Perfektionisten, die Fehlerlosigkeit auf ihre Fahnen geschrieben haben.

Nein, ihr sollt vollkommen sein,
weil euer Vater im Himmel vollkommen ist.
MATTHÄUS 5,48

Wie ist unsere Vollkommenheit zu verstehen? Dazu zwei Gedanken. Der eine stammt von Karin Hübner, die ein Beispiel aus Japan berichtet: »Etwa 100 Kilometer nördlich von Tokio, im Gebirge in einem Zedernwald, stehen die Tempel von Nikko. Künstlerische Schönheit und handwerkliches Können des alten Japan sind dort in Vollendung zu bewundern. Am Haupttor eines Tempels stehen zwölf reich verzierte Säulen. Sie gleichen einander bis in die winzigsten Kleinigkeiten. Bei elf Säulen laufen die Muster von rechts nach links, bei der zwölften von links nach rechts. – Ein grober Fehler mitten in der Präzision? Ein Fehler, der so raffiniert eingebaut ist, dass er uns gar nicht aufgefallen wäre ohne den Hinweis unserer japanischen Führerin. Sie sagte uns auch, dass es ein beabsichtigter Fehler ist, den die Tempelbauer eingefügt haben, um sich vor der Strafe der Götter zu schützen. Sie könnten neidisch werden auf die makellose Arbeit des Menschen. Fehlerlosigkeit, glaubten die alten Japaner, steht nur den Göttern zu und nicht den Menschen. ›Und dennoch streben wir Japaner fanatisch danach, ohne Fehler zu sein‹, erklärte die Japanerin.«

Der Schintoismus ist eine Religion, in der Schmutz, Krankheit, Unordentlichkeit und Fehlerhaftes keinen Platz haben. Für einen Japaner ist es schlimm, einen Fehler zu machen. Und wir? Wie viele Christen gibt es unter uns, die fehlerlos sein wollen? Die sich Fehler nicht verzeihen können? Nur einer ist gut, vollkommen und fehlerlos – Christus. Fehlerlosigkeit, die wir anstreben, ist Sünde.

Der zweite Gedanke stammt von einem katholischen Theologen. Er schreibt: »Seid vollkommen wie euer Vater im Himmel. Gemeint ist: ›Seid ungeteilt.‹ Ihr könnt nicht Gott und dem Mammon dienen.«

Gott *und* einige Lieblingsgötter, Gott *und* der Fußball, Gott *und* das Geld, das ist personifizierte Unvollkommenheit. »Ungeteilt« sollen wir unseren Herrn lieben. Können wir das?

Da Jesus den sah liegen und vernahm,
dass er schon lange gelegen hatte, sprach zu ihm:
Willst du gesund werden?
JOHANNES 5,6

Können Sie sich vorstellen, dass Kranke nicht gesund werden wollen? Alle Menschen wollen heute gesund sein. Wie kommt das, dass Jesus einen Menschen fragt: »Willst du wirklich gesund werden?« Können Sie sich vorstellen, dass jemand in eine Krankheit flieht? Ich habe die Frage von Jesus einmal als völlig überflüssig, ja als provozierend empfunden. Will nicht jeder Mensch gesund werden, wenn er krank ist? Eine Patientin erzählt: »Bereits voll im Dienst habe ich mich oft als ›krank‹ erlebt. Immer wieder kamen Resignation und der Gedanke an Selbstmord. Gerade in einer solchen Zeit sagte mir Gott durch einen Christen: ›Gott will, dass du lebst!‹ … Plötzlich wurde mir beim Nachdenken klar, dass ich eigentlich gar nicht gesund werden will. Bisher hatte ich fromm und bemäntelnd gesagt: ›Gott will meine Krankheit, damit seine Herrlichkeit groß werden kann.‹ Heute denke ich anders: ›Gott will meine Heilung, damit seine Herrlichkeit offenbar wird.‹ Aber besonders ist mir bewusst geworden, dass es eigentlich ganz bequem ist, in die Krankheit zu fliehen, wenn es schwierig wird. Dann müssen die anderen eben auf mich Rücksicht nehmen; dann habe ich ein Recht, bemitleidet zu werden, denn ich bin ja krank.«

Diese Patientin beschreibt ihre Empfindungen. Die Krankheit kommt ihr entgegen. Sie bringt ihr viele Vorteile. Die Kranke wird geschont. Sie trägt keine Verantwortung. Da müssen andere für sie einspringen. Jesus fragt an dieser Stelle nicht rhetorisch. Seine Frage trifft den Kern der Sache: »Willst du wirklich gesund werden, oder bringt dir die Krankheit größere Vorteile?« Willst du vor dem lebendigen Gott und im Leben die Verantwortung übernehmen, oder ist dir die Flucht lieber?

Du, Herr, bist mein Hirte; darum kenne ich keine Not.
Du bringst mich auf saftige Weiden, lässt mich
ruhen am frischen Wasser und gibst mir neue Kraft.
Auf sicheren Wegen leitest du mich.
PSALM 23,1–3

Gesundheit und Krankheit spielen bei uns Menschen eine große Rolle. Die Frage, was uns krank macht, hat die Wissenschaft längst beantwortet: Stress, Umweltfaktoren, psychische Probleme, Erbfaktoren und ein geschwächtes Immunsystem – um die wichtigsten Aspekte zu nennen. Aber, was hält gesund? Der Diplompsychologe Manfred Beutel von der Poliklinik für Psychosomatische Medizin der Universität München hat wesentliche Faktoren zusammengestellt, die die Gesundheit nachweislich aufrechterhalten:

Zuversicht. Trotz Misserfolg und Niederlagen lassen sich diese Menschen nicht entmutigen.

Internale Kontrollüberzeugungen. Diese Menschen glauben zuversichtlich, dass sie ihr Leben selbst in die Hand nehmen können.

Selbstvertrauen. Gesund hält uns die Einstellung: »Ich schaffe das schon!«

Selbstwertgefühl. Wer Selbstvertrauen lebt, hat Selbstwertgefühl.

Stabiles Selbstsystem. Gemeint ist eine emotionale Stabilität.

Eine unbekümmerte Selbsteinschätzung. Trotz einschneidender Erkenntnisse können diese Menschen mit seelischen Belastungen umgehen.

Interpersonales Vertrauen. Er kann sich auf seine Mitmenschen verlassen.

Wer den 23. Psalm aus innerer Überzeugung mitbeten kann, der besitzt genau die wesentlichen Faktoren, die gesundheitsstabilisierend sind, die vor vielen seelischen Störungen und Krankheiten bewahren. Wie glücklich können wir Christen sein, dass wir einen Herrn und Hirten haben, der uns lenkt und leitet, der uns auf saftige Weiden führt und der unseren Lebensmut vergrößert!

Und auch ihr habt nun Traurigkeit; aber ich will euch wiedersehen, und euer Herz soll sich freuen, und eure Freude soll niemand von euch nehmen. An dem Tage werdet ihr mich nichts fragen.
JOHANNES 16,22–23

Jeder von uns hat ungeklärte Fragen. Wenn ich Beileidsbriefe verschicke, weil ein Kind an Krebs gestorben ist oder weil junge Menschen »plötzlich und unerwartet«, wie wir das nennen, aus dem Leben gerissen wurden, dann zitiere ich gern folgenden Satz: »An jenem Tage werdet ihr mich nichts fragen.« Wenn wir unserem Herrn begegnen, verstummen alle Fragen. Oder, wie es eine andere Bibelübersetzung formuliert: »Am Tage unseres Wiedersehens werden alle eure Fragen beantwortet sein.«

Eine schöne Geschichte habe ich über Mose gelesen. »Als Mose zum Himmel hinaufstieg, um einen Teil der Bibel zu schreiben, bat ihn der Allmächtige, über einige Buchstaben der Thora Kronen zu malen. Moses fragte: ›Schöpfer des Universums, warum soll ich dorthin Kronen malen?‹

›Weil in Hunderten von Generationen ein Mann namens Akiva den wahren Sinn der Zeichen deuten wird.‹

›Zeig mir die Deutung dieses Mannes‹, bat Moses.

Und der Herr führte Moses in die Zukunft und setzte ihn in einen der Schulräume, in denen Rabbi Akiva lehrte. Ein Schüler fragte: ›Rabbi, warum gibt es über einigen Buchstaben Kronen?‹

›Ich weiß es nicht‹, antwortete Akiva. ›Und ich glaube, nicht einmal Moses wusste es. Aber da er der größte aller Propheten war, hat er dies nur getan, um uns zu zeigen, dass wir, auch wenn wir nicht alles verstehen, was der Herr tut, tun sollen, was er uns sagt.‹

Moses bat den Herrn, ihm zu vergeben.«

So ist es: Wir wollen tun, was der Herr sagt. Wir wollen akzeptieren, was er macht. Wenn wir ihm begegnen, verstummen alle Fragen. Wir geben ihm die Ehre.

Mein Gott, mein Gott, warum hast du mich verlassen?
Ich schreie, aber meine Hilfe ist ferne.
PSALM 22,2

Es ist eine Katastrophe, wenn man sich völlig verlassen fühlt. Die Angst, verlassen zu werden, kann Leib und Seele zerbrechen. Auch David hat solche Tage und Stunden durchlitten. Er fühlt sich wie ein Wurm, nicht wie ein Mensch. Und Jesus hat am Kreuz ebenfalls diese Verlassenheitsangst erlebt. In seiner Todesangst betete er diesen Psalm.

In seinem Buch »Die Nacht« beschreibt Elie Wiesel eines der dunkelsten Kapitel deutscher Geschichte. Er erlebte den Holocaust an den Juden. Er sah, wie Juden auf Viehwagen geladen und in die Verbrennungsöfen abtransportiert wurden. Wiesel erlebte, wie seine Mutter, seine kleine Schwester und alle Familienangehörigen in einem Ofen verschwanden, der mit menschlichem Fleisch geheizt wurde. Er selbst wurde misshandelt und entkam dem Inferno nur durch einen Zufall. Als er im KZ Birkenau ankam, roch er den Geruch von brennendem Fleisch. Wörtlich schreibt er: »Nie werde ich den Rauch vergessen; nie die kleinen Gesichter der Menschen, deren Körper zu Rauchwölkchen wurden, die in einen ruhigen blauen Himmel aufstiegen, wie die Augenblicke, die meinen Gott und meine Seele mordeten und meine Träume in Staub verwandelten.«

Millionenfach ist die Frage gestellt worden: Wie kann Gott so etwas zulassen? Niemand kann darauf eine erschöpfende Antwort geben. Wir können uns nur vertrauensvoll an die Hoffnung klammern: »Und wenn ich auch nichts spüre von deiner Macht, du führst mich doch zum Ziele, auch durch die Nacht.«

Die letzte Einsamkeit, die letzte Hoffnungslosigkeit und letzte Verzweiflung hat Jesus für uns am Kreuz durchlitten. Gott schenkt uns die Gewissheit, er bringt uns durch alle Dunkelheit und Verlassenheit zum Ziel.

Selig sind, die da Leid tragen,
denn sie sollen getröstet werden.
MATTHÄUS 5,4

Wer kann das Leid in der Welt verstehen? Immer wieder werden die Fragen gestellt: »Gibt es einen Gott? Wo ist er? Wie kann er das zulassen? Warum hat er das Leid nicht verhindert?«

»Wenn nur Bösewichte sich das Genick brächen oder Krebs bekämen, wenn nur Gauner und Betrüger die Parkinsonkrankheit hätten, dann sähen wir wenigstens eine Art himmlische Gerechtigkeit im Universum walten«, schrieb der Agnostiker Sheldon Vanauken, der eines Tages Christ wurde.

Aber ist es nicht so, dass nur nach leidvollen Erfahrungen, nur nach Katastrophen sich das Volk Israel im Alten Testament Gott wieder zuwandte? Wie formulierte es der englische Professor, Schriftsteller und Christ C. S. Lewis: »Gott flüstert in unseren Freuden, er spricht in unserem Gewissen; in unseren Schmerzen aber ruft er laut. Sie sind sein Megafon, eine taube Welt aufzuwecken.«

Aus der Hölle des Konzentrationslagers schrieb Corrie ten Boom: »Egal, wie tief unsere Finsternis, er ist immer noch tiefer.« Ja, das ist wahr: Christus wurde in Auschwitz vergast. Er wurde in Soweto verhöhnt. Er wurde und wird in Nordirland verspottet und im Sudan versklavt. Jesus steigt zu uns in die Hölle hinab. In den tiefsten Abgründen unseres Lebens steht er neben uns.

Wenn wir von Menschen verraten werden, dann sollen wir wissen: Er wurde geschmäht und verraten – für uns. Wenn wir im Leid zerbrochen werden, dann sollen wir wissen: Er wurde am Kreuz zerbrochen – für uns.

Jesus wird uns nicht allein lassen. In den Seligpreisungen schenkt er uns seine Zusage: »Selig sind, die da Leid tragen, denn sie sollen getröstet werden.« Denn nicht die Gesunden brauchen den Arzt, sondern die, die leiden, die krank sind und von Schmerzen und Kummer niedergedrückt werden.

13. MÄRZ

Niemand flickt ein altes Kleid mit einem Lappen von neuem Tuch; denn der Lappen reißt doch wieder vom Kleid ab, und der Riss wird ärger.

MATTHÄUS 9,16

Jesus ist kein Flickschuster. Das alte Leben wird nicht einfach überlackiert oder mit einem Flicken heil gemacht. Er schafft Neues und einen neuen Menschen.

Bei Michael Depuhl habe ich das so formuliert gesehen: »Da lese ich also folgende Werbung: ›You will never become an e-business by piecing together software you already have‹ – was ungefähr übersetzt heißt: ›Sie werden nie ein E-Business werden, wenn Sie Teile zusammenstückeln, die Sie schon haben.‹ Mit anderen Worten: Wenn Sie einen wirklichen Neuanfang wollen, können Sie nicht Teile Ihres alten Lebens, das Sie schon haben, verwenden. Entweder wurschteln wir weiter mit Dingen, von denen wir denken, ›die sind noch gut‹ – meine Energie, meine Geduld, meine Liebe, mein Leben – oder, nun ja, wir bekommen ein komplett neues Leben.«

»Das Alte ist vergangen«, heißt es in der Bibel, »ein Neues ist im Werden.« In der alten Lutherübersetzung stand noch: »Alles ist neu geworden.« Luther hatte recht: Nicht aus Alt mach Neu, sondern neu geboren, das ist das Prinzip. Eine neue Schöpfung.

Vor Jahren habe ich mal ein altes Auto sehr schön überlackieren lassen. Es sah wirklich wie neu aus. Aber schon nach einem Jahr kamen die alten Roststellen überall zum Vorschein. Der neue Lack war überflüssig, die Lackierung hat sich nicht gelohnt.

Jesus will neue Menschen, keine reparierten und teilüberholten Wesen. Aus einer Raupe wird ein Schmetterling, ein wirklich neues Geschöpf. Das ist auch Gottes Ziel mit uns.

14. MÄRZ

Und dient einander, ein jeder mit der Gabe,
die er empfangen hat, als die guten Haushalter
der mancherlei Gnade Gottes.
1. PETRUS 4,10

In einer Zeitschrift der Willow-Creek-Gemeinde in Amerika las ich folgenden Beitrag zum Thema »der kreative Gottesdienst«: »Ab und zu frage ich bei Gemeindeaufbau-Seminaren die Mitarbeiter, welche Gottesdienste oder Predigten der vergangenen zehn Jahre ihnen im Gedächtnis geblieben sind. Schmunzeln. Was würde Ihnen einfallen? Ich erlebe jedes Mal das Gleiche: In neunzig Prozent der Fälle handelt es sich um Erinnerungen, die von irgendeinem kreativen Impuls ausgelöst wurden: Der Prediger stand auf Stelzen, verschenkte fünfzig Euro, brachte sein Kaninchen mit, machte eine Abstimmung mit der Gemeinde, ließ das Licht ausmachen und zündete eine Kerze an, saß auf einem Hometrainer, setzte sich auf den Kanzelrand, baute einen Videoclip ein, forderte uns auf zu gehen, gab jemandem einen Brief mit nach Hause ...«

Das Außergewöhnliche bleibt hängen. Die Überraschung und das Unerwartete setzen sich fest. Pantomimische oder andere kreative Stücke bereichern den Gottesdienst. Es geht aber nicht um ein »Happening«, sondern darum, Gottes Majestät und seine Botschaft so zu verkündigen, dass der ganze Mensch im Tiefsten angerührt wird. Wir alle sind Haushalter der unterschiedlichen Gaben Gottes.

Ich kann mich an einen Gottesdienst erinnern, wo der Pfarrer einen schweren Ziegelstein auf den Kanzelrand legte, bevor er mit seiner Predigt begann. Jeder schaute auf den roten Ziegelstein. Was sollte das Ding auf der Kanzel? Und dann predigte er über den Text aus 1. Petrus 2,5: »Lasst euch selbst als lebendige Steine in den Tempel einfügen, den der Geist Gottes baut.« Wir sind keine unscheinbaren Steine, wir sind schwergewichtig und bilden den Leib Christi. Ja, wir sind kreative Haushalter der Gnade Gottes.

Von allen Seiten umgibst du mich.
Ich bin ganz in deiner Hand.
Dass du mich so vollständig kennst,
das übersteigt meinen Verstand.
PSALM 139,5–6

Immer wieder macht uns Christen die Selbstannahme zu schaffen. Wir glauben an den lebendigen Gott, und doch haben wir eine katastrophale Meinung von uns selbst.

Der Theologe und Psychologe Dr. Maurice Wagner hat ein Buch über den Selbstwert geschrieben. Er geht von drei Empfindungen aus, die notwendig sind, um ein gesundes Selbstwertgefühl zu haben: Zugehörigkeitsgefühl, Wertschätzung und Kompetenz. Er ist überzeugt, dass diese drei Empfindungen wie die drei Beine eines Stativs zusammenwirken, um einen stabilen Selbstwert zu garantieren. Ist allerdings eine der drei Empfindungen schwach ausgeprägt, steht das Stativ, sprich der Selbstwert, auf wackligen Beinen.

Zugehörigkeit heißt sich angenommen fühlen und wissen, dass man gemocht und beachtet wird. Wertschätzung heißt, dass man sich selbst ertragen kann: »Ich mache alles im weitesten Sinne richtig.« Der Mensch hat das Gefühl, die anderen vertrauen ihm, die anderen loben und bestätigen ihn. Kompetenz heißt, dass ich etwas kann, dass ich die Gewissheit habe, erfolgreich dem Leben begegnen zu können. Wer Kompetenz besitzt, empfindet Mut, hat Hoffnung und besitzt Stärke.

Im Psalm drückt David aus, dass unser Zugehörigkeitsgefühl garantiert ist. »Von allen Seiten umgibst du mich.« Eine wunderbare Zusage, die gleichzeitig Wertschätzung enthält. Wer sich so gehalten, getragen und geliebt weiß, der kann kompetent im Leben stehen. Der hat es nicht nötig, zweifelnd, unsicher, mutlos und furchtsam dem neuen Tag entgegenzusehen.

Nehmt einander an, wie Christus euch angenommen hat, zur Ehre Gottes.
RÖMER 15,7

Die Annahme des anderen kann viele zwischenmenschliche Probleme lösen. Zum Beispiel Streit. Ein Streit macht deutlich: »Ich stimme mit dem anderen nicht überein. Ich akzeptiere ihn nicht.«

Ich möchte eine Geschichte wiedergeben, die sich die Mönche der orthodoxen Kirche erzählen: »Zwei Brüder lebten lange zusammen in der Wüste, aber sie hatten fortlaufend Streit. Da sagte der eine: ›Wie lange wollen wir so weitermachen?‹ Darauf der andere: ›Tu uns einen Gefallen: Ertrage mich, wenn ich dir auf die Nerven falle! Und wenn du mir auf die Nerven fällst, will ich dich auch ertragen.‹ Sie taten so und lebten den Rest ihres Lebens in Frieden.« Ein Märchen? Vielleicht.

Frieden entsteht,

wenn wir zueinander Ja sagen;
wenn wir den anderen mit Fehlern, Schwächen und Eigenarten ertragen;
wenn wir den anderen nicht krampfhaft verändern wollen.

Liebe heißt: Ich sage Ja zu dir. Ich sage Ja zu deinen Eigenarten, zu deinen Angewohnheiten, zu deinen Fehlern und Schwächen. Wir können in dieser Beziehung von Jesus lernen: Er liebt uns bedingungslos. Er liebt uns so, wie wir sind.

Die einfache, aber kluge Regel der beiden Brüder gilt auch für das Zusammenleben in der Ehe. Streit ist menschlich und endet nicht selten tragisch. Männer und Frauen kämpfen um ihr Recht, um ihre Macht, um das letzte Wort. Sie kämpfen so lange, bis sie sich und ihre Ehe ruiniert haben. Jesus hat in der Tat simple Regeln für unser Zusammenleben formuliert. Warum fällt es uns so schwer, diese Ratschläge zu praktizieren?

Warum kümmerst du dich um den Splitter im Auge deines Bruders und bemerkst nicht den Balken in deinem eigenen? Wie kannst du zu deinem Bruder sagen: »Komm her, ich will dir den Splitter aus dem Auge ziehen«, wenn du selbst einen ganzen Balken im Auge hast?
MATTHÄUS 7,3 4

Mit Urteilen und bösen Unterstellungen sind wir schnell bei der Hand. Es gibt eine indianische Weisheit: »Urteile nicht über einen anderen Menschen, bevor du nicht einen halben Mond in seinen Mokassins gegangen bist.«

Die Mönche der frühen orthodoxen Kirche sagten: »Wenn jemand die Erinnerung an einen Bruder betrachtet, der ihn verletzt, gekränkt oder verhöhnt hat, so muss er sich an den Bruder erinnern wie an einen Arzt, der ihm von Christus gesandt wurde, ja, er muss ihn als Wohltäter betrachten. Denn wenn du dich dabei kränkst, so deswegen, weil deine Seele krank ist. In der Tat, wenn du nicht krank wärst, würdest du nicht leiden. Du musst also dem Bruder danken, denn ihm verdankst du, dass du nun deine Krankheit kennst. Du musst für ihn beten und das, was dir von ihm kommt, als Heilmittel entgegennehmen, das dir vom Herrn geschickt wurde. Wenn du dich dagegen über ihn ärgerst, so ist das, als ob du zu Jesus sagtest: ›Ich will deine Heilmittel nicht, ich ziehe den Eiter vor, der sich in meinen Wunden bildet.‹«

Was uns kränkt, macht krank. Das ist eine alte Weisheit. Und wir bestimmen darüber, ob eine Aussage des anderen von uns als Kränkung oder als Heilmittel empfunden wird. Die Mönche machen es uns klar: Unsere schnellen Urteile und Verurteilungen hören auf, wenn wir die Aussagen anderer Menschen als »Wohltaten« und von »Christus gesandt« empfinden, nicht als Kränkungen

Dann wird er ihnen antworten und sagen: »Wahrlich, ich sage euch: Was ihr nicht getan habt an einem von diesen Geringsten, das habt ihr mir auch nicht getan.«
MATTHÄUS 25,45

Es geht heute um unser Tun, nicht um schöne Worte. Der Schriftsteller John Steinbeck sagte einmal: »Ein Weiser ohne Taten ist eine Wolke ohne Regen.« Das bedeutet: Kleine Taten, die man ausführt, sind besser als große, die man plant. Eine jüdische Parabel formuliert es so: »Ein frommer Rabbi pflegte jeden Tag in den Tempel zu gehen. Da hatte er den Wunsch, Gott möge ihn zu Hause besuchen. Und er trug die Bitte Gott vor. Gott sagte zu ihm: ›Einverstanden, morgen komme ich zu dir.‹ Der fromme Rabbi lief nach Hause und bereitete alles vor. Am andern Morgen kam ein kleiner Junge vorbei und bat um ein Stück Kuchen. Der Rabbi fertigte ihn ab: ›Morgen kannst du kommen, heute geht es nicht.‹ Mittags kam ein müder Wanderer zu ihm. Außerdem hatte er Hunger. ›Nein, heute geht es nicht. Heute kommt Gott zu mir.‹ Spät am Abend erschien noch ein Bettler. Ärgerlich schickte ihn der Rabbi weg. ›Jede Minute erwarte ich Gott. Geh, du störst bloß!‹ Der Tag neigte sich seinem Ende zu, und Gott ließ immer noch auf sich warten. Gott kam nicht. Der Rabbi legte sich voller Zorn und Enttäuschung nieder. Am nächsten Morgen klagte er Gott im Tempel an. ›Seit Jahren komme ich hierher. Ist es da zu viel verlangt, dass du einmal zu mir kommst?‹ Und Gott antwortete ihm: ›Was willst du? Dreimal war ich gestern bei dir. Und dreimal hast du mich fortgeschickt.‹«

Diese Geschichte spricht für sich. Der lebendige Gott begegnet uns in den Kleinsten und Geringsten. Wenn wir die übersehen, haben wir Ihn übersehen. Was wir ihnen nicht getan haben, das haben wir auch Ihm nicht getan.

Von jetzt an sollt ihr euch gegenseitig die Füße waschen. Ich habe euch ein Beispiel gegeben, damit auch ihr so handelt, wie ich an euch gehandelt habe.
JOHANNES 13,14–15

Auf einem Holzschnitt von Lucas Cranach aus dem Jahre 1521 stellte der Künstler den Jünger dar, dem Jesus die Füße wäscht. Jesus kniet vor einem Jünger, küsst ihm die Füße, dieser zeigt mit dem Finger an die Stirn und will damit andeuten: »Das ist doch verrückt! Der Herr der Welt wäscht mir die Füße. Umgekehrt ergibt es einen Sinn.«

Der Evangelist Wilhelm Busch schrieb über diese Szene:

»Ein Freund erzählte uns einmal eine schöne Geschichte. Sein kleines Töchterchen musste jeden Abend sich selbst die Schuhe putzen. Das war ein langweiliges Geschäft. Eines Abends fragte es: ›Vater, sag mal, wer putzt eigentlich dem lieben Gott die Schuhe?‹ Der Vater kam ein wenig in Verlegenheit. Und so sagte er: ›Ich denke, da werden wohl viele Engel sich eine Ehre daraus machen, dem lieben Gott die Schuhe putzen zu dürfen.‹ Wenige Tage später saß dieser Vater über seiner Bibel. Auf einmal sprang er auf und rief aufgeregt seine kleine Tochter: ›Du hast mich neulich gefragt, wer Gott die Schuhe putze. Nun, denke nur – die Bibel sagt etwas Wunderbares. Sie sagt: Gott putzt uns die Schuhe!‹ Der Vater las ihr nun die Geschichte vor, wie Jesus seinen Jüngern die Füße wusch.«

Das ist das Evangelium: Gott dient in Jesus uns. Er neigt sich zu den Schmutzigen herab. Sein Leben war Dienst. Kurz vor seinem Tod hat Jesus uns eine eindrückliche Botschaft hinterlassen: Wir sollen *dienen* und nicht herrschen. Wir sollen dienen und nicht Macht ausüben. Das hat er besonders den Männern ins Stammbuch geschrieben. Sein Weg ans Kreuz hat nichts mit irdischer Macht zu tun. Macht macht böse. Dem Nächsten die Füße waschen – das ist die Nachfolge Jesu.

Alle eure Sorge werft auf ihn;
denn er sorgt für euch.
1. PETRUS 5,7

Wie gelingt es uns, Sorgen abzuwerfen? Gerhard Oerter, Leiter der Therapieeinrichtung »Berghof Bethanien«, erzählte von einem Pfarrer, der mit dem Sorgenabwerfen eine ganz neue Erfahrung gemacht hatte. Er war mit seinen Söhnen einkaufen, als er plötzlich hinter sich ein knackendes Geräusch hörte. Er drehte sich um, konnte aber nichts entdecken. Einige Minuten später hörte er das gleiche Geräusch abermals. Als er sich erneut umwandte, sah er wieder nichts. Doch dann, geraume Zeit später, erblickte er einen Raben, der auf dem Gehsteig eine Nuss in den Schnabel nahm, mit ihr nach oben flog und von dort die Frucht fallen ließ. Oertel wörtlich: »Das ist also die Methode der Raben, ›harte Nüsse‹ zu knacken: Aufnehmen – in die Höhe tragen – fallen lassen.« Gibt es ein treffenderes Bild für die »Ent-Sorgung« unserer Probleme?

Wie sagte der unvergessene Pfarrer und Seelsorger Paul Deitenbeck: »Werfen muss man können!« In der Tat, Werfen ist eine Kunst. Nicht wenige werfen ihre Sorgen unserem Herrn vor die Füße. Aber da können sie sie nicht liegen lassen. Wie hypnotisiert behalten sie deshalb ihre Probleme im Auge und ziehen sie still und heimlich wieder an sich. Das sind die Gewissenhaften und absolut Zuverlässigen. Sie fühlen sich so verantwortlich, dass sie Jesus die Arbeit nicht zumuten wollen. Was sie in die Hand nehmen, wird ordentlich und perfekt abgewickelt. Wieder andere ertränken ihre Sorgen in Alkohol. Nur vergessen sie dabei, dass Sorgen gute Schwimmer sind. Nehmen wir uns den Raben zum Vorbild: Sorgen hochheben, vor Gott tragen und anschließend fallen lassen! Petrus sieht das genauso: »Alle eure Sorge werft auf ihn; er sorgt für euch.«

21. MÄRZ

*Wie glücklich ist jeder, der den Herrn achtet und ehrt
und sich nach seinen Geboten richtet.*
PSALM 128,1

Was ist der Sinn des Lebens? Für viele besteht der Sinn unseres Lebens darin, es zu fristen.

Wer sein Leben fristet, vegetiert vor sich hin.
Wer sein Leben fristet, erleidet es, aber genießt es nicht.
Wer sein Leben fristet, vermisst Sinn und Glück.

Jean Paul Sartre gab kurz vor seinem Tode ein Interview: »Seit ungefähr zehn Jahren bin ich ein Mann, der aus einem langen, bitteren und süßen Wahn erwacht ist. Ich sehe klar, ich bin ernüchtert. Ich weiß mit meinem Leben nichts mehr anzufangen. Ich haben den Heiligen Geist im Keller geschnappt und ausgetrieben. Jetzt finde ich nur noch den Mut zur Verzweiflung.«

Sartre hat den Heiligen Geist ausgetrieben und die Verzweiflung eingefangen. Der Mensch hat es in der Hand: Er kann sein Leben sinnvoll oder sinnlos gestalten. Der Psalmist preist die glücklich, die den Herrn aller Herren achten und ehren und sich nach seinem Gebot richten. Sie erfahren Orientierung im Leben und Begleitung heute und morgen. Diese Menschen können mit ihrem Leben etwas anfangen. Sie verlassen sich – im Gegensatz zu Sartre – auf den Heiligen Geist. Mutig packen sie das Leben an und jagen Verzweiflung und Resignation vor die Tür. Gott wird nicht zum Beruhigungsmittel, sondern zum Mittelpunkt des Denkens, Fühlens und Handelns. Können wir das auch sagen?

Wir wissen aber, dass der Sohn Gottes gekommen ist und hat uns einen Sinn dafür gegeben, dass wir erkennen den Wahrhaftigen.
1. JOHANNES 5,20

Es geht um den Sinn im Leben. In dem Roman »Die Brüder Karamasow« von Dostojewski heißt es einmal: »Nicht Gott ist es, den ich ablehne ... ich gebe ihm nur meine Eintrittskarte zurück. Nicht Gott akzeptiere ich nicht, sondern die von ihm geschaffene Welt ... kann ich nicht akzeptieren.« Wer hat das gesagt? Es ist die Hauptperson des Romans: Iwan Karamasow. Er beruft sich auf das unfassbare Elend in dieser Welt, auf das Leid unzähliger unschuldiger Kinder. Diese verrückte, schmutzige und ungerechte Welt ist es nicht wert, dass man in sie eintritt.

In Beratung und Seelsorge habe ich viele erwachsene Menschen erlebt, die ernsthaft die Frage stellen: »Warum haben die Eltern mich in die Welt gesetzt? Sie haben jetzt mein Leben zu verantworten. Ich komme in dieser kaputten Welt nicht zurecht. Hier werde ich nicht heiraten. Und Kinder werde ich nicht in der vergifteten und verpesteten Welt zeugen. Das hat doch alles keinen Sinn.«

Wer nur auf die Sinnlosigkeiten und Defizite schaut, entmutigt sich. Er sieht nicht die Aufgaben, die das Leben sinnvoll machen. Er hat nicht den Mut, dabei zu helfen, dass die Erde wieder lebenswert erscheint. Wer den lebendigen Gott als Schöpfer, Lenker und Erhalter der Welt erkennt, gibt den Sinn nicht verloren. Er sieht sich gebraucht, in Dienst gestellt und als Mitarbeiter berufen, den Plan Gottes mit dieser Welt zu verwirklichen. Haben wir Jesus den Wahrhaftigen erkannt, dann geben wir unserem Leben in seinem Namen einen Sinn.

Und du, mein Sohn Salomo, erkenne den Gott deines Vaters und diene ihm mit ungeteiltem Herzen und mit williger Seele. Denn der Herr erforscht alle Herzen, und alles Streben der Gedanken kennt er.

1. CHRONIK 28,9

Gedanken sind Mächte. Und unser Herz ist eine Werkstatt teuflischer Gedanken. Martin Lorch machte das an einem Beispiel klar. Es war bei einem Seelsorgeseminar. Der Referent bat einen Freiwilligen nach vorne, dem er einen Bindfaden in die Hand gab, an dem ein Gewicht befestigt war. Nun bat er den Freiwilligen, dieses Gewicht an seiner ausgestreckten Hand frei kreisen zu lassen. Es funktionierte. Dann bat der Referent den Freiwilligen, das Gewicht wieder kreisen zu lassen, aber sich dabei ernsthaft vorzustellen, das Gewicht pendele jetzt hin und her. Mehrere Male wies er den Freiwilligen darauf hin. Die anderen Teilnehmer beobachteten gespannt das Experiment. Was geschah? Nach einiger Zeit hörten die Kreisbewegungen auf, und das Gewicht begann, hin und her zu pendeln. Der Referent hatte den Zuhörern eindrücklich deutlich gemacht, dass unsere Vorstellungen die Tendenz haben, sich zu verwirklichen.

Unsere Gedanken beeinflussen unser Tun und unser Leben. Widersprüchliche Gedanken stören unseren geistlichen Kurs. Irrationale Vorstellungen verwirren unser Leben. Wer glaubt, er habe »zwei linke Hände«, dem fällt der Hammer aus der Hand, oder er schlägt sich auf den Daumen. Denn das Werkzeug verhält sich so, wie er denkt. Seine verinnerlichten Gedanken sabotieren seine gute Arbeit.

König David verpflichtete das Volk Israel und seinen Sohn Salomo, dem Gott seines Vaters mit ungeteiltem Herzen zu dienen. Genau das ist die Frage: Wer oder was hat in seinem und unserem Herzen das Sagen? Unser Herr oder irgendwelche Überzeugungen, die seinen Maßstäben in die Quere kommen? Welche gegenläufigen Gedanken machen uns zu schaffen?

Unser Herr will ein ungeteiltes Herz.

24. MÄRZ

Jesus sagte: »Das wichtigste Gebot ist dieses: Hört, ihr Israeliten! Der Herr ist unser Gott, der Herr und kein anderer. Darum liebt ihn von ganzem Herzen, mit ganzem Willen und ganzem Verstand und mit allen Kräften! Gleich danach kommt das andere Gebot: Liebe deinen Mitmenschen wie dich selbst!«
MARKUS 12,29–30

Wie kann ein Mensch Gott finden? Von den Mönchen auf dem Berg Athos wird eine alte Weisheit weitergegeben: »›Wie kann ein Mensch Gott finden? Durch Fasten? Durch gute Werke? Durch Wachen? Durch Barmherzigkeit?‹ Darauf antwortete ein Altvater: ›Mithilfe dieser Dinge, vorausgesetzt, sie sind mit Einsicht und Diskretion verbunden, sonst geht man leer aus. Unser Mund trieft von Gebeten, und unsere Haut ist ausgedörrt vor Hunger. Mit dem Mund sagen wir die ganzen Psalmen Davids her, aber das, was Gott verlangt und was notwendig ist, das haben wir nicht, nämlich: ein gutes Wort füreinander.‹«

Fasten, gute Werke tun und Barmherzigkeit ausüben sind zweifellos christliche Tugenden. Wenn wir sie uns allerdings abzwingen, werden sie zur leidigen Pflicht. Und wenn wir uns vor anderen damit profilieren wollen, sind sie leer und sinnlos. Selbstsüchtige geistliche Frömmigkeit, die dem Nächsten kein gutes Wort schenkt, geht an Gottes Willen vorbei. Wir sollen Gott über alle Dinge lieben und unseren Mitmenschen wie uns selbst. Wenn wir das im Auge behalten, tun wir das Notwendige, wie es der Altvater der Athosmönche formuliert hat. Das gute Wort für die Mitmenschen fördert die Gemeinschaft, festigt das zwischenmenschliche Band und fördert den Frieden.

Was immer ihr tut, das tut von Herzen für den Herrn und nicht für Menschen.
KOLOSSER 3,23

Arbeit und Leistung, Opferbereitschaft und Dienst werden unter bewussten Christen in der Regel zu hoch bewertet. In der Geschichte von Maria und Martha stellt Jesus die Weichen richtig. Er qualifiziert Martha nicht ab, aber er macht die Priorität deutlich.

Der Theologe Michael Nüchtern schildert die Verhaltensmuster Marthas und schreibt: »Ich denke, wir kennen die Normen der Martha sehr gut:

1. Mach es anderen recht ...
2. Sei perfekt ...
3. Beeil dich ...
4. Streng dich an ...
5. Sei stark ...«

Die fünf Lebenseinstellungen sind genau die Erziehungsgrundsätze, die vielen Kindern von klein auf eingebläut werden. Diese Erziehungsziele drücken den Ehrgeiz und die Anspruchshaltung der Eltern aus. Der Opferbereite, der Helfertyp, der sich um alles kümmert, erlebt häufig, dass er alles allein machen muss.

Martha und Maria sind ein hervorragendes Beispiel dafür. Beide spielen sich perfekt in die Hände und ergänzen sich. Der Martha-Typ ist ein Praktiker. Er macht alles, er plant alles, er verantwortet alles, er macht alles am liebsten allein. Maria ist die Hörende, die auf Empfang eingestellt ist. Die Martha-Christen sind die gefährdeten in der Gemeinde. Sie sind die möglichen Burnout-Menschen, die sich verausgaben und plötzlich zusammenbrechen können. Sie fühlen sich überfordert.

Der Kolosserbrief stellt uns allen die Gewissensfrage: Sind Opferbereitschaft, Dienst und persönlicher Erfolg nur für den Herrn Jesus, oder tun wir es auch, um Menschen zu gefallen und um Anerkennung und Bestätigung für uns selbst einzuheimsen?

Martha, Martha, du sorgst und mühst dich um so viele Dinge, aber nur eins ist notwendig.
LUKAS 10,41–42

Arbeit, Erfolg und Leistung stehen in Gesellschaft, Familie und Gemeinde hoch im Kurs. Arbeit und Leistung sind wichtiger, als sich beschenken zu lassen. Biblisch-therapeutisch ist das grundfalsch. Auch Martha ist von diesem Denken durchdrungen. Walter Wanner bringt dieses Missverständnis hilfreich zur Sprache, wenn er schreibt: »Als Skopus (= Zielgedanke) bleibt bestehen und ist gültig: ›Lass es zu, dass Jesus dir zuerst dient ...‹ Viele Menschen können zum Beispiel nichts annehmen, ohne etwas zurückzugeben. Sie können sich nicht beschenken lassen, ohne dafür zu bezahlen. Sie danken nicht und wollen keinen Dank. ›Von anderen nichts annehmen können ist ein weitverbreitetes Symptom unserer Zeit.‹ ... Der moderne Mensch lebt im Wahn der Autonomie. Mit Gnade kann er nichts anfangen, denn Gnade ist die Kehrseite der eigenen Anstrengung.«

Sorge und Mühe, Opferbereitschaft und Dienst sind gut, aber nicht alles. Das Hören steht vor dem Tun, das Sichbeschenkenlassen vor allem Dienst.

Martin Luther ging mit Martha hart ins Gericht, als er schrieb: »Martha, dein Werk muss bestraft und für nichts geachtet werden ... Ich will kein Werk haben, denn das Werk Marias, das ist der Glaube.«

Besonders die engagierten Christen, die ständig »für den Herrn« unterwegs sind, müssen den Satz Jesu neu buchstabieren lernen: »Aber nur eins ist notwendig!« Müssen wir nur geben, oder können wir uns auch beschenken lassen?

Das Unkraut sind die, die dem Feind Gottes gehorchen.
Der Feind, der das Unkraut gesät hat, ist der Teufel.
MATTHÄUS 13,38–39

Im Gleichnis vom Sämann und dem Weizen spricht Jesus vom Unkraut. Der Teufel ist ein listiger Verführer. Er wird nicht umsonst der Diabolos, der Durcheinanderbringer, genannt. Dem Samen – dem Wort Gottes – mischt der Teufel sein zerstörendes Unkraut bei. Viele Hörer werden verwirrt.

Der Altvater Evagrios, ein Mönch aus christlicher Frühzeit, hat dieses Geschäft des Teufels und seiner Diener hervorragend beschrieben: »Allen Tugenden stellen unsere Feinde nach: Im Mut verbergen sie die Schlinge der Feigheit, in der Besonnenheit die der Unzucht, und in der Liebe wiederum legen sie die Schlinge des Hasses aus. Der Sanftmut flößen sie die Arroganz ein, der Barmherzigkeit das Sicherbarmen nicht um Gottes, sondern um des Zuschauers willen und dem Fasten das Fasten um der Menschen willen.«

Der bedeutende Mönch Evagrios war ein Kenner des menschlichen Herzens. Mit großem psychologischem Einfühlungsvermögen schildert er, wie ehrbare christliche Tugenden in ihr Gegenteil verdreht werden können. Im Mut versteckt sich womöglich die Schlinge der Feigheit. Wer bewusst besonnen auftritt, will vielleicht Gedanken der Unzucht ausblenden. Wer besonders die Liebe betont, kann von Hassgefühlen heimgesucht werden. Und wer auf Sanftmut macht, verdeckt unter Umständen geschickt die Arroganz.

Es ist in der Tat so: Wo eine Kirche gebaut wird, baut der Teufel eine Kapelle daneben. Und unter den Samen des Wortes Gottes mischt er sein Unkraut. Daher seien wir auf der Hut.

Es sind die eigenen Wünsche, die den Menschen ködern und fangen. Wenn einer ihnen nachgibt, wird sein Begehren gleichsam schwanger und gebiert die Sünde.
JAKOBUS 1,14–15

»Der Wunsch ist der Vater des Gedankens«, heißt es in einem Sprichwort. Welche Rolle spielen die Wünsche in unserem Leben?

Eine alte Geschichte erzählt von König Midas. Er bewirtete zehn Tage lang einen Gast, einen engen Freund von Bacchus, dem Gott des Weins. Der Gast wurde exzellent bewirtet und betreut. Als die Zeit um war, schlug der Götterfreund dem König vor, einen Wunsch zu äußern, der ihm erfüllt würde. Der goldgierige König wünschte sich, dass alles, was er berührte, zu Gold werden sollte. Der Götterfreund gewährte ihm diese verrückte Bitte. Und wirklich: Alles, was der König anfasste, verwandelte sich in Gold. Dann wollte er essen. Aber es war ihm unmöglich, auch nur einen Bissen zu sich zu nehmen, denn alles, was er an Brot, Fleisch und Gemüse berührte, wurde ebenfalls zu Gold. Midas wäre in seinem Reichtum verhungert – wenn der Götterfreund ihn nicht von dem Zauber befreit hätte.

Von der Wiege bis zur Bahre lebt der Mensch von Wünschen. Ist er klein, will er groß werden. Ist er groß, will er berühmt werden. Ist er alt, möchte er gesund und beschwerdefrei bleiben. Je größer und unrealistischer die Wünsche sind, desto unzufriedener wird der Mensch. Jakobus hat es trefflich ausgedrückt: Die eigenen Wünsche »ködern« und »fangen« den Menschen.

Das Neue Testament verheißt uns: »Christus ist das Leben.« Wer ihm glaubt, lebt nicht wunschlos glücklich, aber er bekommt ein erfülltes Leben. Wie sagte Dietrich Bonhoeffer: »Gott erfüllt nicht alle Wünsche, aber alle seine Verheißungen.«

Da antwortete das ganze Volk und sprach:
»Sein Blut komme über uns und unsere Kinder.«
Da gab er ihnen Barrabas frei, aber Jesus ließ er geißeln.
MATTHÄUS 27,25–26

Der heutige Text ist die Antwort der Menschen an Pilatus, der Jesus freisprechen wollte und seine Hände in Unschuld wusch. Der amerikanisch-deutsche Theologe und Journalist Uwe Simon-Netto beschäftigte sich in einem Artikel unter der Überschrift »Schocktherapie für Christen« mit dem viel diskutierten Film von Mel Gibson, »Die Passion Christi«. Dieses Werk wird selbst von führenden Juden in Amerika als der seriöseste aller Bibelfilme charakterisiert, der je gedreht wurde. Simon-Netto wörtlich: »In diesem Streifen geht es um nichts anderes als um das Blut Christi ... das Blut, das in der ›Passion Christi‹ üppig und doch um keinen Millimeter zu viel fließt (weil es ja die eigentliche Botschaft des Films ist), versinnbildlicht immer Martyrium und Wäsche zugleich. Die christliche Theologie hat stets diese beiden Seiten betont und klargemacht, dass Christi Werk und Leiden der ganzen Menschheit gelten.«

Glauben wir noch an die Kraft des Blutes Christi? Oder wollen wir von dieser »blutrünstigen Theologie« verschont bleiben?

Paul Gerhard dichtete: »Wenn endlich ich soll treten ein in deines Reiches Freuden, so soll dein Blut mein Purpur sein, ich will mich darin kleiden ...«

Im Abendmahl feiern wir Christen mit Brot und Wein Christi Tod für uns. Wenn wir sein Brot essen, hören wir: »Sein Leib für uns gegeben«, und wenn wir den Wein trinken: »Sein Blut für uns vergossen.«

Ist dieser Schrei des Volkes nicht gleichzeitig ein Gebet, das Matthäus in den Text aufgenommen hat, um deutlich zu machen: Sein Blut kommt über uns und unsere Kinder, und es wäscht uns rein von aller Sünde?

Ja, jeder von uns wird sich persönlich vor Gott verantworten müssen. Deshalb urteilt nicht übereinander, sondern lebt so, dass ihr niemanden behindert und keinen vom Weg Gottes abbringt.
RÖMER 14,13

Wer andere vom Weg Gottes abbringt, betreibt Manipulation. Manipulation bedeutet »eine gängelnde, bindende und außen gesteuerte Beeinflussung und Lenkung der Menschen«. So formuliert es das Herderlexikon. Wer manipuliert, bindet, knechtet und lähmt demnach den Willen des anderen.

Der Mensch wird zur Marionette.
Der Mensch wird in seinem Denken enteignet.
Der Mensch wird an die Kette gelegt.
Der Mensch wird verführt.
Der Mensch wird gebraucht.
Der Mensch wird ferngesteuert.
Der Mensch wird gleichgeschaltet.

Peter Hahne schreibt in einem Buch über »Die Macht der Manipulation«: »Adolf Hitler und Martin Luther sind zwei Männer, die Weltgeschichte machten, die Geschichte schrieben, wie sie unterschiedlicher nicht sein könnte. Luther und Hitler. Der eine durch den propagandistischen Würgegriff der Manipulation, der Waffengewalt und Gaskammern grausam begleitete. Der andere durch die Proklamation des Evangeliums, möglich gemacht durch das Massenmedium Buchdruck.«

Der eine ein böser Verführer, der zu den brutalsten Diktatoren zählt, die die Menschheit erlebt hat. Der andere hat der Welt eine rettende Botschaft gebracht.

Niemand kann sich damit entschuldigen, dass er verführt, belogen, betrogen und manipuliert wurde. Vor dem lebendigen Gott muss sich jeder einmal ganz persönlich verantworten. Aber auch das andere gilt: Wer manipuliert, wer andere vom Weg Gottes abbringt, wer Menschen negativ beeinflusst, wird dereinst von Gott zur Rechenschaft gezogen.

Denn das Wort vom Kreuz ist eine Torheit denen, die verloren werden; uns aber, die wir selig werden, ist's eine Gotteskraft.
1. KORINTHER 1,18

Es ist schon ein Kreuz mit dem Kreuz. An vielen Wänden hängt es als Zierde. Als Schmuck in Gold, Silber oder Holz tragen es viele Menschen um den Hals. In manchen Schulen ist es unerwünscht. Die Griechen in der Antike lehnten die Botschaft vom Kreuz ab, weil sie glaubten, die Götter hätten keine Gefühle und von daher auch kein Mitgefühl.

Im Kreuz sind zwei Dimensionen miteinander verbunden, die Vertikale und die Horizontale. In Jesus Christus werden Himmel und Erde miteinander verknüpft. In ihm haben sich Gottheit und Menschheit vereinigt. Gott ist an Weihnachten auf die Erde hinabgestiegen. Die waagerechte Linie ist die Linie des Todes. Ohne die Vertikale aber wären wir tot. Erst wenn die Waagerechte durch die Lebenslinie von oben her durchdrungen wird, entsteht das Kreuz, das Zeichen des Lebens und der Auferstehung. Das Kreuz ist zugleich das Zeichen von Raum und Zeit:

Vier Himmelsrichtungen.
Vier Paradiesströme.
Vier Elemente – Feuer, Wasser, Luft und Erde.
Vier Jahreszeiten.
Vier Lebensphasen: Kindheit, Jugend, Erwachsensein und Alter.

Das Kreuzeszeichen symbolisiert den Segen von oben. Die Liebe in Christus wird uns durch das Kreuz zugesprochen. Das Kreuz ist ein Zeichen des Sieges und nicht des Todes. Jeder Mensch, der erkennt, dass Jesus für unsere Schuld am Kreuz gestorben ist, wird diese Kraft in seinem Leben spüren. Die Liebe Gottes hat am Kreuz das Minus unseres Lebens in ein Plus verwandelt.

Das Kreuz ist ein Zeichen dafür, dass Gott seine Hände ausgestreckt hat, um sich mit uns zu versöhnen. Für Jesus war das Kreuz eine unsägliche Folter, ein Instrument des Leidens, der Schmerzen und des Todes. Welche Bedeutung hat das Kreuz für Sie?

Während der Mahlzeit sagte er: »Ich weiß genau, dass einer von euch mich verraten wird.« Die Jünger waren sehr bestürzt, und einer nach dem anderen fragte ihn: »Du meinst doch nicht mich, Herr?«
MATTHÄUS 26,21–22

Das Überraschende an diesem Vers ist für mich immer die Tatsache, dass sich jeder der Jünger den Verrat zutraut!

In seinem Roman »Jeder Mensch in seiner Nacht« stellt der englische Autor Julien Green uns eine beklemmende Szene vor Augen. Ein Mann namens James Knight liest Wilfred, einem Besucher, aus dem Evangelium das Apostelverzeichnis vor.

»Dies aber sind die Namen der zwölf Apostel: als erster Simon, genannt Petrus, und Andreas, sein Bruder; Jakobus, Sohn des Zebedäus, und Johannes, sein Bruder; Philippus und Bartholomäus, Thomas und Matthäus, der Zöllner; Simon der Kanaaniter ... und James Knight, der ihn verriet.«

Wilfred erbebte. »Warum sagen Sie das?«, fragte er.

»Kommt es Ihnen unwahrscheinlich vor, dass James Knight Jesus verraten hat?«, fragte der Lesende und ließ sein Buch sinken. »Wir können ja statt seiner einen anderen Namen einfügen: Und der Zwölfte hieß Wilfred, und er verriet ihn.«

Wilfred stand auf, öffnete seinen Mund, fand jedoch nicht die Kraft, etwas zu sagen.

»Merken Sie sich«, sagte James Knight, »dass wir alle, wie wir sind, unseren Namen statt des Judas Namen einfügen können. Haben Sie sich nie darüber Gedanken gemacht?«

James Knight hat schon recht, wir alle sind im Leben, Denken und Handeln Verräter an Jesus. Schon eine oberflächliche Inventur macht deutlich, dass wir dieses Verbrechen begangen haben, denn wir haben ihn Tausende Male verleugnet, wissentlich und unwissentlich verraten.

Sie zogen ihn aus und legten ihm ein purpurnes Gewand an. Dann machten sie eine Krone aus langen, spitzen Dornen und setzten sie ihm auf den Kopf und gaben ihm einen Stock in die Hand als Zepter. Darauf knieten sie vor ihm nieder, verhöhnten ihn und grölten: »Sei gegrüßt, König der Juden!« Und sie spuckten ihn an, nahmen ihm den Stock weg und schlugen ihm auf den Kopf.

MATTHÄUS 27,28FF

Wie schon einmal erwähnt, ist Mel Gibsons Film »Die Passion Christi« in der Presse und von den Kirchen kontrovers diskutiert worden. In der »Zeit« heißt es: »Mel Gibsons Film ist nicht nur eine Orgie der Gewalt. Er hat auch eine erschreckende politische Pointe. Er zeigt die Geburt des Fanatismus aus dem Geist des christlichen Fundamentalismus ... Optisch und symbolisch ist Gibsons Passion Christi eine sadomasochistische, orgiastische Zurschaustellung ...«

Die Schreiber haben offensichtlich nichts von dem Erlösungswerk unseres Herrn begriffen, der in der Futterkrippe geboren wurde und am Verbrecherkreuz endete – und zwar für uns! Man stelle sich das vor: Freiwillig hat er den Verbrechertod auf sich genommen, um uns zu erlösen! Der Anblick eines Menschen, der gemartert am Kreuz hängt und mit dem Tode ringt, ist grausam, aber Gott hat dieses Geschehen zugelassen, er hat sein Liebstes geopfert, damit wir Menschen vor ihm bestehen können.

Seit jeher stößt Jesu Kreuzestod auf Unverständnis. Jesus wird von vielen Menschen als Sozialrevolutionär akzeptiert, als großer Mensch, als Gegner kirchlicher Institutionen und als Kritiker des Kapitalismus. Sein Sterben am Kreuz sei demnach eine Torheit und ein Skandal gewesen. Wir aber wissen: Das Herz des Gekreuzigten strömt über vor Liebe. Er schließt Frieden mit uns Menschen. Er hat für uns gesühnt. Darum ist Jesus nicht unser Held, sondern unser Heiland. Der Film »Die Passion Christi« zeigt überdeutlich die seelischen und körperlichen Strapazen, die er unseretwegen auf sich genommen hat.

Niemand liebt mehr als der,
der sein Leben für seine Freunde opfert.
JOHANNES 15,13

Stellvertretung in Solidarität.

1941 geschah im Konzentrationslager Auschwitz etwas Furchtbares. Ein polnischer Häftling war entflohen. Die Lagerleitung tobte. Die polnischen Gefangenen von Block 14 mussten antreten. Zehn von ihnen wurden zum Hungertod verurteilt. Der Häftling Nr. 5659 weinte und schrie: »Nein – ich nicht – meine Frau – meine Kinder!« Da trat aus der Reihe der Gefangenen eine abgemagerte Gestalt auf den Lagerkommandanten zu. Es war der Pater Maximilian Kolbe.

»Was will dieses Polenschwein?«, erkundigte sich der Kommandant Fritsch.

»Ich will anstelle dieses Mannes sterben.«

»Warum?«

»Weil ich alt bin (er ist erst 47) und mein Leben nicht so viel Wert hat. Dieser Mann hat eine Familie.«

Der Lagerkommandant gab Maximilian Kolbe ein Zeichen, sich den Verurteilten anzuschließen. Der polnische Familienvater blieb am Leben und kam später aus dem Konzentrationslager frei. Die Verurteilten hingegen ließ man nackt verhungern und verdursten. Am 14. August starb Pater Maximilian Kolbe. Er wurde im Krematorium verbrannt und seine Asche verstreut.

Christus hat sich ebenfalls freiwillig für uns geopfert, damit wir leben können. Das ist in der Tat die größte Liebe, sein Leben für seine Freunde zu opfern.

Ich sage euch: Von jetzt an werde ich keinen Wein mehr trinken, bis ich wieder in der neuen Welt meines Vaters mit euch trinken werde.
Nachdem sie das Danklied gesungen hatten, gingen sie hinaus an den Ölberg.
MATTHÄUS 26,29–30

Jesus feiert mit seinen Jüngern das Abendmahl. Christen in aller Welt tun dies auch heute noch, um sich an das letzte Abendmahl Jesu mit seinen Freunden zu erinnern. Er hat damals mit ihnen Wein getrunken, mit ihnen gegessen, und sie haben über seinen Tod gesprochen. Sie haben auch über den Verräter gesprochen.

Und Jesus hatte seinen Jüngern vorher die Füße gewaschen, eine symbolische Handlung dafür, dass Gott uns in Jesus dient. Gott neigt sich in Jesus zu den Schmutzigen und Unreinen hinab. Gott macht uns in Jesus klar: Auch wir sollen dienen und nicht herrschen.

Selbst Einstein kam am Ende seines Lebens zu der Einsicht: »Der Mensch kann im Leben, kurz und gefahrenvoll, wie es ist, nur dann einen Sinn finden, wenn er sich dem Dienst an der Gesellschaft widmet.«

Dienen heißt Opfer für andere bringen.
Dienen ist Selbstpreisgabe.

Jesus hat uns vorgemacht, wie unser Leben aussehen soll. Seine Kirche ist keine Konsum- und Interessengemeinschaft, sondern eine Dienstgemeinschaft.

Er erniedrigte sich selbst und ward gehorsam bis zum Tode, ja bis zum Tode am Kreuz.
PHILIPPER 2,8

Die Kreuzigung Jesu ist ein Einschnitt in der Weltgeschichte. Der Gottessohn verblutet vor den Toren Jerusalems für uns. Das Kreuz ist das Zeichen der Rettung.

Der Evangelist Dr. Theo Lehmann beschreibt dieses Ereignis so: »Alexander der Große, der Welteroberer, hatte diese Angewohnheit. Immer wenn er eine feindliche Stadt belagerte, steckte er vor den Toren der Stadt eine brennende Fackel in den Boden. Das bedeutete, dass dem Gnade gewährt und das Leben geschenkt wurde, der zu ihm lief, solange die Fackel brannte. War sie ausgebrannt, lief nichts mehr. Wer bis dahin nicht gekommen war, den traf bei der Erstürmung der Stadt das Gericht. Am Ende deines Lebens kommst du vor Gottes Gericht. Ob du Gewinner oder Versager, ewig gerettet oder ewig verloren bist, hängt von dir ab. Noch brennt die Fackel. Noch steht das Kreuz, das Zeichen der Rettung, das Gott draußen vor der Stadt Jerusalem auf unseren Erdboden gestellt hat. Noch bietet dir Gott Gnade und Leben an.«

Die Kreuzigung ist ein Geschehen mit weitreichenden Folgen. Auf Golgatha steht mein Leben zur Debatte! Golgatha entscheidet über meine Zukunft! Golgatha beinhaltet Gottes unvorstellbare Liebe! Christus opfert sich für uns! Diese Opfertat ist nicht mehr zu übertreffen.

Als nun Jesus den Essig genommen hatte,
sagte er: »Es ist vollbracht«, neigte das Haupt
und gab den Geist auf.
JOHANNES 19,30

Auch im Islam spielt Jesus eine Rolle. Die Muslime sehen in Jesus allerdings einen Propheten, nicht den Erlöser, der am Kreuz für unsere Sünden gestorben ist. Im Koran handeln 90 Verse von Jesus, dem Propheten, und von seinen heilenden Tätigkeiten. Aber nur in fünf Versen wird von seinem Ende berichtet. Nach dem Koran ist es ausgeschlossen, dass ein Prophet, den Gott berufen hat, von Menschenhand getötet werden kann, denn er steht unter dem besonderen Schutz Gottes. Gott errettet seine Gesandten. Darum ist im Islam die Kreuzigung Jesu unmöglich. Im Koran heißt es: »Und sie haben ihn nicht mit Gewissheit getötet, sondern Gott hat ihn zu sich erhoben. Gott ist mächtig und weise.«

Dass damals am Kreuz von Golgatha ein Mensch gestorben ist, bestreiten die Muslime nicht. Aber es war mit Sicherheit nicht der Prophet Jesus.

Das Kreuz ist mehr als ein frommes Zeichen. Golgatha ist die große Fürbitte Gottes für die Menschheit. Die drei Worte »Es ist vollbracht« sind das Zeugnis des Gottessohnes, der sein Leben für uns geopfert hat. Millionen Menschen pilgern jährlich zum Grab Mohammeds. Aber in diesem Sarg liegt ein Toter, einer, der nicht von den Toten auferweckt worden ist. Der Gekreuzigte ist der Auferstandene. Meine Schuld und meine Sünde hängen dort an diesem furchtbaren Hinrichtungsinstrument. Mit seinem Opfertod hat er sein Werk für uns »vollbracht«. Unschuldig hat er die Schmerzen für uns erlitten. Darum ist sein Tod für uns so unverzichtbar.

Ihr seid das Licht für die Welt.
Eine Stadt, die auf dem Berge liegt,
kann nicht verborgen bleiben.
MATTHÄUS 5,14

Jesu Auferstehung ist das zentralste Ereignis im Leben der christlichen Kirche.

> Ohne die Auferstehung Jesu wäre unser Glaube eine Illusion.
> Ohne Auferstehung wären Kirchen und Dome die reinsten Museen.
> Ohne Auferstehung wären unsere Kirchen ein besserer Erinnerungsverein.

Dieses Ereignis wird überall anders gefeiert. In einigen Regionen zünden die Menschen große Osterfeuer an. Schon Monate vorher werden riesige Reisighaufen errichtet, die am Sonnabend vor Ostern bei beginnender Dunkelheit angezündet werden.

Die christliche Bedeutung der Osterfeuer wurde erstmals im frühen Mittelalter nachgewiesen. Ursprünglich war es das Feuer, das den Frühling ankündigte. Die Dunkelheit des Winters wurde besiegt, das erwachende Leben in der Natur begrüßt. Die Christen füllten diese Riten mit einem neuen Inhalt.

Der Auferstandene wird als das Licht der Welt verehrt. In katholischen – aber auch in evangelischen Kirchenbezirken – wird in der Osternacht eine Kerze am Osterfeuer angezündet, die brennend in die Kirche getragen wird. Diese symbolische Geste verdeutlicht, dass mit der Auferstehung Christi das Licht in die Welt gekommen ist. Christus ist nicht im Grabe, nicht in der Dunkelheit geblieben. Wer an ihn glaubt und seine Auferstehung bejaht, lebt im Licht und hat die Nacht der Sünde hinter sich gelassen.

Christen sind wie eine Stadt auf dem Berge, ihr Licht ist weithin sichtbar.

Jesus spricht zu ihr: »Ich bin die Auferstehung und das Leben. Wer an mich glaubt, der wird leben, ob er gleich stürbe.«

JOHANNES 11,25

Wir Christen dürfen uns freuen, denn Jesus ist von den Toten auferstanden!

In einer Zeitschrift las ich einen Beitrag über die Auferstehung. Verfasst hatte ihn Philip Yancey, ein amerikanischer Theologe und Journalist. Als er fünf Jahre alt war, erlebte er am Ostersonntag, dem Auferstehungstag Jesu, eine schlimme Tragödie. Eine von allen Familienmitgliedern geliebte Katze durfte zum ersten Mal nach draußen, wo Kinder aus der gesamten Nachbarschaft nach Ostereiern suchten. Plötzlich erschien ein großer, scharfer Hund, fiel über das kleine Kätzchen her, brach ihm das Genick und ließ es sterbend liegen. Keiner schaffte es, den großen Hund dazu zu bringen, von dem Kätzchen abzulassen. Philip Yancey prägte sich an diesem Tag nur ein Wort ein: »Stiefel – so hieß das Kätzchen – ist unwiderruflich tot.« Das Wort »unwiderruflich« begleitete ihn sein ganzes Leben. Gerade an einem Ostersonntag hatte er diese harte Lektion der »Unwiderruflichkeit« erfahren müssen. Aber als Erwachsener lernte er dann, dass Gott uns mit Jesu Auferstehung die Ehrfurcht gebietende Verheißung gegeben hat, dass die »Unwiderruflichkeit« des Todes aufgehoben ist. Der Tod ist nicht endgültig!

In der Tat, mit der Auferstehung wird ein neuer Ton angeschlagen, ein Ton der Hoffnung. Der Tod hat nicht mehr das letzte Wort. Der Verlust eines Menschen ist nicht endgültig. Yancey schreibt am Schluss dieses Kapitels wörtlich: »Der Theologe Jürgen Moltmann fasst die gewaltige Szene von Karfreitag bis Ostern in einen einzigen Satz. Er ist genau genommen eine Zusammenfassung der Geschichte der Menschheit in Vergangenheit, Gegenwart und Zukunft: ›Gott weint mit uns, damit wir eines Tages mit ihm lachen dürfen.‹«

Ist Christus nicht auferstanden,
so ist euer Glaube leer.
1. KORINTHER 15,17

Ostern ist das Fundament unseres Glaubens.
Ostern ist der Schlüssel für Zeit und Ewigkeit.
Ostern ist das Wort, das die Weltgeschichte revolutioniert.
Ostern ist das Fest aller Feste.

Die kürzeste Zusammenfassung des christlichen Glaubens findet sich als Umschrift auf Luthers Wappen. Ein einziges lateinisches Wort steht da, nur fünf große Buchstaben: VIVIT. Sie heißen: Er lebt. Das ist das Herzstück unseres Glaubens, seine lebendige Mitte.

Bischof Dr. Martin Kruse formulierte es so: »Die Auferstehung hat niemand gesehen. Sie bleibt für uns Menschen etwas Unvorstellbares. Es ist darum auch treffender, wenn wir Christen sagen und bekennen: ›Wir glauben an den Auferstandenen‹, als wenn wir sagen: ›Wir glauben an die Auferstehung.‹ Es geht nicht um eine ›Sache‹, es geht an Ostern um diese Person, die Gott zum Heile der Menschheit gesandt hat.«

In der Tat: Ist Christus nicht auferstanden, ist auch unser Glaube wertlos. Alle Predigten wären leer, aneinandergereihte Worthülsen. Wäre Christus nicht auferstanden, wäre unser Leben sinnlos. Am Ende stünde ein Sarg, ein dunkles Loch, ein unwiderrufliches Ende. Nein, seit Ostern können wir Christen lachen: Tod und Teufel sind besiegt. Keine Verzweiflung mehr, sondern Halleluja. Keine Ungewissheit mehr, sondern Gewissheit. Keine Angst mehr, sondern Hoffnung. In der Tat: Ostern ist das Fest aller Feste.

Darum geht nun zu allen Völkern der Welt
und macht die Menschen zu meinen Jüngern!
MATTHÄUS 28,19

Sind wir dazu berufen, die Welt zu retten? Nun, das ist ein beinahe unmögliches Vorhaben. Aber was erwartet Gott sonst von uns?

Eine Geschichte aus dem Judentum macht deutlich, welchen Anteil wir an der Rettung haben: »Ein junger Mann kommt zum Rabbi mit der Frage: ›Was kann ich tun, um die Welt zu retten?‹

›So viel, wie du dazu beitragen kannst, dass morgens die Sonne aufgeht.‹

Der junge Mann ist verblüfft. ›Aber was nützen dann alle meine Gebete und meine guten Taten, mein ganzes Engagement?‹, fragte er.

Darauf der Weise: ›Sie helfen, wach zu sein, wenn die Sonne aufgeht.‹«

In der Tat, die Welt zu retten ist unmöglich. Genauso unmöglich ist es, die Sonne aufgehen zu lassen, wie der Rabbi sagte.

Aber unser Leben hat Sinn, der Auftrag ist keine Überforderung.

Wir sind wach, wenn die Sonne aufgeht, wir sind aktiv, wenn es hell wird.

Wir stehen zum Dienst bereit, wenn der Tag anbricht.

Wir retten nicht die Welt, aber wir setzen unsere Kräfte ein, um zu helfen, zu dienen, zu verkündigen und den Menschen den Heiland, den Retter der Welt, bekannt zu machen.

Es gibt ein altes, treffendes Wort: »Gerettet sein gibt Rettersinn.« Gott hält die Welt in seinen Händen. Wir sind seine Werkzeuge und Mitarbeiter. Die Rettung der Welt ist Gottes Aufgabe, der Retter der Welt ist Jesus Christus. Aber:

Wir sind seine Boten;
wir sind Licht und Salz;
wir sind sein Mund, seine Hände und seine Füße.

Die Gebote des Herrn sind richtig und ohne Ausnahme gerecht. Sie sind kostbarer als das feinste Gold, süßer als der beste Honig.
PSALM 19,10–11

Die Zehn Gebote sind für unzählige Menschen auf unserer Welt längst kein verbindlicher Maßstab mehr. Unwahrheit, Lug und Trug sind heute an der Tagesordnung. Das Buch des Journalisten Ulrich Wickert mit seinem provozierenden Titel: »Der Ehrliche ist der Dumme« hat viel Staub aufgewirbelt und spiegelt einen teuflischen Trend wider: Ehrlichkeit ist ein überholter Ladenhüter.

Wer ehrlich ist, wird übers Ohr gehauen;
wer ehrlich ist, muss ein Traumtänzer sein;
wer ehrlich ist, ist dumm.

Wenn man in dieser Welt zurechtkommen will, muss man offenbar mit den Wölfen heulen. Man muss gute Miene zum bösen Spiel machen. Wie heißt es in einem Song der »Prinzen«: »Du musst ein Schwein sein in dieser Welt.« Mit Treue, Aufrichtigkeit und Ehrlichkeit wird man ausgelacht, ist man ein hoffnungsloser Außenseiter.

Wer als Christ leben will, muss gegensteuern. Wer Gott die Ehre geben will, darf nicht mit dem Strom schwimmen. Im Haus des Bibellesebundes in der Schweiz, in Locarno Monti, ist im Vorraum des Esssaals an einer Wand ein großes Keramikbild angebracht. Der Besucher schaut auf viele große gelbe Keramikfische, die gleichmäßig und gleichgeschaltet in eine Richtung schwimmen. Nur ein paar schwarze Keramikfische schwimmen gegen den Strom. Dieses Bild spiegelt punktgenau die Situation der Christen in dieser Welt wider: Gott erwartet von uns, dass wir Farbe bekennen, dass wir uns nicht mit der Masse treiben lassen.

Wenn ich an dich denke, bin ich voll Dank gegen Gott,
dem ich mit reinem Gewissen diene, wie es schon meine Vorfahren taten.
2. TIMOTHEUS 1,3

Es geht heute um das reine Gewissen. Als der inzwischen verstorbene renommierte Kölner Sozialwissenschaftler Professor Scheuch über die Spendenskandale in Köln befragt wurde, zitierte er ein englisches Wort: »Never ask a question if you don't like the answer (Stelle niemals eine Frage, wenn du die Antwort nicht hören willst).«

Lüge und Gewissenlosigkeit haben sich bei uns fest eingenistet. Die meisten Menschen stecken den Kopf in den Sand, wie wir zu sagen pflegen: »Nichts hören, nichts sehen, nichts sagen wollen.« – »Was ich nicht weiß, macht mich nicht heiß.« Sprichworte, die verdeutlichen, dass der Mensch schweigt und wegsieht, um nicht mit Lüge und Unrecht konfrontiert zu werden.

Ein tolerantes und großzügiges Gewissen gehört für viele heute zu einer liberalen Weltanschauung. In den Augen vieler Menschen sind »Spendenskandale« lediglich ein Kavaliersdelikt, eine Bagatelle. Paulus ist da ganz anderer Meinung. Er will mit »reinem Gewissen« dienen. Und wie kommen wir dahin?

Unser Gewissen braucht einen Herrn, dem es sich verantwortlich fühlt.
Unser Gewissen muss geformt, geschärft und angebunden werden.
Unser Gewissen braucht einen »Mitwisser«.

Mitwisser – genau das beinhaltet der Begriff »Gewissen«. Sprachgeschichtlich steckt das Wort »gewizzo« dahinter, das bedeutet: Es ist ein Mitwisser da.

Gott ist der Mitwisser. Haben wir den Mut, uns vor den Menschen und vor dem lebendigen Gott zu verantworten? Wir müssen üben, unser Gewissen zu benutzen. Desinteresse ist Mitschuld, wegsehen und weghören ebenfalls. Heinrich Böll hat ein treffendes Wort geschrieben: »Sein Gewissen war rein, er benutzte es nie.« Verhalten wir uns vielleicht ebenso?

Und stellt euch nicht dieser Welt gleich, sondern ändert euch durch Erneuerung eures Sinnes, damit ihr prüfen könnt, was Gottes Wille ist.
RÖMER 12,2

Christen sollen keine Mitläufer sein. Wer sich ständig anpasst und mit den Wölfen heult, verliert sein Gesicht.

Er wird profillos.
Er wird standpunktlos.
Er wird gewissenlos.

Lothar Zenetti, der viele nachdenkliche Gedichte geschrieben hat, bringt diese Profillosigkeit so zur Sprache:

»Was keiner wagt – das sollt ihr wagen.
Was keiner sagt – das sagt heraus.
Was keiner denkt – das wagt zu denken.
Was keiner anfängt – das führt aus.

Wenn keiner Ja sagt – sollt ihr's sagen.
Wenn keiner Nein sagt – sagt doch Nein.
Wenn alle zweifeln – wagt zu glauben.

Wo alle loben – habt Bedenken.
Wo alle spotten – spottet nicht.
Wo alle geizen – wagt zu schenken.
Wo alles dunkel ist – macht Licht.«

Mitläufer stimmen sofort in den Chor der Lobsänger ein. Lobhudeln kann ein hinterhältiges und feiges Verhalten beinhalten. Nur nicht anecken! Nur keinen Konflikt heraufbeschwören! Nur nicht zum Außenseiter werden! Lieber in der berühmten Masse mitlaufen.

Paulus erwartet von uns Christen eine andere Gesinnung.

Christen tun nicht, was alle tun.
Christen denken nicht, was alle denken.
Christen prüfen, was der Wille Gottes ist.

Und er seufzte in seinem Geist und sprach: Was sucht doch dieses Geschlecht ein Zeichen? Wahrlich, ich sage euch: Es wird diesem Geschlecht kein Zeichen gegeben werden.
MARKUS 8,12

Wer möchte nicht ein sichtbares Zeichen Gottes erhalten? Wer sehnt sich nicht danach, einen Beweis der Gegenwart Gottes zu erfahren? Der französische Schriftsteller Antoine de Saint-Exupéry spricht diesen Wunsch ebenfalls aus: »›Herr‹, sagte ich, ›dort auf dem Baumast sitzt ein Rabe; ich weiß, dass deine Majestät sich nicht zum Sprecher herablassen kann. Doch ich brauche ein Zeichen. Wenn ich mein Gebet beendet habe, bewirke, dass dieser Rabe fortfliegt! Das wird wie ein Wink für mich sein, ein Zeichen, dass ich nicht vollkommen allein auf der Welt bin ...‹ Und ich schaute auf den Vogel, er aber saß ruhig auf seinem Ast. Darauf wandte ich mich wieder zum Stein: ›Herr‹, sagte ich, ›du hast recht, deine Majestät kann sich nicht zu meinen Forderungen herablassen. Wenn der Rabe wegflöge, wäre ich noch trauriger. Denn ein solches Zeichen wäre ein Zeichen, das mir von einem Ebenbürtigen gegeben wäre – also wieder von mir selbst. Es wäre ein Spiegelbild meiner eigenen Wünsche. Und immer würde ich in meiner Einsamkeit gefangen bleiben.‹ Und nach tiefer Verneigung entfernte ich mich. Doch eben da wich meine Verzweiflung einer unerwarteten Freude.«

Exupéry hat kein Zeichen bekommen. Aber er ist deshalb nicht in Verzweiflung geraten. Vielmehr ist ihm klar geworden, dass sich Gottes Majestät nicht zu seinen Forderungen herablassen kann.

Wir wollen Gewissheit, und er erwartet Glauben.
Wir wollen Garantien, und er möchte, dass wir uns auf ihn verlassen.
Wir wollen Beweise, und er möchte, dass wir ihm vertrauen.

Mein Herz hält mir vor dein Wort:
Ihr sollt mein Antlitz suchen!
Darum suche ich auch, Herr, dein Antlitz.
PSALM 27,8

Heute hören wir etwas über die »Vergegenwärtigung Gottes«. Je mehr wir selbstsüchtig, narzisstisch und egoistisch leben, desto weiter entfernen wir uns von der Gegenwart Gottes.

Was sehen wir, unser Selbst oder Gottes Gegenwart?
Was treibt uns, unser Stolz oder Gottes Gegenwart?
Was betrachten wir, unser narzisstisches Gebaren oder Gottes Gegenwart?
Was belastet uns, unsere Selbstanklagen oder Gottes Gegenwart?

Der Londoner Psychiater Professor Stuart Checkley aus London beschreibt diese Vergegenwärtigung so: »In der Gegenwart Gottes zu sein bedeutet, dass unser gesamtes Leben, auch der Alltag, vom Bewusstsein seiner Nähe durchdrungen ist. Ganz so, als würden wir unsere Tätigkeiten in der Gegenwart eines guten Freundes oder eines geliebten Menschen verrichten. Nicht in seiner Gegenwart zu leben ist, als ob man zwar mit dem wunderbarsten aller Menschen verheiratet wäre, aber sich die meiste Zeit gar nicht bewusst wäre, dass es ihn gibt.«

Es macht einen großen Unterschied, ob wir aus dem eigenen Selbst oder aus der Gegenwart Gottes leben.

Wie weit gelingt es uns, in Gottes Gegenwart zu leben?

Der Faule stirbt über seinen Wünschen;
denn seine Hände wollen nichts tun.
SPRÜCHE 21,25

Kleine und große Wünsche begleiten uns von der Wiege bis zur Bahre. Nur wenige Menschen sind wunschlos glücklich. Aber: Je größer die Wünsche, desto herber auch die Enttäuschungen. Je höher die Erwartungen, desto tiefer auch die Verbitterung. Das sind Lebenserfahrungen.

Ein Theologe schrieb einmal Folgendes über »Wünsche«: »Was wünschen wir uns für die Zukunft? Auf diese Frage schrieb ein zehnjähriger Schüler in einem Aufsatz: ›Ich stelle mir die Zukunft so vor: dass es fliegende Autos im Jahre 2010 gibt; dass jede Familie eine Rakete hat; dass jeder Mensch sechsmal im Jahr Geburtstag hat; dass jedes Kind, wenn es auf die Welt kommt, rechnen und schreiben kann; dass es keinen Krieg mehr gibt; dass jeder Mensch einen Wolkenkratzer besitzt; dass jeder Mensch sich nehmen kann, was er will; dass jeder Mensch zwanzig Wünsche hat, die in Erfüllung gehen.‹« Kindliche Wünsche. Wir können darüber schmunzeln.

Von Luise Bertram las ich ein treffendes Wort: »In der Liebe fährt die Hoffnung sechsspännig, der Wunsch vierspännig, die Erwartung zweispännig und die Wirklichkeit schließlich mit einem einzigen Gaul.« Genau so ist es: Wünsche und Erwartungen fahren mehrspännig, die Wirklichkeit kommt dagegen nur mit einem Gaul aus.

Ein wirklich zufriedener Mensch wurde nach dem Geheimnis seiner Zufriedenheit gefragt: »Ich wünsche mir, dass ich zu allem, was Gott mir jeden Tag schenkt, ein volles Ja sage.« Es leuchtet ein, wer so leben und beten kann, ist wirklich glücklich. Er sitzt nicht nur einfach herum und schlägt die Zeit mit irrealen Wünschen tot.

Denn er ist freundlich, und seine Güte währet ewiglich.
PSALM 107,1

Wir können nur aus tiefstem Herzen dankbar sein, wenn wir folgende Fakten bedenken:

Wenn Sie heute Morgen relativ gesund aufgewacht und aufgestanden sind, sind Sie glücklicher als eine Million Menschen, die die nächste Woche nicht mehr erleben werden.

Wenn Sie noch keinen Krieg, keine Gefangenschaft oder eine lange Hungersnot erlebt haben, dann sind Sie glücklicher als fünf Millionen Menschen in dieser Welt.

Wenn Sie ohne Angst und ohne Befürchtung in die Kirche gehen können, ohne zu denken, Sie könnten bedroht oder verfolgt werden, dann sind Sie glücklicher als drei Milliarden Menschen in der Welt.

Wenn Sie im Besitz eines Kühlschrankes sind, der mit Essensvorräten gefüllt ist, ein Dach über dem Kopf haben und ein Bett zum Hinlegen, dann haben Sie mehr als 75 % der Einwohner in dieser Welt.

Wenn Sie ein Konto bei der Bank haben, etwas Geld im Portemonnaie, dann gehören Sie zu den 8 % der wohlhabenden Menschen auf dieser Welt.

Wenn wir das wissen, nehmen wir täglich nicht selbstverständlich Gesundheit, Wohlergehen, Besitz, Essen und Trinken hin. Wir sind in der Tat Gesegnete Gottes.

Unverdient werden wir beschenkt.

Unverdient werden wir gesegnet.

Unverdient schenkt uns Gott sein Erbarmen und seine Güte.

Das sollten wir uns täglich aufs Neue vor Augen führen.

Von allen Seiten umgibst du mich
und hältst deine Hand über mir.
PSALM 139,5

Gott ist wie die Luft, die uns von allen Seiten umgibt. Aber wehe, wenn Gott uns gleichgültig wird und wir ihn wie Luft behandeln!

Im 5. Jahrhundert hat Sedulius Caelius ein Gebet geschrieben, das uns Gottes Größe und Gottes Güte vermittelt:

»Der Herr sei vor dir, um dir den rechten Weg zu zeigen.
Der Herr sei neben dir, um dich in die Arme zu schließen und dich zu schützen.
Der Herr sei hinter dir, um dich zu bewahren vor der Heimtücke böser Menschen.
Der Herr sei unter dir, um dich aufzufangen, wenn du fällst, und dich aus der Schlinge zu ziehen.
Der Herr sei in dir, um dich zu trösten, wenn du traurig bist.
Der Herr sei um dich herum, um dich zu verteidigen, wenn andere über dich herfallen.
Der Herr sei über dir, um dich zu segnen.
So segne dich der gütige Gott.«

Bernhard Langer, Deutschlands bester Golfspieler, schrieb in der »Welt am Sonntag«: »Jeden Morgen, wenn ich aufstehe, lege ich den Tag in Gottes Hände. Ich übergebe ihm alle meine Gedanken und Taten und bitte ihn, mich durch den Tag zu führen. Ich bitte ihn, mir beizustehen, damit ich andere Menschen richtig und gut behandle. Ich bin niemals allein. Er ist immer an meiner Seite.«

Auch David war fest davon überzeugt, dass er nicht allein ist. Er fühlte sich eingehüllt und umgeben von Gottes Gegenwart. Gibt er auch uns das sichere Gefühl und die unumstößliche Gewissheit, dass seine Hand über uns ist? Fühlen wir uns in ihm geborgen und reagieren wir ruhig und gelassen?

Ich sitze oder stehe, so weißt du es;
du verstehst meine Gedanken von ferne.
PSALM 139,2

Der Herr kennt mich in- und auswendig. Deshalb ist er der erfahrene Spezialist für alle Probleme, die ich nicht durchschaue.

In einem orientalischen Geschichtenbuch fand ich eine eindrucksvolle Erzählung: »Der Traktor lief nicht mehr. Alle Versuche des Bauern und seiner Freunde, das Fahrzeug zu reparieren, misslangen. Schließlich rang sich der Bauer durch, einen Fachmann herbeiholen zu lassen. Dieser schaute den Traktor an, betätigte den Anlasser, hob die Motorhaube an und betrachtete alles ganz genau. Schließlich nahm er den Hammer und schlug mit ihm einmal auf eine bestimmte Stelle des Motors. Und siehe da, er lief wieder! Der Motor tuckerte, als wäre er nie kaputt gewesen. Als er dem Bauern anschließend die Rechnung überreichte, war dieser erstaunt und ärgerlich: ›Du willst fünfzig Tuman, wo du doch nur einen einzigen Hammerschlag getan hast!‹

›Lieber Freund‹, sagte der Fachmann, ›für den Hammerschlag berechne ich dir nur einen Tuman. Die restlichen neunundvierzig sind für mein Wissen darüber, wo dieser Schlag zu erfolgen hatte.‹«

Als Seelsorger und Therapeut erlebe ich häufig Menschen, die mich aufsuchen, weil sie ihre Probleme nicht durchschauen. Sie haben oft auch die Vorstellung, mit einem gezielten »Hammerschlag« tuckert der Lebensmotor wieder richtig. Ich werde nicht müde, den Ratsuchenden zu ermutigen, Gott zu bitten, er möge ihm Einsicht in seine Probleme schenken. Viele Menschen beten, Gott möge sie einfach von ihren Symptomen und Problemen befreien. Viel hilfreicher aber ist es, dass Gott – der unsere Gedanken von ferne versteht – uns den Durchblick für unsere oft selbst verschuldeten Probleme schenkt. Die versteckten Motive und destruktiven Gedanken sind wichtig. Haben wir die erkannt, können wir um seine Kraft und um seinen Beistand bitten, uns zu ändern.

Ich habe euch dies gesagt, damit meine Freude euch erfüllt und an eurer Freude nichts mehr fehlt.
JOHANNES 15,11

Was ist der Unterschied zwischen Freude und Vergnügen?

Der bekannte Modedesigner Wolfgang Joop, der ein gigantisches Mode-Imperium aufgebaut hat, enthüllt in seinem ersten Roman »Im Wolfspelz« seine Enttäuschung über das Leben der Schickeria. Als er von einer Journalistin gefragt wurde, was er in New York gesucht hat, antwortete er: »Abenteuer und Ablenkung. Die Welt ist oberflächlich, dekadent und voller Puppen (gemeint sind die Models). Nonstop, wie auf MTV. Jeder Werbespot zeigt, dass das Leben lebenswert ist, wenn man sich unterhalten lässt. Und dabei merkt man gar nicht, dass man sich nicht freut. Es gibt einen großen Unterschied zwischen Vergnügen und Freude.«

Vergnügen ist oberflächlich, Unterhaltung und Abenteuer wechseln einander ab. Ohne Ablenkung und Action läuft heutzutage nichts. Die fünf Sinne müssen herausgefordert werden. Immer neuer Kitzel für Augen, Ohren und den Gaumen muss her. Die Abwechslung schafft Vergnügen, aber keine Freude.

Wolfgang Joop hat übrigens sein Imperium verkauft, enttäuscht über das Leben, über den Beruf und über die Scheinheiligkeit der Glitzerwelt.

Der Dichter Hermann Hesse hat es erfasst: »Das ist das Herrliche an jeder Freude: dass sie unverdient kommt und niemals käuflich ist.«

Das Vergnügen ist käuflich, die Freude aber ist ein Geschenk. Jesus schenkt denen, die an ihn glauben, Freude. Denn Jesus ist die personifizierte Freude. Er will, dass wir nicht nur für einen Augenblick strahlen und glücklich sind, er will, dass diese Freude uns durch und durch erfüllt.

In einem afrikanischen Morgengebet heißt es: »Herr, ich werfe meine Freude wie Vögel an den Himmel. Ein neuer Tag, der glitzert und knistert, knallt und jubiliert von Deiner Liebe. Jeden Tag machst Du. Halleluja, Herr!«

Man sagt zwar: »Der Unbelehrbare legt seine Hand in den Schoß – und verhungert.« Aber ich sage: »Eine Handvoll zum Leben und dabei Ruhe und Frieden ist besser als beide Hände voll sinnloser Jagd nach Wind.«
PREDIGER 4,5–6

Diese Verse handeln von Ruhe und Entspannung. Der Geschichtsschreiber Herodot, der schon einige Hundert Jahre vor Christi Geburt lebte, schrieb einmal: »Mit seiner täglichen Arbeit hielt es Amasis, der König von Ägypten, folgendermaßen: Frühmorgens tat er bis zur Mittagsstunde mit großem Fleiß seine Arbeit. Dann aber trank er, trieb Scherz mit seinen Genossen und war fröhlich. Seine Vertrauten waren unwillig und machten ihm Vorwürfe: ›O König, du lebst nicht, wie du solltest. Ernst auf dem erhabenen Thron sitzend, müsstest du den ganzen Tag tätig sein. Dann würden die Ägypter merken, dass ein großer Mann über sie herrscht, und man würde gut von dir reden.‹ Darauf antwortete Amasis: ›Nur wenn man den Bogen braucht, spannt man ihn. Hielte man ihn dauernd gespannt, so würde er zerbrechen. Nicht anders ist es mit dem Menschen. Ist er immer nur ernst und fleißig und lässt dem Scherz keinen Raum, so wird er unvermerkt wahnsinnig und erschöpft.‹«

Ich habe gelesen, dass in der europäischen Literatur der Begriff der Entspannung zum ersten Mal entwickelt wurde. In der Tat, der Mensch wird krank, wenn er pausenlos angespannt lebt. Auch der Prediger weiß, wie wichtig Ruhe und innerer Frieden sind. Schon damals sah er in der Karriere- und Arbeitssucht ein »Haschen nach Wind«.

Prüfen Sie sich: Halten Sie den Rhythmus Spannung und Entspannung ein, oder warten Sie, bis der »Bogen zerbricht«?

Macht euch keine Sorgen, sondern wendet euch in jeder Lage an Gott und bringt eure Bitten vor ihn.
PHILIPPER 4,6

Sorgen sind eine unheimliche Macht. Sie können die Seele, den Körper und den Geist schädigen.

Der dänische Philosoph und Theologe Sören Kierkegaard hat im vorigen Jahrhundert drei »Geistliche Reden« verfasst, die sich mit den Blumen und Vögeln unter dem Himmel beschäftigen. Meisterhaft und in dichterischer Sprache hat er uns Christen ein Bild vor Augen gemalt, wie wir mit Sorgen umgehen sollen. Blumen und Vögel sollen dabei unsere »Lehrmeister der Freude« sein. Er rät uns: »Werft alle eure Sorge auf Gott! Sieh, das tun die Lilie und der Vogel unbedingt. Mithilfe des unbedingten Gehorsams werfen sie – ja, wie die stärkste Wurfmaschine etwas von sich wirft, was man am meisten verabscheut – alle ihre Sorge von sich; und werfen sie – mit einer Sicherheit gleich der, mit welcher die sicherste Schusswaffe trifft, und mit einem Glauben und Vertrauen gleich dem, mit welchem nur der geübteste Schütze trifft – auf Gott.«

Martin Luther schrieb damals seinem Freund Philipp Melanchthon, der offensichtlich ein sorgenbeschwerter Mensch war: »Ich hasse von Herzen die großen Sorgen, von denen du, wie du schreibst, verzehrt wirst. Dass sie dein Herz so beherrschen, daran ist nicht die Größe der Gefahr, sondern die Größe unseres Unglaubens schuld.«

Mit seinen Worten trifft Luther ins Schwarze. Große Sorgen sind Unglaube. Große Sorgen sind Kleinglaube. Wir nehmen uns wichtiger als Gottes Beistand. Unsere Befürchtungen sind größer als die Realität.

Jeder weiß: Sorgen drücken aufs Gemüt, Sorgen machen krank. Wir können es in der Tat in unserem Leben einfacher haben: Geben wir unsere Sorgen bei unserem Herrn ab. Er sorgt für uns.

Als der junge Mann das hörte, ging er traurig weg; denn er war sehr reich.
MATTHÄUS 19,22

Die heutige Bibelstelle handelt von Reichtum und Besitz. Ein reicher junger Mann wollte Jesus gerne nachfolgen, aber ungern auf seinen Besitz verzichten. Menschlich ist das verständlich.

Während meines Studiums in Kassel hatte ich einen Dozenten, dem ein Kommilitone und ich abends gerne einen Besuch abstatteten. Er war nicht verheiratet und nahm sich viel Zeit für seine Studenten. Weil er äußerst anspruchslos war, imponierte er uns sehr. Er lebte mehr als bescheiden und verschenkte Krawatten, Anzüge und andere Textilien, wenn er sich neue gekauft hatte. Sein kleiner Kleiderschrank war kaum gefüllt, sein Wohnzimmer war lediglich mit einigen bequemen Sesseln ausstaffiert. Sein oft zitiertes Motto, das vieles erklärte, lautete: »Besitz ist Belastung. Ich will frei sein.«

In der Tat: Besitz ist schön, aber er belastet auch. Unsere Gedanken und Lebensziele werden mehr davon in Anspruch genommen, als uns lieb ist. Besitz muss gehegt, gepflegt und bearbeitet werden. Wir haben in der Regel viel Kraft, Zeit und Geld investiert, um Besitz zu erwerben. Je mehr wir uns dafür abgerackert haben, desto mehr nimmt er uns in Anspruch, und umso schwerer fällt es uns, ihn wieder loszulassen.

Besitz macht nicht nur das Leben angenehmer, er fesselt auch. Unser Dozent wollte frei, sorglos und unbelastet für seine Studenten da sein. Er war nicht betrübt, wie der reiche Jüngling, er war frei und ungebunden. Ihm fiel es leichter als anderen Menschen, das Leben, die Heimat und sein Zuhause loszulassen.

24. APRIL

Diejenigen, die glaubten, was Petrus gesagt hatte, wurden getauft und gehörten von da an zur Gemeinde – insgesamt etwa dreitausend Menschen. Sie schlossen sich den anderen Gläubigen an, unterstellten sich der Lehre der Apostel und der Gemeinschaft und nahmen teil am Abendmahl und am Gebet.
APOSTELGESCHICHTE 2,41–42

Die Menschen, die an Jesus Christus glauben, gehören zur Gemeinde. Sie gehen zum Gottesdienst und nehmen am Abendmahl teil. Doch das ist im christlichen Europa nicht mehr selbstverständlich.

Ein schottischer Professor, der an einer amerikanischen Universität lehrt, schreibt: »Heute sind sie (die europäischen Staaten) eindeutig postchristliche – in vielerlei Hinsicht sogar postreligiöse – Gesellschaften. In den Niederlanden, in Großbritannien, Deutschland, Schweden und Dänemark geht nicht einmal jeder zehnte Bürger auch nur einmal im Monat in die Kirche; eine große Mehrheit geht gar nicht. In England besuchen wöchentlich mehr Muslime die Moschee als Anglikaner den Gottesdienst. Die Wirklichkeit sieht so aus, dass die Europäer in einer Gesellschaft leben, die ökonomisch, demografisch und vor allem kulturell im Niedergang begriffen ist.«

Wir nehmen diese Information zur Kenntnis. Wir stimmen zu und legen sie zu den Akten … Oder?

Wir sprechen gern von Gottesdienst–Besuchen. Damit wird ausgesagt: In der Kirche lebt man nicht, man besucht sie. In der Tat, Gottesdienst und Kirche scheinen äußerst langweilige Einrichtungen zu sein. Wie anders war das doch in der Urgemeinde! Die Christen dort waren eine verschworene Gemeinschaft, der Glaube schweißte sie zusammen. Das Wunder des Glaubens, der Berge versetzt und Tote auferweckt, erfüllte sie.

Diese Hoffnung hat ihren festen Grund darin, dass Jesus Christus vom Tod auferstanden ist. Sie richtet sich auf das neue Leben, das er schon jetzt im Himmel für euch bereithält als einen Besitz, der niemals vergeht oder verdirbt oder aufgezehrt wird.

1. PETRUS 1,3–4

Himmel und Ewigkeit, das ist für viele Menschen ein Buch mit sieben Siegeln. Sie können sich ein »himmlisches Gefühl« vorstellen, nicht aber ein »himmlisches Zuhause«.

Voltaire, ein überzeugter Atheist, war einst bei Friedrich dem Großen eingeladen. Beim Essen hob er spöttisch sein Glas und sagte: »Ich gebe meinen Platz im Himmel her für eine preußische Mark.« Sein Wort löste betroffenes Schweigen aus. Dann ergriff ein weiterer Gast des Königs das Wort: »Mein Herr, wir haben in Preußen ein Gesetz, nachdem jeder, der etwas verkaufen will, erst nachweisen muss, dass ihm der Gegenstand auch wirklich gehört. Können Sie nachweisen, dass Sie einen Platz im Himmel haben?« Der Spötter behielt sein Lächeln bei, schwieg aber.

Ein Christ, der das neue Leben kennt, schaut nicht einfach nur in den blauen Himmel und lässt Gott einen guten Mann sein. Er freut sich auf die Ewigkeit, auf das Himmelreich, auf eine Wohnung beim lebendigen Gott.

In Amerika gibt es ein Lied, das diesen Ort poetisch umschreibt: »Heaven is a wonderful place, filled with glory and grace. I want so see my saviors face – heaven is a wonderful place.« (Der Himmel ist ein wunderbarer Ort, erfüllt mit Herrlichkeit und Gnade. Ich möchte das Angesicht meines Retters sehen – der Himmel ist ein wunderbarer Ort.)

Der Himmel Gottes ist kein Fantasieprodukt. Unsere Hoffnung darauf hat eine feste Basis. Wer dem Auferstandenen vertraut, weiß, dass er uns eine ewige Heimat bereithält.

26. APRIL

*Und Gott, der Herr, sprach: Es ist nicht gut,
dass der Mensch allein sei; ich will ihm eine Hilfe
machen, die ihm entspricht.*

1. MOSE 2,18

Aus zwei mach eins! Das ist das Geheimnis der Ehe. Der Evangelist und Liedermacher Jörg Swoboda schilderte seine Eindrücke einer Reise nach Dänemark. Er berichtete von einem Naturschauspiel nördlich der Ortschaft Skagen, wo Nord- und Ostsee aufeinanderstoßen. Die Wellen der beiden Meere treffen aus gegensätzlichen Richtungen zusammen. Vor der Landzunge klatschen die Wellen gegeneinander, das Wasser spritzt auf, und zwei Meere vereinigen sich. Ein besonderes Naturschauspiel. Dieses großartige Erlebnis regte Swoboda zum Nachdenken an. Er schreibt: »Haben wir uns in den beiden Meeren wiedererkannt? Ist das Zusammentreffen nicht eine Parabel für das, was zwischen Mann und Frau geschieht? Zwei Ozeane voller Unergründlichkeit, Widersprüchlichkeit, Ergänzungsbedürftigkeit und gegenseitiger Anziehungskraft prallen aufeinander und verbinden sich doch. Allen widrigen Winden zum Trotz.«

Alleinsein ist für die meisten Menschen unerträglich. Adam war allein, und Gott erkannte seine Einsamkeit. Er schuf ihm ein Gegenüber, das ihm entsprach. Swoboda hat recht: Zwei Eheleute sind wie zwei unergründliche Meere, die eins werden. Mann und Frau sind ähnlich und doch verschieden. Sie sind widersprüchlich und können sich doch wunderbar ergänzen. Mann und Frau entsprechen sich. Der »kleine Unterschied« kann unerträglich werden, wenn beide miteinander kämpfen, und er kann Harmonie beinhalten, wenn beide ihre Ergänzungsbedürftigkeit leben.

Bisher hieß es: »Wer sich von seiner Frau trennen will, muss ihr eine Scheidungsurkunde ausstellen.« Ich aber sage euch: »Wer sich von seiner Frau trennt, außer er hat mit ihr in einer vom Gesetz verbotenen Verbindung gelebt, der zerstört die Ehe. Und wer eine Geschiedene heiratet, wird zum Ehebrecher.«
MATTHÄUS 5,31–32

In der Zeit, als Jesus lebte, gab es viele Ehescheidungen. Von daher sind seine Aussagen äußerst aufschlussreich. Jesus betont, dass jeder, der seine Frau entlässt, obwohl kein Fall von Unzucht vorliegt, sie dem Ehebruch ausliefert. Die Ehe gilt demnach durch den Scheidebrief als nicht aufgelöst. Und auch eine Wiederverheiratung kommt damit dem Ehebruch gleich. Im Scheidebrief der damaligen Zeit war allerdings eine Erklärung des Ehemanns vorgesehen, die lautete: »Du bist nun jedem Menschen erlaubt.« Dieser Satz war ein Hauptbestandteil des Scheidebriefs.

Der jüdische Theologe R. Jehuda kommentierte: »Und dieses sei dir von mir Scheidungsschrift, Entlassungsbrief und Befreiungsurkunde, damit du gehen kannst, um dich mit wem du willst zu verheiraten.«

Jesus macht durch seine Aussage auf den großen Stellenwert der geschlechtlichen Vereinigung der beiden Ehepartner aufmerksam. Er geht davon aus, dass sie eine Gemeinschaft ist, die eigentlich gar nicht aufgelöst werden kann. Damit setzt sich Jesus vor allem für den Schutz der Frau ein. Es war damals üblich, dass sie von Mann zu Mann weitergereicht wurde. Wir erinnern uns an das Gespräch Jesu mit der Samariterin. Sie hatte viele Männer gehabt. Einer solchen Praxis wollte Jesus mit seiner Auslegung einen Riegel vorschieben. Nur Unzucht ist ein erlaubter Scheidungsgrund. Jesus ergänzt oder korrigiert damit nicht die Heilige Schrift, sondern die verbindliche Auslegung durch die Schriftgelehrten.

28. APRIL

Seid nicht selbstsüchtig; strebt nicht danach, einen guten Eindruck zu machen, sondern seid bescheiden.
PHILIPPER 2,3

Das Gegenstück zur Liebe ist Egoismus. In dem Musical »Elisabeth« wird die egozentrische Lebensanschauung in Worte gefasst:

> »Ich weinte, ich lachte,
> war mutlos und hoffte neu,
> doch was ich auch machte:
> Ich blieb mir selber treu.
> Die Welt sucht vergebens
> den Sinn meines Lebens,
> denn ich gehöre nur mir.«

»Ich gehöre nur mir« – so lautet das Motto der Egogesellschaft. Es geht nicht um Erfüllung eines Lebenssinnes. Es geht darum,

> dass ich das lebe, was mir Spaß macht,
> dass ich meine Bedürfnisse befriedige und
> dass die anderen mir gestohlen bleiben können.

Liebe aber steht dem Egoismus entgegen.

> Der Egoist will einen guten Eindruck schinden. Er will auffallen und tritt nicht bescheiden auf.
> Der Egoist handelt ichbezogen, die Liebe aber handelt dubezogen.
> Der Egoist sieht sich selbst, der Liebende aber auch den anderen.

Egoismus und Liebe schließen einander aus. Für Liebe gibt es im Griechischen das Wort »agape«. Diese Liebe ist ein Charisma, ein Geschenk. Wer aus Jesus, mit Jesus und in Jesus lebt, wird mit dieser Liebe beschenkt. Sie überwindet den Egoismus, die lieblose Ichbezogenheit.

*Ich sage zu dir: »Du bist mein Herr.
Mein Glück finde ich allein bei dir!«*
PSALM 16,2

Was ist die Basis für Glücklichsein?

Stefan Klein hat einen Bestseller geschrieben, der unter dem Titel »Die Glücksformel« veröffentlicht wurde. Der Autor hat darin wesentliche Faktoren zum Thema Glück zusammengefasst: »Wer sich in seiner Haut wohlfühlt, der schafft damit eine wichtige Voraussetzung für sein Glück.« Denn es fängt bereits im Kopf an. Wer sich etwas vornimmt, wer für andere da ist, wer sich im Leben engagiert, der schafft im Gehirn Harmonie. Und das empfindet der Mensch als Glück. Dadurch wird ein »Belohnungssystem« im Gehirn aktiviert, bei dem die Botenstoffe Dopamin und Endorphin ausgeschüttet werden. Diese wiederum verändern die Erregungszustände der Nervenzellen, sodass dort ebenfalls Harmonie entsteht. »Also machen uns nicht die Botenstoffe selbst glücklich, sondern die wohltuende Ordnung im Kopf«, erklärt der Neurobiologe Hüther von der psychiatrischen Universitätsklinik in Göttingen.

Was können wir für unser Glaubensleben daraus lernen? Meine Einstellung, meine Gesinnung und mein praktizierter Glaube rufen Glücksgefühle hervor. Wer von Herzen glaubt: »Du bist mein Herr!«, wer Jesus vertraut und in seinem Namen denkt, lebt und handelt, der programmiert im Gehirn die Botenstoffe Dopamin und Endorphin, die wiederum Glück produzieren. Wer sagen kann: »Mein Glück, mein Lebenssinn und meine Zufriedenheit finde ich allein in ihm«, der löst im Gehirn diesen positiven Stimmungsumschwung aus. Der Glaube an den lebendigen Gott ist in der Tat ein einmaliger »Glücksfaktor«.

Der Herr aber ist in seinem heiligen Tempel.
Werdet still, erweist ihm Ehre,
ihr Menschen überall auf der Erde.
HABAKUK 2,20

Nur in der Stille erfahren wir, was Gott von uns will. Wenn wir in Unruhe und Hektik geraten und uns körperlich und seelisch verausgaben, haben wir vermutlich etwas falsch gemacht.

Eine Geschichte der Wüstenväter macht das deutlich: »Ein Christ, der sich im Dienst für andere verausgabt hatte, besuchte in der Wüste einen anderen Mönch. ›Ich habe mich verausgabt. Meine Energien sind verbraucht. Und doch war ich überzeugt, alles für Gott getan zu haben. Was habe ich falsch gemacht?‹

Der Mönch sah seinen Gast lange und eindringlich an, dann schüttete er Wasser in ein flaches, aber breites Gefäß und bat den Gast, in das Wasser zu schauen. Unruhig bewegte sich das Wasser hin und her, und der ausgelaugte Christ schaute kopfschüttelnd in das Gefäß. Der Mönch in der Wüste wartete einige Minuten und sagte dann zu seinem Gast, er möge jetzt noch einmal hineinschauen. Der schaute hinein und entdeckte sein Angesicht wie in einem Spiegel. Und der Mönch sagte zu ihm: ›So geht es dem Menschen, der nur in der Unruhe der Welt seinen Dienst für Gott tut. Er kann sich, seine Fehler und Sünden nicht erkennen. Wer sich aber immer wieder in die Stille und in die Ruhe begibt, der wird sein Angesicht und seine Fehler genau erkennen.‹«

In der Stille, wenn wir unserem Herrn die Ehre geben, erkennen wir uns selbst. Unsere Schwäche, unser falscher Ehrgeiz, Streben nach Anerkennung und andere fragwürdige Ziele kommen ans Licht. Erschöpfung, Depressionen und Burnout zeigen uns dagegen, dass wir uns nur eingeredet haben, wir hätten alles nur für Ihn getan.

Meine Seele ist stille zu Gott, der mir hilft.
PSALM 62,2

Nichts braucht der Mensch nötiger als Stille.

Ein Problem unserer Zeit, über das die meisten klagen, ist Hetze, Hektik, Nervosität. Viele sind mit den Nerven am Ende. Beides gehört jeweils zusammen: Engagement und Besinnung, Sendung und Sammlung, Hinausgehen und Einkehren, Dienst und Stille, Arbeit und Gebet. Wer fährt, muss tanken; wer arbeitet, muss schlafen, und wer aktiv ist, braucht die Stille. Sicher ist Gott über allem. Am Broadway und auf der Reeperbahn, auf dem Kurfürstendamm und im Gewühl im Hauptbahnhof. Aber nur an einer stillen Stelle kann Gott seinen Anker auswerfen.

Wie schreibt Max Picard: »Das Schweigen gehört zur Grundstruktur des Menschen. Deshalb hat nichts das Wesen der Menschen so verändert wie der Verlust des Schweigens. Der Schwund des Glaubens ist mit dem Verlust des Schweigens gekoppelt.«

In der Stille spricht Gott. Das Schweigen vor dem lebendigen Gott wird zu einer beredten Stille. Stille hat mit Sammlung zu tun und mit Schweigen. Unruhe und Hektik haben mit Zerstreuung zu tun. Ist es nicht interessant, dass die Gesellschaft eine ganze Zerstreuungsindustrie aufgebaut hat, um den gehetzten und ruhelosen Menschen abzulenken? Nein, wir brauchen nicht Ablenkung, wir brauchen Stille. Wir brauchen keinen Rummel, sondern innere Einkehr. Ich wünsche mir mehr und mehr die Erfahrung des Psalmisten: »Meine Seele ist stille zu Gott, der mir hilft.«

Aber er (Jesus) hat zu uns gesagt: »Du brauchst nicht mehr als meine Gnade. Je schwächer du bist, desto stärker erweist sich an dir meine Macht.«
2. KORINTHER 12,9

In der Welt wird Stärke angebetet. Stärke wird gemessen an der Zahl der Flugzeuge, der Raketen, der Panzer und der Kanonen. Stärke spiegelt sich im Bruttosozialprodukt wider. Stärke ist eine Frage der Intelligenz, der Noten und der Schulabschlüsse. Stärke wird in Geld und in Kapazität, in Kompetenz und in Macht gemessen. Wir Christen sind so von Stärke und Macht beeindruckt, dass viele sogar die geistliche Stärke falsch verstehen.

Der amerikanische Psychiater Chris Thurman hat ein Buch geschrieben, in dem er über dreißig »Lügen, die wir glauben« charakterisiert. Eine Lüge lautet: »Gott kann mich nur gebrauchen, wenn ich geistlich stark bin.« Es ist eine handfeste Lüge und ein geistlicher Irrtum. Thurman weist darauf hin, dass der große Paulus ausdrücklich schreibt, dass er sich an Gottes Gnade genügen lassen soll. »Darum will ich mich am allerliebsten rühmen meiner Schwachheit, damit die Kraft Christi bei mir wohne.«

Was dumm und dämlich vor der Welt erscheint, das hat Gott erwählt, damit er die Besserwisser und Weisen in ihre Schranken verweist. Den Schwachen wurde Paulus ein Schwacher, um die Schwachen zu gewinnen. Die Bibel stellt überall weltliche Glaubenssätze auf den Kopf. Die sogenannten Starken bilden sich auf ihre Stärke etwas ein. Sie glänzen mit ihrer weißen Weste. Jesus hat dem übereifrigen Paulus, der schließlich mal ein Pharisäer der ersten Garnitur war, deutlich gesagt, worauf es ankommt. »Je schwächer du bist, desto stärker erweist sich an dir meine Macht.« Wir sind seine Werkzeuge, nicht seine Macher. Wir leben von seiner Gnade und nicht von unserer geistlichen Stärke. Nicht mit Wunderknaben und mit geistlichen Überfliegern will Er die Welt missionieren.

Wie gut, Herr Jesus, dass du Stärke und Schwäche mit deinen Maßstäben zurechtrückst!

Denn wir haben einen obersten Priester, der in die unmittelbare Nähe Gottes gelangt ist, das ist Jesus, der Sohn Gottes. Er gehört nicht zu denen, die kein Verständnis für unsere Schwächen haben. Im Gegenteil, unser Oberster Priester wurde genau wie wir auf die Probe gestellt.
HEBRÄER 4,14–15

Der amerikanische Seelsorger David Seamands schreibt über die Schwachheiten: »Im Alten Testament steht das Wort ›Schwachheiten‹ in Zusammenhang mit den Opfern, die von den Priestern gebracht werden. Eine Schwachheit ist in erster Linie ein körperliches Mal, ein Makel ... Wenn jemand eine Schwachheit an sich trug, durfte er nicht als Priester auftreten, selbst wenn er ein Mitglied der Priesterfamilie Aarons war. Ebenso mussten Gaben und Opfer ›ohne Flecken und Makel‹ sein. Sowohl das Opfer als auch der Opfernde mussten frei sein von Schwachheiten. Normalerweise steht im Neuen Testament für ›Schwachheit‹ die negative Form des Wortes ›sthenos‹, das so viel wie ›Stärke‹ bedeutet. Wenn man nun den Buchstaben ›a‹ vor ein Wort setzt, dann ist das Wort verneint. Ein The-ist ist jemand, der an Gott glaubt; wenn man ein ›a‹ davorsetzt, wird daraus A-the-ist, einer, der nicht an Gott glaubt. Wenn man vor ein ›sthenos‹, das ›Stärke‹ bedeutet, ein ›a‹ setzt, dann erhält man das Grundwort für Schwäche, nämlich ›astheneia‹, das wörtlich ›Mangel an Stärke, Schwäche, Verkrüppelung‹ bedeutet. Das Wort im Neuen Testament wird kaum je in einem körperlichen Zusammenhang verwendet. Es bezieht sich vielmehr auf geistige, sittliche und seelische Schwachheiten.«

Jesus, der Hohepriester, kennt unsere Schwachheiten, unsere Defizite, unsere seelischen Störungen. Auch für sie ist er ans Kreuz gegangen. Er hat Verständnis für »vegetative Labilität«, für »psychosomatische Störungen« und für »vegetative Dystonie«, ein Ausdruck, den Menschen in ärztlichen Praxen zu hören bekommen. Gemeint sind genau diese »Schwachheiten« und »Schwächen«, von denen der Hebräerbrief redet. Ist das nicht ein wunderbares Gefühl, dass unser Herr für die seelischen Defizite Verständnis hat?

Kehrt um, ihr Kinder Israel, zu dem, von welchem ihr so sehr abgewichen seid.
JESAJA 31,6

Umkehr ist ein Wort, das in unserer modernen Welt ständig benutzt wird. Die Politiker reden von Umkehr, die Ökologen, die Grünen, die Naturschützer und Futurologen. Es sind die modernen Umkehr-Prediger.

Die Kinder Israels sind abgewichen vom lebendigen Gott und seinen Maßstäben. Sie haben sich eigene Götzen und Götter zurechtgemacht. Nicht nur für die Kinder Israels ist die Umkehr ein schweres Geschäft. Umkehr fordert den ganzen Menschen.

In einer Zeitschrift las ich folgende Sätze: »Wir brauchen 10 Prozent der Kraft, um einen Menschen zur Bekehrung zu führen, aber 90 Prozent der Kraft, um ihn auf dem rechten Weg zu halten ...«

Deutlich wird: Die Hinwendung zu Gott und Christus schaffen viele, aber die Umkehr durchzuhalten, bei Jesus zu bleiben, erfordert die Hauptkraft. Nicht nur bei den Israeliten war die »Säuglingssterblichkeit« der Bekehrten groß. Auch bei uns fallen viele Christen wieder in ihr altes Leben zurück. Auf gewohnten Gleisen zu bleiben ist leichter und unkomplizierter.

Nicht die anderen sollen umkehren, sondern ich. Nicht die anderen brauchen diese Kehrtwendung, sondern ich. Beten wir um diese Kraft für Umkehr und Erneuerung?

Wahrlich, ich sage euch: Wenn ihr nicht umkehrt und werdet wie die Kinder, so werdet ihr nicht ins Himmelreich kommen.
MATTHÄUS 18,3

Die Umkehr zum lebendigen Gott ist das zentrale Thema der biblischen Botschaft.

Der Evangelische Kirchentag hatte 1983 das Thema »Umkehr zum Leben«. Er warb mit einem unerbittlichen Plakat: Eisenbahnschienen enden am Prellbock. Am Prellbock hört der Weg auf. Dahinter kommt das Niemandsland, der Abgrund, die Schwelle zum Tode.

Ist das unser Standort? Stehen wir vor dem Prellbock? Stehen wir eventuell am Rande des Abgrunds? Die Gleise sind schon verrostet. Der Weg ist eine Sackgasse.

Eine Kehrtwendung um 180 Grad ist schwer. Wir sind mit unseren eingefahrenen Gleisen zufrieden. Wir sollen ja nicht nur ein bisschen vernünftiger, ein bisschen anständiger, ein bisschen beliebter und ein bisschen friedvoller werden, sondern wir sollen umkehren. Wir sollen neu werden.

Die eigenen Wege erscheinen uns lustvoller. Die eigenen Wünsche und Pläne erleben wir zufriedenstellender.

Viele sehen die Umkehr ein, aber sie muss nicht heute geschehen. Viele haben die Einsicht, aber nicht die Kraft, sie umzusetzen. Viele haben gute Vorsätze, und damit reden sie sich heraus. Erst wenn wir uns vertrauensvoll – wie Kinder – in die Arme Gottes fallen lassen, steht uns das Himmelreich offen. Wollen wir diesen Sprung wagen?

Arbeitet an euch selbst in der Furcht vor Gott, damit ihr gerettet werdet. Ihr könnt es tun, denn Gott gibt euch nicht nur den guten Willen, sondern er selbst arbeitet an euch, damit seine Gnade bei euch ihr Ziel erreicht.

PHILIPPER 2,12–13

Wie geht die Umkehr in unserem Leben vor sich? Wie verhalten sich eigene Anstrengungen und eigene Arbeit zum Willen Gottes?

Siegfried Kettling formuliert: »Geritten wird der Mensch also stets. Mit seinem freien Willen ist es nichts. Freilich unterscheidet sich der Reitstil des einen Herrn von dem des anderen wie der Himmel von der Hölle. Gott führt sein ›Lasttier‹ (den Menschen) zur grünen Aue und zum frischen Wasser, der Satan jedoch reitet es zuschanden.«

Zwei Mächte kämpfen um unser Leben: Christus und Satan. Gehören wir Christus, kommen wir auch mit ihm zum Ziel. Und wie verhält es sich mit dem ersten Satz: Arbeitet an euch selbst?

Jürgen Blunck gibt die Antwort in einem Erlebnis: »In meinem letzten Urlaub war ich in den Bergen. Da machten wir eine wunderschöne Wanderung. Von unten sah es so aus, als ob man entweder links oder rechts hinunterstürzen müsste. Aber wenn man diesen Grat dann ging, stellte sich heraus, dass man wirklich zwischen rechts und links gehen konnte. So ist das auch hier. Der Sturz nach rechts: Gott tut alles, also kann und brauche ich nichts zu tun. Der Sturz nach links: Ich muss das Entscheidende tun, also kann nicht alles bei Gott liegen. Und dazwischen geht die Gratwanderung des Glaubenden: Gott schafft alles, meine Seligkeit, also steige ich auch mit allen Kräften ein, diese Seligkeiten nicht zu verpassen.«

In der Tat, von unten sieht alles anders aus. Unsere menschliche Perspektive ist verkürzt. Arbeiten wir aber, gehen wir also, schenkt uns Gott einen anderen Blick für den augenscheinlichen Widerspruch. »Bete und arbeite!« Beide Aspekte gehören zusammen.

Ein Mensch sieht, was vor Augen ist; der Herr aber sieht das Herz an!
1. SAMUEL 16,7

Wir Menschen lassen uns gern von der glänzenden Fassade blenden. Wie oft fallen z. B. Autokäufer auf hochglanzpolierte Autos herein. Die Fahrzeuge glänzen, sie blenden, aber Motor und Getriebe sind angeknackst.

So ergeht es uns mit Maschinen. So ergeht es uns mit Häusern, mit Früchten – und mit Menschen. »Wie es da drinnen aussieht, geht niemanden etwas an!«

Wir geben uns beliebt,
wir zeigen uns versöhnlich,
wir präsentieren unser Sonntagsgesicht,
wir lügen und betrügen.

Auch Werbung lebt von der glänzenden Fassade. Die Früchte sind knackig, farbenfroh – und doch gespritzt. Die Gesichter der Menschen erscheinen glatt und faltenlos. Es hat sich gezeigt, dass attraktive Frauen im Berufsleben mehr Chancen haben, eingestellt zu werden und höhere Gehälter zu beziehen, als weniger attraktive Damen. Gutes Aussehen ist sogar wichtiger als ein guter Berufsabschluss. Diese Erfahrung bestätigt sich auf vielen Gebieten: Das Schaufenster ist wichtiger als der Laden. Die Fassade entscheidet über Wert und Unwert.

Als der Prophet Samuel den neuen König, den Gott ausgewählt hatte, berufen sollte, schaute er auch auf das Äußere. Stärke und Stattlichkeit stachen ihm ins Auge.

Gottes Maßstäbe aber sind anders.
Er schaut tiefer.
Er lässt sich nicht von der Oberfläche täuschen.
Er sieht das Herz an.
Er orientiert sich am Kern der Persönlichkeit.
Gott prüft das wahre Sein und verabscheut den Schein. Ihm können wir nichts vormachen.

Die Furcht des Herrn ist der Weisheit Anfang.
PSALM 111,10

Was ist echte Weisheit? Wie erschließen wir sie für den Alltag?

Als ich sechs Jahre alt war und zur Schule kam, stand über dem Portal des Schulgebäudes dieses Psalmwort. Jeden Morgen, wenn ich das Schulgebäude betrat, wurde ich von ihm begrüßt. Alles Wissen, das wir uns in der Schule aneignen, ist gut, die Weisheit Gottes aber ist besser. Ich mache keinen Hehl daraus, dass mir das erst später aufgegangen ist.

Was ist Weisheit? Häufig wird sie mit »Lebensklugheit«, mit »Erfahrung« und mit »Wissen« in Verbindung gebracht. Ein weiser Mensch weiß viel über Lebensführung und über Lebensdeutung. Ein Weiser weiß, was wahr und was richtig ist. In jeder Lebenslage hat er ein gutes Urteilsvermögen. Er besitzt Klugheit und Sensibilität. Der Begründer der Willow-Creek-Gemeinde in Chicago schreibt: »Weisheit ist das Navigationssystem, das uns moralische Sumpfgebiete und Sandbänke sicher umschiffen lässt.«

Wer Gott und seine Gebote respektiert, der ist in der Tat weise. Daher konnte der große Theologe Adolf Schlatter dankbar über seinen Lehrer Steffensen sagen: »Er machte mir sichtbar, dass das Denken Gottesdienst ist, weil die Wahrheit Gottes Gabe und unser Bemühen, unser Denken richtig zu machen, von Gott uns aufgetragen ist.«

Wer Wissen, Lernen und Denken in die Weisheit Gottes hineinnimmt, wird leichter vor Fehleinschätzungen und Irrtümern bewahrt. Darum trifft die Weisheit des Soziologen und Philosophen Rosenstock-Hussey den Nagel auf den Kopf: »Auch das Denken muss seine Sünde beichten.«

Die »Gute Nachricht« übersetzt den Psalmvers so: »Den Herrn stets ernst zu nehmen, damit fängt alle Weisheit an!« Wir sehen: Gottes Gebote sind der Maßstab für alles Denken, für alle Erkenntnisse, für alles Wissen und alle Weisheit.

Aber seine Zunge kann kein Mensch zähmen.
Ungebändigt und unkontrolliert verbreitet sie tödliches Gift.
JAKOBUS 3,8

In der Tat, mit Worten kann man tödliches Gift verspritzen. Mit Worten kann man Menschen verletzen, kränken und erschlagen. Die Schriftstellerin Gabriele Wohmann hat das in einem Gedicht mit dem Titel »Worte als Waffe« eindrücklich beschrieben:

»Wenn jemand
... mit der Sprache jemanden flach auf den Boden legt;
... per Sprache jemanden anzündet;
... sprechend jemanden wund und blau schlägt;
... jemanden sprechend blutig zerkratzt ...«

In der Tat, wir können jemandem mit Worten die Haare ausreißen, können jemanden mit Worten die Treppe hinunterwerfen, können mit der Sprache Attentate verüben und mit schlimmen Äußerungen tödliche Dosen Gift verabreichen.

Jakobus redet von der Zunge und dem Mund und macht sie verantwortlich. Im Grunde sind das jedoch Umschreibungen, denn Zunge und Mund sind streng genommen nur Werkzeuge, die der Mensch benutzt.

Wir können Zunge und Mund nur bezähmen, wenn wir unser Herz entrümpeln, wenn wir Gott unsere hässlichen Gedanken, Zornattacken und mörderische Angriffe übergeben. Jesus nennt unser Herz nicht umsonst eine »Mördergrube«. Hier werden Gemeinheiten, Attentate und gefährliche Wortkriege ausgebrütet. Wer sich mit Worten rächen will, wer seinen Gift spritzenden Gedanken kein Zaumzeug anlegt, wird erleben, dass Zunge und Mund einen verheerenden Brand anrichten. Nur wenn wir unsere verbalen Bosheiten vor dem lebendigen Gott ausbreiten, werden wir frei und können Zunge und Mund kontrollieren.

Zorn ist grausam und Wut wie überschäumendes Wasser; doch noch unerträglicher ist die Eifersucht.
SPRÜCHE 27,4

Eifersucht kann unerträglich werden und das zwischenmenschliche Zusammenleben zerstören. Das Sprichwort trifft den Kern des Problems: »Eifersucht ist eine Leidenschaft, die mit Eifer sucht, was Leiden schafft.«

In »Das Beste« las ich eine kleine Geschichte, die die Eifersucht charakterisiert: »Nachdem mein Mann und ich die Reihen von Weihnachtsbäumen abgesucht hatten, fanden wir endlich einen, der uns gefiel. Dann entdeckte ich das vollkommene Exemplar in den Händen einer anderen Frau. Ich beobachtete, wie sie den Baum herumtrug, und wollte meinen Augen nicht trauen, als sie ihn absetzte. Ich ließ unseren stehen und lief hin, um mir das begehrte Stück zu schnappen. ›Glück gehabt‹, meinte ich zu meinem Mann. ›Aber ein bisschen schlecht komme ich mir doch vor, weil ich ihn mir genommen habe, noch bevor sie es sich anders überlegen konnte.‹ ›An deiner Stelle würde ich mir darüber keine allzu großen Gedanken machen‹, erwiderte er. ›Sie trägt gerade unseren weg.‹«

Eifersucht ist eine Sucht, wie Putzsucht, Klatschsucht, Spielsucht, Wettsucht, Fresssucht und Genusssucht. Eifersucht ist ein Lebensstil. Er hat diese Menschen völlig im Griff. Der Eifersüchtige rivalisiert mit anderen. Er vergleicht sich und schaut neidisch auf das, was der andere hat. Die Tannenkäufer sind ein trauriges Beispiel für diesen Konkurrenzneid. Wer hat den schönsten Baum, wer hat den billigsten, den größten oder den teuersten? Der Eifersüchtige ist unzufrieden, unglücklich und macht sich und anderen das Leben zur Hölle. Das Vergleichen zerstört sein Glück. Sofort nach der Vertreibung aus dem Paradies gehört das Vergleichen zu den Kernsünden menschlichen Verhaltens. Kain ist dafür ein leidvolles Beispiel.

Und der Herr redete zu Abraham: Gehe deinen Weg allein weiter, weg von deinem Heimatland und von deiner Verwandtschaft und deinem Vaterhaus in das Land, das ich dir zeigen werde! Da brach Abraham auf, wie der Herr ihm geboten hatte.

1. MOSE 12,1–4

Dieser Text beschäftigt sich mit dem Wagnis, sich auf Gott einzulassen. Als Jugendliche haben wir oft spöttisch und herausfordernd gesagt: »Wer nicht wagt, der nicht gewinnt; wer nicht heiratet, kriegt kein Kind.«

In einem Frühjahr besuchten meine Frau und ich eine Bibelfreizeit in Oberstdorf. Direkt über dem Haus verlief ein Lift, die Nebelhornbahn. Die Tage im März waren die ersten warmen, ja beinahe schon heißen Tage im Jahr, denn das Thermometer kletterte auf über 20 Grad. Die Sicht war sehr gut und der Wind relativ still. Wer draußen war oder auf dem Balkon saß, konnte ständig Menschen in der Luft beobachten, die vom Nebelhorn mit einem Paraglider bis in die Innenstadt von Oberstdorf segelten. Darunter waren viele Profis, die sich für ein gutes Honorar mit einem anderen unter den Gleitschirm hängten und mit diesem ins Tal flogen. Von den Bibelfreizeitteilnehmern aber war keiner bereit, sich diesem Abenteuer auszusetzen. Ängste und Bedenken waren zu groß.

Und dann schaue ich mir Abraham an. Was für ein Wagnis war es doch, auf Gottes Geheiß hin mit Mann und Maus und mit einem riesigen Tierheer in ein Land zu gehen, das er nicht kannte! Ein viel größeres Wagnis, als mit einem Paraglider unter der Anleitung eines geschulten Fachmanns vom Nebelhorn nach Oberstdorf zu fliegen!

Abraham hatte keine Garantie, dass für sein großes Hausgesinde und für die vielen Tiere Essen, Futter, Wasser, Schutz und Unterkunft vorhanden waren. Er zog einfach los im Vertrauen auf seinen Herrn.

Wagnisse gehören zu unserem Leben. Wagnisse sind notwendig, um Neues zu entdecken und um Ziele zu erreichen. Wie risikobereit sind wir, wenn Gott uns in Dienst stellen will?

Herr, wende dich mir zu und hab Erbarmen;
ich bin so allein und hilflos.
PSALM 25,16

Der Psalmsänger spricht hier von der Einsamkeit. Der Modezar Wolfgang Joop rechnet in seinem ersten Roman »Im Wolfspelz« ehrlich und rückhaltlos mit sich ab. Er fühlt sich einsam und heimatlos. An einer Stelle zitiert er ein englisches Sprichwort: »If you have many homes, you have no home. – Wenn du viele Häuser besitzt, hast du kein wirkliches Zuhause, du hast keine Heimat.« In dem Buch heißt es: »Die Heimatlosigkeit blieb. Ich war immer auf der Suche nach Nähe. Ich wusste nicht, in welche Welt ich gehen sollte. Ich fand sie nicht in Häusern, nicht im Beruf, nicht auf Partys.«

Wer vor der Einsamkeit flieht, sucht vielleicht im Beruf oder auf Partys Zerstreuung. Er kann sich für Stunden Ablenkung verschaffen, aber das Alleinsein oder die Einsamkeit holen ihn umso schneller wieder ein. Wie sagte Mutter Teresa in ihrer Dankesrede anlässlich der Verleihung des Friedensnobelpreises: »Schlimmer als Pest und Cholera ist es, von niemandem geliebt, beachtet und vermisst zu werden.«

Der Einsame ist beziehungslos.

Auch David hat die Einsamkeit und Verlassenheit erlebt. Aber er resignierte nicht, da er wusste, dass er in Gott einen Gesprächspartner hat.

Was bleibt, sind Glaube, Hoffnung und Liebe.
Die Liebe aber ist die Größte.
1. KORINTHER 13,13

Die Liebe ist das Maß aller Dinge.

In einem Buch las ich eine kluge Beschreibung verschiedener Menschen, die »das Maß aller Dinge« definieren sollten:

»Der Anarchist: Die Abschaffung der Macht ist das Maß aller Dinge.
Der Bürokrat: Der Staat ist das Maß aller Dinge.
Der Dogmatiker: Die rechte Lehre ist das Maß aller Dinge.
Der Fromme: Die Religion ist das Maß aller Dinge.
Der Funktionär: Der Apparat ist das Maß aller Dinge.
Die Geistlichkeit: Die Kirche ist das Maß aller Dinge.
Der Humanist: Der Mensch ist das Maß aller Dinge.
Der Kapitalist: Der Profit ist das Maß aller Dinge:
Der Kommunist: Der Klassenkampf ist das Maß aller Dinge.
Der Militarist: Der Befehl ist das Maß aller Dinge.
Der Politiker: Der Wahlsieg ist das Maß aller Dinge.
Der Reformist: Die Verbesserung ist das Maß aller Dinge.
Der Revolutionär: Der Wechsel der Herrschaft ist das Maß aller Dinge.
Der Christ: Die Liebe ist das Maß aller Dinge.«

In der Tat: Die Liebe ist das Maß aller Dinge. Gemeint ist nicht die Ich-Liebe, die sich selbst sieht und sich selbst meint. Gemeint ist die Du-Liebe, die zu opfern bereit ist, die vergibt und sich an der Christusliebe orientiert. Gemeint ist nicht unsere eigenwillige Liebe, sondern die Liebe aus Christus, durch Christus und mit Christus.

14. MAI

Solange wir also noch Zeit haben, lasst uns Gutes tun.
GALATER 6,10

Solange Sie noch Zeit haben! Damit möchte ich mich heute beschäftigen.

Ich las die furchtbare Geschichte von einem Mann, der am Grabe seiner Frau steht und eine rote Rose auf den Sarg hinabwirft. Als der Ehemann vom Grab wegtritt, flüstert ein Bekannter seinem Nachbarn zu: »Das ist die erste Blume, die er seiner Frau je geschenkt hat.«

Im Tagebuch einer Dame in New York fand man nach ihrem Tode folgende Eintragung: »Ich werde nur einmal in dieser Welt sein. Darum möchte ich alles Gute, das ich tun kann, jede Freundlichkeit, die ich jemandem erweisen kann, jetzt tun. Ich möchte nichts vernachlässigen oder aufschieben, denn ich werde diesen Weg nie wieder gehen.«

Vieles schieben wir auf später. Im Augenblick haben wir keine Zeit. Im Augenblick haben wir anderes zu tun. Im Augenblick passt uns das nicht in den Kram. Wie oft bereuen Menschen, dass sie den richtigen Zeitpunkt verpasst, die Gelegenheit verschlafen und das Entscheidende versäumt haben. Darum denken Sie noch einmal über das Wort des Paulus im Galaterbrief nach.

> Schreiben Sie noch heute den Brief, den Sie schon lange schreiben wollten;
> besuchen Sie noch heute den Menschen, den Sie schon lange besuchen wollten;
> vergeben Sie noch heute Ihrem Partner, Ihrer Mutter, Ihrem Vater, Ihren Kindern und schieben Sie den guten Vorsatz nicht auf die lange Bank.

Meine Mutter ist sehr alt geworden. Einmal sagte sie vor ihrem Geburtstag zu Freunden und Verwandten: »Kommt gerne zu meinem Geburtstag. Wenn ich gestorben bin, habe ich von eurem Besuch nichts mehr.« Lasst uns Gutes tun, solange es Zeit ist. Wenn es zu spät ist, bleiben nur Vorwürfe gegen sich selbst und Gewissensbisse.

Lasst euch durch den Zorn nicht zur Sünde hinreißen!
Die Sonne soll über eurem Zorn nicht untergehen.
Gebt dem Teufel keinen Raum.
EPHESER 4,26

Zorn ist ein Pulverfass von Feindseligkeit! Der amerikanische Staatsmann Thomas Jefferson schrieb in seinen »Rules of living (Regeln für das Leben)«: »Wenn du zornig bist, zähle bis zehn, bevor du sprichst. Wenn du sehr zornig bis, zähle bis hundert.«

Die Bewältigung des Zorns ist ungeheuer schwierig. Wir sagen: »Er überfällt uns« oder »Der Wutanfall fuhr in mich hinein wie ein Blitz«. Aber wird der Zorn wirklich von außen gesteuert? Kommt er ohne unser Dazutun einfach so über uns?

Der amerikanische Theologe Charles R. Swindoll schreibt: »Als ich Vers 26 zum ersten Mal näher betrachtete, stutzte ich. Ist Ihnen klar, dass Gott uns hier zum Zorn auffordert? Jawohl. Der griechische Urtext formuliert hier nämlich wörtlich: ›Seid zornig und sündigt nicht.‹ Seid zornig! Na, so was! Wann ist Ihnen das letzte Mal aus Treue zum Wort Gottes der Kragen geplatzt?«

Gibt es bei uns Menschen tatsächlich einen heiligen Zorn? In einer Bibelstunde haben wir uns einmal diese Frage gestellt, und ein Teilnehmer sagte: »Wenn ich den lebendigen Gott verteidige, weil jemand ihn nicht ernst nimmt, und ich gerate in einen heiligen Zorn, dann ist keine Sünde im Spiel.« Ich bin da skeptisch. Wenn wir in Zorn geraten, ist in den meisten Fällen Sünde im Spiel. Wir werden ungerecht, Liebe und Geduld sind nicht vorhanden, der Teufel hat ein leichtes Spiel.

Ob Jeffersons Rat hilfreich ist? Früher sagten weise Christen: »Bete erst einmal ein Vaterunser, dann sind die Hauptmotive des Zorns verraucht.« Beten klärt unsere egoistischen Motive, die sich hinter unserem Zorn verstecken.

Wer im Geringsten treu ist, der ist auch im Großen treu; und wer im Geringsten unrecht ist, der ist auch im Großen unrecht.
LUKAS 16,10

Treue ist heute unser Thema. Wenn wir im Duden nachschlagen, finden wir folgende Definition für Treue: »Beständige Gesinnung, die an einmal eingegangenen Verpflichtungen festhält.« Das Herkunftswörterbuch spricht von »sicher, stark, fest, dick, Eiche, Baum, sich trauen«. Treue ist ein Beziehungswort. Zwei Eheleute versprechen sich die Treue. Sie zeigen damit, dass sie zusammengehören und auch zusammenbleiben wollen.

Treue steht hoch im Kurs. Neun von zehn Männern erwarten von ihrer »Traumfrau« vor allen Dingen Treue. Das ergab eine Umfrage unter insgesamt 5600 Lesern der Zeitschrift »Für Sie«. Viele wollen allerdings keine lebenslange Treue, sondern eine Verpflichtung für einen bestimmten Lebensabschnitt. Nicht wenige verwechseln Treue mit Unbeweglichkeit, mit einem Auf-der-Stelle-Treten. Andere halten Treue für eine bestimmte Art von Pflicht. Aber Treue ist mehr als Pflicht, Treue ist mehr als eine Gewohnheit. Treue und Liebe gehören zusammen.

Wie hat Hans von Keler gesagt: »Die Treue auf Zeit ist die Lieblosigkeit von morgen.« Unsere schnelllebige Zeit greift Werte wie Dauerhaftigkeit und Beständigkeit an. Aber etwas ist interessant: Je mehr die Treue zu verfallen scheint, desto größer wird die Sehnsucht der Menschen nach ihr.

Jesus hält die Treue für ein Wesensmerkmal seiner Nachfolger. Ein Leben lässt sich nur auf Verbindlichkeit und Zuverlässigkeit aufbauen. Unsere Treue ist aber lediglich ein schwaches Abbild der Gottestreue. Gott ist treu. Seine Treue wird einige Hundert Mal in der Bibel beschrieben. Und so können wir gewiss sein: Was er zusagt, darauf können wir uns hundertprozentig verlassen.

Wenn ich erhöht werde von der Erde,
so will ich sie alle zu mir ziehen.
JOHANNES 12,32

Himmelfahrt ist die Thronbesteigung unseres Herrn.

An diesem Tage singen wir: »Jesus Christus herrscht als König, alles wird ihm untertänig.«

Es geschah, als er die Jünger segnete, da »schied er von ihnen und fuhr auf gen Himmel«. Die Übersetzung des griechischen Wortes »anaphero« mit »auffahren« entspricht dem Weltbild Luthers, aber nicht dem tatsächlichen Wortsinn. »Anaphero« bedeutet schlicht »hinaufheben«. Jesu Weggang von der Erde meint den Einzug in eine höhere Dimension, zurück zu Gott. Christus wird uns »ziehen«. Wer wird gezogen? Derjenige, der sich nicht selbst bewegen kann. Jesus will uns zu sich ziehen. Keine Selbsterlösung, kein eigenmächtiger Höhenflug, keine religiöse Kraftanstrengung. Wir kommen ohne ihn nicht von der Stelle.

Karl Rahner schreibt: »Du bist aufgefahren in den Himmel, sitzest zur Rechten Gottes mit unserem Leben. Du kommst mit diesem Leben wieder, um deines in unserem zu finden. Und dass du es finden wirst, das wird unsere Ewigkeit sein, auch wenn wir mit allem, was wir sind und lebten und hatten und trugen, eingegangen sein werden durch deine Wiederkunft in die Herrlichkeit deines Vaters.«

Himmelfahrt heißt: Jesus hat den Ehrenplatz neben Gott bekommen. Ihm wurde der Titel verliehen: »Kyrios«, Herr. Er hat den Titel nicht an sich gerissen, wie es römische Kaiser taten.

Himmelfahrt ist in der Tat das »höchste Fest«. Alle anderen Feste sind irdisch gebunden. Weihnachten – Jesus wird geboren; Karfreitag – er stirbt am Kreuz; Ostern – die Auferstehung und Himmelfahrt – die Thronbesteigung Jesu, er wird zum König ernannt. Himmelfahrt ist kein Abschiedsfest. Christus verschwindet nicht in den Weiten des Universums. Himmelfahrt ist das Fest seines Bleibens, das Freudenfest seiner Nähe.

18. MAI

Richtet nicht, auf dass ihr nicht gerichtet werdet. Denn mit welchem Gericht ihr richtet, werdet ihr gerichtet werden.
MATTHÄUS 7,1–2

Kritiker sind gefährliche Leute. Mit ein paar Bemerkungen lösen sie scheinbar die kompliziertesten Probleme. Sie haben sofort Erklärungen parat und bauen in der Theorie die schönsten Gemeinden zusammen. Wenn man sie machen ließe, wäre alles ganz anders. Alle Schwierigkeiten wären ruck, zuck vom Tisch.

Der Theologe Stephen Gaukroger empfiehlt ein brauchbares Gegenmittel, wenn er schreibt: »Ich entsinne mich, wie ein Redner des Spurgeon's College einmal über dieses Thema (Kritik) sprach. Er sagte: ›In fast jeder Organisation tut der Leiter neun Dinge, die dir wahrscheinlich nicht passen, und eins, das dir gefällt. Wenn es dein Anliegen ist, dass Gottes positives Reich gebaut wird, dann richte deinen Blick auf diese gute Seite deines Leiters. Gehe zu ihm. Danke ihm dafür und ermuntere ihn. Wenn ihr euch gegenseitig in Liebe aufbaut, wird das Positive betont, und die neun negativen Aspekte schrumpfen zu acht, sieben, sechs etc.‹«

Wie werden Sie in Ihrer Gemeinde angesehen?
Was sagen Sie über Ihren Pastor, über die Verkündigung, über den Zustand der Gemeinde?
Verbreiten Sie Positives oder mehr Negatives?
Sind Sie ein Kritiker oder ein Beter, der zwar Fehler und Schwächen der Gemeinde kennt, aber intensiv eine positive Seite der Gemeinde fördert?

Einem sich ständig über andere beklagenden Schüler sagte der Meister: »Wenn du wirklich Frieden haben willst, versuche, dich selbst zu ändern, nicht die anderen. Es ist einfacher, deine Füße mit Hausschuhen zu schützen, als die ganze Erde mit Teppichen auszulegen.«

Jeder Narr kann Kritik üben, und er tut dies für gewöhnlich auch. Unser Urteil über andere fällt auf uns zurück. Kritik ist unserem Herrn suspekt.

Alle eure Sorge werft auf ihn; denn er sorgt für euch.
1. PETRUS 5,7

Wenn die Sorgen Amok laufen, so möchte ich den heutigen Text überschreiben. Millionen Menschen werden von übertriebenen Sorgen belastet. Sich Sorgen machen scheint zu den Selbstverständlichkeiten des menschlichen Lebens zu gehören. Sie werden hingenommen und können in aller Ruhe den Organismus attackieren.

Ein neues, bahnbrechendes Forschungsgebiet ist die Psychoneuroimmunologie. Der amerikanische Stressforscher Sheldon Cohen infizierte freiwillige Versuchspersonen mit Schnupfenviren. Mit einer triefenden Nase reagierten aber nur diejenigen, die sich zuvor in einem Test als »gestresst« bezeichnet hatten. Ergebnis des Versuchs: Für chronisch Gestresste, die sich mit ungelösten Konflikten, großen Ängsten und mit starken Sorgen plagten, stieg das Erkrankungsrisiko um das Drei- bis Fünffache.

Sorgen mit all ihren Begleiterscheinungen belasten den Körper stärker als schwere Arbeit. Die Langzeitfolgen der chronischen Seelenbelastung werden bis heute unterschätzt.

Wir dürfen unsere Sorgen an Gott abgeben. Wenn wir sie aber nicht auf Gott werfen, sondern einfach irgendwohin, werden wir sie nicht unbedingt los. Wir verschaffen uns Zerstreuung. Wir lenken uns ab. Wir vergessen sie für eine kurze Zeit. Wer Sorgen in der Zerstreuung loswerden will, überspielt sie. Eine Weile haben wir sie uns aus dem Kopf geschlagen, aber sie sind noch da. Mit voller Wucht kehren sie zurück. Wir haben sie ausgeblendet, aber nicht abgegeben. Wir haben uns abgelenkt, aber die Verantwortung glauben wir nicht abtreten zu dürfen.

Christen werfen die Sorgen auf Gott. Er ist der größte Schuttabladeplatz der Weltgeschichte. Und das Befreiende: Er nimmt uns die Verantwortung ab. Alle Grübeleien und Befürchtungen sind wir los. Denn ungezählte Sorgen beruhen auf Einbildungen und übertriebenen Ängsten. Wie gehen Sie mit Sorgen um?

Tag für Tag redete sie auf Josef ein, aber er gab ihr nicht nach. Einmal hatte Josef im Haus zu tun; niemand von der Dienerschaft war gerade in der Nähe. Da hielt sie ihn an seinem Gewand fest und sagte: ›Schlaf jetzt mit mir!‹ Er riss sich los und lief hinaus; das Gewand blieb in ihrer Hand zurück.

1. MOSE 39,10–12

Die Versuchung ist ein Spiel mit dem Feuer. »Ich kann allem widerstehen, nur nicht der Versuchung!«, erklärte mir ein Freund mit vielsagendem Schmunzeln. Schokolade ist z. B. für viele eine süße Versuchung. Potifars Frau inszenierte dagegen eine teuflische Versuchung.

Dag Hammarskjöld, der ehemalige Generalsekretär der Vereinten Nationen, sagte einmal zu dem Thema: »Man kann nicht mit dem Tier in der eigenen Seele spielen, ohne völlig zum Tier zu werden; man kann nicht mit der Unwahrheit spielen, ohne den Anspruch der Wahrheit aufzugeben; und man kann nicht mit der Grausamkeit spielen, ohne die Empfindsamkeit des Herzens einzubüßen. Wer seinen Garten sauber halten will, reserviert sich kein Beet für Unkraut.« Präziser kann man es nicht ausdrücken!

Die Versuchung beginnt im Herzen, wo wir der Verführung den kleinen Finger reichen. Wer seine Schwachpunkte kennt, darf ihnen nicht entgegengehen. Wer sich ständig Versuchungen aussetzt, spielt dem Teufel perfekt in die Hand. Josef hat Mut bewiesen und hat das Weite gesucht.

Wie sagte Thomas von Aquin, der Normaltheologe der katholischen Kirche: »Alles, was aus willentlicher Zustimmung entspringt, ist ebenfalls Sünde.« Das heißt: Nicht allein die vollendete Tat ist Schuld, sondern auch die »willentliche Zustimmung«.

Meine Seele hängt an dir; deine rechte Hand hält mich.
PSALM 63,9

Der Psalmist spricht hier von Gottes Händen.

Gottes Hände bieten uns Schutz und Segen,
sie geben uns Halt und Geleit,
sie fangen auf und schenken Geborgenheit.

Heinrich Heine, der seine Gesundheit selbstverschuldet ruiniert hatte, besuchte eines Tages den Louvre in Paris. Vor der berühmten Statue der Venus von Milo blieb er stehen. Die Venus hat keine Arme. Verzweifelt saß der Dichter vor ihr und dachte über sein Leben nach. Später schrieb er seine Gedanken nieder: »Dort lag ich eine lange Zeit und weinte leidenschaftlich. Die Göttin blickte auf mich herab, aber sie war machtlos, mich zu trösten. Es war, als wollte sie sagen: Siehst du denn nicht, dass ich keine Arme und Hände habe und dir deshalb nicht helfen kann?«

Kunstwerke und kluge Philosophen sind bewundernswert, aber sie können uns nicht helfen. Wer aber Gott begegnet, erfährt seine Hilfe und seine schützende Hand. Der Dichter Rudolf Alexander Schröder hat die Hand Gottes in einem Gedicht besungen:

»Was dir auch immer begegnet,
mitten im Abgrund der Welt:
Es ist die Hand, die dich segnet,
es ist der Arm, der dich hält.«

Die Hand Gottes kommt bestimmt einige Hundert Male in der Bibel vor. Millionen Menschen auf der ganzen Welt haben erfahren, wie weit sie reicht. Und was bedeutet das für uns?

Alles in Gottes Hand legen,
alles in Gottes Hand lassen,
alles aus Gottes Hand nehmen.

22. MAI

Naht euch zu Gott, so naht er sich zu euch.
Reinigt die Hände, ihr Sünder, und heiligt eure Herzen,
ihr Wankelmütigen.
JAKOBUS 4,8

Gestern hörten wir von Gottes Händen, heute geht es um unsere Hände.

Unsere Hände können streicheln und schlagen,
sie können trösten und Unheil anrichten,
sie können aufrichten und vernichten,
sie können verbinden und trennen,
sie können segnen und verfluchen.

Ein jüdischer Rabbi wurde von einem Spötter auf die Probe gestellt. »Rabbi, in meiner Hand befindet sich ein Spatz. Wird der Vogel fliegen, wenn ich die Hand öffne, oder wird er sitzen bleiben, was meinen Sie?« Der Rabbi durchschaute die Falle. Was er auch sagen würde, der Spötter würde ihn reinlegen. Er konnte dem Vogel den Hals umdrehen ... Der Rabbi dachte einen Augenblick nach und sagte dann zu dem Spötter: »Frag deine Hand, die ist es, die dir die Antwort geben wird.«

Eine kluge Antwort. Was auch immer in der Welt geschieht, wir haben unsere Hände im Spiel. Krieg in der Welt, die Ausbeutung des Planeten, Hunger in vielen Ländern – wir haben die Hände in den Schoß gelegt oder das Elend gar mit unseren Händen mit verschuldet. Wenn wir Gott ins Angesicht schauen wollen, müssen wir zuerst unsere Hände reinigen.

Die Hände sind Ausdruck unseres Wesens. Mit Augen und Gesicht können wir lügen, die Hände sind ehrlicher. Sie spiegeln Arbeit und Nichtstun wider, sie sind offen oder versteckt.

Wie sagte der Rabbi: »Frag deine Hand!« So können wir erkennen, ob wir reine oder schmutzige, ehrliche oder helfende Hände haben.

... und kann zu mir selbst sagen: Gut gemacht. Jetzt bist du auf viele Jahre versorgt und kannst dir Ruhe gönnen! Iss und trink nach Herzenslust und genieße das Leben!
LUKAS 12,19

Die Sehnsucht des Menschen nach Ruhe und Gelassenheit ist riesengroß.

Ich las eine besinnliche Geschichte über einen orientalischen alten Mann, der von einem Menschen aus dem Westen gefragt wurde, wieso er so viel Zeit habe für sich selber, aber auch für andere Menschen. Der Orientale sagte: »Wenn ich stehe, dann stehe ich; wenn ich gehe, dann gehe ich; wenn ich sitze, dann sitze ich; wenn ich esse, dann esse ich, und wenn ich spreche, dann spreche ich.« Der Mensch aus dem Westen sagte zu ihm: »Das tun wir doch auch, aber was machst du darüber hinaus?« Der Orientale sagte noch einmal: »Wenn ich stehe, dann stehe ich; wenn ich gehe, dann gehe ich; wenn ich sitze, dann sitze ich; wenn ich esse, dann esse ich, und wenn ich spreche, dann spreche ich.« Wieder sagte der Mann aus dem Westen: »Aber das tun wir doch auch!« Und der Orientale widersprach: »Wenn ihr sitzt, dann steht ihr schon, wenn ihr steht, dann lauft ihr schon, und wenn ihr lauft, dann seid ihr schon am Ziel.«

Wer isst und dabei Pläne für den Abend schmiedet; wer sitzt und grübelt, was er morgen alles zu tun hat; wer steht und in Hetze gerät, was er noch alles besorgen muss, hat keine Ruhe, keinen Frieden und keine Gelassenheit. Er kann nicht genießen. Er kann sich nicht am Augenblick freuen. Er lebt nicht in der Gegenwart, er ist ständig auf dem Sprung.

Auch der reiche Kornbauer verlässt sich auf sein Kapital, auf seine Erfolge und Erträge. Er hat nur geschuftet, um jetzt genießen zu können. Gott macht ihm einen Strich durch die Rechnung. Können wir das begreifen?

Wer aus Christus lebt, ihm folgt und seine Maßstäbe beachtet, muss nicht über seine Kräfteverhältnisse leben.

Wohl dem, der den Herrn fürchtet und auf seinen Wegen geht. Du wirst dich nähren von deiner Hände Arbeit; wohl dir, du hast's gut.
PSALM 128,1–2

»Bete und arbeite«, das war das Motto der alten Mönche. Auf einer alten römischen Münze ist das Bild eines Ochsen zu sehen, der zwischen einem Pflug und einem Altar steht. Die Münze trägt die Inschrift: »Zu beidem bereit.«

Das sollte für einen Christen kennzeichnend sein. Der Pflug verkörpert die Arbeit, der Altar den Gottesdienst. Beides gehört zusammen. Der Psalmbeter bescheinigt Menschen, die das beherzigen: Ihnen geht es gut. Jede Einseitigkeit ist problematisch. Wer nur arbeitet, versäumt den Gottesdienst. Wer nur Gott anbetet, verliert die Realität des Lebens aus dem Auge.

Paulus, der große Evangelist, ging tagsüber einer bezahlten Arbeit nach. Er wollte sich nicht von den oft armen Gemeinden aushalten lassen, sondern unabhängig von Menschen sein, aber umso abhängiger von Gott.

In der evangelischen und der katholischen Kirche gibt es die Arbeiterpriester oder die Evangelisten, die in Fabriken arbeiten, um vor Ort mit den Arbeitern zusammenzuleben und ihnen das Evangelium zu sagen. Diese Solidarität mit der arbeitenden Bevölkerung macht sie glaubwürdig. Ihr Mut, als Pastor oder Priester keinen Sonderstatus zu beanspruchen, überzeugt viele. Sie predigen auch nicht über die Köpfe hinweg, diese Menschen sind auf Augenhöhe.

Die meisten Christen in unseren Gemeinden sind keine bezahlten Verkündiger. Sie praktizieren in ihren Firmen, Schulen und Büros das »allgemeine Priestertum der Gläubigen«, wie es Luther gefordert hat. Wenn sie echt und authentisch sind, werden sie gehört werden. Pflug und Altar gehören zusammen.

Abermals ist das Himmelreich gleich einem Kaufmann, der gute Perlen suchte, und als er eine köstliche Perle fand, ging er hin und verkaufte alles, was er hatte, und kaufte sie.
MATTHÄUS 13,45–46

Wie können wir gelassen werden? Viele Menschen sind verspannt und verkrampft. Was machen sie falsch? Sie halten an Dingen fest, die sie für lebensnotwendig halten. Wer Besitz, ja sogar das Leben festhält, wird es verlieren.

Eine chassidische Erzählung macht deutlich, wie Loslassen gelassen macht: »An die Tür von Rabbi Jechiel Meir klopfte einmal ein Armer und bat um eine Gabe. Der Rabbi suchte im ganzen Haus umher, konnte aber kein Geld finden. Im Verlauf der Suche stieß er schließlich auf einen Ring seiner Frau, den er sofort an den armen Mann weitergab. Als seine Frau zurückkam und entdeckte, dass ihr Ring fehlte, stieß sie einen entsetzten Schrei aus. Der Rabbi kam sogleich herbei und erklärte ihr, was er damit getan hatte. ›Aber das ist ein sehr wertvoller Ring‹, rief sie, ›mit einem echten Diamanten.‹ Sobald Rabbi Meir das gehört hatte, eilte er aus dem Haus. ›Wohin gehst du?‹, rief ihm seine Frau nach. ›Ich muss den Mann finden‹, rief er zurück, ›und ihn warnen, dass er den Ring nicht billiger verkauft, als es seinem Wert entspricht.‹«

Rabbi Meir konnte sich von wertvollen Dingen trennen. Das Himmelreich wird mit einem sehr kostbaren Schatz verglichen. Wer sich ehrlich der Herrschaft Gottes unterstellt, hat das Schönste und Wertvollste erreicht. Wer sich rückhaltlos dem Willen Gottes unterstellt, kann verzichten, kann loslassen. Er kann schöne Dinge, Kunst, Musik, Wissenschaft und Literatur aufgeben. Für diese Perle gibt der Kaufmann alles. Dieses Loslassen gibt Gelassenheit. Jeder Verzicht macht uns freier und unverkrampfter.

Bleibt in mir und ich in euch. Wie die Rebe keine Frucht bringen kann aus sich selbst, wenn sie nicht am Weinstock bleibt, so auch ihr nicht, wenn ihr nicht in mir bleibt.
JOHANNES 15,4

Hektik, Nervosität, Stress und Getriebensein haben wir reichlich. Wir brauchen die Gelassenheit.

Auf der Hundertjahrfeier der Blankenburger Konferenz hielt eine Diakonisse eine Bibelarbeit. Und dabei erzählte sie ein anschauliches Beispiel: »Es gibt bei Autobesitzern zwei unterschiedliche Typen von Mitfahrern. Die einen beteiligen sich als ›Steuerberater‹. Das Blech im Fußraum wird ausgebeult, weil sie ängstlich mitbremsen. Sie halten ihre Ratschläge bei Kreuzungen, Ampeln und beim Überholen für lebensnotwendig. Dann gibt es die andere Sorte: Sie setzen sich hin, genießen während der Fahrt die Umgebung, sie schlafen, erzählen, ruhen und sitzen gelassen auf ihrem Platz. Sie vertrauen dem Fahrer und überlassen ihm kommentarlos das Steuer. Sie sind unverkrampft und mit einem Wort ›gelassen‹.«

Wie kommen wir zu dieser Gelassenheit? Das Gleichnis vom Weinstock und den Reben weist uns den Weg. »Bleibt in mir!«, sagt Jesus in den Abschiedsreden zu seinen Jüngern. In diesem Bleiben schwingen Ruhe und Gelassenheit mit. Wir müssen uns und die Umgebung nicht verrückt machen. Aktionismus und Ruhelosigkeit hat uns Jesus nicht verschrieben. Wir bringen Frucht automatisch und ohne Selbstüberforderung, wenn wir in ihm bleiben. Die Frucht wächst keinen Millimeter schneller oder üppiger, wenn wir als Reben einen geistlichen Wirbel veranstalten, Aktionsprogramme entwerfen und pausenlos für den Herrn unterwegs sind. »Bleibt in mir und ich in euch«, dann wächst Frucht. Wer diesen geistlichen Rat Jesu ernst nimmt, sitzt gelassen auf der Fahrt des Lebens neben dem Fahrer. Er hat das Steuer in der Hand, er bestimmt den Kurs, das Tempo und das Ziel. Macht das nicht ruhig und gelassen?

In ihm seid auch ihr, die ihr gläubig wurdet, versiegelt worden mit dem Heiligen Geist, der verheißen ist.
EPHESER 1,13

Wir sind vom Heiligen Geist versiegelt. Menschen, die an Christus glauben, gehören fest verplombt zu Gott. Konrad Eißler hat die Versiegelung durch den Heiligen Geist folgendermaßen beschrieben: »Dieser Begriff stammt aus dem Transitverkehr. An Autobahngrenzen ist es manchmal zu beobachten. Ein Zollbeamter versiegelt mit einer Bleiplombe die Heckklappe eines Lastkraftwagens. Erst im Ankunftsland darf der Container geöffnet werden. Ein ungebrochenes Siegel beweist dem Empfänger: Es ist nichts weg- und nichts dazugekommen, sondern alles ist gut angekommen. Gott will, dass wir an unseren Grenzen durchkommen, auf unseren Straßen weiterkommen und in seinem Land ankommen. Deshalb versiegelt er uns mit dem Heiligen Geist. Keine unbefugte Hand darf daran rühren. Das ungebrochene Siegel wird es einmal an den Tag bringen: Der Glaube, die Treue, die Hoffnung ist nicht weggekommen, und die Angst, der Schrecken, das Verzweifeln ist nicht dazugekommen. Vom Heiligen Geist Versiegelte sind dort heil angekommen, wo er ist und seine Verheißung wahr sein wird.«

Allen ängstlichen und mutlosen Christen, die immer wieder an ihrer Heilsgewissheit zweifeln, die sich selbst durch Kleinglauben verrückt machen, muss dieses Wort wie ein Balsam auf der Seele erscheinen. Es darf nicht heißen: »Ihr werdet an der Grenze des Todes versiegelt. Zunächst müsst ihr euch mal bewähren. Gott wird euch testen, ob ihr himmelreif seid.« Nein, wer glaubt, hat heute schon die Verplombung erfahren. Was für ein Trost für unsere Lebensfahrt über Straßen, die noch völlig im Dunkeln liegen, und über Grenzen, die in der Zukunft Schönes und Schreckliches bergen: Nichts und niemand kann mich aus Gottes Hand reißen!

Denn welche der Geist Gottes treibt, die sind Gottes Kinder.
RÖMER 8,14

Pfingsten – Fest des Geistes, Ausgießung des Geistes.

Sören Kierkegaard zeichnete zur Zeit der Pferdekutschen ein eindrückliches Bild, das die Leitung durch den Heiligen Geist verdeutlichen sollte: »Es war ein reicher Mann, der kaufte sich für viel Geld ein paar ausgezeichnete Pferde, die er selbst führen wollte. Es vergingen zwei Jahre, und die schönen Pferde hätte niemand wiedererkannt. Die Augen waren matt, und der Gang war ohne Haltung und Straffheit. Sie waren launisch und störrisch geworden und trotz des guten Futters abgemagert. Da ließ der reiche Mann den Kutscher des Königs kommen, der fuhr sie einen Monat lang, und es gab in der ganzen Gegend kein Paar Pferde, das den Kopf so stolz erhoben hätte. Woran lag das? Der reiche Mann kutschierte, ohne selbst Kutscher zu sein, der königliche Kutscher dagegen fuhr sie nach dem Verstand eines begnadeten, tüchtigen Kutschers.«

Es macht einen Unterschied, wer die Zügel führt, wer den Menschen leitet. Ob wir in »Do-it-yourself-Methode« unser Schicksal gestalten, ob wir mit unseren Techniken und Hilfsmitteln einen Menschen auf den rechten Weg führen oder ob der »Kutscher des Königs« die Zügel in die Hand nimmt. Dieser Heilige Geist ist ein kraftvoller Antrieb, der das Menschenherz von innen erfasst. Was treibt uns?

Unser Ehrgeiz?
Unser therapeutisches Geschick?
Unser Helfersyndrom?
Unser Wissen über andere?
Oder ist die Triebfeder der Heilige Geist?

Als Christen in der Gemeinde und als therapeutische Seelsorger benötigen wir den Heiligen Geist, ohne den unsere Arbeit Flickwerk bleibt. Paulus hat recht: »Welche der Geist Gottes treibt, die sind Gottes Kinder.«

Wer seine Hand an den Pflug legt und zurückschaut, den kann Gott nicht gebrauchen, wenn er jetzt seine Herrschaft aufrichten will.
LUKAS 9,62

Wer ständig in die Vergangenheit schaut, lebt wenig effektiv im Heute.

In einem Kalender fand ich das kluge Wort: »In der Gegenwart zu leben ist schwer, in der Zukunft lächerlich und in der Vergangenheit unmöglich.«

In der Therapie heißt es: »Du musst deine Vergangenheit aufarbeiten! Du musst dich mit deiner Vergangenheit auseinandersetzen.« Das ist richtig. Aber wehe, wenn du in der Vergangenheit bleibst, wenn du jahrelang mit deiner Vergangenheit beschäftigt bist. Du versagst im Heute, du verzweifelst an der Gegenwart.

In unserem Leben spielen Konserven eine große Rolle. Wir alle leben vom Eingemachten. Im Radio und im Fernsehen, immer wieder werden uns Konserven vorgesetzt. Konserven können wertvoll sein. Etwa:

Psalmen, die wir auswendig gelernt haben.
Liedverse, die uns seit der Konfirmandenzeit begleiten.
Worte von weisen Menschen, die uns Orientierung geben.

Wenn wir Auto fahren, dann schauen wir von Zeit zu Zeit in den Rückspiegel. Wenn wir allerdings sehnsüchtige Blicke in den Rückspiegel unseres Lebens werfen, gefährden wir unser geistliches Wachstum. Der rosarote Blick in die Vergangenheit ist eine Fata Morgana.

Wer mit Christus lebt, ist die Last der Vergangenheit los. Vom Damals, als ich zum Glauben gekommen bin, kann ich nicht leben. Damals war ich Feuer und Flamme, damals war ich hellauf begeistert. Und heute? Das ist es, was zählt. Jesus macht uns klar: Wer ständig zurückschaut, den kann Gott nicht gebrauchen, der steht seinem Werk im Wege.

Für den Unentschiedenen ist jeder Weg mit Dornen versperrt;
der Rechtschaffene findet immer eine gut gebahnte Straße.
SPRÜCHE 15,19

Ein Konfliktpunkt, der im Zusammenleben und Glauben der Christen eine Rolle spielt, ist die Unentschiedenheit, die Entscheidungsunfähigkeit.

In einem Seelsorgerseminar haben wir die Motive zusammengetragen, die Christen und Nichtchristen mit Unentschiedenheit praktizieren.

Motiv 1: Menschen benutzen Unentschiedenheit, um keinen Fehler zu machen. Partner und Eltern dürfen die Entscheidungen treffen, aber sie werden von den Unentschiedenen für alle Fehler verantwortlich gemacht.

Motiv 2: Menschen benutzen Unentschiedenheit, um sich vor der Verantwortung zu drücken.

Motiv 3: Menschen benutzen Unentschiedenheit, um andere umso stärker kritisieren zu können. Sie wollen unangreifbar sein.

Motiv 4: Menschen benutzen Unentschiedenheit, um sich nicht schmutzig zu machen. Andere dürfen sich gern in der Kirche, in der Politik oder in der Geschäftsleitung die Hände schmutzig machen. Sie bleiben rein.

Motiv 5: Menschen benutzen Unentschiedenheit, um sich nicht festlegen zu müssen. Wer sich festlegt, hat das Gefühl, vieles zu verpassen. Wer keine Entscheidung trifft, zum Beispiel in der Partnerwahl, hält sich alle Türen offen.

Die Spruchweisheit drückt bildhaft und treffend die Gefühlswelt dieser Menschen aus. Es sind Befürchtertypen. Ihr nicht rechtschaffenes Handeln demonstriert Angst, Sorge, Pessimismus und Kleinmut. Menschen, die sich auf Jesus verlassen, produzieren keine Wegbarrieren. Sie ziehen ihre Straße fröhlich entlang und schauen nicht krampfhaft nach Gefahren aus.

Ich bilde mir nicht ein, Brüder, dass ich es schon geschafft habe. Aber ich lasse alles hinter mir und sehe nur noch, was vor mir liegt.
PHILIPPER 3,13

Auf den Lorbeeren von gestern können wir nicht ausruhen! Die Preise von gestern sind verwelkt. Die Erfolge von damals gehören endgültig der Vergangenheit an.

Der katholische Priester Franz von Sales (1567–1622) formulierte hilfreich: »Meine Vergangenheit kümmert mich nicht mehr. Sie gehört dem Erbarmen Gottes. Meine Zukunft kümmert mich noch nicht. Sie gehört der Vorsehung Gottes. Was mich kümmert, ist das Hier und Jetzt und Heute. Das aber gehört der Gnade Gottes und der Hingabe meines guten Willens.«

Im Jahr 2003 starb der weltberühmte amerikanische Countrysänger Johnny Cash, der einst Drogenprobleme hatte und Christ geworden war. Larry King, ein amerikanischer Talkmaster, sprach mit dem Sohn von Billy Graham im Fernsehen über den Verstorbenen:

»Wie siehst du die Vergangenheit von Johnny Cash, Franklin?«

Franklin, der Sohn Billy Grahams, antwortete cool und überzeugend: »Weißt du, Larry, das Blut Jesu Christi macht uns rein von aller Sünde, darum ist die Vergangenheit von Johnny kein Thema mehr.«

Franklin Graham hat recht: Die Vergangenheit ruht. Sie ist erledigt. Sie gehört ins Erbarmen Gottes. Aber die Gegenwart fordert uns.

Wir haben es noch nicht geschafft, wie Paulus: »Indem ich die Vergangenheit vergesse und auf das schaue, was vor mir liegt, versuche ich, das Rennen bis zum Ende durchzuhalten und den Preis zu gewinnen, für den Gott uns durch Christus Jesus bestimmt hat.«

Fürwahr, du bist ein verborgener Gott,
du Gott Israels, der Heiland.
JESAJA 45,15

»An der langen Leine durch die Zeit«, so hat der Theologe Michael Stollwerk ein Erlebnis über den »verborgenen« Gott überschrieben. Während seines Vikariats in Duisburg-Marxloh wollte er auf der Seenplatte in Wedau segeln lernen. Er hatte bereits die gesamte Theorie gebüffelt und saß eines Tages mit seinem Segellehrer in einem Boot, um die Praxis zu lernen. Doch plötzlich, mitten auf dem See, ließ der Lehrer ihn im Stich. Er zog sich aus, sprang über Bord und schwamm davon. Stollwerk saß allein im Boot. Ein böiger Wind blies in die Segel, und plötzlich bemerkte er, wie das gegenüberliegende Ufer mit großer Geschwindigkeit auf ihn zukam. Alles Schimpfen half nichts, er musste selbstständig ein Wendemanöver einleiten. Wie glücklich war er, als er das geschafft hatte!

Diese Erfahrung ermutigte ihn, auch kritische Situationen mit dem Segelboot zu meistern. »Ein Erlebnis, das ich nur deshalb machen konnte, weil sich der Segellehrer zurückzog und mich dadurch freigab. Ähnlich, wenn auch vielschichtiger, ist es mit der Unsichtbarkeit Gottes. Gott schafft durch seine Unsichtbarkeit eine raumgebende Distanz zwischen sich und uns, damit wir es lernen, selbstverantwortlich zu leben.«

Gott nimmt uns nicht wie kleine Kinder an die Hand, er führt uns quasi »an der langen Leine durch die Zeit«. Auch Abraham, Hiob, Jesus und Luther machten ihre Erfahrungen mit der Unsichtbarkeit Gottes. Wir sehen ihn nicht, aber wir erfahren seinen Beistand und erleben seine wunderbare Führung.

Ist es in unserer Zeit wirklich so, dass wir es mit einem abwesenden Gott zu tun haben? Wer von Gottes Abwesenheit spricht, hat den lebendigen Gott nicht erfahren und erlebt. Der hat nicht verstanden, dass Gott uns ein hohes Maß an Selbstverantwortung anvertraut hat.

»Selig sind, die reinen Herzens sind;
denn sie werden Gott schauen.«
MATTHÄUS 5,8

Über die oben genannte Seligpreisung schrieb Pinchas Lapide: »Vorerst gilt es zu klären, dass das hebräische ›Herz‹, das über achthundertfünfzigmal in der Bibel Jesu vorkommt, nicht so sehr der Sitz der Gefühle und des Gemütes ist, sondern eher als das Organ der intellektuellen, rationalen Funktionen gilt, das, was wir im Deutschen als den Kopf oder das Hirn bezeichnen. Ihm entspringen vor allem die Erkenntnis und die Verstockung, die Zuneigung, aber vor allem die Willensentschlüsse, die Absichten und das Gewissen ...«

Albert Einstein wurde einmal gefragt, ob er an Gott glaube. Seine Antwort war: »Ich brauche gar nicht zu glauben, denn ich sehe ihn ja tagtäglich im Weltall am Werk.« Gott sehen scheint also nicht ins Jenseits gerichtet zu sein, sondern, wie die Mehrzahl der anderen Seligpreisungen zeigt, diese Erde zum Schauplatz zu haben. »Gott schauen« könnte dann heißen: Gottes Wirklichkeit durchschauen, hinter den Dingen und im Herzen des Menschen seine Macht erleben und erfahren, dass er wirklich und wirksam ist.

Reinen Herzens sein heißt nicht vollkommen und makellos sein. Das schafft kein Mensch. Dann lägen wir Tag und Nacht mit uns im Krieg. Das reine Herz ist nicht das Ergebnis moralischer Leistung und geistlicher Schufterei, es ist das Geschenk unseres Herrn. Es heißt Ihm aufrichtig, ohne Trug und Geltungsdrang und gewissenhaft dienen. Das reine Herz ist »das ungeteilte Herz«. Jesus hat nicht nur einen Fuß in der Tür. Er wohnt in unserem Herzen.

Der Herr ist mein Hirte, mir wird nichts mangeln. Er weidet mich auf einer grünen Aue und führet mich zum frischen Wasser.
PSALM 23,1–2

Eine Rat suchende Frau kommt zum Seelsorgegespräch. Es ist ihr dritter Besuch. Sie bleibt im Flur vor einem Spruch stehen, der auf ein Stück Rindleder geritzt ist und liest die ersten Verse des 23. Psalms. Die Frau sagt: »Das lese ich heute das erste Mal. Der Herr ist mein Hirte. Mir wird nichts mangeln«, wobei sie das »ist« und das »wird« besonders betont.

Ich frage sie: »Und was wollen Sie damit ausdrücken?«

Mit fast weinerlicher Stimme sagt sie: »Das ist mein wunder Punkt. Der Bibelvers fordert es doch geradezu heraus. Ich möchte gern, dass er mein Hirte ist. Ich möchte gern, dass er mich auf grüner Aue weidet. Aber ich zweifle, ob er es auch wirklich tun wird. Mein Vertrauen ist seit meinen Kindertagen angeschlagen. Ich misstraue dem Leben, ich misstraue den Menschen, ich misstraue auch Gott. Einige Male habe ich im Leben Vertrauen gehabt und bin prompt reingefallen.«

Ich sage zu ihr: »Dann werden auch unsere Gespräche vergeblich sein, weil sie ja allen Menschen misstrauen. Das ist auch der Grund, warum Sie unverheiratet sind, keine Kinder haben und davon überzeugt sind, den falschen Beruf zu haben.«

Jetzt rollen die Tränen über ihre Wangen. »Und was soll ich tun?«, fragt sie etwas trotzig.

Meine spontane Reaktion ist: »Wenn Sie zweifeln, ernten Sie Zweifel. Wenn Sie vertrauen, ernten Sie Vertrauen. Wenn Sie misstrauen, ernten Sie Misstrauen. Wenn Sie mich fragen, kann auch Gott nichts tun. David ging und vertraute seinem Herrn. David ließ sich auf den Hirten ein und erntete Gewissheit.«

Wir haben dann gemeinsam kleine Schritte besprochen, die sie vertrauensvoll gehen kann.

Wer geht, wird erfahren, dass der Herr unser Hirte ist. Wer sich aber nicht auf den Weg macht, kann seine Wunder auch nicht erleben.

Wir haben durch Christus so großes Vertrauen zu Gott. Doch sind wir dazu nicht von uns aus fähig, als ob wir uns selbst etwas zuschreiben könnten; unsere Befähigung stammt vielmehr von Gott.

1. KORINTHER 3,4–5

Vertrauen ist ein Geschenk. Das Gegenteil von Vertrauen ist Verkrampfung. Der Therapeut Graf Dürkheim formulierte es so: »Jede Verkrampfung ist eigentlich Ausdruck mangelnden Grundvertrauens.« Er geht davon aus, dass viele Menschen ihre Schultern hochziehen und den Kopf einziehen, als wollten sie sich schützen und absichern. Aber nur wer die Schultern fallen lassen kann, gewinnt Urvertrauen zum Leben zurück.

Vertrauenswürdig zu sein ist das wenig beachtete Geheimnis eines glücklichen Lebens. Von einem Witzbold stammt der Satz: »Wer in einem Wirtshaus einen Hackbraten bestellt, der hat das Vertrauen zu den Menschen noch nicht verloren.«

Vertrauen ist lebensnotwendig. Ich vertraue dem Arzt, der mir Tabletten verschreibt. Ich vertraue der Bahn, dass der Zug kommt. Ich vertraue der elektrischen Leitung, dass der Strom fließt. Ich vertraue Gott, dass er mein Leben in seiner Hand hält.

Albert Schweitzer schrieb: »Vertrauen ist für alle Unternehmungen das große Betriebskapital, ohne welches kein nützliches Werk auskommen kann. Es schafft auf allen Gebieten die Bedingungen gedeihlichen Geschehens.«

Die Fähigkeit zu vertrauen ist Gottes Geschenk an uns. Wir können Vertrauen nicht machen. Angst und Zweifel machen Vertrauen unmöglich. Vertrauen ist die Sprache der Liebe. Vertrauen ist ein Geschenk, wenn wir zuversichtlich und angstfrei unser Leben in seine Hand legen können.

Wir sollten eben lernen, unser Vertrauen nicht auf uns selbst zu setzen, sondern auf den Gott, der die Toten auferweckt.
2. KORINTHER 1,9

Glaube und Vertrauen sind eins. Wer glaubt, vertraut; wer vertraut, glaubt.

Nach dem Terroranschlag am 11. September 2001 in New York stand ganz Amerika Kopf. In einer Zeitung hieß es: »In New York verlor die Welt ihr Urvertrauen!«

Auf wen setzt die Welt ihr Vertrauen? Auf ihre eigenen Fähigkeiten? Auf einen ungebrochenen Optimismus? Auf die Machbarkeit aller Dinge? Das Land der »unbegrenzten Möglichkeiten« wurde plötzlich von Lebensangst und Zukunftsbefürchtungen heimgesucht.

Von Lebensangst und Vertrauensschwund lebt auch die Pharmaindustrie. Plötzlich tauchen neue Medikamente auf. Es gibt Pillen gegen Panik, Depressionen und Zweifel. Mit chemischen Mitteln soll das Vertrauen aufgebessert werden. Mit chemischen Substanzen soll das Urvertrauen wiederbelebt werden. In Wirklichkeit ist es jedoch so, dass Ängsten und Misstrauen lediglich eine chemische Sonnenbrille verpasst wird.

Paulus versucht uns deutlich zu machen, dass alle Selbsthilfepraktiken – die keineswegs völlig wertlos sind – nicht ausreichen. Vertrauen will gelernt sein. Wir dürfen damit experimentieren. Vertrauen dürfen wir ausprobieren. Vertrauen will gewagt werden.

Wir setzen unser Vertrauen auf Pülverchen und Pillen, auf zweifelhafte Versprechungen und obskure Angebote. Setzen Sie Ihr Vertrauen auf den lebendigen Gott, der sogar Tote auferweckt! Dieses Vertrauen auf den Herrn aller Herren bewahrt uns vor Panikattacken, vor dem Verlust unseres Urvertrauens, vor Lebens- und Zukunftsängsten. Wir dürfen ihn auf die Probe stellen.

Ein anderer sagte: »Herr, ich will ja gerne mitkommen, aber lass mich erst noch von meiner Familie Abschied nehmen.«
LUKAS 9,61

Wir Menschen haben ein geschicktes Abwehrsystem entwickelt, um uns vor Entscheidungen zu drücken. Auch wir Christen benutzen dieses Abwehrsystem. Eine Abwehrmethode ist die Rationalisierung. Das Heimtückische ist, dass wir an diese Rationalisierungen glauben.

Rationalisierung heißt: Wir glauben an unsere Ausreden, wir glauben an unsere Entschuldigungen, wir glauben an unsere Rechtfertigungen, wir glauben an unsere Selbstschutzbehauptungen.

Wie lauten solche Ausreden? »Ich würde die Dienste ja gern übernehmen, aber wahrscheinlich bin ich in der Zeit in Urlaub.« »Eigentlich hätte ich gestern Abend noch die Abrechnung fertig machen müssen, aber mich überfiel eine schreckliche Müdigkeit.« »Ich wollte nur fünfzig Kilometer fahren, aber ich musste die Geschwindigkeit erhöhen, sonst wäre ich zu spät gekommen.« »Bestimmt hätte ich die Prüfung bestanden, aber der Föhn hat meinen Kopf verwirrt.«

Sie spüren, alles Ausreden, Entschuldigungen und Rechtfertigungen. Wenn wir keine Lust mehr haben, wenn wir uns überfordert fühlen, dann fallen uns prompt brauchbare Ausreden und Entschuldigungen ein.

Jesus hat es nicht anders erlebt. Er ruft Menschen in seine Nachfolge, die glaubhafte Entschuldigungen vorbringen konnten. Viele Menschen, auch Christen, benutzen eine höfliche Floskel, machen eine nette Verbeugung und fegen mit dem »aber« alle Forderungen, Erwartungen und Bitten vom Tisch. Unsere Beweggründe klingen vernünftig. In Wirklichkeit sind es Rationalisierungen. Wie oft ertappen wir uns bei diesen Ausreden?

Wenn sich jemand einbildet, er ehre Gott, aber seine Zunge nicht im Zaum halten kann, ist seine ganze Frömmigkeit wertlos, und er betrügt sich selbst.
JAKOBUS 1,26

Ein Abwehrmechanismus, der besonders in christlichen Kreisen existiert, ist die Reaktionsbildung. Sie charakterisiert Menschen mit Verhaltensweisen, die ihren wahren, bewussten und unbewussten Impulsen widersprechen. Sie sagen etwas anderes, als sie leben. Sie predigen etwas anderes, als sie praktizieren.

Ich hatte vor Jahren einen christlichen Mitarbeiter, einen aktiven Jugendleiter in der Seelsorge, der eindrücklich und überzeugend gegen voreheliche Beziehungen zu Felde zog, sie selbst jedoch ohne große Schuldgefühle auslebte. Statt zu schweigen, pickte er genau die Themen heraus, mit denen er selbst die größten Schwierigkeiten hatte. Sein Hauptpunkt war die Unmoral, und auf diesem Gebiet versagte er auffallend. Er verstand es, die Folgen der Pornografie in den schwärzesten Farben zu malen, selbst kam er von dem Laster nicht los. Weil er betroffen war, konnte er einfühlsam über die Sünden reden.

Die Reaktionsbildung zeigt sich im Pharisäismus. Jemand glaubt, heiliger als die anderen zu handeln. Pharisäismus ist ein Abwehrmechanismus, der eine gesetzliche Verkündigung widerspiegelt. Weil diese Menschen oft um ihre eigene Schwäche wissen, fühlen sie sich berufen, genau diese Schwäche anzuprangern. In ihrer Gesetzlichkeit werden Nebensachen zu Hauptsachen hochstilisiert. Haartracht, Rocklänge und Offenherzigkeit der Kleidung werden ins Visier genommen.

Christen, die die Reaktionsbildung praktizieren, ehren Gott mit den Lippen. Sie bilden sich ein, Gott und sein Wort in den Mittelpunkt zu stellen. Jakobus rückt dieses pharisäerhafte Treiben zurecht. Treffend charakterisiert er das pharisäerhafte Verhalten als Selbstbetrug.

Sind wir nicht immer wieder erstaunt, wie der Durcheinanderbringer, der Diabolos, unsere Herzen und Sinne vernebelt? Steckt in uns allen nicht ein kleiner Pharisäer?

Bring einem Kind von Anfang seines Lebens gute Gewohnheiten bei, es wird sie auch im Alter nicht vergessen.
SPRÜCHE 22,6

Wir alle praktizieren bestimmte Gewohnheiten, wie der Text sagt, die wir uns antrainiert haben. Viele Gewohnheiten sind Abwehrmechanismen. Sie haben den Sinn, unangemessenen Forderungen auszuweichen und bestimmten Lebensaufgaben aus dem Wege zu gehen.

Ein oft gelebter Abwehrmechanismus ist die Verschiebung. In der Seelsorge erscheint ein Mann, der sich in der Familie als Haustyrann aufspielt. Die Frau setzt sich vom Partner zwei Meter abseits, um zu demonstrieren, wie enttäuscht und wütend sie über ihn ist. Wenn sie mit ihm spricht, schaut sie ihn verächtlich an. Gemeinsam analysieren wir das Ehe- und Familienproblem. Folgendes stellt sich heraus: Er ist in einer Firma beschäftigt, die ein sehr unangenehmer Chef leitet. Er schikaniert seine Angestellten und schimpft laut wie ein Minidiktator durch die Arbeitsräume. Einige selbstbewusste Mitarbeiter sind gegangen. Viele schweigen, laufen mit der Faust in der Tasche durchs Gelände – wie unser Mann – und bringen zu Hause ihre Aggressivität heraus. Deutlich wird, der Mann praktiziert den Abwehrmechanismus der Verschiebung. Statt mit dem Chef ein klärendes Wort zu sprechen, lässt er seine Wut zu Hause heraus. Er nörgelt an der Ehefrau herum, schreit die Kinder an und tritt den Hund. Plötzlich verstand die Frau ihren Mann. Er selbst hatte die Idee, dem Chef einen ernsten Brief zu schreiben und um eine Unterredung zu bitten. Der Chef reagierte unerwartet freundlich und wollte diesen Mitarbeiter nicht verlieren. Das Verhalten hat der Mann schon als Kind trainiert. Sein Vater war ein herrischer Mann, der keine Widersprüche duldete. Der Sohn kuschte vor dem Vater, ließ aber in der Schule und auf der Straße seinen Zorn an Kameraden aus.

Die Bibel hat recht: Wer als Kind gute Gewohnheiten lernt, wird sie auch als reifer Mensch praktizieren. Das ist eine Mut machende Botschaft.

Herr, du durchschaust mich, du kennst mich durch und durch.
PSALM 139,1

Wer diese Worte nachsprechen kann, hat viel für sein Glaubensleben getan. Ohne Gotteserkenntnis keine Selbsterkenntnis. Wenn wir Fehler und Schwächen ablegen wollen, brauchen wir einen klaren Blick ins Innerste. Wir machen uns gern etwas vor, um alle Verhaltensmuster, die wir jahrelang trainiert haben, beibehalten zu können.

Der Ordenspriester Anselm Grün hat in dem Buch »Gebet und Selbsterkenntnis« geschrieben: »Das Gebet hat zugleich analytische wie therapeutische Funktion. Im Gebet erkennt der Mensch alle seine Fehlhaltungen und Krankheiten, und betend erfährt er seine Heilung. Der Beter ist nicht nur fromm, sondern er wird auch durch das Gebet ein reifer, gesunder, weiser, ein heiler Mensch, ein Mensch, von dem wir heute sagen würden, er hat zu sich selbst gefunden, er ist mit sich identisch geworden, er hat sich selbst verwirklicht.«

Wer ernsthaft betet und sich vom lebendigen Gott durchforschen lässt, kommt seinen Schwächen, Sünden und Fehlhaltungen auf die Spur. In der Tat, das Gebet hat eine analytische und therapeutische Kraft. Unsere konstruktiven und destruktiven Motive kommen ans Licht. Wir brauchen eine klare Identität, keine Zerrissenheit, die zwei Welten widerspiegelt. Wenn wir ernsthaft beten, lassen wir Gott in die Abgründe unseres Lebens schauen.

Noch einmal Anselm Grün: »Die Abgründe in unserem Innern werden durch das Gebet allmählich bewohnbar. Das Dunkle und Dämonische verliert an Bedrohung, das Schwache und Hinfällige wird geheilt, launenhafte Stimmungen und Emotionen weichen einer gelassenen Ruhe und stillen Freude.«

Haben wir diese Erfahrung gemacht? Lassen wir Gott in die unbewohnbaren Bezirke unseres Seelenlebens hinein, oder wollen wir unsere lieb gewonnenen Verhaltens- und Denkmuster beibehalten? Stellen wir uns seinem untrüglichen Röntgenblick? Ich möchte lernen, mich dieser Selbsterkenntnis ganz zu öffnen!

Wieder bei anderen ist es wie bei dem Samen, der in das Dornengestrüpp fällt. Sie hören zwar die gute Nachricht, aber sie bleibt wirkungslos, weil diese Menschen sich in ihren Alltagssorgen verlieren.
MATTHÄUS 13,22

Pastor Paul Deitenbeck, ein bekannter Prediger und Evangelist, schrieb in einer Auslegung über das Sorgen: »Die Sorgenfabrik unseres Herzens darf Konkurs anmelden! Wann? Wenn es uns gelingt, alle Sorgen auf Jesus zu werfen.«

Das Wichtigste ist, dass Sie glauben, alle Sorgen, Probleme, Befürchtungen und Zukunftsängste sind *seine* Sachen. Sorgen sind eine Gewohnheit, der Sie die Gelegenheit gegeben haben, sich in Ihrem Geiste breitzumachen. Sie haben gelernt, das gesamte Leben zu zersorgen. Wer sich das angewöhnt hat, kann sich das auch wieder abgewöhnen.

Ein amerikanischer Prediger schrieb über die Sorgen Folgendes:

»Mehr als einmal habe ich meinen Kirchgängern zu verstehen gegeben, wie wunderbar es wäre, wenn sie ganz einfach zum Altar treten, ihre Sorgen in einen großen Korb oder Behälter legen und dort zurücklassen könnten. Aber dann, müsst ihr wissen, füge ich manchmal hinzu, würden einige von euch nach dem Gottesdienst durch den Mittelgang zurückschleichen und in dem Korb herumfischen, bis sie ihre abgelegten Sorgen wiederfinden würden. Sie hätten sie so lieb gewonnen, dass sie ohne sie nicht mehr leben könnten. Und sie würden wieder hinausgehen und dabei die Sorgen fest an sich drücken, weil sie sich nicht von einem so alten, vertrauten Freund trennen könnten.«

Jesus hat recht, das Dornengestrüpp macht einen guten Acker unfruchtbar. Haben wir uns als Christen klargemacht, dass wir mit Sorgen die reife Frucht unseres Lebens verhindern, dass Gottes Wort wirkungslos bleibt?

11. JUNI

Wir wissen aber, dass denen, die Gott lieben, alle Dinge zum Besten dienen, denen, die nach dem Vorsatz berufen sind.
RÖMER 8,28

Auch Probleme sind Sorgen.

In ihrem Buch »Visionen der Straße« beschreibt Eileen Egan, eine Laienschwester, Mutter Teresas positive Lebenseinstellung. Mutter Teresa, Friedensnobelpreisträgerin, kümmerte sich in Indien um Sterbende und um die Ärmsten der Armen. »Als ich ihr eines Tages eine ganze Reihe von Problemen aufgezählt hatte, sagte sie: ›Alles ist ein Problem. Warum nennen wir Probleme nicht Geschenke?‹ Damit setzte bei uns ein Sprachwandel ein. Kurz darauf flogen wir von Vancouver nach New York. Ich erfuhr zu meiner Bestürzung, dass wir den Flug unterbrechen und lange auf die Anschlussmaschine warten mussten. Als ich Mutter Teresa von dem ›Problem‹ verständigen wollte, biss ich mir noch rechtzeitig auf die Lippen und sagte: ›Mutter, ich muss Sie über ein Geschenk in Kenntnis setzen. Wir müssen hier vier Stunden warten, und Sie werden erst sehr spät im Kloster ankommen.‹ Mutter Teresa ließ sich im Flughafen häuslich nieder und las in einem Andachtsbuch, einem ihrer Lieblingsbücher.«

Die Schwester schildert ausführlich, wie enttäuschende und schwierige Tagesordnungspunkte angekündigt werden: »Heute haben wir ein besonders großes Geschenk!« Ist das Selbstbetrug? Oder wissen wir, dass alle Dinge uns zum Besten dienen? Alle Dinge, Probleme und Krankheiten, Missgeschicke und bedrohliche Lebenssituationen, müssen an Ihm vorbei, müssen uns zum Besten dienen. Unsere Sorgenfabrik wird arbeitslos, wenn wir alles aus Gottes Hand nehmen.

Wer mich verleugnet vor den Menschen, den will ich auch verleugnen vor meinem himmlischen Vater.
MATTHÄUS 10,33

Die Verleugnung ist ein dunkles Kapitel im Leben eines Christen. Sie ist auch ein dunkles Kapitel in der Kirchengeschichte. Uns ist die Geschichte von Petrus bekannt, die in allen vier Evangelien berichtet wird. Die Bibel ist ein ehrliches Buch und macht aus Jüngern und Aposteln keine fleckenlosen Heiligen.

Der amerikanische Schriftsteller Ernest Hemingway hat in seinen »41 Stories« eine tragische Geschichte einer Verleugnung erzählt: »Während das Bombardement den Schützengraben in Stücke fetzte, lag er sehr flach und schwitzte und betete: ›Ach, lieber Herr Jesus, hilf mir raus, Christus, bitte, bitte, bitte, Christus, wenn du mich vorm Tod bewahrst, werde ich alles tun, was du verlangst. Ich glaube an dich, und ich werde allen Leuten in der ganzen Welt sagen, dass du das Einzige bist, worauf es ankommt. Bitte, bitte, lieber Herr Jesus!‹ Das Granatfeuer zog weiter hinauf, und am Morgen ging die Sonne auf, und der Tag war heiß und schwül und erfreulich ruhig. Am nächsten Abend hinten in Mestre erzählte er dem Mädchen, mit dem er in die Villa Rossa hinaufging, nichts von Jesus. Und er erzählte überhaupt keinem davon.«

Zum Christsein gehört Zivilcourage.
Zum Christsein gehört Mut.
Zum Christsein gehört das Bekenntnis.

Wer schweigt, macht sich schuldig. Wer sich herausredet, den kann Jesus im Gericht nicht bei seinem himmlischen Vater heraushauen. Viele Christen sind Tarnkappenchristen. Sie wollen in Ruhe gelassen werden. Den Kollegen in der Firma, im Gespräch mit Fremden oder in der Freundschaft Christus zu bezeugen kostet Engagement und nicht selten Gefahr an Leib und Leben. Wer aber aus Angst, aus Feigheit und aus falsch verstandener Toleranz schweigt, macht sich schuldig.

Wie oft sind wir in dieser Beziehung schon schuldig geworden?

Wenn Krankheit ihn niederwirft, steht der Herr ihm bei und hilft ihm wieder auf.
PSALM 41,4

Auch Menschen, die fest an Gott glauben, bleiben von Krankheiten nicht verschont. Der christliche Glaube ist kein Impfschutz gegen Krankheiten.

Der Evangelist Manfred Priebe beschreibt ein Gespräch mit dem Leiter einer Spezialklinik für psychosomatische Erkrankungen: »Was ist das Besondere an Ihrer Therapie, also Ihre ganz spezielle Heilmethode?« Die Antwort des ärztlichen Direktors: »Ich sage den Kranken bei der Aufnahme: Wenn Sie hier andere Kranke treffen, unterhalten Sie sich bitte mit ihnen über Ihre Gesundheiten, die Sie ja auch haben.«

Ist das nicht ein hilfreicher Gedanke? Wir reden über das, was wir haben, nicht über das, was uns fehlt.

Der französische Philosoph und Mathematiker Blaise Pascal hat uns ein hilfreiches Gebet hinterlassen, das Gesundheit und Krankheit ins rechte Licht rückt. »Vater im Himmel, ich bitte weder um Gesundheit noch um Krankheit, weder um Leben noch um Tod, sondern darum, dass du über meine Gesundheit und meine Krankheit, über mein Leben und meinen Tod verfügst. Zu deiner Ehre und meinem Heil. Du allein weißt, was mir dienlich ist. Du allein bist der Herr, tue, was du willst. Gib mir, nimm mir, aber mache meinen Willen dem deinen gleich.«

Unsere Gesellschaft gibt Milliarden aus, um die Gesundheit zu garantieren. Uns Christen sollte es darum gehen, dass der Herr über unser Leben verfügt. Dann wissen wir, dass der lebendige Herr Jesus Christus uns beisteht.

Heile du mich, Herr, so werde ich heil; hilf du mir, so ist mir geholfen.
JEREMIA 17,14

Wie werden wir von Krankheiten heil? Können wir ganz heil und völlig gesund werden? In vielen Fällen schenkt Gott diese Hilfe. In anderen bleiben Beschwerden.

Thomas Satory beschreibt das Heilwerden theologisch: »Martin Buber und Franz Rosenzweig haben in ihrer Übertragung des Alten Testamentes die sonst in unseren Übersetzungen üblichen Wortverbindungen mit dem Grundwort ›heil‹ wiedergegeben durch Wortverbindungen mit dem Grundwort ›frei‹. Der Leser sieht, dass das, was wir meist mit Unheil oder Heil wiedergeben, durchweg in Bildern wie Versklavung, Bindung, Fesselung einerseits, Befreiung, Losschnürung usw. andererseits beschrieben wird. Es taucht die Frage auf, ob nicht das Stammwort ›frei‹ besser als das Stammwort ›heil‹ geeignet ist, die frohe Botschaft unserer Befreiung in einigermaßen entsprechender deutscher Übersetzung wiederzugeben. ›Heil‹ bedeutet seinem Grundsein nach nicht mehr, als dass etwas ›ganz‹, ›unversehrt‹, ›unverletzt‹, ›gesund‹ geblieben oder geworden ist.«

Was braucht der kranke Mensch? Trost heißt: Zuspruch, Ermahnung, Ermutigung. Ob der kranke Mensch unheil, unfrei, schwach, bedrückt, belastet oder mit seinen Nerven am Ende ist: Frei will er werden und heil.

Der Psychiater Dr. Samuel Pfeiffer beschreibt das Ziel der Behandlung und der Seelsorge: »Was ist eigentlich das Ziel der Betreuung seelisch Kranker? Oft lautet die spontane Antwort: Dass sie gesund werden! ... Andere leiden lebenslang an ihren seelischen Grenzen. Ihnen ist mit einseitigen Schlagworten von ›seelischer Gesundheit‹ und ›völliger Heilung‹ nicht gedient. Das Ziel muss daher neu umschrieben werden ... Das therapeutische Ziel einer effektiven Langzeitbetreuung muss sich ausrichten auf die Bewältigung des Daseins in dieser Welt mit all ihren Grenzen ... Paulus ermahnte die ersten Christen, ein breit gefächertes Programm zur Seelsorge zu entwickeln: Ermahnt die Unordentlichen, tröstet die Verzagten, tragt die Schwachen, habt Geduld mit jedermann.«

Glaubt ihr wirklich, dass sich der Schöpfer vor seinen Geschöpfen verantworten muss? Schließlich kann auch ein Töpfer aus einem Klumpen Lehm ein wertvolles oder ein gewöhnliches Gefäß formen.
RÖMER 9,20B–21

Gott hat einen Plan mit uns Menschen. Wie ein Töpfer aus einem Klumpen Lehm wertvolle oder gewöhnliche Gefäße formen kann, so kann der lebendige Gott aus Menschen Werkzeuge oder einfaches Geschirr entwickeln, etwas also, das im zwischenmenschlichen und geistlichen Leben hoch im Kurs steht oder im Leben eine zweitrangige Bedeutung hat.

Der große Bildhauer Michelangelo war häufig mit seinen Freunden in einem großen Marmorsteinbruch und suchte nach passenden, großen Marmorblöcken, um daraus Statuen zu meißeln. Die Freunde halfen ihm, wenn er einen geeigneten Block gefunden hatte, das schwere Material auf Rollen in sein Atelier zu schaffen. Wenn sie dann gemeinsam schweißnass vor dem unbehauenen Stein standen, der nach nichts aussah, dann konnte Michelangelo begeistert ausrufen: »Schon jetzt sehe ich einen Engel in dem Stein!« Seine Mitarbeiter und Freunde schüttelten den Kopf. Sie hatten keine Ahnung, wie es dem Künstler gelang, aus dem klobigen und wenig attraktiven Gesteinsblock einen wunderbaren Engel zu gestalten.

Wir Menschen sind ähnlich wie ein unbehauener Stein. Wir sind wie ein Klumpen Lehm in der Hand unseres Schöpfers. Kein Mensch kann ihm Vorschriften machen, zu welchem Zweck und Ziel er ihn in die Welt setzt oder für welchen Dienst an anderen er vorgesehen ist. Entscheidend ist, dass wir uns von Ihm bearbeiten lassen, dass er den Meißel ansetzen darf, um aus uns das herauszuholen, was anderen Menschen und dem Reiche Gottes dient. Wichtig ist, dass wir unserem Schöpfer vertrauen und die Rolle akzeptieren, die er für uns vorgesehen hat.

Selbst wenn er siebenmal am Tage an dir schuldig wird, sollst du ihm verzeihen, wenn er kommt und sagt: »Es tut mir leid!«
LUKAS 17,4

Zentrales Thema im zwischenmenschlichen Umgang ist die Vergebung. Im weltlichen Bereich halten viele den vergebenden Menschen für einen Versager und Dummkopf.

Bei den Pygmäen in Afrika wurde das Fehlverhalten dadurch geahndet, dass das betreffende Mitglied das Dorf verlassen und allein in den Wald gehen musste. Eine Zeit lang galt er als verbannt. Keiner durfte mit ihm sprechen. Das ganze Dorf besprach seine Tat. Nach mehreren Tagen kam der Verbannte zurück, ohne ein einziges Wort zu sagen, bis ein ausgesuchtes Kind ihm eine Schüssel mit Essen überreichte. Diese Handlung stellte symbolisch das Verzeihen aller Dorfmitglieder dar und ihre Bereitschaft, ihn wieder in ihre Mitte aufzunehmen. Das garantierte ihm und den anderen ein kontinuierliches Überleben. Deutlich wird: Die Vergebung hatte nicht nur die Funktion, eine Beziehung zwischen zwei Menschen zu reparieren, sondern stellte auch den Frieden in der jeweiligen menschlichen Bezugsgruppe wieder her. Verletzungen, die nun einmal geschehen, wachsen sich nicht zu Familienfeindschaften aus. Und Familienfeindschaften arten nicht zu einem Krieg zwischen Clans aus. Die Vergebung wurde zu einer Überlebenstechnik. Der Hass konnte sich nicht ausbreiten.

Jesus hat eine hohe Meinung von der Vergebung. Vergebung ist die Methode, mit der das Opfer den Täter wieder annehmen kann. Der Verletzte öffnet sein Herz, um den Verletzer einzulassen und zu akzeptieren. Dadurch wird diese Verletzung begraben. Jesus erwartet von seinen Nachfolgern Außergewöhnliches. Selbst Schuld, die sich siebenmal am Tag wiederholt und dem Schuldigen leidtut, soll von uns vergeben werden. Eine Forderung, die menschlich über unsere Kräfte geht, aber möglich wird, wenn wir uns auf Jesus verlassen. Ohne seine Geisteskraft bleiben wir in der Vergebung blutige Anfänger.

17. JUNI

Herr, erst wollte ich meine Schuld verschweigen;
doch dann wurde ich so krank, dass ich von früh bis spät
nur stöhnen konnte.
PSALM 32,3

Viele überzeugte Christen wollen vergeben, aber sie können ihre Vorwürfe, ihre Bitterkeit und ihre Verletzung nicht abwerfen. Sie wollen sie in Gottes Hände legen, aber es gelingt ihnen nicht.

Paul Tournier, Arzt und Seelsorger, schreibt darüber:

»Aber ich halte es für ebenso unlogisch, Gott zu bitten, unser Herz mit schönen Gefühlen der Vergebung und der Liebe zu erfüllen, wenn zutiefst in unserem Innern all unsere Forderungen weiter bestehen ... Ich wurde gebeten, für eine amerikanische religiöse Zeitschrift einen Artikel über Vergebung und geistige Gesundheit zu schreiben. Vielleicht erwartete der Redakteur von mir, ich würde die heilsame Wirkung der Vergebung auf die geistige Gesundheit besonders hervorheben. Diese Wirkung stellt sich zweifellos ein, wenn es sich um eine echte Vergebung handelt. Aber nach meiner Erfahrung ist die echte Vergebung selten zu finden, besonders selten vielleicht bei frommen Leuten, die bestrebt sind, durch ihr Verhalten ihren Glauben zu bezeugen ... Eine vorzeitige Vergebung ist meistens eine unechte Vergebung.«

Vergebung und geistige Gesundheit gehören zusammen. Wer nicht vergeben kann, belastet seine Organe. Er macht seinen Körper krank, wie der Psalm formuliert. Eine unechte Vergebung gleicht einer Verdrängung. Sie ruft psychosomatische Störungen hervor. Wer verschweigt oder verdrängt, wer Vorbehalte hat und Verletzungen aufrechterhält, wird nicht befreit. Der Körper reagiert, die Organe schreien, der Mensch wird »stöhnen«. Die echte Vergebung ist Gnade. Ein Geschenk und kein eigenmächtiges Bemühen. Sie befreit, lässt Leib, Seele und Geist gesunden und belastet nicht.

Ich bin ein Gott voll Liebe und Erbarmen.
Ich habe Geduld, meine Güte und Treue sind grenzenlos.
Ich erweise Güte über Tausende von Generationen hin,
ich vergebe Schuld und Verfehlung.
2. MOSE 34,6–7

Heute geht es um Geduld in der Vergebung. Wir meinen, Vergebung sei ein einmaliger Akt, da kann es geschehen, dass schlagartig alles anders geworden ist. Vergebung, die wir im Namen Jesu gewähren, hat blitzartig unser Denken, Fühlen und Handeln verwandelt. Häufig ist es anders.

Der Amerikaner David Augsburger formuliert es so: »Der anspruchsvolle, komplexe Vorgang der Vergebung wird oft auf einen einmaligen Akt des gegenseitigen Annehmens verkürzt. Trotz Schmerz, Verlust und Versagen, die zwischen den Parteien stehen, werden wir ermutigt, in einem einzigen Akt vorbehaltlos zu vergeben und alles zu vergessen. Aber solch ein Schritt ist für jeden Menschen zu groß. Vergebung ist eine Reise, die aus vielen Schritten besteht, von denen jeder einzelne sehr schwierig sein kann. Jeder der Schritte erfordert ein hohes Maß an Sorgfalt, Rücksicht und gedanklicher Arbeit.«

Da ist ein Ehebruch geschehen. Die Frau ist ein Jahr lang von ihrem Mann immer wieder mit einer anderen Frau betrogen worden. Die intimsten Dinge hat er mit einer anderen gehabt. Die Ehefrau wird von ihrem Mann um Vergebung gebeten. Die Ehefrau sagt: »Ich vergebe dir, aber ich kann nicht einfach alles vergessen. Gib mir Zeit!«

Das völlige Vergessen ist uns Christen sowieso nicht möglich. Es ist ein Geschenk, wenn wir uns ohne Bitterkeit an die böse Tat erinnern. Vergebung braucht oft Zeit, Heilungszeit. Die Wunden müssen vernarben. Unser Herr hat Geduld mit uns. Haben wir diese Geduld mit unserem Partner, mit unserem Gegenüber!

Darum soll sich jeder prüfen, bevor er das Brot isst und aus dem Becher trinkt. Wenn er das sich nicht klarmacht, dass er es mit dem Leib des Herrn zu tun hat, zieht er sich mit seinem Essen und Trinken die Verurteilung zu.
1. KORINTHER 12,28

Unser heutiger Text handelt vom Abendmahl. Es gibt eine gedankenlose Teilnahme am Abendmahl. Das Abendmahl ist aber mehr als etwas, an dem wir gewohnheitsmäßig teilnehmen sollten, es ist mehr als eine reine Christenpflicht. Im Abendmahl begegnet uns der erhöhte Herr. Es geht nicht darum, dass wir unsere Würdigkeit überprüfen. Sünder sind eingeladen und keine Würdenträger. Wir Sünder sind eingeladen, und die Frage lautet, ob wir seine Vergebung annehmen wollen, die er uns im Mahl anbietet.

Der ehemalige Theologieprofessor Helmut Gollwitzer schrieb deutliche Worte zum Abendmahl: »Ihr seid als Abendmahlsgäste mit eurem Herrn ein untrennbarer Leib und empfangt, an wie vielen Orten der Erde auch immer, die ›Gemeinschaft des Leibes Christi‹. Das hat die praktische Folge: ›Die eines Herren Leib gegessen, die stehen auch für einen Mann.‹ Alle Kriege, die Christen gegeneinander geführt haben, alle Ausplünderungen von Christen durch Christen sind Versündigungen gegen die Gemeinschaft des Abendmahls. Das Abendmahl steht als Gericht über der ganzen Kirchengeschichte.«

Das ist ein wesentlicher Gesichtspunkt, der uns auffordert, uns vor der Teilnahme am Abendmahl zu prüfen.

Wir haben es mit dem erhöhten Herrn zu tun.
Wir sind vor ihm und vor den Menschen in vielen Ländern schuldig geworden.
Wir können nicht selbstgerecht und selbstzufrieden am Abendmahl teilnehmen.
Wir kommen als Sünder zu ihm, die viel Schuld auf sich genommen haben, weil wir die »Gemeinschaft des Leibes Christi« sind.

Der Herr ist nahe denen, die zu ihm beten und es ehrlich meinen. Er geht auf die Wünsche derer ein, die voll Ehrfurcht zu ihm kommen. Er hört ihren Hilfeschrei und rettet sie.

PSALM 145,18–19

»Er versteht sogar meinen Atem!« Unter dieser Überschrift hat Ruth Graham ein schönes Erlebnis aus ihrer Familie geschildert. Grahams besaßen eine Katze, die Junge bekommen und diese auf dem Rollbett im Gästezimmer des Hauses behaglich eingepackt hatte. Das Ehepaar Graham war von dieser Besitzergreifung des Gästezimmers gar nicht erbaut. Daher nahmen sie die Katzenjungen und betteten sie auf weichen Lappen in einem Pappkarton. Den stellten sie vor den Herd in der Küche. Aber sie hatten die Rechnung ohne die Katzenmutter gemacht. Diese schlich sich in die Küche und trug ihre Jungen eines nach dem anderen wieder nach unten in das Gästezimmer. Schon bald hatte sie ihren Nachwuchs unbemerkt wieder zurücktransportiert – bis auf das Kleinste. Vielleicht war die Katzenmutter mit Säugen beschäftigt, jedenfalls blieb das Kätzchen längere Zeit allein. Schließlich gab es einen ganz leisen Piepton von sich. Das Ehepaar Graham, das sich zufällig in der Küche befand, konnte den Piepton kaum hören. Doch sofort erschien auf weichen Pfoten die Katzenmutter, nahm den Winzling ins Maul und trug ihn zu den übrigen Katzenkindern. Durch drei Türen, zwei Zimmer und zwei Flure hatte sie das kaum vernehmbare Klagen Ihres Kindes gehört!

Uns als Christen ergeht es ähnlich, folgerte Frau Graham. Wir müssen keine gut formulierten Sätze vor unseren Herrn bringen, wir können einfach nur seufzen oder stottern. Vielleicht kriegen wir gar keinen richtigen Ton heraus, aber ob wir weinen oder jammern, flüstern oder unser Leid artikulieren, der lebendige Gott hört uns. Selbst die leisesten Hilfeschreie überhört er nicht. Und Frau Graham kommentiert: »Er kann sogar den Atem spüren, wenn eine Stimme vor Schwäche nicht mehr zu hören ist.«

Zu dieser guten Nachricht bekenne ich mich offen und ohne Furcht, denn in ihr wirkt Gottes Macht. Sie bringt allen Menschen Rettung.
RÖMER 1,16

Gottes Macht und Kraft wollen wir beleuchten.

Die Anonymen Alkoholiker haben ein gutes Wort, das ihr Leben begleitet, das als Leitmotiv für ihr Tun und Lassen gelten kann. Es kann in Englisch als Wortspiel verstanden werden: »Let go and let God!« (Lasst also gehen, lasst nun Gott alles machen.) Der Verzicht auf alle eigene Kraft gibt der Kraft Gottes eine Chance.

Was heißt das? Ich muss bekennen können:

Ich bin nichts, du bist alles;
ich bin leer, du bist die Fülle;
ich bin schwach, du stärkst mich;
ich bin ohnmächtig, du bist mächtig;
ich bin kraftlos, du bist die Kraft.

Der Durchbruch im Leben des Paulus ist mit einem Satz charakterisiert: Seine Kraft ist in ihm, dem Schwachen, mächtig. Aus dem Macher Paulus wurde ein Mitarbeiter Gottes. Wer auf seine eigene Kraft baut, auf Wissen, auf intellektuelle Überlegenheit, auf Geld, auf Waffen und Zahlen, will gelten, will glänzen und will selbst überlegen sein.

Im griechischen Urtext steht für das Wort Kraft das Wort »dynamis«. Die gute Nachricht, das Evangelium, ist Dynamit. Das Wort Gottes besitzt eine unglaubliche Sprengkraft. Es sprengt Ketten, die versklaven wollen, es sprengt Schlösser, die uns gefangen halten wollen. Es ist mehr als eine Weltanschauung, mehr als eine Philosophie. Es ist mehr als ein politisches Programm. Bei aller Wertschätzung von Wohlstand und sozialer Entwicklung: Geistiges ist wichtiger als Materielles, Ewiges ist entscheidender als Vergängliches, Rettung für Zeit und Ewigkeit ist das Thema.

Wer sein Leben retten will, wird es verlieren.
Aber wer sein Leben um meinetwillen verliert,
wird es gewinnen.
MATTHÄUS 16,25

Was machen wir aus unserem Leben?

Pfarrer Axel Kühner hielt den Festvortrag im Erziehungsverein von Neukirchen-Vluyn. Unter anderem erzählte er ein Beispiel: »Ein Vater fragt seinen Jungen vor dem Geburtstag: ›Junge, was wünschst du dir denn?‹ Der Junge antwortet wie aus der Pistole geschossen: ›Papa, ich wünsche mir ein Pferd.‹ Der Vater aber atmet tief durch und fragt zurück: ›Aus Pappe?‹ – ›Nein.‹ – ›Aus Holz?‹ – ›Nein.‹ – ›Aus Plastik?‹ – ›Nein‹ – ›Ja, woraus dann?‹ – ›Aus Pferd.‹«

Also, das finde ich auch, ein richtiges Pferd kann nur aus Pferd sein.

Wenn mich mein Vater im Himmel fragt: ›Was wünschst du dir?‹, hätte ich auch eine Antwort. Ich würde sagen: ›Herr, ich wünsche mir Leben, gültiges, erfülltes, sinnvolles Leben.‹ Und wenn man mich fragt: ›Aus Illusionen?‹ – ›Nein.‹ – ›Aus Arbeit?‹ – ›Nein.‹ – ›Aus Träumen?‹ – ›Nein.‹ – ›Aus Anstrengungen?‹ – ›Nein.‹ – ›Ja, woraus dann?‹ – ›Aus Leben!‹ Leben kann nur aus dem Lebendigen sein.«

Wer wünscht sich nicht ein prall gefülltes, sinnvolles Leben? Aber es sollte nicht aus Illusionen bestehen, die uns Animateure und Freizeitspezialisten servieren. Wir suchen ein Leben, das sich in der Gegenwart lohnt und in der Zukunft auszahlt.

Jesus macht uns ein Angebot. Wer sein Leben krampfhaft festhält, wer es genießen will, wie er Lust und Laune hat, der wird es verlieren. Wer aber sein Leben an Jesus verliert, der findet den Meister des Lebens. Jesus ist das Leben. In ihm werden Alltag und Sonntag, Gegenwart und Zukunft mit Leben gefüllt, das gewinnbringend ist.

Einmal kam ein Mann zu Jesus und fragte ihn: »Lehrer, was muss ich tun, um das ewige Leben zu bekommen?«
MATTHÄUS 19,16

Ewiges Leben, das ist ein Wunschtraum von Milliarden Menschen. Endlos und ohne Komplikationen soll alles so weitergehen. Wer aber an Christus glaubt, hat ewiges Leben.

Dwight L. Moody schrieb als sein Vermächtnis: »Eines Tages werdet ihr in der Presse lesen, dass D. L. Moody tot ist. Glaubt kein Wort davon! In jenem Moment werde ich lebendiger sein, als ich es jetzt bin. Ich werde höher hinaufgegangen sein, das ist alles. Die alte Behausung verlassen haben, hin in ein Haus, das unsterblich ist, einen Körper haben, den der Tod nicht berühren kann, einen Körper, der seinem (Jesu) Auferstehungsleib ähnlich sein wird. Ich wurde im Fleisch geboren 1837. Ich wurde im Heiligen Geist geboren 1855. Der, der im Fleisch geboren wurde, mag sterben. Der, der im Geist geboren wurde, wird für immer leben.«

Und Augustinus fasste sein Bekenntnis in die Worte:

»Gott, von dir sich abwenden heißt fallen, zu dir sich hinwenden heißt auferstehen, in dir bleiben heißt sicheren Bestand haben. Gott, dich verlassen heißt sterben, zu dir heimkehren heißt neu zum Leben erwachen, in dir weilen heißt leben.«

Ewiges Leben muss kein Wunschtraum bleiben. Gott lebt! Gott lebt immer! Und wer in Ihm heimkehrt, hat Leben über den Tod hinaus.

Liebe Freunde, wir wollen einander lieben, denn die Liebe kommt von Gott. Wer liebt, ist ein Kind Gottes und zeigt, dass er Gott kennt.
1. JOHANNES 4,7

Welchen Stellenwert hat die Liebe in unserem Leben?

In einem Kalender fand ich folgenden Beitrag, der den Wert der Liebe charakterisiert: »Es gibt in der Schweiz weit über 30 000 registrierte Medikamente. Das wichtigste Medikament ist nicht darunter. Es hat sich im Kampf gegen Einsamkeit und Verzagtheit millionenfach bewährt. Es ist das einzige Medikament, das nur gute Nebenwirkungen hat. Hinzu kommt, dass es nichts kostet und doch alle bereichert. Es wird nicht in Labors oder Fabriken hergestellt, sondern allein in unseren Herzen. Wer anderen davon bringt, hat nicht weniger, sondern mehr. Es ist die Liebe.«

Liebe ist das wertvollste Medikament, das es gibt. Die über 30 000 registrierten Medikamente können Schmerzen beseitigen, können Vergiftungen stoppen, den Blutkreislauf regulieren, Depressionen erträglich machen und die Stimmung aufhellen. Aber sie können Menschen nicht verändern. Sie können Einsamkeit, Bosheit, Hass, Rachegefühle und Treulosigkeit nicht mit ein bisschen Chemie verwandeln. Die Liebe ist ein Wundermittel. Sie kann aus einem hasserfüllten Menschen einen friedfertigen Bürger machen. Ja, die Liebe ist in der Lage, aus Feindschaft Freundschaft werden zu lassen. Kein Mensch bringt es aus eigener Kraft fertig, einen Erzfeind in die Arme zu schließen und zu lieben. Gott kann es. Diese umwerfende und umgestaltende Liebe kommt von ihm. Wer sich Gott ausliefert, wird mit diesem »Medikament« versorgt. Liebe ist keine Tugend, die wir uns wie einen Schlips zulegen können. Liebe ist ein Charisma, das Gott schenkt. Es stimmt: Wer diese Liebe praktiziert, zeigt, dass er Gott kennt. Ich will konkret diese Liebe ausüben!

25. JUNI

Einer trage des anderen Last, so werdet ihr das Gesetz Christi erfüllen.
GALATER 6,2

Nächstenliebe heißt: Die Last des anderen mittragen.

Wir packen uns eigenmächtig viele Lasten auf, die uns niederdrücken und Schultern und Rücken verspannen. Ehrgeizig und anerkennungssüchtig lassen wir uns von selbst verordneten Lasten seelisch und körperlich kaputt machen. Und der Erfolg? Viele Christen leiden unter dem Burn-out-Syndrom. Sie sind ausgebrannt, leer und antriebslos.

Dr. Matthias Burisch vom Psychologischen Institut in Hamburg schreibt über die Last beim Burn-out-Syndrom: »Frage: War die Last zu schwer oder das Kamel zu schwach? Antwort: Die Last war zu schwer für das Kamel.«

Was machen diese Menschen falsch? Sie tragen nicht die Lasten des anderen mit, sondern sie packen sich Lasten auf, um ihren Ehrgeiz und ihre Anerkennungssucht zu befriedigen. Wie ganz anders klingt die Geschichte, die ich auf einem Poster entdeckte: Auf dem Bild ist ein Mädchen zu sehen, das seinen Bruder auf dem Rücken trägt. Unter dem Foto steht: »Auf steilem, holprigem Wege begegnete mir ein Mädchen, das schwer beladen seinen Weg ging. ›Du trägst aber eine schwere Last‹, sagte ich bedauernd und voll Mitleid. Darauf schaute mich das Mädchen verwundert an: ›Ich trage doch keine Last, ich trage meinen Bruder.‹«

Wer sich uneigennützig um den anderen kümmert, bricht nicht unter der Last zusammen. Nächstenliebe aus Eitelkeit und Bestätigungssucht ruinieren Leib und Seele. Wer sich im Namen Jesu Lasten aufpackt, erfährt: Gott nimmt uns nicht die Lasten ab, aber er stärkt uns die Schultern.

Ich aber sage euch: Liebet eure Feinde, segnet, die euch fluchen; tut wohl denen, die euch hassen; bittet für die, die euch beleidigen und verfolgen.
MATTHÄUS 5,44

Feindesliebe – eine schwierige Angelegenheit!

Was meinen Sie, gilt die Aufforderung Jesu auch für den Islam? Sind wir überzeugt, dass der Islam eine friedliche und tolerante Religion ist?

Ein Israelkorrespondent formulierte es so: »Der Islam ist mein Feind. Nicht, weil ich das so bestimmt hätte, sondern weil der Koran das so festlegt – nicht für mich, sondern für jeden, dem die Offenbarung Mohammeds heilig ist. ›Ihr Gläubigen! Nehmt euch nicht die Juden und die Christen zu Freunden!‹, ermahnt der Prophet Mohammed seine Nachfolger in Sure 5,51. ›Sie sind untereinander Freunde, aber wir nicht mit euch. Wenn aber einer von euch sich ihnen anschließt‹, fährt er unmissverständlich fort, ›gehört er zu ihnen und nicht mehr zu der Gemeinschaft der Gläubigen!‹ Das heißt im Klartext: Jeder Moslem, der sich auf eine echte Freundschaft mit Juden oder Christen einlässt, exkommuniziert sich dadurch automatisch selbst aus seiner Gemeinschaft der Gläubigen.«

Offensichtlich sieht Jesus die Feindesliebe völlig anders. Er hat seinen Nachfolgern klare Richtlinien hinterlassen, wie sie mit Feinden umgehen sollen. Wer die Versöhnung in Christus annimmt, reiht sich in die Gruppe derjenigen ein, die mit Feinden Versöhnung praktizieren.

Liebe ist in der Lage, aus Feindschaft Freundschaft werden zu lassen. Liebe ist das, was Jesus uns vorgemacht hat: Selbstaufgabe, bis zum Tod am Kreuz.

27. JUNI

Wer unter euch ohne Sünde ist,
der werfe den ersten Stein auf sie.
JOHANNES 8,7

Der Ehebruch hat im zwischenmenschlichen Zusammenleben immer eine große Rolle gespielt. Johannes erzählt ausführlich von der »Ehebrecherin«. Der Theologe Andreas Ebert kommentiert: »Die ›gesetzestreuen‹ Pharisäer haben etwas übersehen. Denn sonst hätten sie beide angeschleppt, Mann und Frau. Sie müssen ja beide ›auf frischer Tat‹ ertappt haben. Aber Männer schleppen die Frau herbei, um sie zu steinigen. Die Frau bekommt den Schwarzen Peter zugeschoben. Gerade im Bereich der Sexualität ist bei Männern diese Schuldzuweisung schon immer beliebt gewesen: das Weib, die Verführerin. Die Sexualität ist für fast alle Menschen einer der wunden Punkte ihres Lebens ... Die Männer klagen die Frau an und brauchen sie nebenbei auch gleich als Lockvogel, um Jesus aufs Glatteis zu führen. Jesus reagiert höchst seltsam: Er bückt sich und schreibt in den Sand ... Dann erst fällt der Satz, der den ganzen Spuk vertreibt: ›Wer von euch ohne Sünde ist, der werfe den ersten Stein.‹«

Die Männer fallen über eine Frau her. Der Mann, der offensichtlich zum Ehebruch dazugehört, wird ausgeblendet. Schon im Paradies redet sich Adam vor Gott heraus und schiebt die Schuld auf Eva. Zum Ehebruch gehören zwei. Jesus hat die Unmöglichkeit der Situation erkannt. Er stellt sich auf die Seite aller angeklagten Frauen. Selbstverständlich wird der Ehebruch von Jesus nicht verharmlost. Er verhindert die Steinigung und realisiert die Vergebung. Ehebruch muss nicht den »Tod der Ehe« zur Folge haben. Die Saubermänner der Gesellschaft werden auf ihre Sünden hingewiesen. Wer ohne Sünde ist, darf Steine werfen. Als Sünder sollten wir uns hüten, den Stab über andere Menschen zu brechen, geschweige denn, eine »Steinigung« zu rechtfertigen.

Wenn auch Vater und Mutter mich verstoßen, du, Herr, nimmst mich auf.
PSALM 27,10

Trennungen und Verlustängste sind äußerst schmerzliche Lebenserfahrungen. Rattenbabys, die von der Mutter getrennt wurden, zeigten um dreißig Prozent gesenkte Herzfrequenzen. In den nächsten Monaten wurden weniger Wachstumshormone ausgeschüttet. Alle Tiere blieben untergewichtig, solange sie lebten. Die meisten Tiere zeigten Schlafstörungen. Der Blutdruck war bei ihnen erhöht, und die Krankheitsanfälligkeit stieg um fünfzig Prozent. Auch bei menschlichen Waisenkindern wurden ähnliche Veränderungen festgestellt. Viele Heranwachsende und Erwachsene leiden ein Leben lang unter Liebesverlust.

In einem Fachbuch lese ich die Sätze: »Trennungserlebnisse sind einschneidende Erfahrungen und in den meisten Fällen der stärkste Stressfaktor. Das kann der Tod des Lebenspartners sein, die Trennung einer Lebensgemeinschaft oder der Verlust des Arbeitsplatzes. Die wichtigste Frage, die die Psychoneuroimmunologie beantworten wollte, ist: Kann ein Trennungserlebnis das Immunsystem negativ beeinflussen? ... Der Verlust von menschlichen Beziehungen kann sogar tödliche Folgen haben. Das belegt eine Studie. 213 von 4 486 Witwern starben innerhalb der ersten sechs Monate nach dem Tod der Ehefrau. Das ist immerhin eine Zunahme von 40 Prozent im Vergleich zu verheirateten Männern gleichen Alters ... Trennungen wirken sich bei Kindern und älteren Menschen besonders verheerend aus.«

Unser wunderbarer Organismus kann durch Trennungsängste und Liebesverlust ernstlich in Mitleidenschaft gezogen werden. Eine wesentliche Hilfe für solche Menschen spricht David in seinem Psalm an. »Du, Herr, nimmst mich auf.« Du schenkst mir Geborgenheit, du lässt mich nicht im Stich. Du baust Leib und Seele wieder auf. Du stärkst mein Immunsystem. Bei dir finde ich wieder Lebensmut und Lebensfreude.

Seid allezeit bereit zur Verantwortung vor jedermann,
der von euch den Grund fordert der Hoffnung, die in euch ist.
1. PETRUS 3,15

Wir alle tragen Verantwortung.

Von Leo N. Tolstoi stammt die folgende Geschichte. Ein alter Mann pflanzte kleine Apfelbäumchen. Da lachten die Leute und sagten zu ihm: »Warum pflanzt du diese Bäume? Viele Jahre werden vergehen, bis sie Früchte tragen, und du selbst wirst von diesen Bäumen keine Äpfel mehr essen können.«

Da antwortete der Alte: »Ich selbst werde keine ernten. Aber wenn nach vielen Jahren andere die Äpfel von diesen Bäumen essen, werden sie mir dankbar sein.«

Viele von uns essen Früchte von Bäumen, die wir nicht gepflanzt haben. Sie ernten von Menschen, die für sich und ihre Nachkommen Verantwortung übernommen haben.

Gott hat den Menschen zu seinem Partner gemacht. Damit hat er eine Verantwortung erhalten, die sonst keiner Kreatur zuerkannt wurde. Aus der Hand Gottes hat der Mensch die Macht über die Schöpfung erhalten, die er verantwortungsvoll ausüben soll.

Im Begriff Verantwortung steckt das Wort Antwort. Ich werde zur Ver-antwort-ung gerufen. Verantwortung lebt und wirkt zwischen Personen. Der andere hat ein Recht, mich über Gott zu befragen. Und als Christ gebe ich Rechenschaft.

Dietrich Bonhoeffer beschreibt verantwortliches Handeln so: »Die letzte verantwortliche Frage ist nicht, wie ich mich heroisch aus der Affäre ziehe, sondern wie eine kommende Generation weiterleben soll.«

30. JUNI

Jeder von uns wird Gott für sein eigenes Tun Rechenschaft ablegen müssen.
RÖMER 14,12

Anthony de Mello erzählt eine Geschichte, die er im Radio gehört hat. Es geht um einen Vater, der morgens an die Tür seines Sohnes klopft und ihn daran erinnert, dass er zur Schule gehen muss. Aber der Sohn hat keine Lust und sagt: »Papa, ich will heute nicht aufstehen!« Der Vater wird ärgerlich und ruft noch einmal, dass er sofort aufstehen und zur Schule gehen soll.

Der Sohn lässt sich auf einen Disput ein und sagt: »Aus drei Gründen gehe ich nicht. Erstens ist es langweilig, zweitens ärgern mich die Kinder, und drittens kann ich die Schule nicht ausstehen.«

Der Vater erwidert: »So, dann sag ich dir drei Gründe, wieso du in die Schule gehen musst: Erstens ist es deine Pflicht, zweitens bist du 45 Jahre alt, und drittens bist du der Klassenlehrer.«

Eine witzige und doch tiefernste Geschichte. Gott fordert von uns Rechenschaft. Wir sind seine Statthalter auf dieser Erde. Er hat uns mit einer unvorstellbaren Würde ausgestattet. Wir sind seine Beauftragten, seine Mandatsträger. Wir dürfen nicht selbstsüchtig vor uns hinleben. Wir können nicht einfach liegen bleiben und den lieben Gott einen guten Mann sein lassen.

Wenn der Mensch nur ein »Zufall« in der Evolutionsgeschichte wäre, dann wäre er auch für nichts, was er tut oder lässt, verantwortlich. Aber er ist kein Zufall, und er trägt keine Verantwortung sich gegenüber, sondern dem andern und Gott gegenüber.

Niemand kann sich in die moralische Unzurechnungsfähigkeit flüchten.
Niemand kann sich herausreden.
Niemand kann sich vor Gott aus dem Staube machen.

1. JULI

»Habt Achtung vor Gott und gebt ihm die Ehre!«, rief er, »denn die Stunde ist gekommen, in der er Gericht halten wird. Betet den an, der Himmel und Erde, das Meer und alle Wasserquellen gemacht hat!«

OFFENBARUNG 14,7

Von der Anbetung handelt dieser Text aus der Offenbarung des Johannes.

In Maxim Gorkis »Nachtasyl« gibt es eine Szene, die schildert, wie die verschiedenen Insassen eines russischen Nachtasyls am Morgen erwachen und diese Verstoßenen und Verlorenen nun einer nach dem anderen in ihr sinnloses Dasein hineingähnen. Dann erhebt sich unter ihnen ein Muslim, um sein Morgengebet darzubringen. Er wendet sich nach Osten, wirft sich mit feierlicher Gebärde vor Allah nieder und richtet sein Sinnen und Denken auf seinen erbarmenden Gott. Er redet mit Allah und lässt sich segnen. Die übrigen Obdachlosen sind erstaunt und schauen den Muslim an wie einen Menschen vom anderen Stern. Niemand kann begreifen, wie man in so einem trostlosen Nachtasyl an Allah glauben kann. Und doch erfasst plötzlich alle eine tiefe Sehnsucht nach einer Welt des Lichts mitten in der Dunkelheit.

Wie im Nachtasyl ergeht es heute vielen Menschen. Sie sitzen in ihrer Verzweiflung fest und sehnen sich nach Trost und Ermutigung. Wer Gott anbetet, erfährt Zuspruch, Kraft für den Alltag und Sinn in der Sinnlosigkeit.

Wir sind zur Anbetung Gottes geschaffen. Gleichzeitig aber sollen wir in der Anbetung beschenkt werden. Anbetung heißt: Der Mensch öffnet sein Herz für Gott. Er macht sich bereit, seinem Herrn zu dienen und sich dienen zu lassen. Anbetung geschieht im Geist und in der Wahrheit. Meine Lebenshaltung und mein persönliches Leben sollen auf Gott hinweisen. Und Anbetung beinhaltet immer beides: geben und nehmen, schenken und gesegnet werden.

Und nun, liebe Freunde, lasst mich zum Schluss noch etwas sagen: Konzentriert euch auf das, was wahr und anständig und gerecht ist. Denkt über das nach, was rein und liebenswert und bewunderungswürdig ist, über Dinge, die Auszeichnung und Lob verdienen.
PHILIPPER 4,8

Christen brauchen Manieren. Wie die Bibel hilft, sich auch im Alltag vorbildlich zu benehmen, darüber hat sich ein Vizepräsident der EKD einmal Gedanken gemacht. In der Zeitschrift »idea« schrieb er: »Was steht im ›Knigge‹? Die meisten vermuten darin einen Ratgeber der Etikette: Wie benehme ich mich bei Tisch? Doch der Original-Knigge, nämlich das 1788 erschienene Buch des Adolph Freiherr von Knigge, ist keine bloße Sammlung von Anstandsregeln, sondern die Anleitung zu einem pfleglichen Umgang mit sich selbst und anderen, sozusagen die Übersetzung des Liebesgebotes in Alltagssituationen. Daher trug es auch den Titel ›Über den Umgang mit Menschen‹.«

Es geht also schon bei Knigge nicht um Benimm-Techniken, sondern um eine innere Haltung.

Höflichkeit ist mehr als eine freundliche Fassade. Liebe ist mehr als ein Waffenstillstand zwischen zwei Parteien.

Paulus nennt die Dinge, auf die wir uns als Christen konzentrieren sollen: auf das Wahre. Es ist abgeleitet von der Wahrheit, die Christus personifiziert. Das Wahre ist das Gegenteil von Trug und Schein, von Oberflächlichkeit und einer herausgeputzten Fassade. Unser Herr will keine Menschen, die anständig wirken, sondern anständig sind. Unser Glaube soll echt und authentisch sein. Die Verhaltens- und Einstellungsmuster sollen rein und nicht verlogen, lobens- und nicht tadelnswert sein. Dieser Tugendkatalog erwächst nicht aus uns selbst, es sind in der Tat Gaben des Geistes.

Der Herr sah, wie weit es mit den Menschen gekommen war: Sie kümmerten sich nicht um das, was recht ist; ihr Denken und Handeln war durch und durch böse.

1. MOSE 6,5

Der Mensch ist von Grund auf böse. Die Weltgeschichte liefert täglich neue Beweise dafür, bis zum heutigen Tag.

Die Geschichte vom Skorpion und der Schildkröte hält uns den Spiegel vor: Der Skorpion, ein schlechter Schwimmer, fragte die Schildkröte, ob sie ihn nicht auf ihrem Rücken über den Fluss an das andere Ufer befördern könnte. Die Schildkröte war empört und sagte: »Ich müsste den Verstand verloren haben, wenn ich das täte. Jedes Tier weiß, dass du erbarmungslos stichst, und ich werde ertrinken.« Der Skorpion lachte und erwiderte: »Das ist doch unlogisch, was du sagst. Wenn ich dich stechen würde und du gehst unter, müsste ich doch auch sterben. Du weißt, ich kann nicht schwimmen.«

Die Schildkröte dachte nach und lenkte schließlich ein. Der Skorpion setzte sich auf ihren Panzer und beide schwammen ans andere Ufer. Auf halbem Wege stach plötzlich der Skorpion die erschrockene Schildkröte. Sterbend fragte sie ihn: »Warum hast du das getan?« Und der Skorpion, der ebenfalls unterging, antwortete: »Ich kann einfach nicht aus meiner Haut. Stechen ist Teil meines Wesens.«

Der Mensch macht es ähnlich und redet sich heraus: »Ich kann nicht aus meiner Haut! Das Böse gehört zu meinem Leben.« Mit derartigen Lügen werden sogar Diebstahl und Mord entschuldigt.

Das Böse ist alles, was uns von Gott trennt: jede Art von Egoismus, Stolz, Krieg und Hass. Und doch steht im Hintergrund kein blindes Es, sondern eine widergöttliche Macht. Hinter allem versteckt sich der Fürst dieser Welt!

»Erlöse uns von dem Bösen« bedeutet nichts anderes, als dass Gott uns in Christus von allen Spielarten des Bösen befreien wird. Vertrauen wir seiner Erlösungskraft, oder denken wir – wie der Skorpion –, dass wir böse handeln müssen?

Ihr habt nach der Weise dieser Welt gelebt und habt dem Herrscher dieser Welt (Satan) gehorcht, der sein Reich zwischen Himmel und Erden hat. Er hat noch jetzt die Menschen in seiner Gewalt, die sich Gott nicht unterstellen.
EPHESER 2,2

Satan, der zwischen Himmel und Erde herrscht, hat die Menschen in seiner Gewalt, die sich Gott nicht unterstellt haben. Über den Geist des Menschen versucht er, Einfluss zu nehmen. Satan ist die Ursache und Quelle aller Zeitprobleme. Er verstärkt Haltungen wie Entmutigung, Eitelkeit, Wollust, Habgier, Konkurrenzdenken, Hast, Unzufriedenheit, Auflehnung und Frustration. Diese unglückliche Geisteshaltung impft Satan den Menschen ein.

Siegfried Kettling beschreibt die Radikalität der Aussage Luthers, dass der Mensch tot in Sünden ist, keine Zelle ist mehr zu reanimieren (lebensfähig zu machen). Im Gegensatz zu Erasmus von Rotterdam, der den Menschen zwar für schwer erkrankt hält, der aber mithilfe guter Ärzte, zu denen auch Jesus gehört, wieder zum aufrechten Gang zurückfinden kann. Kettling wörtlich: »Für Erasmus ist die Burg – Mensch genannt – wohl weitgehend vom Feind erobert, aber im Burgfried, im innersten Refugium, brennt auch das Lämpchen der Freiheit … Für Luther ist gerade das innerste Zentrum (Herz, Gewissen) längst vom Feind erobert, ja zur Kommandozentrale des Satans umfunktioniert. Gerade in seiner Personenmitte ist der Mensch versklavt, vom ›arg bösen Feind‹ geradezu ›besessen‹.«

Luther hat recht, der ganze Mensch ist verloren. Unser innerstes Zentrum – Herz und Gewissen – ist keineswegs gut und heil geblieben. Vom Scheitel bis zur Sohle brauchen wir Erlösung.

Was rettet uns? Die Gnade allein, der Glaube allein, Christus allein. Nur wenn wir uns Christus völlig ausliefern, hat Satans Macht ein Ende.

5. JULI

Und (Satan) sprach zu ihm: Das alles will ich dir geben, so du niederfällst und mich anbetest.
MATTHÄUS 4,9

Der Teufel ist ein gefährlicher Gegenspieler Gottes.

Rudolf Bohren hat in einer Auslegung über diese Textstelle geschrieben: »Im Griechischen steht hier das Wörtlein ›proskynein‹. Die Gelehrten sagen, dass dieses Wort ursprünglich mit dem althochdeutschen Wort ›Kuss‹ zusammenhängt. ›Proskynein‹ würde dann heißen ›anküssen‹. Und nun verstehen wir die Offerte des Versuchers noch besser. Der Teufel erscheint hier als eine Art Erdgottheit in Stellvertretung des Himmels, und was er hier verlangt, ist schlicht dies, dass ihm dafür Anerkennung gezollt wird, dass ihm der Schmus gemacht wird: ›Küsschen, Küsschen!‹ – Ein Arrangement mit der Weltmacht, nur das!«

Der Teufel ist ein Falschspieler par excellence. Er ist ein Verwirrung stiftendes Wesen. Und er ist mit mörderischer Schlauheit am Werk. Helmut Thielicke hat dieses grandiose Angebot an Jesus so beschrieben: »Der Versucher rückt mit dem letzten Angriff hervor. Königskronen blinken. Staaten stehen bereit, von ihren Göttern und Götzen zu lassen und Christus als Haupt anzunehmen. ›Die Erde für Jesus Christus!‹ klingt es verheißungsvoll in Jesu Ohren. Er hört ein Rauschen wie von vielen, vielen Fahnen ... Natürlich nur, wenn du niederfällst und mich anbetest!«

Das war für Jesus der Pferdefuß. Das ist für uns der Pferdefuß. Alles will uns der Teufel geben. Ob wir da klar und deutlich Nein sagen können? Macht, Reichtum und Ansehen sind verführerische Dinge für den Menschen. Schon Adam und Eva im Paradies ließen sich von Machtgelüsten in Bann schlagen. Ob wir entschieden Nein sagen können? Gott sei Dank, Jesus hat das Feld behalten!

Simon, Simon, siehe, der Satan hat euer begehrt, dass er euch möchte sichten wie den Weizen.
LUKAS 22,31

Es geht um den Satan, den Gegenspieler Gottes in unserem Leben. Jesus warnt den Petrus wie jeden von uns. Der Satan liegt auf der Lauer, uns in seine Gewalt zu bringen. Menge übersetzt: »Satan hat sich (von Gott) ausgebeten, Gewalt über euch zu erhalten, um euch zu sieben, wie man Weizen siebt.« Martin Luther formuliert in seiner eindeutigen Art: »Der Mensch ist wie ein Lasttier, wenn Gott draufsitzt, will er und geht er, wie Gott will; wenn Satan draufsitzt, will und geht er, wie Satan es will. Von einem der beiden ist er immer besessen.« Diese Sicht des Reformators zwingt uns zu Entscheidungen. Aber auch das andere muss gesagt werden: Gott handelt im Satan. Der Teufel ist Gottes Teufel.

Darauf macht Karl Heim aufmerksam, wenn er schreibt: »Die satanische Empörung lebt aber immer nur von der Kraft Gottes. Sobald sich in der Welt irgendwo eine Macht entfaltet, die außerhalb der Gemeinschaft mit Gott steht, so ist das nicht eine harmlose Kraftentladung, die jenseits von Gut und Böse steht, sondern es regt sich darin sofort die dämonische Empörung gegen Gott, der Machtrausch und die Selbstverherrlichung ... Darum ist die dämonische Auflehnung von Gott aus gesehen zwar ein Losgerissensein vom Quell aller Kraft, also tiefste Ohnmacht und innere Zerrissenheit. Aber diese Ohnmacht wird zur satanischen Stärke ... Gott handelt in Satan. Der Teufel ist Gottes Teufel. Gott hat ihm seine Macht gegeben. Gott ist also auch in den dämonischen Unternehmungen, die gegen ihn gerichtet sind, der verborgen Handelnde. Sonst wäre die Allmacht Gottes verkürzt, und wir könnten in keiner schweren Lage unbedingt auf Gott vertrauen.«

Wer sich auf seine eigene Kraft und Willensentscheidung verlässt, gegen den Satan anzutreten, ist verraten und verkauft. Wem überlassen wir uns? Wer reitet uns? Wer bestimmt in unserem Leben?

Gott will uns die volle Befreiung schenken,
durch die wir für immer sein Eigentum werden,
damit wir seine große Herrlichkeit preisen.
EPHESER 1,14

Wir sind Gottes Eigentum!

Der bekannte Evangelist Wilhelm Busch wurde im Dritten Reich mehrfach von der Geheimen Staatspolizei verhaftet. In seinem Buch »Freiheit aus dem Evangelium« beschreibt er seine Erlebnisse in der Zelle. Die Gefängnisse der Gestapo waren sehr klein. Wenn Busch die Hand ausstreckte, berührte er die andere Wand. Er konnte nur zwei Schritte tun, zwei hin und zwei zurück, dann stieß er gegen die Wand. Zu lesen bekam er nichts und nur wenig zu essen. Bald dachte er, in den vier Wänden verrückt zu werden. Aber dann spürte er, dass Jesus in seine Zelle kam! Und er lernte sein eigenes Herz kennen. Seine ganze Verlorenheit wurde ihm hier klar, aber immer wieder erkannte er auch, dass Jesus sein Eigentum nicht im Stich lässt. »Mensch, du gehörst doch dem, der dich erkauft hat. Und Gott lässt sein Eigentum nicht los!«

Eigentum heißt: Nicht mehr mit sich machen können, was man will. Nicht mehr auf eigene Faust leben, nicht länger über Privaträume und -bereiche verfügen zu können.

Niemand kann sich teilen und halb verschreiben, wir sind ganz Sklaven und Knechte dieses Herrn. Diese Begriffe klingen seltsam und können Horrorszenen aus der Vergangenheit wachrufen. Und doch ist da ein eklatanter Unterschied: Der Sklave, der vor Jahrhunderten einem irdischen Herrn gehörte, durfte misshandelt, ausgebeutet und erniedrigt werden. Unser Herr aber hat für die, die ihm gehören, sein Leben eingebüßt. Vor diesem Hintergrund bin ich gern sein Eigentum.

Ich bin die Tür für die Schafe. Wer durch mich hindurchgeht, wird gerettet. Er wird aus und ein gehen und Weideland finden.
JOHANNES 10,9

Jesus sagt uns: Ich bin die Tür zum Leben. Eine Tür für uns »Schafe«. Dass wir in der Bibel häufig mit Schafen verglichen werden, schmeckt vielen nicht. Schafe sind in ihren Augen Mitläufer und werden mit einer traurigen Hammelherde in Zusammenhang gebracht. Aber Jesus war geduldig wie ein Schaf, das geschoren wird und das sich abschlachten lässt. Für uns!

Unter dem Thema »Die Tür zum Glück« berichtet der Psychiater Viktor Frankl von einem Erlebnis mit einem Patienten, der sich das Leben nehmen wollte. Der Mann hatte sich vorgenommen, sich draußen vor der Stadt eine Kugel in den Kopf zu jagen. Es war spätabends, und er merkte, dass keine Straßenbahn mehr fuhr. Also hätte er auf ein Taxi zurückgreifen müssen. Als er sich anschickte, ein Taxi zu rufen, kamen ihm plötzlich Bedenken. Taxis sind teuer, und so viel Geld für eine Taxifahrt verschwenden ...? Plötzlich musste er lachen. Er wollte sich schließlich umbringen und schlug sich tatsächlich noch mit solch unsinnigen Gedanken herum! Wie sinnlos, er als zum Selbstmord Entschlossener geizte im Angesicht seines bevorstehenden Todes noch mit Geld! Diese Ernüchterung brachte dem Mann die innere Kehrtwendung. Er konnte über sich lachen und fand die »Tür zum Glück« wieder.

Es ist ein Unterschied, ob wir die Tür für ein vorübergehendes Glück oder aber die Tür zum wahren Leben finden. Wer mit Jesus Ernst macht, hat die Tür zu einem zeitlichen und ewigen Glück, er hat die Tür zum ewigen Leben gefunden. Herr, in dir finden wir die Tür aus allen Sackgassen! Wir danken dir, dass du die Tür für unsere Rettung bist und der Weg zum ewigen Leben.

Durchforsche mich, sieh mir ins Herz und prüfe meine Wünsche und Gedanken.
PSALM 139,23

Es geht um meine Lügen, Wünsche und Überzeugungen.

Demosthenes hat schon gesagt: »Nichts ist leichter, als sich selbst zu betrügen; denn was wir uns wünschen, das glauben wir bereitwillig.«

Der Selbstbetrug spielt in unserem Leben eine größere Rolle, als wir glauben und wahrhaben wollen. Unsere versteckten Wünsche haben eine enorme Motivationskraft. Selbst unser christlicher Glaube wird von ihnen verführt. Leicht halten wir »fromme Wünsche« für Gottes Eingebungen.

Eine afrikanische Christin wurde gefragt: »Warum liest du eigentlich immer die Bibel?« Und sie antwortete: »Ich lese nicht nur die Bibel; ich lese auch andere Bücher. Aber nur dieses eine Buch, die Bibel, liest mich.« So ist es. Die Bibel deckt geheime Gedanken und Vorstellungen auf. Sie durchforscht mich, sie durchleuchtet die Abgründe meiner Seele. Wer sein Handeln verstehen will, muss sich mit seinen Gedanken auseinandersetzen. Die wenigsten Handlungen geschehen ziellos und planlos. Tief im Innern stecken Überzeugungen, die uns leiten, die unsere Wünsche beflügeln. Jesus hat unser Herz durchschaut. Er spricht nicht umsonst vom Herzen als einer »Mördergrube«, aus der die schlimmsten Gedanken, Wünsche und Überzeugungen kommen.

»Der Wunsch ist der Vater des Gedankens«, sagt ein deutsches Sprichwort. Und vor dem Handeln stehen meine Gedanken und Überzeugungen. Die Kette schließt sich. Versteckte Wünsche und Erwartungen bestimmen unser Leben. Und ehe wir sie verstehen, geben wir sie als Gottes Willen aus. Im Gefühl spüren wir Gottes Bestätigung. Unsere Empfindungen signalisieren uns Gottes Zustimmung. Deshalb: »Durchforsche mich ... Prüfe meine Wünsche und Gedanken!« Sind wir bereit, sie rückhaltlos ehrlich vor Ihm auszubreiten? Können wir sie betend infrage stellen?

Ihr seid jetzt stolz und überheblich;
aber ein solcher Stolz ist verwerflich.
JAKOBUS 5,16

Hier schreibt Jakobus zum Thema Stolz, Hochmut und Narzissmus.

Den Begriff »Narzissmus« gab es im biblischen Denken noch nicht. Er bezieht sich auf das mythologische Vorbild des schönen Jünglings Narziss, dessen Geschichte in Ovids »Metamorphosen« nachzulesen ist. Der Jüngling wurde von Frauen und Männern umworben, doch er verschmähte sie aus Hochmut und Stolz alle. Im Teich erblickte er im Wasser sein eigenes Spiegelbild und entbrannte sofort in heftiger Liebe. Er bemerkte zunächst nicht, dass es sich um sein eigenes Bild handelte, sondern blieb in seiner Selbstbewunderung gefangen. Seine Gedanken, Gefühle und sein Verhalten kreisten lediglich um die eigene Person.

Der Narzisst hat ein Gefühl der eigenen Wichtigkeit. Er beschäftigt sich mit Erfolg, Macht und Schönheit. Er glaubt, etwas Besonderes zu sein.

Jakobus setzt sich in seinem Brief mit Kämpfen, Streitigkeiten und Leidenschaften auseinander, die Stolz, Hochmut und Narzissmus zum Inhalt haben. »Ihr verzehrt euch nach etwas, was ihr gerne hättet. Ihr seid neidisch und eifersüchtig, aber das bringt euch dem ersehnten Ziel nicht näher« (Jakobus 4,2). Narzissten erwarten eine ständige Bewunderung. Sie praktizieren ein arrogantes und überhebliches Auftreten. Jakobus hält diese Eigenschaften für »verwerflich«.

In unserer Welt sind Begriffe wie »Wettbewerb«, »Elite« und »groß herauskommen« an der Tagesordnung. Der Mensch stellt sich und nicht den lebendigen Gott in den Mittelpunkt. Der eigene Körper, die eigene Karriere und die eigene Kompetenz stehen im Vordergrund. Aber auch hierzu hat Jakobus etwas zu sagen: »Beugt euch tief vor dem Herrn, dann wird er euch groß machen« (Jakobus 4,10).

11. JULI

Er muss immer größer werden und ich immer geringer.
JOHANNES 3,30

»Er muss wachsen, ich muss abnehmen.« So lautet Luthers Übersetzung dieses Verses. Die Gleichung stimmt. Nur wenn Christus in uns größer wird, wenn seine Maßstäbe unser Tun und Lassen bestimmen, dann werden wir geringer. Das ist schwierig, denn überall werden wir angehalten, im Ich-Stil zu sprechen, unser Ich nicht unter den Scheffel zu stellen und uns »ichhaft« zu behaupten.

Im Religionsunterricht machte der Lehrer die Bemerkung, dass in der so genannten »christlichen Grammatik« die erste, zweite und dritte Person – nämlich Ich, Du, Er – in umgekehrter Reihenfolge angeordnet werden. »Wenn wir mit Ernst Christen sein wollen«, sagte er zu seinen Schülern, »steht an erster Stelle Er, der Herr aller Herren, an zweiter Stelle folgt das Du, der Nächste, und zuletzt kommt das Ich. In der Schule lernen wir, dass das Ich großgeschrieben wird, aus der Bibel erfahren wir, dass das Ich des Menschen kleingeschrieben wird.«

Johannes hat es für uns alle formuliert: »Er muss größer werden und ich immer geringer.« Ein kluger Mann hat sich einmal Gedanken über die wichtigsten Wörter gemacht:

»Die sechs wichtigsten Wörter:
Ich gebe meine Fehler gerne zu.
Die fünf wichtigsten Wörter:
Das hast du gut gemacht.
Die vier wichtigsten Wörter:
Wie denkst du darüber?
Die drei wichtigsten Wörter:
Wenn du möchtest.
Die zwei wichtigsten Wörter:
Danke schön.
Das erste und wichtigste Wort: Wir.
Das unwichtigste Wort: Ich.«

Und alles, was ihr tut mit Worten oder Werken, das tut in dem Namen des Herrn Jesus und danket Gott, dem Vater, durch ihn.
KOLOSSER 3,17

Die Willow-Creek-Gemeinde um Bill Hybels hat einen Glaubenskurs auf den Markt gebracht, der den Titel »Abenteuer Alltag« hat. Der Kurs umfasst acht Kapitel, die so aufgebaut sind, dass alle wesentlichen Lebensbereiche zur Sprache kommen. Er geht von der klaren Überzeugung aus, dass eine Gemeinde nur dann wachsen kann, wenn Menschen aus dem Glauben ihren Alltag gestalten. Konkret wird gefragt:

»Wie steht man im Namen Jesu auf?«
»Wie geht man im Namen Jesu schlafen?«
»Wie fährt man im Namen Jesu Auto?«
»Wie geht man im Namen Jesu seiner Arbeit nach?«
»Wie erledigt man im Namen Jesu seine Haushaltspflichten?«

Eine wesentliche Einzelübung ist für den ganzen Kurs maßgeblich: »Stell dir einmal vor, Jesus lebte einen Tag lang sichtbar an deiner Seite. Was wäre an so einem Tag anders?«

Ich stelle mir vor: Wir haben Gäste. Sie sind nur einige Tage zu Besuch. Wie nehmen wir Rücksicht? Wie anders reden, formulieren und handeln wir, als wenn wir ganz für uns wären? Und jetzt ist Jesus überall dabei!

Mit solchen Fragen wird der Glaube an Christus praktisch.

Mit solchen Fragen wird der Glaube an Christus existenziell.

Niemand von uns kann sich herausreden. Alle schönen Floskeln über den Sohn Gottes werden relativ. Alles Tun und Lassen wird an der Realität geprüft: Jesus geht an meiner Seite. Jesus schaut zu.

Herr, ich möchte lernen, deine Gegenwart noch mehr zu realisieren.

Gott legt uns eine Last auf, aber er hilft uns auch.
PSALM 68,20

Auch Christen müssen Lasten tragen – kleine und große, seelische und körperliche. Viele Lasten haben wir uns selbst zugemutet. Wir können die Verantwortung nicht abgeben und wollen alles allein tragen. Wir können die Lasten nicht abgeben, weil wir es besser machen wollen. Wir belasten uns, weil wir perfekt sein müssen.

Peter Heinsius schrieb über einen Besuch in Papua-Neuguinea: »Im vergangenen Jahr besuchte ich den Inselstaat Papua-Neuguinea. In Baietabag habe ich das auf dem Plakat abgebildete Kreuz mit der aus dicken, gelb lackierten Drähten geformten Nachbildung eines Netzsackes fotografiert. Der Netzsack ist auf der ganzen Insel Neuguinea, auch im westlichen, zu Indonesien gehörenden Landesteil Irian Jaya, ein gebräuchliches ›Transportmittel‹: Berge von Obst und Gemüse, oft auch lebendige Schweine, werden darin zum Markt geschleppt. Für so manchen Neuguineer ist der Netzsack von daher zu einem Sinnbild für die Lasten geworden, die Menschen zu tragen haben, also auch für seelische Belastungen, die uns beschweren. Das geht aus den Worten hervor, die – aus großen gelben Stäben gebildet – in das Geländer unter dem Kreuz mit dem Netzwerk eingefügt sind: ›Jisas sori long yuni‹. Diese Worte heißen wörtlich übersetzt: ›Jesus sorgt für uns (für dich und mich)‹ oder ›Jesus sorgt sich um uns‹ – wobei an dem Wort ›sori‹ ein größeres Gewicht hängt als an unserem Wörtchen ›sorgen‹. Es ist mehr als ein Sich-Gedanken-Machen; es bedeutet mitleiden, an den Lasten des anderen mittragen. Jesus ist der, der sich unserer Lasten angenommen, sie auf sich genommen hat.«

In der Tat, Gott legt uns Lasten auf, aber er hilft uns auch. Er ist nicht nur ans Kreuz gegangen, um Tod und Teufel zu besiegen und um unsere Schuld auf sich zu nehmen, sondern er trug auch unsere Krankheiten, band sich unsere psychischen und körperlichen Schmerzen auf die Seele, um uns zu ent-lasten.

14. JULI

Aber jetzt freue ich mich darüber. Natürlich nicht, weil mein Brief euch Schmerz bereitet hat, sondern weil dieser Schmerz euch zur Besinnung gebracht hat. Es war ein Schmerz von der Art, die Gott gebrauchen kann.

2. KORINTHER 7,8–9

Schmerzen und Krankheiten spielen auch im Leben eines Christen eine große Rolle. Selbstverständlich müssen Zahnschmerzen und Schmerzen bei Arthritis und Krebs gelindert werden. Aber welchen Nutzen können Schmerzen haben?

C. S. Lewis schreibt: »Schmerz ist nicht nur ein unmittelbar kenntliches Übel, sondern eins, das unmöglich ignoriert werden kann. In unseren Sünden und in unserer Dummheit können wir friedlich schlafen, und wer einmal einen Vielfraß beobachtet hat, wie er die köstlichen Speisen herunterschlingt, als wisse er gar nicht, was er da isst, der wird zugeben, dass wir sogar das Vergnügen ignorieren können. Der Schmerz aber besteht darauf, dass man sich mit ihm befasse. Gott flüstert in unseren Freuden, er spricht in unserem Gewissen, in unseren Schmerzen aber ruft er laut. Sie sind sein Megafon, eine taube Welt aufzuwecken. Wir sollten also dem Schmerz nicht vorschnell ausweichen durch Suchtmittel, Geschäftigkeit oder andere Ausweichmechanismen. Medikamente und Geschäftigkeit haben zwar ihren Stellenwert. Aber wenn wir erkennen, dass der Schmerz uns von Gott gesandt ist, empfangen wir nur dann den völligen Segen, wenn wir seine Ursache erkennen und in rechter Weise mit ihm umgehen.«

Auch Paulus hat nicht bewusst Schmerz provozieren wollen. Er ist über seinen Brief, der Schmerz ausgelöst hat, nicht glücklich. Aber er ist auch dankbar, dass der Schmerz von der Art ist, die Gott gebrauchen kann.

15. JULI

Der Geist Gottes kommt uns dabei zu Hilfe. Wir sind schwach und wissen nicht einmal, wie wir angemessen zu Gott beten sollen.
RÖMER 8,26

Jesus nimmt unsere Schwachheiten ernst. Luther übersetzt: »Der Heilige Geist hilft unserer Schwachheit auf.« Der Heilige Geist hilft uns in unseren Schwachheiten, er nimmt Anteil und kümmert sich darum.

Da ist die lebenslustige, hübsche und athletische Joni Eareckson. Sie tauchte in einen See, schlug auf einen Stein auf und war seitdem vom Hals abwärts total gelähmt. Auf einen Schlag total hilflos. Sie wollte Tabletten nehmen und sterben. Das Leben wurde für Joni zur Hölle. Drei bittere, hoffnungslose Jahre erlebte sie. Und dann erfuhr ihr Leben eine dramatische Kehrtwendung zu Christus.

David Seamands schildert die Geschichte der Joni in einem seiner Bücher so: »Ihre beste Freundin Cindy saß an ihrem Bett und suchte verzweifelt nach etwas, womit sie ihr Mut zusprechen konnte. Plötzlich sprudelte es aus ihr heraus: ›Joni, Jesus weiß, wie dir zumute ist. Du bist nicht die einzige Gelähmte. Er war auch gelähmt ... Er war ans Kreuz genagelt. Sein Rückgrat war verwundet von Schlägen. Wie muss er sich gesehnt haben, sich bewegen zu können. Doch er konnte sich nicht bewegen. Joni, er weiß, wie dir zumute ist.‹«

Diese Worte trafen das gelähmte Mädchen im Herzen. Christus hatte die Lähmungen am eigenen Leibe erfahren. Der Sohn Gottes hatte Hilflosigkeit und Gelähmtheit selbst erlebt. Wir reden ständig davon, dass Jesus für unsere Sünden gestorben ist. Das ist die Hauptsache. Richtig. Aber er ging auch ans Kreuz und nahm alle unsere Schwachheiten auf sich, unsere seelischen Schmerzen, unsere seelischen Verwundungen. Sind wir nicht überzeugt, dass das 53. Kapitel im Propheten Jesaja den Opfertod Christi am Kreuz vorwegnimmt? Und wie heißt es im vierten Vers? »In Wahrheit aber hat er die Krankheiten auf sich genommen, die für uns bestimmt waren, und die Schmerzen erlitten, die wir verdient hatten.«

Es ist ein unvorstellbarer Trost: Wir sind mit unseren Schmerzen, mit unseren seelischen Leiden und mit unseren Krankheiten nicht allein.

Denn wir wissen, dass alle Kreatur sehnt sich mit uns und ängstigt sich noch immerdar.
RÖMER 8,22

Leiden ist nicht nur ein Problem der Menschen, Leid ist ein Problem der gesamten Kreatur. Kreatur ist alles, was durch die Schöpfung existiert. Kreatur meint die Menschen und ihre außermenschlichen Mitgeschöpfe.

Von Albrecht Goes las ich einen Bericht: »Es war in der großen Picassoausstellung. Wir gingen von Bild zu Bild, und es war der Weg, auf dem die Kreatur ihr Antlitz verlor. Im ersten Raum waren die schönen, die traurig-schönen Knaben- und Jünglingsbilder, aber bald waren wir bei jenen anderen Bildern, auf denen das menschliche Antlitz nicht mehr als Antlitz zu erkennen war, und wo dann in dem riesigen ›Guernica‹-Wandbild Gestalt wieder erkennbar wurde, da war es in großer Eindringlichkeit Dämonengestalt ... Im gleichen Haus befanden sich die großen, ständigen Gemäldesammlungen des Landes, die großen Kostbarkeiten von Albrecht Altdörfer bis Vincent van Gogh. Und man ging von den Picassosälen aus noch für eine halbe Stunde hinüber, und siehe da: Man traf Freunde und Bekannte, und man begrüßte sich mit den Worten: ›Und ihr erholt euch also auch vom Picasso?‹ Und man gestand sich's wohl ein, dass man begierig danach war, wirklichen Wald im Bild zu sehen, wirkliche Früchte, den Himmel holländischer Maler, das menschliche Antlitz, den wirklichen Leib: die Schöpfung.«

Alle Lebewesen, die gesamte Schöpfung, sehnt sich nach Erlösung. Die »Gute Nachricht« übersetzt: »Wir wissen, dass die gesamte Schöpfung bis jetzt noch vor Schmerzen stöhnt wie eine Frau bei der Geburt.« Die gesamte geschundene Kreatur seufzt, und die Botschaft der Erlösung gilt nicht nur den Menschen, sondern der gesamten Schöpfung.

17. JULI

Aber der Herr war mit ihm und neigte die Herzen zu ihm und ließ ihn Gnade finden vor dem Amtmann über das Gefängnis.
1. MOSE 39,21

Leiden, die wir selbst verschuldet haben, und Leiden, die uns unschuldig, ungerecht treffen, gehören zum Leben in dieser Welt. Im Text ist von Josef die Rede. Seine grundanständige Haltung bescherte ihm großes Leid.

Der Jugendpfarrer Dr. Theo Lehmann kommentiert diese Zeilen so: »Das darf doch nicht wahr sein! Josef landet im Knast. Nicht, weil er was Böses gemacht, sondern weil er was Böses nicht mitgemacht hat. Madame Potiphar hatte ihn aufgefordert, mit ihm zu schlafen. Das klare ›Njet‹ Josefs lässt die Zuneigung der sitzen gelassenen Madame in Hass umschlagen. Am Ende sitzt Josef in der Zelle. Und das hat Gott zugelassen? Ja, das hat Gott zugelassen. Gerade den Leidenden ist Gott am nächsten. Gerade wenn du den Kanal voll hast, wenn du fertig bist, wenn sie dich fertigmachen, wenn du denkst, du kannst nicht mehr weiter und alles ist sinnlos – gerade dann ist dir Gott ganz nah ... Josef erlebt die Nähe Gottes nicht bei einem religiösen Trip oder feierlichen Orgelkonzert, sondern unter den Schreien der Häftlinge in der Tiefe eines verlausten Gefängnisses. Gerade dort, wo die Stimmung unter dem Nullpunkt ist, in der Angst, in der Hilflosigkeit, im Leiden, da ist Gott am nächsten.«

Unsere Sprichwörter bringen viele Probleme auf den Punkt. »Wenn die Not am größten, ist Gottes Hilfe am nächsten.« Nicht nur in schönen Gottesdiensten mit erhabenen Gefühlen ist Er uns nahe, sondern da ist Er gegenwärtig, wo es uns dreckig geht, wo wir down sind, wo uns der Lobpreis im Halse stecken bleibt. Eine wunderbare Zusage unseres Herrn! Wenn wir in der Tinte stecken und wenn Leid und Schmerzen uns in die Knie zwingen, dann ist Er mit uns.

Sieben Tage und sieben Nächte saßen die neben ihm auf der Erde, und keiner sprach ein Wort zu ihm. Denn sie sahen, dass sein Schmerz übergroß war.
HIOB 2,11–13

Schmerzen können einen Menschen körperlich und seelisch zum Wrack machen. Mehr als 35 Milliarden Euro werden jedes Jahr in Deutschland gegen Schmerzkrankheiten und für die Folgebehandlungen ausgegeben. Allein zur Behandlung von Rückenschmerzen werden ca. 17 Milliarden Euro ausgegeben. Schmerzen sind ein körperliches, seelisches und – ein geistliches Problem.

Von dem großen jüdischen Theologen und Philosophen Martin Buber stammt die besinnliche Geschichte, dass Rabbi Mosche Löb so innig an Leib und Seele mit jedem Menschen, der Schweres zu tragen hatte, mitlitt, dass Menschen in seiner Umgebung sehr verwundert waren, wie der Rabbi sich das Leiden der Menschen auf seine Seele band. Sie fragten ihn, wie er das denn aushielte und wie er mit dem Mitleiden fertig würde. Rabbi Löb antwortete: »Wie denn mitleiden? Das ist doch mein eigenes Leiden, wie kann ich denn anders, als es leiden?« Das ist Nächstenliebe in Vollendung, wenn wir sagen können: Sein Leid ist unser Leid, seine Schmerzen sind meine Schmerzen, sein Schicksal ist mein Schicksal.

Hiob wird von Leid und Schmerzen niedergedrückt. Aber die Freunde lassen ihn nicht im Stich. Sie tun etwas Außergewöhnliches und doch Tröstliches. Sie halten sieben Tage und Nächte wortlos bei dem schwer geprüften Hiob aus. Für alle Seelsorge und Therapie unserer Tage ein wertvoller Hinweis. Bei schwerem Leid, Todesfällen und chronischen Schmerzen fehlen uns die Worte – zu Recht. Alle wohl gemeinten Sprüche treffen ins Leere. Wir halten bei dem Schmerzgeplagten aus. Das ist Liebe.

Der Sohn Gottes hat uns einen Sinn in unser Leben gegeben, dass wir ihn erkennen, den Wahrhaftigen, und in ihm in Wahrheit erfunden werden.

1. JOHANNES 5,20

Es geht hier um den Sinn in unserem Leben.

Der englische Schriftsteller Aldous Huxley (1894–1963) bekannte ganz offen, dass er den Sinn des Lebens und sogar das Dasein Gottes infrage stelle. Er schrieb: »Ich hatte bestimmte Gründe dafür, nicht zu wünschen, dass das Leben einen Sinn hat. Deshalb unterstellte ich, dass es keinen hat, und war so ohne Schwierigkeiten in der Lage, schlüssige Beweise für diese Annahme zu erbringen. Für mich und zweifellos für die meisten meiner Zeitgenossen war die Philosophie der Sinnlosigkeit im Wesentlichen ein Instrument der Befreiung. Die Befreiung, die wir ersehnten, war gleichzeitig die Befreiung von einem bestimmten Sittenkodex, weil er unsere sexuelle Freiheit einschränkte.«

Das ehrliche Wort eines Nihilisten. Er will, dass das Leben keinen Sinn hat. Denn so muss er keine Verantwortung tragen und ist weder Gott noch den Menschen Rechenschaft schuldig.

Professor Viktor Frankl ist ganz anderer Ansicht. Er formuliert es so: »Durst ist der sichere Beweis für die Existenz von Wasser. Wie könnte der Mensch Durst empfinden, wenn es kein Wasser gäbe? Und wie könnte der Mensch den Sinn des Lebens auch nur fragen, wenn es ihn nicht wirklich gäbe?«

Wo Jesus Christus erkannt wird, wird auch der Sinn des Lebens erkannt. Plötzlich wissen wir um den Sinn von Zeit und Ewigkeit, von Not und Tod, von Freud und Leid. Wir wissen um das Woher und Wohin, um den Anfang und das Ende, um das Diesseits und das Jenseits. Wir wissen, dass aller Sinn in Jesus Christus beschlossen ist.

Wer aber untreu ist, dem wird noch das wenige, das er besitzt, genommen. Und nun werft diesen nutzlosen Diener hinaus in die Dunkelheit, wo Weinen und Zähneknirschen herrschen.
MATTHÄUS 25,29–30

Es geht heute um die Wiederkunft Christi.

Ich will noch einmal Dostojewski zu Wort kommen lassen, der in seiner Erzählung »Der Großinquisitor« beschreibt, wie es sein würde, wenn Christus noch einmal auf die Erde käme. Christus geht über den Domplatz einer Stadt irgendwo im Süden. Kurz zuvor hatte man hier einige Ketzer auf dem Scheiterhaufen verbrannt. Die Menschen erkennen Jesus sofort. Segnend und heilend geht er durch die Straßen.

Da erscheint der Großinquisitor, ein Greis von neunzig Jahren. Er will alles, was Christus getan hat, ungeschehen machen. Daher lässt er Christus verhaften und in den Kerker werfen. Um Mitternacht wird die Kerkertür geöffnet, und der Großinquisitor erscheint bei dem Gefangenen. »Warum bist du gekommen, uns zu stören? Denn dazu bist du gekommen, du weißt es selbst. Morgen werde ich dich richten.«

Der Kardinal hält eine lange Anklagerede. Erst die Kirche habe den Menschen das wahre Heil gebracht. Der angeklagte Christus schweigt, kein Wort der Erwiderung. Doch plötzlich erhebt sich der Heiland, tritt an den Kläger heran und küsst ihn auf die blutlosen Lippen. Der Kardinal bebt am ganzen Körper. Er wirft den Angeklagten hinaus und ruft: »Gehe hinaus und kehre nie wieder!«

Zu seiner Zeit hatte Dostojewski die katholische Kirche im Blick. Aber heute? Wenn er heute wiederkäme? Denken wir einmal nach. Würde Christus nicht auch mit den Hauptverantwortlichen der Kirche und mit uns Schwierigkeiten bekommen? Würde er nicht auch aus dem Verkehr gezogen?

Wie ist es, stimmt unser Leben mit seinen Maßstäben überein? Oder werden wir auch wie der Diener in die Dunkelheit hinausgestoßen?

Du hast mich geschaffen mit Leib und Geist, mich zusammengefügt im Schoß meiner Mutter. Dafür danke ich dir. Es erfüllt mich mit Ehrfurcht.
PSALM 139,14

In den Augen Gottes hat der Mensch einen ungeheuren Wert. Gott hat seinen Sohn geopfert, weil er nicht mit ansehen konnte, dass der Mensch in seiner Sünde zugrunde geht. Von daher ist es unbegreiflich, dass viele Christen unter der fixen Idee leiden, ihr Leben sei nichts wert. Sie leiden unter Minderwertigkeitsgefühlen, Selbstwertstörungen und dem Gefühl zu versagen.

Der Psychiater und Adler-Schüler Rudolf Dreikurs schrieb: »Ein Mensch, der um jeden Preis seinen Wert beweisen will, kommt unvermeidlich zu der Erkenntnis, dass er keinen besitzt. Er lebt ja schon im Zweifel seines Wertes, sonst wäre kein Beweis notwendig ... Versuche, den eigenen Wert zu beweisen, führen nie zu etwas. Kein Beweis bringt dem Menschen ohne Selbstvertrauen dauernde Bestätigung seines Werkes.«

Lawrence J. Crabb geht davon aus, dass der Mensch zwei Bedürfnisse erfüllt sehen muss,

- das Bedürfnis, Bedeutung zu haben,
- das Bedürfnis nach Sicherheit.

Bedeutung heißt für ihn das Wissen, eine Aufgabe und Arbeit zu haben, die echten Wert hat und das Zeitliche überdauert. Sicherheit erklärt er mit dem unerschütterlichen Wissen darum, vorbehaltlos und vollkommen geliebt zu sein. Wörtlich schreibt Crabb: »Unsere persönlichen Bedürfnisse nach Sicherheit und Bedeutung können nur in der Beziehung zu unserem Herrn Jesus Christus volle Erfüllung finden.«

Der Psalmdichter ist voll Dank und Ehrfurcht. Er sieht sich als Wunder der Schöpfung an. Wie Gott Leib und Seele zusammengefügt hat, erfüllt ihn mit Staunen und Anbetung. »Gott liebt mich!« Wer das von Herzen denken und aussprechen kann, sieht seinen Wert, seine Sicherheit und seine Bedeutung garantiert. Warum fällt es uns so schwer, den Wert, den Gott uns beimisst, anzunehmen?

Auch wenn ich viel durchstehen muss, gibt er mir immer wieder Mut. Darum kann ich auch anderen Mut machen.
2. KORINTHER 1,4

Mut und Ermutigung spielen im Leben eines Christen eine wesentliche Rolle.

»Chance der Bärenraupe, über die Straße zu kommen.« Unter diesem Titel hat der Dichter und Schriftsteller Rudolf Otto Wiemer ein ermutigendes Gedicht geschrieben:

»Keine Chance. Sechs Meter Asphalt.
Zwanzig Autos in einer Minute.
Fünf Laster. Ein Schlepper. Ein Pferdefuhrwerk.
Die Bärenraupe weiß nichts von Autos.
Sie weiß nicht, wie breit der Asphalt ist.
Weiß nichts von Fußgängern, Radfahrern, Mopeds.
Die Bärenraupe weiß nur, dass jenseits Grün wächst, herrliches Grün, vermutlich fressbar.
Sie hat Lust auf Grün. Man müsste hinüber.
Geht los ohne Hast. Ohne Furcht. Ohne Taktik.
Fünf Laster. Ein Schlepper. Ein Pferdefuhrwerk.
Geht los und geht und geht und geht und kommt an.«

Die Bärenraupe ist uns ein Gleichnis für Mut und Vertrauen. Sie schaut nicht wie gelähmt auf die widrigen Umstände. Sie glaubt an ihre Chance. Sie kriecht los und kommt an.

Der Glaubende geht, »auch wenn er viel durchstehen muss«. Sein Vertrauen ist größer als die Angst, seine Hoffnung stärker als tausend Gefahren. Wer in Befürchtungen verharrt, tritt auf der Stelle. Der Mutlose produziert Gefahren, um nicht gehen zu müssen. Aber nicht die Gefahren entmutigen ihn, sondern seine Befürchtungen. Wo schauen wir hin, auf Jesus Christus oder auf die Gefahr? Unser Herr gibt uns Mut, darum können auch wir anderen Mut machen.

Und wenn ich ermutigt werde, so geschieht es, damit ihr Mut bekommt, die gleichen Leiden wie ich geduldig zu ertragen.
2. KORINTHER 1,6

Trost und Mut haben die gleiche Bedeutung. Getröstete haben Mut. Mutige sind getröstet.

Das »Lexikon zur Bibel« definiert: »Christlicher Mut ist die getroste Zuversicht, die der Glaubende zu Gott hat, für den es kein Unmöglich gibt.«

Ein Mitarbeiter Billy Grahams schrieb in einem Aufsatz, dass ein schwarzer Pastor eine unvergessliche Predigt gehalten habe, die im Wesentlichen nur aus einer einzigen Zeile bestand: »Es ist Freitag, aber Sonntag wird kommen.« Immer wieder habe der schwarze Pastor diesen einen Satz wiederholt. Woher nahm er diesen Mut? Antwort: Er weiß um Karfreitag, darum weiß er auch um Ostern. Er weiß um Jesu Kreuz, darum weiß er auch um Jesu Auferstehung.

Seine Ermutigung gibt ihm Kraft, andere zu ermutigen. Seine Ermutigung macht ihn vollmächtig, andere zu bevollmächtigen. Es ist Freitag, wir sind kräftemäßig am Ende, aber der Sonntag kommt bestimmt. Es ist Freitag, noch ist Unfreiheit, Diskriminierung, Krieg, aber der Sonntag wird kommen, die Befreiung und Erlösung. Es ist Freitag, Herodes triumphiert, aber der Sonntag wird kommen, und Jesus triumphiert. Es ist Freitag, noch erleben wir die Mühsal der Arbeit, Krankheit, Leiden und Tod, aber der Sonntag wird kommen, wo aller Schweiß abgewischt wird, wo alle Tränen trocknen. Christus ermutigt uns. Darum können wir diesen Mut weitergeben. Wie formulierte es Martin Luther King: »Gott ist auch in der Finsternis der Verzweiflung bei uns. Er gibt uns die Kraft und den Mut, trotz allem vorwärtszugehen.«

Denn du bist meine Zuversicht, Herr, mein Gott,
meine Hoffnung von meiner Jugend an.
PSALM 71,5

Menschen, die aus der Hoffnung leben, sehen weiter. Menschen, die Zuversicht haben, ist der Horizont nicht mit Brettern vernagelt. Menschen, die aus der Hoffnung leben, sehen alles in einem anderen Licht.

Irmela Hofmann hat eine Auslegung über die Hoffnung geschrieben, darin heißt es: »Es lohnt sich, zu fragen: Habe ich Hoffnung? Worauf hoffe ich? ... Ein Freund Solschenizyns, der Dichter Maximow, erzählt von einer Stadt im Bürgerkrieg, in der Hungersnot herrscht. Überall toben Straßenkämpfe. Da erblickt einer der ausgehungerten Kämpfer auf der anderen Seite des Platzes, auf dem er steht, eine zerstörte Metzgerei, und im Schaufenster zeichnen sich die Umrisse eines Schinkens ab. Unter Lebensgefahr arbeitet sich der Mann auf das Geschäft zu. Er muss am Boden entlangkriechen, damit er vom Maschinengewehrfeuer nicht getroffen wird. Endlich ist er am Ziel. Er richtet sich auf und greift nach dem Schinken. Was hält er in der Hand? Eine Attrappe aus Pappmaschee! Dafür hat er sein Leben eingesetzt. Enttäuschte Hoffnungen können schwere Wunden im Herzen eines Menschen hinterlassen.«

Wehe, wenn wir Menschen unsere Hoffnung auf eine Attrappe setzen. Sie sieht gut aus, sie verführt, aber hinter der Fassade ist nichts. Unsere Hoffnung in dieser Welt kennt viele Attrappen: Reichtum, Glück, Gesundheit, Erfolg und Ansehen. Wer von Kind auf die Hoffnung auf den Herrn aller Herren setzt, geht kein Risiko ein. Millionen und Abermillionen sind mit Jesus Christus, der Hoffnung, nicht enttäuscht worden. Haben Sie auch Mut, aus der Hoffnung zu leben. »Christus steht nicht hinter uns als unsere Vergangenheit, sondern vor uns als unsere Hoffnung.«

Der Herr ist mein Licht, er befreit mich und hilft mir; darum habe ich keine Angst. Bei ihm bin ich sicher wie in einer Burg; darum zittere ich vor niemand.
PSALM 27,1

Uns alle kann das Zittern überkommen. Niemand ist vor Enttäuschung, Resignation und Niedergeschlagenheit gefeit.

Martin Luther hat es erlebt. Eines Tages saß er bedrückt und wortlos am Tisch. Den wortgewaltigen Mann hatte es erwischt. Die Widerstände in der Reformation waren gewaltig, die Anfeindungen enorm. Seine depressive Natur spielte ihm einen Streich. Seine Herrin Käthe, wie er sie nannte, sah sich alles eine Zeit lang an, dann verließ sie den Raum und zog sich schwarze Trauerkleider an. Das schreckte den Reformator auf. »Ist jemand gestorben?«, fragte er. Und Herrin Käthe antwortete ihm: »So, wie du ausschaust, ist Gott gestorben.« Das riss den Reformator aus seiner depressiven Stimmung.

Kennen wir auch solche Augenblicke, Stunden und Tage, in denen Gedanken, Welt und Glaube schwarz eingefärbt sind?

Belastende Gedanken, Schwermut und seelische Dunkelheit sind nichts Außergewöhnliches. Auch David kann davon ein Lied singen. Die Feinde bedrängen ihn, und Angst machende Gedanken reißen ihn in die Verzweiflung. Aber Gott bleibt für ihn das Licht. Er lässt sich seelisch und geistig nicht in die Knie zwingen.

Die alten Mönche haben gründlich zwischen Trauer und Traurigkeit unterschieden. Die Trauer erkennt Fehler und Sünden, die Traurigkeit lähmt und zerstört und wird zu den acht Lastern gezählt, die den Menschen quälen.

Ich wünsche uns, dass uns dieses Psalmwort, wenn Gegenwart und Horizont verfinstert sind, wenn kein Lichtschimmer in Sicht ist, aus der Dunkelheit reißt: »Der Herr ist mein Licht, er befreit mich und hilft mir; bei ihm bin ich sicher wie in einer Burg.«

Du sollst den Namen des Herrn, deines Gottes, nicht missbrauchen, denn der Herr wird den nicht ungestraft lassen, der seinen Namen missbraucht.
2. MOSE 20,7

Wie leichtfertig nehmen wir den Namen Gottes in den Mund.

»Herrgott noch mal!«, »Himmelherrgott-Sakrament!«, »Mein Gott, stellst du dich wieder dumm an!« Das ist ein beliebtes Sortiment aus dem reichhaltigen Köcher menschlicher Flüche. Es stimmt: Wer Gott nicht ernst nimmt, achtet auch seinen Namen nicht.

Andreas Ebert hat eine Liste von Namen, Bildern und Begriffen zusammengestellt, die Gott charakterisieren: »Das All – der Allgegenwärtige – der Allmächtige – der Allwissende – der Barmherzige – der Dreifaltige – das Du – der Eine und Einzige – der Erhabene – der Erlöser – der Fels – das Feuer – die Freude – der Freund – der Friede – der Ganzandere – der Geliebte – der Gerechte – die Gerechtigkeit – der Gnädige – das Gute – der Gute – die Güte – der Heiland – das Heilige – der Heilige – der Herr – der Hirte – das höchste Prinzip – das höchste Wesen – Jahwe – Jehova – der König – die Kraft – das Lamm – das Leben – das Licht – die Liebe – der Löwe – der Mitleidende – die Mutter – der Namenlose – die Natur – der Ohnmächtige – die Quelle – der Retter – der Richter – das Schicksal – der Schöne – die Schönheit – der Schöpfer – der Schreckliche – der Schweigende – der Seinsgrund – der Unveränderliche – der Ursprung – der Vater – der Verborgene – die Vorsehung – die Wahrheit – die Weisheit – das Ziel.«

Gottes Name ist kein Allerweltsname. Darum ruft der lebendige Gott in seinem Gebot die Menschen auf, mit seinem Namen kein Schindluder zu treiben. Was wird in seinem Namen nicht alles praktiziert! In seinem Namen wird besprochen, bepustet und gezaubert. Sein Name und damit seine Kraft werden für edelste und schmutzigste Geschäfte missbraucht. Ausdrücklich sagt der Herr: Er wird den nicht ungestraft lassen, der seinen Namen missbraucht. Ein unmissverständlicher Hinweis.

Herr, erst wollte ich meine Schuld verschweigen, doch davon wurde ich so krank, dass ich von früh bis spät nur stöhnen konnte. Ich spürte deine Hand bei Tag und Nacht, sie drückte mich zu Boden.
PSALM 32,3–4

In poetischer Sprache drückt David die wunderbare Verbindung zwischen Leib, Geist und Seele aus. Wir trennen künstlich, und doch sind die drei menschlichen Dimensionen eins. Die neuesten Forschungsergebnisse über den Menschen drücken das so aus: »Die Psychoneuroimmunologie wie auch die Psychosomatiker wollen die Trennung aufgeben und eine Einheit aus Organismus und Umwelt bilden. Der Begriff ›Integrative Medizin‹ soll genau diesen Prozess beschreiben ... Allein die Unterscheidung zwischen psychischen, somatischen und psychosomatischen Krankheiten ist damit nicht sinnvoll. Da die Psyche (Seele) nicht irgendwo außerhalb des Körpers stattfindet, sondern unweigerlich ein Teil davon ist, sind psychische Erkrankungen auch somatische und körperliche Beschwerden ebenso psychisch ... Für die These von Gesundheit und Krankheit muss somit gelten, dass immer mindestens drei Faktoren zusammenspielen müssen: 1. Ein biologischer Faktor (zum Beispiel eine ererbte Veranlagung oder ein Krankheitserreger); 2. ein psychologischer Faktor (zum Beispiel Schicksalsschläge, Stress oder unverarbeitete Persönlichkeitskonflikte); 3. ein sozialer Faktor (zum Beispiel die sozialen Beziehungen zum Partner oder Vorgesetzten). Krankheiten entstehen nach diesem Modell in einem biopsychosozialen Kontext.«

In diesem Sinn hat David einen »Persönlichkeitskonflikt«. Er wollte seine Schuld verschweigen. Aber er spricht mit seinem Körper. Er spürt, dass Gott seine Organe reden lässt. Die Organe schreien, weil er sein Unrecht nicht bekennen will. Vielleicht erkennen wir erst an verschiedenen Körpersymptomen, dass wir Unrecht getan haben, dass wir dem lebendigen Gott und seinen Geboten ausgewichen sind.

Fürchtet euch vielmehr vor dem, der Leib und Seele verderben kann in die Hölle.
MATTHÄUS 10,28

Wir gehören unserem Herrn mit Leib und Seele. Er kann nicht nur unsere Seele vernichten oder retten, sondern immer den ganzen Menschen.

In einer Zeitschrift las ich eine Geschichte: »Es war einmal ein Gaukler, der tanzend und springend von Ort zu Ort zog, bis er des unsteten Lebens müde war. Da gab er seine Habe hin und trat in ein Kloster ein. Aber weil er sein Leben bis dahin mit Springen, Tanzen und Radschlagen zugebracht hatte, war ihm das Leben der Mönche fremd, und er wusste weder ein Gebet zu sprechen noch einen Psalm zu singen. So ging er stumm umher, und wenn er sah, wie jedermann des Gebetes kundig schien, aus frommen Büchern las und im Gottesdienst sang, stand er beschämt dabei. In seinem Gram flüchtete er eines Tages, als die Glocken zum Gebet riefen, in eine abgelegene Kapelle. ›Wenn ich schon nicht mitbeten kann im Konvent der Mönche‹, sagte er vor sich hin, ›so will ich doch tun, was ich kann.‹ Nun tanzte er für seinen Gott. Und wie er tanzte! Sein Leib schien wie verzaubert. Der weise Abt, der seinen Tanz im Geheimen beobachtet hatte, sagte: ›In deinem Tanze hast du Gott mit Leib und Seele geehrt. Uns aber möge er alle wohlfeilen Worte verzeihen, die über die Lippen kommen, ohne dass unser Herz sie sendet.‹«

Der tanzende Gaukler hat Gott mit seinen Gaben und Fähigkeiten geehrt. Wie ist das mit uns: Ist der Leib ein überflüssiges Instrument unseres Allerheiligsten? Ist der Leib nur ein Vehikel für die kostbare Seele? Unser Herr nimmt teil an Leiden, an Leib und Seele. Wir gehören Ihm ungeteilt.

29. JULI

Ihr seid teuer erkauft; darum preist Gott mit eurem Leibe.
1. KORINTHER 6,20

Die Bibel kennt keinen Dualismus von Leib und Seele. Beides gehört zusammen, denn körperliche Krankheiten werden stets auch als Störungen der Seele verstanden.

Ein Mönch unserer Tage hat treffend den Leib und seine Aufgaben beschrieben: »Dem Menschen ist nicht nur ein Leib gegeben, den er zur Verfügung hat. Jeder Mensch ist ganz und gar wesentlich sein Leib ... Ich bin mein Leib; wie ich nicht eine Krankheit habe, sondern das Bedürfnis – und Erlebnis bin. Der Leib hat eine sehr hilfreiche Eigenschaft. Er vermag viel weniger als unser Denken und Sprechen zu lügen, das heißt, er reagiert unmittelbar, ohne Absichten, die von außen gesteuert werden. Wenn ich bei bestimmten Anlässen rot werde, wenn ein Schweißausbruch mich befällt, ohne vorhergegangene körperliche Anstrengung, wenn mein Mienenspiel freundlich, meine Hand zur Faust geballt ist, wenn ich von Zuneigung spreche, dabei aber immer mehr mit dem Leib zurückweiche, dann verrät der Leib die tiefere Wahrheit meiner selbst.«

Unser Leib verrät mehr, als wir glauben. Er verrät unser Denken und Meinen. Er verrät, was wir sind. Preist Gott mit Leib und Seele, mit eurer gesamten Existenz! Denn wir sind nicht als leiblose Wesen erkauft.

Dank ist die Opfergabe, mit der man mich ehrt;
und wer mir gehorcht, der erfährt meine Hilfe.
PSALM 50,23

Fast nicht vorstellbar: Die Psychologie entdeckt die Dankbarkeit. Ein bedeutender amerikanischer Psychologe und Therapeut, Martin Seligman, zählt sie zu den »signature strengths«, also zu den Basistugenden einer gesunden Persönlichkeit. Und der Chefredakteur der Zeitschrift »Psychologie heute« erwähnt eine angelsächsische Lebensweisheit: »Zähl die Segnungen, die du erfahren hast: Dieser pragmatischen Maxime entspricht eine neue Bewegung, die in den letzten zwei Jahrzehnten entstanden ist und die in Psychologie und Psychotherapie immer mehr Boden gewinnt. Sie fragt: Was macht das Leben erträglich und lebenswert, worauf lässt sich aufbauen? In einer Studie mussten Studenten zehn Wochen lang ein Tagebuch führen und ihr emotionales Empfinden, körperliche Beschwerden, ihr Gesundheitsverhalten, Kopfschmerzen und Erkältungen zu Papier bringen. Das Ergebnis: Die ›Dankbaren‹ waren insgesamt zufriedener mit ihrem Leben und blickten hoffnungsvoller in die kommende Woche als die Teilnehmer aus den beiden anderen Gruppen. Sie litten weniger unter Beschwerden als die ›Gestressten‹.«

Die Psychologin Ursula Nuber beschäftigte sich mit der gleichen Forschungsarbeit. Sie sagt, dass Dankbare ein größeres prosoziales Verhalten aufweisen, seltener unter depressiven Verstimmungen leiden, weniger Wert auf materielle Güter legen und weniger neidisch, aber freundschaftsfähiger als die Vergleichsgruppen sind.

Dank ist die Opfergabe, mit der wir Gott ehren. Wer ihm gehorcht, der erfährt seine Hilfe. Dankbare Menschen sind wie fruchtbare Felder: Sie geben das Empfangene zehnfach zurück.

Eines Tages brachte man Kinder zu Jesus, damit er sie segnete und für sie betete. Aber die Jünger wollten sie wegschicken. Doch Jesus sagte: »Lasst die Kinder zu mir kommen und haltet sie nicht zurück, denn für Menschen wie sie ist Gottes neue Welt bestimmt.« Er legte ihnen die Hände auf und segnete sie.
MATTHÄUS 19,13–15

Kinder sind besonders für Gottes Wort zugänglich. Je früher sie mit Gott und seinem Wort konfrontiert werden, desto eher fallen Entscheidungen für ihn. Eine Statistik zeigt, in welchem Alter Menschen zum Glauben kommen:

86 % im Alter bis 14 Jahren, 10 % im Alter zwischen 14 und 35 Jahren und 4 % im Alter über 35 Jahren.

Und eine Umfrage im Jahre 1999 bei den Chrischona-Gemeinden in der Schweiz ergab, dass der Zeitpunkt der persönlichen Entscheidung im Durchschnitt bei 12 Jahren liegt.

Ganz zweifellos spielen gläubige Elternhäuser eine große Rolle dafür, dass neu Bekehrte zu den Gemeinden stoßen. Das Vorbild der Eltern macht Kindern Mut, Glaubensgrundsätze und Werte zu übernehmen. Ich selbst habe entscheidende Impulse für mein Leben im Hause von Pfarrer Johannes Busch, dem damaligen Bundeswart des westdeutschen Jungmännerbundes, erfahren. Er war allerdings der Meinung, dass in erster Linie »junge Männer« für das Evangelium gewonnen werden sollten. Er sah in dieser Alterssparte den Kern evangelistischer Arbeit.

Jesus wusste schon damals, wie wichtig Kinder sind, wie nötig es ist, sie mit der Botschaft und mit der Herrschaft Gottes bekannt zu machen. Daher machte er seine Jünger und alle Erwachsenen darauf aufmerksam, dass sie Kinder auf dem Weg zu Jesus nicht behindern dürfen.

Plappert nicht vor euch hin, wenn ihr betet, wie es die Menschen tun, die Gott nicht kennen. Sie glauben, dass ihre Gebete erhört werden, wenn sie die Worte nur oft genug wiederholen.
MATTHÄUS 6,7

Beten heißt auch Schweigen.
Beten heißt auch still werden und hören.
Beten heißt auch die leise Stimme Gottes wahrnehmen, der uns antworten will.

Mahatma Gandhi, der große, weise indische Lehrer, der durch seinen gewaltlosen Widerstand gegen die britischen Kolonialherren international bekannt wurde, besuchte eines Tages ein Trappistenkloster in Südafrika. Gandhi war ein Wahrheitssucher, und er hatte erkannt, dass er die Wahrheit und die Antwort auf Fragen und Probleme des Alltags nur im Schweigen und im Stillewerden finden konnte. Die Mönche im Trappistenkloster hatten ein Schweigegelübde abgelegt. Gandhi fragte den Abt des Klosters nach den Motiven des Schweigens. Der Abt antwortete, dass der Grund für das Redeverbot auf der Hand läge. Die Menschen seien nämlich schwach und wüssten oft nicht, was sie sagten. »Wenn wir auf die sanfte, leise Stimme hören wollen, die in uns spricht, dann werden wir sie nur verstehen können, wenn wir selbst nicht ständig reden.«

Dort, in diesem Kloster, begriff Gandhi das Geheimnis des Schweigens.

Beten ist mehr – das macht uns auch Martin Luther deutlich –, »als einen Sack voll Worte vor Gott ausschütten!« Wer nur redet, lässt Gott nicht zu Wort kommen.

Wenn wir im Gebet stille werden, gibt Gott uns Antwort auf viele Fragen und Probleme unseres Lebens. Denn das Gebet ist auch das Gespräch Gottes mit unserem Herzen.

Gott wende ich mich zu, darum bin ich ruhig;
von ihm allein erwarte ich Hilfe.
PSALM 62,2

Wie werden wir innerlich und äußerlich ruhig?

Das Ruhebedürfnis der Menschen ist riesengroß. Darum bieten viele Klöster und Freizeitzentren »Wochen der Stille«, »Tage der Besinnung« oder »Schweigetage« für Manager und überlastete Frauen und Männer an.

Der dänische Theologe und Philosoph Sören Kierkegaard schrieb das Wort: »Der heutige Zustand der Welt, das ganze Leben ist krank. Wenn ich Arzt wäre und man mich fragte, was rätst du?, ich würde antworten: Schaffe Schweigen! Bringe die Menschen zum Schweigen. Gottes Wort kann so nicht gehört werden … darum schaffe Schweigen.«

Einfach nur zu schweigen bringt natürlich noch keine Ruhe. Die Gedanken überschlagen sich. Die Probleme kriechen aus allen Falten des Lebens. Der Psalmbeter hat recht: Wir werden erst ruhig, wenn wir uns Gott zuwenden. Wie sagte der Theologe Eberhard Jüngel: »Gibst du der Stille vor Gott den kleinen Finger, nimmt sie die ganze Hand und löst die Faust.« Ein kluges Wort.

Stille vor Gott löst deine Verkrampfung.
Stille vor Gott löst deine Verspannung.
Stille vor Gott löst deinen Ärger und Zorn.
Stille vor Gott löst deine Faust, deine aggressive Gesinnung.

Sie müssen nicht kämpfen und die Faust ballen. Sie müssen dem anderen keine Angst einjagen. Wenn Sie stille vor Gott werden, fallen Mobbing, Konkurrenzkampf und der Stress fördernde Wettbewerb von Ihnen ab. In der Stille vor Gott erfahren Sie innere und äußere Ruhe. Sie können alle Probleme loslassen. Sie kommen wieder mit sich in Einklang. Er schenkt Ihnen Hilfe, wie Sie mit ihm am besten Zeitprobleme, Arbeitsprobleme und Beziehungsprobleme lösen können.

»Kommt, wir suchen einen ruhigen Platz«, sagte Jesus, »wo ihr allein sein und ein wenig ausruhen könnt.« Denn es war ein ständiges Kommen und Gehen, sodass sie nicht einmal Zeit zum Essen hatten.

MARKUS 6,31

Heraus aus der Unruhe!

Man sollte es nicht für möglich halten, selbst zu Jesu Zeiten standen die Jünger unter Stress. Jesus greift liebevoll ein und bringt seine Mitarbeiter zur Ruhe.

Unruhe ist eine Zivilisationskrankheit. Schon Friedrich Nietzsche, der provozierende Philosoph, schrieb: »Die moderne Unruhe – nach dem Westen zu wird die moderne Bewegtheit immer größer, sodass den Amerikanern die Bewohner Europas insgesamt sich als ruheliebende und genießende Wesen darstellen, während diese doch selbst wie Bienen und Wespen durcheinander fliegen. Aus Mangel an Ruhe läuft unsere Zivilisation in eine neue Barbarei aus.«

Nietzsche ist längst tot, und die Unruhe hat rapide auf das »ruheliebende« Europa übergegriffen. Auch der »eilige Vater«, wie der Papst Johannes Paul II. liebevoll von seinen Verehrern genannt wurde, hatte seine Vorstellung von Ruhe und Beschaulichkeit. Als der alte Mann gefragt wurde, warum er als Schwerkranker noch so viel arbeite und durch die Welt reise, antwortete er augenzwinkernd: »Ich werde eine Ewigkeit Zeit haben, um mich auszuruhen!«

Das ist eine wahre Botschaft, aber für die Getriebenen und Ruhelosen unserer Zeit kein Vorbild. Wir können nur beten, dass der Herr uns bremst, dass er unser Herzjagen lindert, uns ruhig macht und immer wieder – wie die Jünger – entspannen lässt.

Thomas antwortete und sprach zu ihm: mein Herr und mein Gott.
JOHANNES 20,28

Wir Christen müssen Erfahrungen machen.

Alfred Adler legte großen Wert auf das Machen. Erfahrungen muss man machen, wie man einen Pudding macht oder wie man einen Fehler macht. Erst im Handeln machen wir Erfahrungen.

Thomas ist in die Kirchengeschichte als der große Zweifler eingegangen. Jesus war auferstanden, aber Thomas glaubte es nicht. Er wollte handfest überzeugt werden. Und Jesus gab ihm eine Privataudienz. Thomas durfte seine Finger in die Wunde legen, die Jesus am Kreuz erlitten hatte.

Ein chinesisches Wort kommentiert die Erfahrung so: »Es gibt drei Wege zu richtigem Handeln:

der erste – durch Nachahmung, das ist der einfachste;
der zweite – durch Erkenntnis, das ist der edelste;
der dritte – durch Erfahrung, das ist der bitterste.«

In einer freikirchlichen Zeitschrift war ein sogenannter Gemeindezug abgebildet: Vorn eine Lokomotive mit der Aufschrift »Jesus«, der erste Wagen mit der Aufschrift »Bibel«, der zweite Wagen mit der Aufschrift »Verstand«, der dritte Wagen mit der Aufschrift »Erfahrung« und der vierte Wagen mit der Aufschrift »Tradition«. Wörtlich heißt es in dem Text: »Die Kraft Gottes kann den Gemeindezug nur bewegen, wenn alle Wagen die gleiche Spurweite haben. Die Spurweite der Lokomotive ... Wenn einzelne Wagen sich eine zu große Bedeutung beimessen, besteht die Gefahr des Biblizismus, des Rationalismus, des Narzissmus oder des Traditionalismus.«

Wer z. B. die persönliche Erfahrung überschätzt, landet im »Narzissmus«. Narzissmus heißt die Selbstbespiegelung eines Menschen, Verliebtheit in das eigene Bild. Nicht Jesus steht im Mittelpunkt, sondern der Mensch. Thomas hat eine umwerfende Erfahrung gemacht. Sie wird ganz sicher sein weiteres Leben bestimmt haben. Haben wir die Erfahrung auch gemacht und können sagen: »Mein Herr und mein Gott«?

Spricht Jesus zu ihm: Weil du mich gesehen hast, Thomas, so glaubst du. Selig sind, die nicht sehen und doch glauben.
JOHANNES 20,29

Wissenschaftliche Beweise spielen in der Forschung – ja überhaupt bei uns Menschen – eine große Rolle. Wir wollen Fakten und keine Vermutungen, wir wollen Tatsachen und keine Hypothesen.

Der Dichter und Schriftsteller Lothar Zenetti schildert ein überzeugendes Beispiel, das verdeutlicht, welche Rolle das Vertrauen spielt.

Fünfzig Urlauber aus Flensburg sind angereist, um den Großglockner zu sehen. Sie wollen sich von der Erhabenheit des Berges beeindrucken lassen. Aber sie haben Pech, der Berg ist im Nebel und in undurchdringlichen Wolken verschwunden. Unter anderem treffen sie zwei Damen aus Holland, die schon seit drei Wochen darauf warten, dass sich der Berg in seiner Schönheit zeigt. Zenetti folgert, dass niemand von den Besuchern an dem Berg zweifelt. Keiner sieht sich genötigt, den Bus zu besteigen und abzufahren. Ohne Ausnahme sind alle überzeugt: »Der Berg ist da. Der Berg ist keine Utopie, kein Fantasieprodukt.« Spöttisch erzählt Zenetti, dass ein Herr Koch gleich fünf Ansichtskarten verschickt, um den Empfängern seine unvergesslichen Eindrücke vom Berg mitzuteilen. Er hat zwar nichts gesehen, aber an dem großen Berg zweifelt er nicht. Warum nicht? »Er vertraut dem Österreichischen Alpenverein«, schreibt Zenetti.

Thomas war da etwas skeptischer. Er glaubte erst, als er seine Finger in die verwundete Seite und in die durchbohrten Hände Jesu legen konnte.

Jesus mutet uns zu: »Selig sind, die nicht sehen und doch glauben.« Wir vertrauen seinem Wort und den vielen Zeugen, die dem Auferstandenen begegnet sind.

Geduld aber bringt Erfahrung; Erfahrung aber bringt Hoffnung.
RÖMER 5,4

Erfahrungen spielen im christlichen Leben und Glauben eine entscheidende Rolle. Andere Übersetzungen lauten: »Geduld aber bringt Bewährung.« Das griechische Wort für Erfahrung, Bewährung wird im Zusammenhang mit der Prüfung von Metallen auf ihre Echtheit gebraucht, nachdem sie im Feuer geläutert wurden. Erfahrung oder Bewährung meint: Der Christ hat in der Feuerprobe eine unauslöschliche Erfahrung gemacht, Gott ist da. Gott spricht, die Erfahrung ist unumstößlich. Und sie wird begleitet von einer grenzenlosen Hoffnung. Das Zeitwort »erfahren« wird in der Bibel im Sinne von etwas bewirken, hören, Einsicht gewinnen, durch Nachdenken erkennen gebraucht. Christen, die Geduld praktizieren, machen Erfahrungen mit Gott.

Unter der Überschrift: »Wie wird man Christ, Herr Bischof?« beschreibt der ehemalige Bischof Ulrich Wilkens eine wichtige Erfahrung aus seinem Leben: »Ich bin aufgewachsen nahezu ohne Berührung mit Gottesdienst und häuslicher Frömmigkeit. Mit 16 Jahren wurde ich am Ende des Krieges noch Soldat. Eine Klassenkameradin gab mir ein kleines Neues Testament mit. Das schlug ich auf, als ich in einem Erdloch die feindlichen Panzer erwartete. Ich hatte große Angst. Da las ich im Johannesevangelium die Abschiedsreden Jesu. Und als ich zu dem letzten Wort an seine Jünger kam: ›In der Welt habt ihr Angst; aber seid getrost, ich habe die Welt überwunden‹ (16,33), da hörte ich dies auf einmal so unmittelbar in mein Herz gesprochen mit einer Autorität, wie ich sie zuvor niemals kennengelernt, und mit einer Liebe, wie ich sie vormals nie erfahren hatte, dass ich wusste, dies ist Gottes Stimme. Ich wurde getrost, ja tief glücklich inmitten aller Angst. Und hernach wusste ich: Diese Stunde hat mein Leben zuinnerst verändert; ich habe angefangen, als Christ zu leben. Ich habe die Bibel lieben gelernt. Die Erfahrung, dass in dem, was Menschen geschrieben haben, Gott selbst spricht und sich uns vernehmbar macht, macht mir dieses Buch so wertvoll wie kein anderes.«

Er hat euch aus der Dunkelheit in sein wundervolles Licht gerufen, damit ihr seine machtvollen Taten verkündet.
1. PETRUS 2,9

Aus der Dunkelheit ins Licht, das ist das Leben der Christen.

Es ist auch der Weg des Samens. Einige Tausend Grundschulklassen aus den Niederlanden und aus Deutschland beteiligten sich an einem spannenden Experiment. Die Frage lautete: »Woher wissen die Wurzeln und Keime in der Erde, wo oben und unten ist? Warum wächst die Pflanze nach oben, und die Wurzeln wachsen nach unten?« Zeitgleich mit diesem Experiment säte der Astronaut André Kuipers in der ISS – der Internationalen Raumstation im Weltall – Rucolasamen aus. Rucola ist eine Art Salat. André Kuipers verwendete dazu ein kleines Gewächshaus in Form einer Rakete. Und in genau solch einem Raketen-Gewächshaus ließen auch die Schüler ihre Samen keimen und wachsen. Ein Teil der Samen wuchs ohne Licht, ein Teil mit Licht.

Jeden Tag wurden die Pflanzen beobachtet. Ergebnis: Die Pflanzen im Weltall, die ohne Licht waren, wuchsen kreuz und quer. Alle Pflanzen, die Licht hatten, wuchsen zum Licht hin. Auch die Pflanzen, die auf der Erde ohne Licht aus dem Boden kamen, wuchsen gerade nach oben. Dieses Experiment machte klar: Pflanzen wachsen zum Licht.

Auch der Mensch wird aus der Dunkelheit, aus der Sünde, aus Bedrückung und Traurigkeit ins Licht gerufen. Christus bezeichnet sich selbst als »das Licht der Welt«.

Auch wir sind dazu berufen, »Licht der Welt zu sein«. Wer an das Licht der Welt glaubt, wird selbst ein Lichtträger.

Licht ist ein Geschenk. Wir wachsen, wie der Samen in der Erde, dem Licht entgegen. Wenn wir ihm gehören, sind wir der Abglanz seines Lichts.

8. AUGUST

Wenn ihr einander liebt, werden alle erkennen, dass ihr meine Jünger seid.
JOHANNES 13,35

Es geht heute um fünf Buchstaben, um das Wort Liebe.

Kennen Sie den schönen Witz: Adam und Eva lustwandeln im Paradies. »Liebst du mich?«, fragt Adam zärtlich. Antwortet Eva mürrisch: »Wen denn sonst?«

Der russische Dichter und Schriftsteller Leo Tolstoi schrieb den eindrücklichen Satz: »Man kann ohne Liebe Holz hacken, Ziegel formen, Eisen schmieden. Aber man kann nicht ohne Liebe mit Menschen umgehen.«

In der Tat, so ist es. Liebe ist der Maßstab für einen vertrauensvollen, treuen, hingebungsvollen und zugewandten Umgang miteinander.

Liebe ist ein freies Geschenk und fordert keine Gegenliebe. Sie setzt nicht unter Leistungsdruck.

Liebe ist freiwillig. Sie geschieht ohne Pflichterfüllung und ohne das Pochen auf Gehorsam.

Diese Liebe demütigt nicht.

Die Sterbeforscherin Dr. Elisabeth Kübler-Ross schrieb über die Liebe: »Noch nie bin ich einem Menschen begegnet, dessen größtes Bedürfnis etwas anderes gewesen wäre als echte, bedingungslose Liebe. Sie kann sich zeigen in einer freundlichen Geste gegenüber jemandem, der Hilfe braucht. Liebe ist unverwechselbar. Man spürt sie im Herzen. Sie ist der gemeinsame Faden, der sich durch unser Leben zieht, die Flamme, die unsere Seele wärmt, unseren Geist entfacht und unser Dasein mit Leidenschaft erfüllt. Sie ist das, was uns mit Gott und mit unseren Mitmenschen verbindet.«

Wenn wir seine Jünger sind, sind auch wir zu einer solchen Liebe fähig. Gott ist Liebe, und nur wer in ihm bleibt, kann diese Liebe realisieren.

Was erkennt man an unserer Liebe?

So sollen auch die Männer ihre Frauen lieben wie ihren eigenen Leib. Wer seine Frau liebt, der liebt sich selbst.
EPHESER 5,28

Die Liebe in der Ehe spielt eine große Rolle. Wer sie besitzt, besitzt ein unermessliches Vermögen.

Ein Evangelist schrieb über die Liebe in der Ehe: »Das ist das Geheimnis einer glücklichen Ehe: Sie ist kein Unternehmen auf der Basis 50 zu 50. Bei einem Halbe-Halbe-Geschäft bringt niemand etwas ein. Das Geheimnis einer glücklichen Ehe liegt vielmehr in dem Verhältnis 60 zu 40. Der Mann setzt 60 Prozent der Zeit ein und erwartet von seiner Frau 40 Prozent. Die Frau setzt 60 Prozent der Zeit ein und erwartet von ihrem Mann 40 Prozent. Bei einem 60 zu 40 Unternehmen trifft man nicht in der Mitte zusammen und sagt: ›Jetzt bist du an der Reihe‹, sondern man kreuzt und überschneidet sich, weil jeder 60 Prozent gibt.«

Der Kabarettist Hanns Dieter Hüsch sagt über die Ehe: »Es ist das größte Kunstwerk, dass zwei Menschen, die sich einmal überhaupt nicht gekannt haben, den Versuch machen, miteinander alt zu werden.«

Jahrzehntelanges Zusammenleben ist ein Kunstwerk. Und das »60-zu-40-Unternehmen« ist in der Tat das Geheimnis einer glücklichen Ehe. Diese Liebe haben wir nicht in uns selbst. Diese Liebe können wir nicht wie einen Pudding produzieren. Diese Liebe ist ein Geschenk. Mann und Frau sind »ein Fleisch«, eine »neue Eheperson«. Dann hat Paulus recht, wer seine Frau liebt, die das andere Gegenstück seiner »Eheperson« darstellt, der liebt sich selbst. Und was er ihr antut, das tut er sich an. Was er ihr schenkt, das schenkt er sich. Ein kluges Wort des unverheirateten Paulus.

Der Mann leiste der Frau die schuldige Pflicht, desgleichen die Frau dem Manne.
1. KORINTHER 7,3

In der Geschichte der Kirche haben die »ehelichen Pflichten« eine besondere Rolle gespielt.

Eine Zeitschrift griff das Thema auf und schrieb: »Gibt es ein Recht auf Geschlechtsverkehr in der Ehe? Mann und Frau haben den Geschlechtsverkehr nicht ›teilnahmslos oder widerwillig‹, sondern ›in Zuneigung und Opferbereitschaft‹ zu vollziehen. So urteilte im Jahre 1967 der Bundesgerichtshof in Karlsruhe. Die eheliche Lebensgemeinschaft umfasst auch heute noch die Verpflichtung zum Beischlaf – jedenfalls nach BGH IV 2 R 239,65. Doch wenn der Ehepartner nicht mehr will, kann sich der Verschmähte den Gang vor den Kadi sparen: Deutsche Gerichte lassen keine Klagen mehr zu, die das Recht auf Sex in der Ehe zum Gegenstand haben. Grund: Das Thema ist zu privat und zu peinlich, um Urteile zu fällen.

Paulus sagt klare Worte für Eheleute: Der Geschlechtsverkehr gehört dazu. Wer sich entzieht, bricht die Ehe. Wer heiratet und den Geschlechtsverkehr nicht will, betrügt seinen Partner. Wer zur Ehe ja sagt, sagt ja zum Geschlechtsverkehr. Wer Schwierigkeiten hat, braucht professionelle Hilfe. Die gedanklichen und praktizierten Sünden, die sich daraus ergeben, dass einer sich sexuell verweigert, sind groß. Auch Fantasiesünden sind schuldhaftes Verhalten. Christliche Eheleute sollten die Forderung des Paulus nicht bagatellisieren!

Du sollst nicht ehebrechen.
2. MOSE 20,14

In vielen Ehegesprächen, Ehekonflikten und Scheidungsauseinandersetzungen geht es um Ehebruch. Ehebruch bedeutet sexuelle und seelische Untreue und einen gewaltigen Vertrauensbruch. Jemand teilt nicht nur den Körper mit dem anderen, sondern auch sein Herz, seine Gedanken, seine Gefühle.

Viele Ehepartner, Männer und Frauen, tun sich als Christen schwer, den Ehebruch zu vergeben. Sie fühlen sich zutiefst gekränkt, in ihrer Ehre verletzt, gedemütigt, verlassen und betrogen. Menschlich ist das gut zu verstehen.

Jay E. Adams schreibt: »Manchmal gewinnt man den Eindruck, als seien heutzutage Ehebruch und Scheidung auf der Liste der Sünden, die vergeben werden können, vergessen worden, selbst wenn Gott sie vergab. Dies ist ein tragischer Fehler. Im Stammbaum Jesu sehen wir, dass Rahab eine Hure, eine Ehebrecherin, war und so in die Linie des Messias trat. David und Bathseba begingen eindeutig Ehebruch, ganz zu schweigen von Davids Mord, und Jesus wird doch ›Sohn Davids‹ genannt. War die Vereinigung von David und Bathseba, aus der nach Generationen Jesus hervorging, Ehebruch? Oder war die Beziehung durch die Vergebung Gottes geheiligt? Wir sollten nicht frommer sein wollen als Paulus oder Gott. Wer von uns hat nicht gesündigt? Wer war in seinem Herzen nicht schon ein Ehebrecher und Mörder? Wer will den ersten Stein werfen? Sind wir in Gottes Augen besser als Rahab, David oder Bathseba, nur weil wir keinen äußeren Ehebruch begangen oder nicht jemanden geheiratet haben, der sich aus unbiblischen Gründen von seinem Ehepartner scheiden ließ und dadurch Ehebruch beging?«

Ehebruch ist vergebbar und heilbar. Beide Partner müssen ehrlich wollen. Beide Partner müssen einen Neuanfang anstreben. Beide Partner müssen sich im Namen Jesu die Vergebung zusprechen; beide Partner brauchen Geduld, bis die Wunden geheilt sind. Auch die Vergebung im Namen Jesu braucht Heilungszeit.

12. AUGUST

Denn aus dem Herzen kommen arge Gedanken, Mord, Ehebruch, Unzucht ...
MATTHÄUS 15,19

Ehebruch ist ein Faktor, der Partnerschaften zerbrechen lässt.

Der Theologe und Journalist Dr. E. Uwe Simon-Netto schreibt über den Ehebruch: »Das musste ja kommen, nach den vielen pastoralen Persilscheinen für gleichgeschlechtliche Liebe jetzt ein Ablass für den Ehebruch. Da beglückt uns der anglikanische Bischof Richard Holloway (Edinburgh) mit der Kunde, dass des Menschen Neigung zur ehelichen Untreue auf einem Gottesgeschenk beruhe: ›Gott hat uns das Gen der Promiskuität gegeben. Ich denke, es ist falsch, wenn die Kirche Menschen verdammt, die ihren Instinkten folgen.‹ Nun teile ich ja bis zu einem gewissen Punkt seine Ansicht, dass die Kirche niemanden verdammen darf, denn wir sind alle Sünder. Wenn sich jeder, der seinem Partner untreu wird – sei es im Kopf, im Fleisch, mit dem Auge oder anders –, ein Auge herausrisse, hätte die Partei der Einäugigen die Mehrheit im Bundestag. Das Oberhaupt der schottischen Anglikaner hat die breite Masse im Visier. Weite Teile des Leibes Christi stehen mittlerweile unter dem Einfluss theologischer Schimpansen, die alles nachaffen, was interessant klingt. Und interessant klingt es schon, wenn ein Bischof sagt, die Kirche möge bitte eine Sünde nicht mehr Sünde nennen; Ehebruch sei ›nicht sündhaft‹.«

Ehebruch ist eine gefährliche Ehestörung. Hier wird deutlich, was Dr. Bovet einleuchtend formuliert hat: »Ehebruch setzt immer eine brüchige Stelle in der Ehe voraus.« Ehebruch ist kein Kavaliersdelikt und kein harmloser Seitensprung. Nicht aus dem »Gen der Promiskuität« erwächst der Ehebruch. Auch von Instinkten, denen wir hilflos gehorchen müssen, kann keine Rede sein. Jesus ist ganz anderer Meinung. Aus dem Herzen, aus dem Zentrum unserer Persönlichkeit kommen die Begierden und sündhaften Vorstellungen. Wir brauchen ein erneuertes Herz, das uns Jesus schenken kann, wenn die Mördergrube Herz ein anderes Innenleben bekommen soll.

Sondern in allen Dingen erweisen wir uns als Diener Gottes: in großer Geduld, in Trübsal, in Nöten, in Ängsten.
2. KORINTHER 6,4

Angst gehört zu unserem Leben wie die Luft zum Atmen. Der dänische Philosoph Sören Kierkegaard schrieb in seinem Buch »Der Begriff der Angst«: »In den Grimmschen Märchen wird von einem Jungen erzählt, der auf Abenteuer ausging und das Gruseln, um die Angst zu lernen. Wir lassen jenen Abenteurer des Weges ziehen – ohne zu sagen, ob er etwas fand, was Angst einzuflößen vermag. Das ist ein Abenteuer, das jeder zu bestehen hat; dass er lerne, sich zu ängstigen; denn sonst geht er zugrunde, dadurch, dass ihm nie Angst war, oder dadurch, dass er in der Angst versinkt; wer hingegen gelernt hat, sich recht zu ängstigen, der hat das Höchste gelernt.«

Was aber ist diese letzte Angst, die das Höchste bedeutet? Es ist die Angst des Sünders vor dem gerechten, heiligen, zornigen Gott, der sein Richter ist. In Angst und Nöten müssen wir uns bewähren. Wir müssen lernen, uns zu ängstigen. Wir müssen lernen, mit der Angst fertig zu werden. Wer gelernt hat, sich recht zu ängstigen, hat das Höchste gelernt. Er erweist sich als Mitarbeiter Gottes, wie Paulus sagt. Und wie wurde Paulus mit den Ängsten fertig? »... durch die Kraft, die von Gott kommt.« Wir müssen nicht todesmutig die Angst besiegen wie Siegfried den Drachen. Jeder von uns kann mit der Angst fertig werden – in der Kraft, die von Gott kommt. Mit ihm gehen wir in alle Schwierigkeiten und Gefahren hinein. Angst gehört zu unserem Leben. Nicht immer können wir sie mit einem Gebet zerstreuen. Entscheidend ist, dass wir den Ängsten nicht ausweichen, sondern mit Ihm den Angst machenden Situationen begegnen.

Und es trat zu ihnen ein Schriftgelehrter, der sprach zu ihnen: »Meister, ich will dir folgen, wo du hingehst.«
MATTHÄUS 8,19

Nachfolge ist ein ernstes Geschäft.

In einer Zeitschrift brachte Flora Larsson die gesammelten Ausreden zur Sprache: »Als ich sagte, ich will dir folgen, wohin du willst, meinte ich nicht Dunkelingen! Es liegt doch auf der Hand, dass ich dort nicht hingehen kann; das verstehst du doch, nicht wahr? Das Klima ist feucht dort, ich könnte Rheumatismus bekommen. Dort stehen die Häuser in langen Reihen, in eintönigen Reihen. Das Leben dort könnte meinem persönlichen Stil schaden. Ich bin wirklich bereit, für dich überall hinzugehen, Meister – aber mit gewissen Einschränkungen. Ich möchte, dass die Sache zwischen uns klar ist, sodass du mich nicht um etwas bittest, das über meine Kraft geht und meine Gewohnheit einschränkt oder mein persönliches Anrecht. Und als ich sagte, dass ich dir mein Alles geben will, war das doch nur eine Redensart. Ich hoffe, du verstehst es als solche. Es war ein poetischer Ausdruck, eine Umschreibung, um einen höheren Effekt zu erreichen, und nicht, weil ich es tatsächlich so meinte. Ich weiß, dass ich dir alles geben sollte, alles für dich sein und für dich tun sollte, Herr; aber ich bin ganz einfach noch nicht an diesen Punkt gekommen. Vielleicht erreiche ich ihn eines Tages. Ich weiß, dass ich es tun sollte, aber ... du verstehst ... vergib mir, hier muss ich abbrechen.«

Wir wollen schon, aber es gibt tausend Gründe, die noch zu bedenken sind. Wir nehmen die Nachfolge theoretisch sehr ernst, aber die vertrackten Umstände spielen uns einen Streich. Wir sollten die Nachfolge auch praktisch befolgen. Ich bin damit noch lange nicht am Ende.

Folge mir nach.
MARKUS 2,14

Nachfolge ist leichter gesagt als getan.

Es war auf einer Studentenkonferenz. In der Aussprache pries ein junger Theologe in schwärmerischen Tönen die Seligkeit christlichen Lebens, sodass viele Zuhörer ob dieser Gefühlsschwelgerei Unbehagen empfanden, doch widersprechen mochte keiner. Da erhob sich der ehrwürdige Theologieprofessor Adolf Schlatter, packte mit hartem Griff einen Stuhl, hob ihn an, stieß ihn mit hartem Ruck zu Boden und rief in die erschrockene Stille: »Darauf kommt es gar nicht an, dass der Vikarius jeden Morgen ein glückliches Herzchen hat, sondern dass wir Gottes Willen tun« – und setzte sich wieder.

Ulrich Schaffer drückte es so aus:

»Wenn du und ich, wenn wir, die wir uns Christen nennen, nicht
dorthin gehen, wo die Hölle auf Erden ist:
in den zerbrochenen Ehen, zu den einsamen Kindern,
zu den Verbogenen und Zurückgestoßenen,
zu den Hungernden, zu den seelisch Schwerverletzten,
zu den Übersehenen,
zu den Asozialen,
zu den Wartenden,
dann können wir es uns auch sparen,
in leuchtenden Farben vom Himmel zu reden.«

In der Nachfolge wird der Glaube konkret. Nachfolge ist mehr als ein frommes Gefühl für fromme Werke. Nachfolge heißt nachfolgen. Sie bedeutet mehr als gute Absichten. Glaube ist Tat. Nachfolge heißt gehen.

Ihr werdet die Kraft des Heiligen Geistes empfangen,
welcher auf euch kommen wird, und werdet meine Zeugen sein.
APOSTELGESCHICHTE 1,8

»Das Christentum könnte durchaus eine gute Sache sein, hätte es nur irgendjemand schon einmal ausprobiert«, soll George Bernhard Shaw, Schriftsteller und Nobelpreisträger, gesagt haben. Ein bitterböses Wort. Es gibt viele Christen, die sich zu Christus bekennen, aber unfähig sind, die Nachfolge zu praktizieren. Wie schrieb Martin Luther King?

»Es kommt nicht darauf an, geliebt zu werden,
sondern zu lieben.
Es kommt nicht darauf an, zu genießen,
sondern zu schenken.
Es kommt nicht darauf an, sich durchzusetzen,
sondern sich einzusetzen.
Es kommt nicht darauf an, den Frieden zu erwarten,
sondern Frieden zu schaffen.
Es kommt nicht darauf an, dass Gott tut, was ich will,
sondern dass ich tue, was Gott will.
Es kommt nicht darauf an, was die Menschen von mir denken,
sondern was Gott von mir denkt.
Es kommt nicht darauf an, alles zu kennen,
sondern das Erkannte zu tun.
Es kommt nicht darauf an, dem Leiden zu entgehen,
sondern Leiden sinnvoll zu ertragen.
Es kommt nicht darauf an, wann ich sterbe,
sondern ob ich bereit bin, in Gott zu leben.«

Ein Zeuge macht seinen Mund auf, er schweigt nicht und hält die Botschaft für wichtig; ein Zeuge macht seinen Mund auf, er begeistert sich nicht in der Stille an religiösen Erlebnissen; ein Zeuge macht seinen Mund auf, er denkt nicht wochenlang über tausend Schritte nach, die getan werden müssen; ein Zeuge macht seinen Mund auf und geht in der Kraft des Heiligen Geistes.

Ändert euer Leben! Gott will jetzt seine Herrschaft aufrichten und sein Werk vollenden.
MATTHÄUS 3,2

Unser Leben ändern? Ist das so leicht?

Wir sind Meister darin, andere ändern zu wollen:

unseren Partner,
unsere Kinder,
unsere Chefs,
unsere Freunde und Feinde.

Wir wollen heutzutage die Umstände ändern, das Wetter, Mais und andere Lebensmittel genverändern. Aber es bleibt die Tatsache: Nur wir selbst können uns ändern. Die Revolution beginnt bei mir, ist also eine Selbstrevolution.

Vor Jahren gab es ein T-Shirt, das bei Jugendlichen sehr beliebt war. Auf dem stand in englischer Sprache: »Love it, leave it, or change it – Liebe es, verlass es oder ändere es.«

Der große jüdische Gelehrte, Martin Buber, schrieb: »Die große Schuld des Menschen sind nicht die Sünden, die er begeht – die Versuchung ist mächtig und seine Kraft gering! Die große Schuld des Menschen ist, dass er jeden Augenblick die Umkehr tun kann und nicht tut.«

Den Ruf »Kehret um!« lesen wir bei den Propheten einhundertzweiunddreißigmal. Änderung, Umkehr und Abkehr beinhalten eine totale Richtungsänderung; Umkehr zu Gott, Abkehr von den Göttern und Götzen. Der Jugendevangelist Theo Lehmann ruft uns zu:

»Ist die Weiche falsch gestellt,
wird am Schluss das Ziel verfehlt.
Dass ein Mensch die Umkehr schafft,
wirkt deine Kraft.«

Wir wollen uns darum von allem rein machen, was Körper und Seele beschmutzt. Wir wollen den Willen Gottes ernst nehmen und uns bemühen, so zu werden, wie er uns haben möchte.
2. KORINTHER 7,1

Unsere Persönlichkeit ist uns nicht in die Wiege gelegt. Professor Dr. Dreikurs machte die Aussage: »Daher ist es klar, dass es für die endgültige Gestaltung der Persönlichkeit nicht entscheidend ist, was einer mitbringt, sondern was er daraus macht. Sicher ist, dass die Chromosomen, die Träger der Erbfaktoren, das Erscheinungsbild der nächsten Generation prägen können. Aber nicht Eigenschaften und Merkmale werden vererbt, sondern lediglich die Fähigkeiten, die Merkmale und Gaben zu entwickeln. Entscheidend ist, der Mensch nimmt Stellung, der Mensch gibt Antwort, der Mensch zieht Konsequenzen.«

Viktor Frankl formuliert es so: »Ist denn der seelische Charakter eines Menschen nicht angeboren? Und gar erst der leibliche, der Körperbau – Typus –, ist ihm der Charakter nicht schicksalhaft verbunden? Nun, wer so spricht, beweist damit nur, dass er die seelischen, leiblichen und gesellschaftlichen Bedingt- und Gegebenheiten menschlichen Daseins, das spezifisch Menschliche, vollends verkennt. Denn Menschsein im eigentlichen Sinne fängt ja dort überhaupt erst an, wo der Mensch über alle Bedingtheiten irgendwie auch schon hinaus ist, und zwar kraft dessen, was man die Trotzmacht des Geistes nennen darf.«

Vererbung und Anlage sind zwar mächtig, aber nicht allmächtig. Der Geist formt letztlich den Charakter. Auch Paulus glaubt an die Veränderbarkeit des alten Adam und an die Korrektur unserer Persönlichkeitsstruktur. Wir selbst haben uns für bestimmte Charaktereigenarten entschieden, mit denen wir das Leben zu meistern glauben. Wenn wir als Christen den Willen Gottes ernst nehmen, korrigieren wir unsere Charakterstruktur, korrigieren wir Fehlhaltungen und Mängel. Und wenn wir uns ernsthaft bemühen, so zu werden, wie Gott uns haben möchte, erfährt unsere Persönlichkeit ein neues Profil.

Aber bedenkt doch, wer wir sind! Wie dürfen wir uns anmaßen, Gott zu kritisieren? Sagt vielleicht ein Werk zu seinem Schöpfer: »Warum hast du mich so gemacht?«
RÖMER 9,20

Gott hat uns verschiedene Persönlichkeitsstrukturen und Temperamente gegeben.

Der Theologe Ole Hallesby schreibt: »Das Temperament bleibt eine Stärke unserer Persönlichkeit von der Wiege bis zum Grabe ... Das Temperament prägt uns als Persönlichkeit und unterscheidet uns von allen anderen Menschen. Dieser individuelle Unterschied ist ein festgelegter Teil von Gottes Plan. Er macht das Leben mannigfaltig und reich in allen seinen Beziehungen – in der Ehe, im Familienleben, in Freundschaft, Gemeinschaft und im Kreis der Christen ... Alles wurde zur Verherrlichung Gottes geschaffen. Auch die Temperamente. Sie sind ein Teil des reichen, farbigen Lebens, aus dem sich einst, wenn alles erfüllt ist, das Reich Gottes aufbauen wird.«

Viele Christen schielen nach Gaben und Temperamenten, die anderen Menschen gegeben sind. Auch Paulus hebt diesen Punkt ins Licht. Unzufriedenheit mit unserem Wesen ist doch Kritik am Schöpfer. »Warum hast du mich so gemacht?« Ich wäre gern rationaler, gewissenhafter, flexibler, attraktiver, beredter, intelligenter usw. geworden. Unser Temperament ist unsere Stärke. Jedes Temperament hat positive Seiten. Warum nehmen wir dieses Geschenk nicht dankbar aus Gottes Hand? Warum erkennen wir nicht in der uns typischen Persönlichkeitsstruktur unser Charisma? Wer sich kritisiert, macht sich für den Dienst am anderen untauglich. Er untergräbt seinen Selbstwert. Jede Struktur hat große Vorteile und Nachteile. Wo Licht ist, ist immer auch Schatten. Wer sein Temperament oder seinen Persönlichkeitstyp erkannt hat, sollte ihn als »Gottes Plan« akzeptieren und ihn »zum Nutzen der Gemeinde« einsetzen.

Jesus erwiderte: »Wenn die Menschen dieses Wasser getrunken haben, werden sie schon nach kurzer Zeit wieder durstig. Wer aber von dem Wasser trinkt, das ich ihm geben werde, der wird niemals mehr Durst haben. Das Wasser, das ich ihm gebe, wird ihm zu einer nie versiegenden Quelle, die unaufhörlich ins ewige Leben fließt.«

JOHANNES 4,13–14

Heute geht es um die Quelle des Lebens.

Während eines Seminars erzählt ein Teilnehmer, der aktiv in der Verkündigung steht, ein Bild, das er von sich hat. Sinngemäß sagte er: »Ich bin eine kleine Quelle, die nur tröpfelt. Meine Pumpleistung ist so schwach, dass sie nicht genügend Grundwasser an die Oberfläche fördert. Eine kleine Blume wird noch gesättigt. Aber wenn dann Dürrezeiten kommen, stirbt das ganze Umfeld. Denn die Pumpleistung ist zu schwach. In der Nähe steht ein großer Baum, der auch abstirbt und die kleine Blume tröstet: ›Du musst nicht traurig sein. Für dich ist genügend Wasser da.‹«

Dieser Seminarteilnehmer sieht sich als Verkündiger des lebendigen Wassers. Ihm wird schnell deutlich, warum die Quelle nur noch tröpfelt und womit seine Unzulänglichkeit zu tun hat. Er sagt, dass er in verschiedene Kanäle Grundwasser pumpt und dass er das Wasser des Lebens für unnötige Zwecke verschwendet. Ihm wird klar, dass er sich von verschiedenen Nebenaufgaben und unnützen Tätigkeiten in der Gemeinde trennen muss, denn er hat hier viel Energie vergeudet. Er hat den Gemeindegliedern Unterhaltung geboten, aber den Durst hat er nicht gestillt. Nun will er seine Pumpleistung wieder gezielter für die wahre Quelle des Lebens einsetzen.

Wovon leben wir? Von unzähligen Zerstreuungen und anregenden Appetithäppchen oder vom Wasser des Lebens?

Ich bin der gute Hirte und kenne die Meinen und die Meinen kennen mich, wie mich mein Vater kennt, und ich kenne den Vater. Und ich lasse mein Leben für die Schafe.

JOHANNES 10,14–15

Was ist Hingabe? Jesus hat uns vorgemacht, was Hingabe ist. Sie ist mehr als einfach nur Glaube. Denn Glaube kann sehr diffus sein.

»Ich glaube, dass zwei Pfund Rindfleisch eine gute Suppe geben.«

»Ich glaube, das Wetter wird wieder gut.«

Solche Glaubenssätze verlangen keine Hingabe und kein Engagement.

Hingabe ist ein Glaube, der aktiv macht.
Hingabe setzt den eigenen Glauben aufs Spiel.
Hingabe hat mit Klarheit, mit Ehrlichkeit und Aufrichtigkeit zu tun.

Oscar Wilde sagte mal: »Eine Idee, die mit keinem Risiko verbunden ist, sollte eigentlich nicht Idee genannt werden.«

Hingabe heißt ein Risiko eingehen.
Hingabe im Glauben heißt, sich bedingungslos auf Jesus Christus einzulassen.

Wir sprechen aber auch in der Ehe von Hingabe. Wer sich hingibt, liefert sich aus. Wer sich hingibt, wagt sein Leben. Eine Frau mit sexuellen Schwierigkeiten sagte mir: »Ich kann mich sexuell nicht hingeben. Mich völlig auszuliefern ist für mich unmöglich. Darum kann ich mich auch im Krankenhaus nicht betäuben lassen. Lieber würde ich sterben.« Die Frau hat begriffen: Wer sich hingibt, liefert sich aus. Er schenkt sich dem anderen.

Und Jesus hat es uns vorgemacht.

Beugt euch also unter Gottes starke Hand,
damit er euch wieder aufrichten kann.
1. PETRUS 5,6

Besser unter Gottes starker Hand, als alles fest in eigener Hand zu halten. Viele sind stolz, wenn sie alles im Griff haben, wenn sie sich in der Hand haben. Selbstbeherrschung ist gut. Sich von der starken Hand Gottes beschützen zu lassen ist besser. Sein Leben selber in die Hand nehmen ist gut. Sein Leben in Gottes Hand legen ist besser. Sicher gibt es Menschen, die haben zwei linke Hände. Sie haben trainiert, sich bedienen zu lassen. Meisterhaft verstehen sie es, die rettenden und unter die Arme greifenden Hände anderer Menschen zu mobilisieren.

Ich las in einer Zeitschrift eine Geschichte. »Ein kleines Mädchen wurde aufgefordert, sich aus einer großen Tüte Bonbons so viele herauszunehmen, wie zwei Hände fassen können. Das Mädchen überlegte eine Weile, sah seine kleinen Händchen an, sah die großen des Onkels an und sagte: ›Greif du hinein, du hast größere Hände!‹ So lasst uns auf die ›größeren Hände‹ Gottes vertrauen, wenn wir in die Zukunft blicken.«

Menschenhände erlahmen. Menschenhände werden schwach, Menschenhände lassen uns im Stich – Mutterhände, Vaterhände, Freundeshände. Gotteshände lassen uns nicht los und machen uns nicht klein. Gottes Hände richten wieder auf – eine Mut machende Zusage.

Da sprach der Herr zu Kain: Warum ergrimmst du?
Und warum senkst du deinen Blick? Ist's nicht also?
Wenn du fromm bist, kannst du frei deinen Blick erheben.
1. MOSE 4,6–7

Ärger und Wut sind schlimme Ratgeber. Sie sind wie eine Flamme, die schnell alles in Schutt und Asche legen kann.

Sue Burnham schreibt über Gefühle: »Wut ist wie ein Streichholz. In der Regel hat man Streichhölzer im Haus und bewahrt sie an einem Platz auf, wo man sie gut erreichen kann. Wenn ich ein Streichholz anzünde, gibt es eine Flamme. Ich kann diese Flamme benutzen, um eine Kerze anzuzünden, damit es schön gemütlich wird. Aber ich kann mit dieser Flamme auch eine Stange Dynamit anzünden und alles vernichten und zerstören ... Eine Menge Menschen gehen mit ihrem Ärger um wie meine Großmutter mit ihrem Geld. Sie sammelte so lange Geldmünzen in einer Zuckerdose, bis sie genug hatte, um für ein Familienmitglied eine Überraschung zu kaufen. Wer den Ärger sammelt, registriert jeden Schmerz und jede Beleidigung sorgfältig. Solche Menschen zahlen den Ärger so lange auf ihr Erinnerungskonto ein, bis sie genug zusammenhaben, um ihn in einem Ich-zahl's-dir-heim-Plan anzulegen. Dann zählen sie vor ihrem überraschten Partner jede einzelne Verletzung auf. Sie wollen ihn damit fertigmachen.«

Aufgestauter Ärger wird in der Rumpelkammer unseres Innern aufbewahrt. Er vergiftet die Beziehungen und zerstört die Gemeinschaft in Ehe, Familie und Gemeinde. Ärger legt sich wie Mehltau auf positive Gedanken und Gefühle. Der Blick ist gesenkt wie bei Kain, abgewendet und lieblos. Ärger darf nicht gestaut, er muss besprochen, geklärt und vergeben werden. Dann erst können wir Menschen den Blick wieder frei erheben.

Lasst kein giftiges Wort über eure Lippen kommen, seht lieber zu, dass ihr für die anderen in jeder Lage das richtige Wort habt, das ihnen weiterhilft.
EPHESER 4,29

Es geht um offene und versteckte Aggressionen. Die Bibel benutzt die Worte Zorn, Wut und Verbitterung.

George R. Bach schreibt in seinem Buch »Keine Angst vor Aggressionen« über diese destruktiven Verhaltensmuster: »So wie zu Freuds Zeiten die unterdrückte Sexualität als Hauptursache aller emotionalen Probleme galt, sind wir Heutigen geneigt, diese Ursache in der verdrängten Aggression zu suchen. Zur Zeit von Sigmund Freud entdeckten die Psychoanalytiker erstmals die enorme Bedeutung der zurückgedrängten Sexualität für die Entwicklung von emotionalen Störungen ... An die Stelle der vormals vorherrschenden hysterischen Symptome treten nun Depressionen, Angstzustände und die Unfähigkeit zu Gefühlsäußerungen. Wir glauben, dass allen diesen emotionalen Problemen ein großes Maß an unterdrückter Aggression zugrunde liegt. Die während der Kindheit unterdrückte Aggression äußert sich beim Erwachsenen häufig in Form von chronischen Kopfschmerzen und Depressionen oder in extremen Fällen als eine Art Psychose.«

Viele Christen verstehen die biblische Botschaft falsch. Ihre Unzufriedenheit, ihren Ärger, ihre Wut und ihre Verbitterung schlucken sie herunter und rufen dabei emotionale Störungen hervor. Paulus macht deutlich, dass wir nicht »Gift spritzen«, dass wir nicht in liebloser Aggressivität unser Gegenüber bearbeiten müssen, sondern dass wir in jeder Lage das rechte Wort haben können, das uns weiterhilft. Keine verbalen Tiefschläge, aber auch kein unehrliches Schweigen. Wir sagen ehrlich und wahrhaftig, was wir denken und fühlen. Das hilft dem anderen weiter und bewahrt uns vor »emotionalen Störungen«.

Es ist aber das Herz ein trotzig und verzagt Ding; wer kann es ergründen?
JEREMIA 17,9

Vom menschlichen Herz ist heute die Rede.

Viele Menschen können mit einem »reinen Herzen« nichts anfangen. Sie wollen einen reinen Teint haben, aber kein reines Herz. Sie streben eine »reine Weste« an, die sie den anderen präsentieren können, aber kein reines Herz. Für die meisten Menschen muss das Äußere stimmen. Darum wird mit Make-up, mit Deo und mit Bodybuilding nachgeholfen.

Der Prophet Jeremia nennt mit Recht das menschliche Herz ein trotziges und verzagtes Ding. Wer trotzig und mutwillig für sein Recht streitet, wer sich verzweifelt und verzagt seinen entmutigenden Gedanken hingibt, wird seinem Herzen schaden. Viele Menschen untergraben die Energieleistung ihres Herzens, weil sie nicht ruhen, nicht entspannen, nicht ihren falschen Ehrgeiz und ihre Arbeitssucht dämpfen können. Ein Herzspezialist sieht es so: »Die meisten glauben, das Herz arbeite unausgesetzt. Tatsächlich aber erfolgt nach jeder Zusammenziehung eine Ruhepause. Wenn es die mäßige Arbeit von siebzig Pulsschlägen in der Minute leistet, arbeitet das Herz eigentlich mehr als neun Stunden von vierundzwanzig. Alles in allem genommen belaufen sich seine Ruhepausen auf volle fünfzehn Stunden täglich.«

Ausruhen heißt nicht nichts tun. Ausruhen heißt: Wiederherstellung der alten Kraft. Wer nicht ausruht, schädigt seinen wunderbaren Muskel. Wer nicht abschalten kann, wer trotzig oder verzagt und verzweifelt seine Kräfte überschätzt, versündigt sich an dem Wunderwerk des Herzens, das Gott dem Menschen geschenkt hat. Im Prinzip ist unser Herz ein gehorsamer Arbeiter. Aber Überehrgeiz, Arbeitssucht und Anerkennungsstreben können es aus dem Tritt bringen. Und für diese Sünden sind wir ganz allein verantwortlich.

Denn die Frau sagte sich: »Wenn ich nur sein Gewand berühre, werde ich gesund.« Jesus drehte sich um, sah sie an und sagte: »Hab keine Angst, dein Vertrauen hat dir geholfen.« Im selben Augenblick war die Frau geheilt.
MATTHÄUS 9,21–22

Der Glaube ist ein Wundermittel. Er bestärkt und ermutigt. Er macht Menschen optimistisch und gibt ihnen Kraft, selbst ein schweres Schicksal zu meistern. Kleinglaube und Unglaube fördern die Entmutigung und lassen resignieren.

Vor Jahren hatte eine blinde Frau an unserem Institut die Ausbildung zur therapeutischen Seelsorgerin gemacht. Sie war von Geburt an blind, aber unwahrscheinlich lebenstüchtig. Sie fuhr allein mit dem Zug, fuhr allein mit der Taxe und suchte allein ihr Zimmer auf. Eine bewundernswerte Frau.

Während einer Demonstration, für die sie sich zur Verfügung stellte, sagte ich nebenbei: »Sie als Behinderte müssen ja viele unbequeme Hindernisse bewältigen ...«

Sie unterbrach mich und sagte: »Ich bin nicht behindert. Ich bin zwar blind, aber dafür ist mein Geist nicht blind. Manchmal sehe ich mehr als Menschen, die zwei gesunde Augen haben.«

Die junge Frau ließ sich durch ihre Blindheit nicht ihren Lebensmut nehmen. Sie resignierte nicht, fiel auch nicht in Selbstmitleid. Sie vertraute blindlings dem lebendigen Gott, ließ sich von ihm führen und bejahte ihr Leben. In der Tat, der Glaube hat ihr geholfen, wie er der Frau, die an schweren Blutungen litt, half.

Wie sagte der römische Kaiser und Philosoph Marc Aurel: »Nicht die Tatsachen entscheiden über unser Leben, sondern wie wir sie deuten.« Der Glaube versetzt Berge, der Glaube an den lebendigen Gott macht unmögliche Dinge möglich. Dieser Glaube ist ein Geschenk. »Dir geschehe, wie du geglaubt hast.«

Alle Menschen gehören zu Adam, darum müssen sie sterben; aber durch die Verbindung mit Christus bekommen sie das neue Leben.
1. KORINTHER 15,23

Wir können den Tod nicht verdrängen. Tagtäglich werden uns Tod und Sterben in schrecklichen Bildern aus allen Teilen der Welt via Mattscheibe vor Augen geführt.

Der Reformator Martin Luther hat sich in einem »Sermon von der Bereitung zum Sterben« so geäußert: »Wenn uns der Abschied auf Erden bevorsteht, dann soll man sich allein auf Gott richten, wohin der Weg des Sterbens sich auch kehrt und uns führt. Und hier beginnt die eine Pforte, der schmale Steig zum Leben. Darauf muss sich ein jeder getrost gefasst machen. Denn er ist wohl sehr eng, er ist aber nicht lang. Und es geht hier zu, wie wenn ein Kind aus der kleinen Wohnung in seiner Mutter Leib mit Gefahr und Ängsten geboren wird in diesen weiten Himmel und Erde, das ist unsere Welt; ebenso geht der Mensch durch eine enge Pforte des Todes aus diesem Leben.«

Der Schriftsteller Friedrich Dürrenmatt schrieb: »Der Mensch ist das einzige Wesen, das weiß, dass es sterben wird. Die Verdrängung dieses Wissens ist das einzige Drama der Menschen.«

Martin Luther hat ein eindrückliches Bild für Tod und Sterben verwandt. Wie ein kleines Kind aus der Wohnung im Leib seiner Mutter in die weite Welt hinaustritt, so wird der Mensch durch eine enge Pforte des Todes in den weiten herrlichen Raum der Welt Gottes eintreten. Der Sarg ist nicht das Letzte, wir gehen auf das ewige Leben zu, das unzerstörbar ist. Der Tod kann uns schrecken, aber er hat nicht das letzte Wort. Der Gedanke an das Sterben kann uns Angst einjagen, aber die Zukunft beschert uns eine großartige Perspektive.

28. AUGUST

Sei bereit, deinem Gott zu begegnen.
AMOS 4,12

Sind Sie bereit, Ihrem Gott zu begegnen? Ich meine nicht die Begegnung im Gebet oder wenn er uns vor Unfall, Unglück, Krankheit oder anderen Übeln wunderbar bewahrt hat. Ich spreche davon, wenn er uns ernstlich im Tod begegnet.

Ich erinnere mich an ein Gespräch, das ich vor Jahren mit meiner Sekretärin in der Beratungsstelle führte. Sie war eine tief gläubige Frau, hatte aber stark depressive Züge. Ihre Gedanken kreisten immer wieder um die Begegnung mit dem lebendigen Gott. Eines Tages fragte sie mich – ich weiß den Zusammenhang nicht mehr –: »Wie würden Sie reagieren, wenn Gott einträte und zu Ihnen sagen würde: ›Folgen Sie mir, Ihre Zeit ist abgelaufen!‹?«

Einen Augenblick war ich sehr erschrocken, dann sagte ich ihr sinngemäß: »Ich glaube, ich wäre zutiefst betroffen. Wenn ich ehrlich bin, ich hänge sehr am Leben und möchte, wenn Gott es schenkt, noch länger leben.«

Sie antwortete: »Das ist bei mir ganz anders. Wenn Gott mich ruft, bin ich bereit. An diesem Leben hänge ich nicht. Ich würde gern mit ihm gehen.« Dabei hatte sie ein erwartungsvolles, zufriedenes Lächeln in ihrem Gesicht – mir kam es jedenfalls so vor.

Ich bin seitdem einige Jahre älter geworden, hatte eine lebensgefährliche Krankheit zu bewältigen. Die Gedanken an den Tod werden für mich intensiver, ich betrachte die Schritte zur Ewigkeit genauer. Ich frage Sie, und ich frage mich: Leben wir so, dass wir jederzeit unserem Herrn begegnen können? Oder klammern wir Tod und Ewigkeit aus unserem Alltagsleben aus?

»Herr, lehre uns bedenken, dass wir sterben müssen, auf dass wir klug werden.«

Als ich ein Kind war, redete ich wie ein Kind und dachte wie ein Kind und war klug wie ein Kind; als ich aber ein Mann wurde, tat ich ab, was kindlich war.

1. KORINTHER 13,11

Werte sind bei kleinen Kindern noch wenig ausgeprägt. Sie tun, was man tut, und sie handeln, wie man handelt. Wenn sie heranwachsen und ausgereift sind, hat sich bei den meisten ein Wertbewusstsein gebildet. Sie ahmen nicht mehr nach, sie haben bestimmte Werte verinnerlicht.

Professor Dr. Ing. Sörensen, viele Jahre Vorsitzender des Großstadt-CVJM in Deutschland, sagte aus Anlass des zwölfjährigen Bestehens der Telefonseelsorge in Deutschland: »Als Brückenbauer bin ich gewohnt, bei der Konstruktion drei Fragen zu stellen: Hält das? Trägt das? Bleibt das? Diese Fragen gelten auch für unser Leben. Ein Brückenbauwerk muss in sich selbst genügend Festigkeit aufweisen, eine bestimmte Verkehrslast tragen und auf lange Sicht seinen Aufgaben gerecht werden. Die Frage geht an uns: Hält das Gedanken- und Weltanschauungsgebäude unseres Lebens? Trägt es die gegenwärtigen und die zukünftigen möglichen Belastungen? Bleibt es bestehen? Wir müssen glauben und schließlich in einer innersten Gewissheit erkennen, dass von dem andern – scheinbar so unbekannten – Ufer, dem wir entgegengehen, eine Brücke schon errichtet ist, auf die wir die unsrige ausrichten müssen.«

Wie sieht es bei uns aus? Leben wir noch kindlich und verantwortungslos vor uns hin? Oder sind unser Glaube und unsere Weltanschauungsgebäude so tragfähig, dass wir dem Pontifex, dem Brückenbauer Jesus, der eine tragfähige Beziehung zum Vater errichtet hat, zuversichtlich entgegengehen können? Wer ihm vertraut, hängt nicht in der Luft, sondern wird das andere Ufer sicher erreichen.

Dein Wille geschehe wie im Himmel so auf Erden.
MATTHÄUS 6,10

C. S. Lewis schreibt in einem seiner Bücher: »Es gibt am Ende nur zwei Arten von Menschen: jene, die zu Gott sagen: ›Dein Wille geschehe‹, und jene, denen Gott am Ende sagt: ›Dein Wille geschehe!‹ Alle, die in der Hölle sind, haben die Hölle selbst gewählt. Ohne diese freie Wahl könnte es keine Hölle geben. Keine Seele, die sich ernsthaft und beharrlich nach Freude sehnte, wird jemals Freude entbehren.«

Ja, so ist es: Der Mensch wählt die Hölle freiwillig. Der Mensch hat die Freiheit, sich für oder gegen Christus zu entscheiden. In jedem Augenblick haben wir die freie Wahl, unseren Willen oder seinen Willen zu leben.

Wie sagt Blaise Pascal: »Die Gegenwart ist die einzige Zeit, die uns wirklich gehört und die wir nach Gottes Willen nutzen sollten.«

Im Kleinen Katechismus schreibt Martin Luther: »Gottes guter, gnädiger Wille geschieht wohl ohne unser Gebet. Aber wir bitten in diesem Gebet, dass er auch bei uns geschehe.«

Wir sind Gottes Stellvertreter auf dieser Erde. Menschen sollen sich die Erde untertan machen – in seinem Namen und gemäß seinem Willen. »Dein Wille geschehe« heißt: Deine Maßstäbe sollen in meinem Leben gelten, deine Gebote und Verbote sollen mein Denken und Handeln bestimmen. »Dein Wille geschehe« heißt nicht: Du lenkst unsichtbar jeden Schritt. Niemand ist eine Marionette und eine belanglose Schachfigur auf seinem Spielfeld. Wir sind Gottes Mitarbeiter, die dem Vater vertrauen, dass er Wollen und Vollbringen in uns garantiert.

Sage Dank alle Zeit für alles.
EPHESER 5,20

»Die größte Kraft des Lebens ist der Dank.« Das hat uns Christen Friedrich von Bodelschwingh ins Stammbuch geschrieben. An anderer Stelle ergänzt er: »Das Reichwerden eines Christen ist im tiefsten Grunde ein Dankbarwerden.«

Wie Dankbarkeit im Alltag praktisch aussehen kann, beschreibt Paul Deitenbeck: »In meinem Elternhaus habe ich oft den Satz gehört: ›Man kann sich gar nicht genug bedanken.‹ Und so haben wir Kinder anschaulich an dem Verhalten der Eltern eine Einübung in die Dankbarkeit erfahren. Kürzlich besuchten meine Frau und ich ein Ehepaar, das im Ruhestand lebt. Beiläufig erfuhren wir, dass der Ehemann nach jeder Mahlzeit seiner Frau die Hand gibt und sich für das gute Essen bedankt ... Danken bewahrt uns davor, dass wir etwas selbstverständlich nehmen. So haben wir auch gelernt, den Menschen im Dienstleistungsbereich uns dankbar zu erweisen. Aus dem Urlaub senden wir jedes Jahr eine Ansichtskarte an die Müllmänner. Der Postbote bekommt einen Gruß, ebenso der Lebensmittelhändler, der Friseur, die Mitarbeiter unseres Postamtes und unserer Sparkasse. Das Danken darf auch unterwegs weitergehen. In der Raststätte danken wir für die freundliche Bedienung, geben auch ein Trinkgeld. Oft sagen wir dabei, dass wir uns bei der Küche bedanken, weil es so gut geschmeckt hat ... Einmal erlebte ich, wie ein Freund im Frankfurter Hauptbahnhof zum Lokführerstand des D-Zuges ging, um sich beim Lokführer für die gute Fahrt zu bedanken ... Als ich einmal einem unbekannten Lastwagenfahrer eine Mark schenkte, sagte der spontan: ›Donnerwetter, das soll mir ein Anlass sein, heute irgendeinem anderen eine Freude zu machen.‹«

»Vergiss nicht zu danken dem ewigen Herrn,
er hat dir viel Gutes getan.
Bedenke, in Jesus vergibt er dir gern,
du darfst ihm, so wie du bist, nahn.«

Überall erzählt man, wie ihr euch von den Götzen abgekehrt habt, um dem wahren und lebendigen Gott zu dienen.
1. THESSALONICHER 1,9

Bekehrung meint Abkehr von den Götzen.

Heinrich Giesen beschrieb die Götzen so: »Götzen üben Macht aus und schaffen, dass wir von ihnen abhängig werden. Wer den politischen Revers unterschreibt, ist nicht mehr frei; wer die astrologischen Kalender befragt, macht seine Zukunft abhängig vom Kalender; wer seinen Ehrgeiz gelten lässt, macht sich abhängig von der Maßlosigkeit seiner Ehre; wer bei allen Leuten um jeden Preis beliebt sein will, macht sich abhängig von Menschenmeinungen. Wir büßen immer die Freiheit ein.«

Das kleine Wörtchen »und« beschert uns die Götzen und Götter. Gott und das Geld, Gott und die Kinder, Gott und der Beruf, Gott und die Armeen, Gott und die Waffen usw. Das erste Gebot verlangt die absolute Priorität. Alle Abhängigkeiten von zusätzlichen Dingen, Personen und Schätzen machen uns unfrei und schwächen die Hinwendung zum lebendigen Gott.

Dr. Theo Lehmann charakterisiert die Bekehrung so: »Am Wesen werd' ich dich erkennen. Im Reich Gottes wird gearbeitet, und zwar schwer. Das sollten sich alle die christlichen Schlaffies hinter die Schlappohren schreiben, die das Leben mit Gott mit dem Schlaraffenland verwechseln. Ich schäme mich, am Ende jedes Jugendgottesdienstes darum bitten zu müssen, dass hier ein paar von euch die Kirche, in der wir zu Gast sind, mit sauber machen. Wenn ich zur Bekehrung auffordere, meldet sich keiner, weil angeblich alle bekehrt sind, aber wenn ich zum Kehren auffordere, meldet sich auch keiner, womit bewiesen ist, dass nicht alle bekehrt sind. Denn wären genug Bekehrte hier, hätten wir hier genug zum Kehren.«

Wie sagte Spurgeon: »Wenn wir bekehrt sind, muss es die Kuh im Stall merken!« Ich ergänze im Sinne Theo Lehmanns: »Wenn wir bekehrt sind, haben wir auch Zeit, die Kirche zu kehren.«

So tut nun Buße und bekehrt euch,
dass eure Sünde getilgt werde.
APOSTELGESCHICHTE 3,19

Es soll Prediger geben, die den Hörern mit der Hölle einheizen. Sie entwickeln Angst und bekehren sich. Ob diese Umkehr und Hinwendung zum lebendigen Gott anhält? Paulus wollte seinen Zuhörern keine Angstschauer über den Rücken jagen, die wirkungslos bleiben, wenn die Angst abgeflaut ist.

Dr. David Seamands erzählt folgende Begebenheit, die den Unterschied zwischen Reue und wirklicher Buße verdeutlicht. »Ein Flugzeug kommt von Rom. Über den Alpen fallen drei oder vier Motoren aus. Fast 12 000 Liter Treibstoff werden im Notwurf abgelassen, um eine mögliche Explosion zu verhindern. Ein Komiker sitzt in der vorderen Reihe neben einem Kaplan, der leise betet. Der Komiker reißt Witze, um seine Mitpassagiere abzulenken. Schließlich muss das Flugzeug auf einem Heufeld notlanden. Als alle sicher auf dem Boden sind, wendet sich der Komiker an die Passagiere, die noch vor Angst wie versteinert dasitzen, und frotzelt: ›Nun, meine Damen und Herren, jetzt können Sie alle wieder zu Ihren schlechten Gewohnheiten zurückkehren, die Sie vor 20 Minuten aufgeben wollten.‹«

Das ist blanke Ironie. Und doch kennen wir vermutlich alle solche Situationen. Es gibt eine falsche Buße, die aus Angst geboren wird. Buße ist das Resultat aus Traurigkeit, die nicht aus schlechtem Gefühl und Angst entstanden ist. Echte Buße ist wirkliche Traurigkeit über die eigene Sünde im Lichte des Heiligen Geistes. Buße erfasst den Menschen total, vom Scheitel bis zur Sohle. Sie ist ein Neuwerden von Grund auf. Sie ist ein Geschenk und keine fromme Leistung.

Wendet euch zu mir, so werdet ihr gerettet, aller Welt Enden. Denn ich bin Gott, und sonst keiner mehr.
JESAJA 45,22

Umkehr und Bekehrung sind die Schlüsselworte im Alten und Neuen Testament.

Dr. Theo Lehmann formuliert das so: »Zentraler geht's nicht. Schon das Wort, mit dem es losgeht, geht los: ›Wendet euch.‹ Hier geht es um Bekehrung, also um das, was Jesus bei seiner ersten Predigt als erstes Wort an die erste Stelle setzte: ›Kehrt um zu Gott!‹ Für viele ist das Wort Bekehrung ein rotes Tuch. Für Gott ist es der ausgerollte rote Teppich, den wir betreten, die ausgestreckte Hand, die wir anfassen, das zugeworfene Rettungsseil, das wir packen sollen. Denn: Wer nicht zupackt, auf falschem Weg bleibt, in falsche Hände fällt, der stürzt in den Abgrund ... Ausschließlicher geht's nicht ... Ich höre schon das Geschrei: ›Das ist intolerant!‹ Richtig, das ist es ... Das erste Gebot heißt nicht: ›Du sollst Toleranz gegenüber anderen Göttern und Religionen haben‹, sondern: ›Ich bin der Herr, dein Gott, du sollst keine anderen Götter neben mir haben.‹ Darum geht es hier.«

Bekehrung heißt: Wir nehmen das Angebot Jesu an, uns mit Gott zu versöhnen. Wir freuen uns über den roten Teppich, den Gott uns in Jesus ausgerollt hat. Wir schlagen in die dargebotene Hand ein. Bekehrung ist in der Tat Lebensübergabe. Kein voreiliges Silvesterversprechen, ein paar Dinge im neuen Jahr zu ändern. Bekehrung meint die Hinwendung zu Jesus – mit Leib, Seele und Geist.

Bitte grüßt auch die Gemeinde,
die sich in ihrem Hause trifft.
RÖMER 16,5

Hauskreise sind Hausgemeinden.

Schon die ersten Christen haben sich in überschaubaren »Hauskreisen« versammelt. Und kein Geringerer als Martin Luther hat im Jahr 1526, in seiner Vorrede zur deutschen Messe, die Hausgemeinde als »dritte Form des Gottesdienstes« bezeichnet. Zur Umsetzung seiner Forderungen kam es allerdings erst 150 Jahre später, mit Aufkommen des Pietismus.

In der Tat sind gesunde Hauskreise, wo Kleingruppen von sechs bis zwölf Personen zusammenkommen, die Keimzelle für wachsende Gemeinden. Hier besteht die Möglichkeit, dass sich Menschen mit Offenheit und Wertschätzung begegnen. Der Hauskreis trifft sich einmal wöchentlich in familiärer Atmosphäre. Es werden persönliche Erfahrungen ausgetauscht, Fragen gestellt und beantwortet und Freud und Leid miteinander geteilt. Aber immer steht die Bibel im Mittelpunkt. Alle beten füreinander und miteinander. Alle helfen sich.

Warum halte ich Hauskreise für eine segensreiche Einrichtung?
Weil nur in kleineren verbindlichen Gruppen echte Gemeinschaft erlebt wird.
Weil in kleineren Gruppen der Einzelne nicht übersehen wird.
Weil im Hauskreis Gemeinde als Familie erlebt werden kann.
Weil in Kleingruppen praktische Nächstenliebe stattfindet.
Weil in Kleingruppen die Gemeinschaft vertieft und Freundschaft gefestigt wird und der Glaube sich bewähren kann.

Ich bitte Gott, der uns Hoffnung gibt,
dass er euch durch euren Glauben mit Freude
und Friede erfüllt.
RÖMER 15,13

Halten Sie auch Perfektionismus für eine Tugend? Oder haben Sie schon erlebt, dass er Enttäuschungen, Resignation und Verzweiflung mit sich bringt?

Martin Luther schrieb 1516 an seinen Freund Georg Spenlein folgenden Brief: »Mein lieber Bruder, lerne Christum, und zwar den Gekreuzigten. Ihm lerne lobsingen und an dir selbst verzweifelnd zu ihm sagen: Du, Herr Jesu, bist meine Gerechtigkeit, ich aber bin deine Sünde. Du hast angenommen, was mein ist, und mir gegeben, was dein ist. Du nimmst an, was du nicht warst, und gibst mir, was ich nicht war. Hüte dich darum, je solche Reinheit anzustreben, dass du vor dir nicht mehr als Sünder erscheinen willst. Christus nämlich wohnt nur unter Sündern. Dazu kam er ja vom Himmel, wo er unter Gerechten wohnte, damit er auch unter Sündern Wohnung nehme. Wenn wir nämlich aus eigenen Mühen und Qualen zur Ruhe des Gewissens eingehen wollen, wozu wäre er dann gestorben? Nein, nur in ihm, durch getroste Verzweiflung an dir und an deinen Werken wirst du Frieden finden.«

Wer selbst seine »Reinheit« und Fehlerlosigkeit durch Perfektionismus erreichen will, landet in der Verzweiflung. Durch eigenmächtiges Vollkommenheitsstreben entwerten wir den Opfertod Christi am Kreuz. Wir befriedigen unser Gewissen, wenn wir perfektionistisch denken und leben. Diese »frommen Werkereien«, wie sie Luther genannt hat, gehen auf eine teuflische Einflüsterung zurück: »Wer immer strebend sich bemüht, den können wir erlösen!« Das ist ein Satz aus dem »Faust« und nicht aus der Bibel. Er stammt von Goethe und ist ein humanistischer Irrtum. Viele Christen halten diesen Irrtum aber für eine pietistische Tugend. Erst wenn wir auf die perfektionistische Gesinnung verzichten und alle Hoffnung auf Christus setzen, werden wir mit Freude erfüllt sein und mit Friede.

6. SEPTEMBER

Wenn einer seinen Hochmut aufgibt, wenn er dir, Gott, nicht länger trotzt – dieses Opfer weist du nicht ab.
PSALM 51,19

Auf einem Frauenfrühstück mit Frauen und Männern sprach ich über das Thema: »Fehlerlosigkeit ist ein Fehler«. Nach dem Vortrag saßen die Teilnehmer an Tischen und tauschten sich über das Gehörte aus. An einem Tisch brüteten die Besucher einen Satz aus, der am treffendsten den Perfektionismus kennzeichnen sollte. Schmunzelnd überreichten sie mir den Zettel, den ich vorlas: »Ein Perfektionist ist ein Mensch, der wie ein Vogel auf der höchsten Spitze des Baumes jubiliert, wenn ihm eine Sache hundertprozentig gelungen ist, der aber wie ein verprügelter Hund im tiefsten Keller winselt, wenn ihm etwas misslungen ist.«

Eine gute Definition, die den Perfektionisten charakterisiert. Hat er Erfolg, ist er ganz oben, geht ihm etwas daneben, sitzt er im Loch. Der Perfektionist will aus eigener Kraft Fehlerlosigkeit erreichen. Und das ist Hochmut. Das Leben des Perfektionisten ist ein ständiges Auf und Ab. Von Euphorie und Depression wird er hin- und hergerissen. Ihm fehlt das sichere Gefühl, zu genügen.

Das Sprichwort sagt es unmissverständlich: Hochmut kommt vor dem Fall. Perfektionismus ist Hochmut. Fehlerlosigkeit ist ein Fehler. Christus ist für Sünder gestorben, für Menschen mit Fehlern und Schwächen, und nicht für Fehlerlose. Wer seinen Perfektionismus aufgibt, bringt in der Tat ein Opfer. Der Perfektionist schafft es niemals aus eigener Kraft. Er muss seine Selbstgefälligkeit, seine Eigenmächtigkeit und seine eingebildete Fehlerlosigkeit an Gott übergeben. Die Sünde des Perfektionisten besteht darin, dass er das Opfer Christi am Kreuz nicht hundertprozentig annehmen kann. Er selbst will vollkommen und fehlerfrei sein. Erkennen wir unseren Perfektionismus? Sind wir bereit, diesen Hochmut zu opfern?

Wenn ihr betet, seid nicht wie die Heuchler, die mit Vorliebe in aller Öffentlichkeit an den Straßenecken und in den Synagogen beten, wo sie jeder sehen kann.
MATTHÄUS 6,5

Wir sollen als Christen echt und keine Heuchler sein.

Ralf Luther hat in seinem Wörterbuch den Heuchler so charakterisiert: »Das griechische Wort ›hypokretès‹ bedeutet eigentlich ›Schauspieler‹. Ein Heuchler ist einer, der etwas vorzustellen sucht, was er im Grunde nicht ist. Heuchelei (ist) nicht nur das vorsätzliche bewusste sich verstellen, ... (sondern) auch die unbewusste Verstellung des Menschen, die durch ihre Erziehung, ihre Bildung, ihre überkommene Frömmigkeit dahin gekommen ist, sich nach außen anders (zu) geben, als sie tatsächlich sind. Die Gewöhnung hat ihr Feingefühl für das Echte und Unechte abgestumpft.«

Viele Christen sind unecht und heuchlerisch. Einer hat es frech so formuliert: »Heuchler sind Menschen, die mehr im Schaufenster als im Laden haben.« Es sind Schautypen. Sie drehen auf, um im Mittelpunkt zu stehen. Wir aber sollen uns davor hüten, in Gemeinden und Bibelstunden mit aufgesetzten und zur Schau getragenen Gebeten im Mittelpunkt zu stehen.

Heuchler betreiben Imagepflege.
Heuchler sind gute Schauspieler.
Heuchler wollen bewundert und anerkannt werden.
Heuchler schwindeln und täuschen.
Heuchler haben das Feingefühl für echt sein und unecht sein verloren.

Jesus kritisiert nicht nur Pharisäer und Schriftgelehrte. Er meint jeden von uns, der unecht und unwahr eine christliche Fassade vor sich herträgt, der äußerlich und innerlich nicht mit sich übereinstimmt.

Du tust mir kund den Weg zum Leben.
PSALM 16,11

Jeder Mensch legt in seinem Leben Wege zurück, gute Wege und schlechte Wege. Wir verlaufen uns und landen in Sackgassen. Einige Wege sind klar, weil das Ziel klar umrissen ist; andere Wege sind dunkel, weil die Ziele verschwommen sind.

Dietrich Bonhoeffer schrieb aus der Gefangenschaft:

»In mir ist es finster, aber bei dir ist das Licht.
Ich bin einsam, aber du verlässt mich nicht.
Ich bin kleinmütig, aber bei dir ist die Hilfe.
Ich bin unruhig, aber bei dir ist der Friede.
In mir ist Bitterkeit, aber bei dir ist die Geduld.
Ich verstehe deine Wege nicht,
aber du weißt den Weg für mich.«

Bonhoeffer macht sich nichts vor. Er weiß, wie schnell der Diktator Hitler dabei ist, Menschen, die ihm im Wege stehen, beiseitezuschaffen. Aus seinen Sätzen spricht Angst, aber auch Vertrauen, Unsicherheit und gleichzeitig Hoffnung. Es ist Tatsache, dass er im Konzentrationslager keine Freudensprünge machen konnte. Aber in aller Bitterkeit und Ausweglosigkeit setzt er sein ganzes Vertrauen auf den lebendigen Gott. »Du weißt den Weg für mich!«

Für uns gilt auch: Die Wege in die Zukunft sind dunkel. Wir sind keine Hellseher und Propheten. Wir gleichen Fußgängern, die immer wieder auch nachts unterwegs sind. Alles möchten wir von der Landschaft erkennen. Aber die Nacht hüllt alles ein. Wir wissen nur eins: An seiner Hand gehen wir dem Leben und dem Ziel Gottes entgegen.

»Weiß ich den Weg auch nicht, du weißt ihn wohl, das macht die Seele still und friedevoll.«

Und ob ich schon wanderte im finsteren Tal, fürchte ich kein Unglück, denn du bist bei mir, dein Stecken und Stab trösten mich.
PSALM 23,4

Wir möchten gern jeden Weg kennen, den wir in Gottes Namen gehen sollen. Wie der ADAC Reiselustigen konkrete Fahrtrouten vorschreibt, so möchten wir von Gott am liebsten klare Wegbeschreibungen vorgelegt bekommen. Unser Herr tut uns den Gefallen nicht. Das Ziel ist klar, aber der Weg dahin bleibt dunkel.

In einer Geschichte aus Indien heißt es: »Ich sagte zu dem Engel: Gib mir ein Licht, damit ich sicheren Fußes der Ungewissheit entgegengehen kann! Aber der Engel antwortete mir: Gehe nur hin in die Dunkelheit und lege deine Hand in die Hand Gottes! Das ist besser als ein Licht und sicherer als ein bekannter Weg.«

Gott will keine Marionetten, die Schritt für Schritt an seinen Fäden laufen. Wir sind seine Kinder und keine Schachfiguren, die von ihm von Weg zu Weg und von Kreuzung zu Kreuzung geschoben werden. Wir brauchen seine Hand, die uns lenkt und leitet.

Oskar Loy hat dieses Vertrauen so ausgedrückt:
»Ich sehe nur den nächsten Schritt,
ich kann nicht weiter schauen.
Du kennst den Weg und nimmst mich mit,
dir darf ich ganz vertrauen.
Ich ahne nur ein Stück voraus,
kann selber auch nicht leiten.
Du siehst die Strecke bis nach Haus
in Zeit und Ewigkeiten.«

Wer Christus nachfolgt, kann die Richtung nicht verfehlen. Wir bleiben vor dunklen Wegen und gefährlichen Abfahrten nicht verschont. Wir bewältigen auch finstere Strecken, Wege, die Angst einjagen. Aber eins wissen wir bei Tag und Nacht: »Du bist bei uns!«

Jesus spricht zu ihm: Ich bin der Weg und die Wahrheit und das Leben; niemand kommt zum Vater denn durch mich.
JOHANNES 14,6

Christus ist unser Leben.

Der Schriftsteller Heinrich Böll hat vor Jahren ein grandioses Bekenntnis für Christus abgelegt, als er schrieb: »Ich glaube, dass eine Welt ohne Christus selbst die Atheisten zu Adventisten machen würde. Selbst die allerschlechteste christliche Welt würde ich der besten heidnischen vorziehen, weil es in einer christlichen Welt Raum gibt für die, denen keine heidnische Welt je Raum gab: für Krüppel und Kranke, Alte und Schwache ... Liebe für die, die der heidnischen wie der gottlosen Welt nutzlos erschienen und erscheinen. Ich glaube an Christus, und ich glaube, dass 800 Millionen Christen auf dieser Erde das Antlitz dieser Erde verändern könnten, und ich empfehle es der Nachdrücklichkeit und der Vorstellungskraft der Zeitgenossen, sich eine Welt vorzustellen, auf der es Christus nicht gegeben hätte.«

Christus hat nicht Weltflucht gepredigt, sondern Weltdurchdringung.
Christus hat nicht der Lebensverneinung das Wort geredet, sondern die Lebensbejahung praktiziert.
Christus wollte nicht die Wahrheit lehren, er wollte die Wahrheit sein.
Christus wollte nicht den Menschen religiöse Wege zeigen, er wollte uns den Weg vorleben.
Christus wollte nicht edle Worte über edles Leben vortragen, er will für uns der Lebendige sein.

Es bringt nichts, sein Wort einfach nur für wahr zu halten; es bringt alles, wenn wir Nachfolge praktizieren.

11. SEPTEMBER

Und der erste Engel posaunte. Und es ward ein Hagel und Feuer, mit Blut gemengt, und fiel auf die Erde; und der dritte Teil der Erde verbrannte, und der dritte Teil der Bäume verbrannte, und alles grüne Gras verbrannte.
OFFENBARUNG 8,7

Steht das Weltende vor der Tür? Welche prophetischen Zeichen sprechen dafür?

Im Freundesbrief der »Langensteinbacher Höhe« lese ich ein Wort von dem Hausvater der Bibelkonferenzstätte: »Die Erdatmosphäre ist wie ein Treib- und Gewächshaus ohne Entlüftungsfenster. In der Erdatmosphäre wird es immer wärmer. Wir nennen es in der Fachsprache ›Treibhauseffekt‹. In sechzig Jahren können wir in Italien auf unseren Autodächern Spiegeleier braten. Dazu kommt, auch durch uns verursacht, das Ozonloch. Ozon ist ein Gas, das die Sonnenstrahlen filtert. Ohne diesen Schirm wird die Sonneneinstrahlung zum Glutofen. Über der Antarktis ist das Ozonloch bereits so groß wie das Gebiet der USA. Der Hautkrebs hat enorm zugenommen. Wir bekommen den Eindruck, dass sich apokalyptische Gerichte anbahnen, wie sie in der Johannesoffenbarung beschrieben sind. Die sieben Engel mit den sieben Posaunen haben sich gerüstet zu blasen. Und der erste blies seine Posaune, und es kam Hagel und Feuer, mit Blut vermengt, und fiel auf die Erde; und der dritte Teil der Erde verbrannte, und der dritte Teil der Bäume verbrannte, und alles grüne Gras verbrannte ... Damit mich keiner falsch versteht: Ich weiß nicht, ob wir schon in diesen Gerichten stehen. Nur werfen gewaltige Ereignisse ihre Schatten voraus.«

Was vor hundert Jahren kein Mensch für möglich gehalten hätte, die Welt spiegelt heute apokalyptische Zustände wider. Und doch, Panikmache ist nicht Aufgabe der Christen. Mission heißt nicht, die Weltuntergangsstimmung anzuheizen. Christen wollen weder überspielen noch verharmlosen. Wir halten es mit dem Liederdichter:

»Und wenn zerfällt die ganze Welt: Wer sich zu dir und wen er hält, wird wohlbehalten bleiben.«

Herr, lehre mich doch, dass es ein Ende mit mir haben muss und mein Leben ein Ziel hat.
PSALM 39,5

Hat unser Leben ein Ziel?

Ernest Hemingway antwortete auf die Frage, warum seine Erzählungen moderne Varianten der Klage um die Vergänglichkeit aller irdischen Dinge seien: »Mein Leben ist ein dunkler Weg geworden, der nach Nirgendwo hinführt und wieder nach Nirgendwo hinführt und wieder nach Nirgendwo, immer und ewig nach Nirgendwo und doch noch einmal nach Nirgendwo, dunkel und ohne Ende nach Nirgendwo.«

Die Verzweiflung spricht aus jeder Zeile. Aus-weg-losigkeit und Hoffnungslosigkeit stehen am Ende. Hemingway hat seinem Leben durch eine Gewehrkugel selbst ein Ende gesetzt. Wer so verzweifelt auf das Morgen zugeht, verliert jede Freude am Leben.

Wie anders drückt es Jörg Zink aus, der über das Ziel des Lebens schrieb: »Wenn Jesus sagte: Ich bin das Licht, dann sprach er von der Zukunft:

Liegt die Zukunft dunkel vor euch? Nein, die Zukunft bin ich.
Liegt euer Schicksal dunkel über euch?
Nein, euer Schicksal ist Licht.
Euer Schicksal bin ich.
Liegt eure Schuld dunkel in euch?
Nein, euer Gewissen ist frei und klar.
Der kommende Tag weiß nichts von einer Schuld.
Die Freiheit eures Gewissens bin ich.
Liegt die Katastrophe vor euch?
Das Ende aller Dinge? Das Ende aller Dinge ist Licht.
Denn ich bin das Ziel und das Ende.«

Herr, lehre uns, dass unsere Tage hier gezählt sind. Aber wir dürfen wissen, wir kommen nicht ans Ende, sondern ans Ziel. Unsere Fahrt endet nicht im völligen Dunkel, sondern im Licht. Wir danken dir, Herr, dass du der Weg, das Licht und das Ziel unseres Lebens bist.

Tröstet ihr euch gegenseitig in Liebe? Seid ihr im Heiligen Geist verbunden? Gibt es unter euch Barmherzigkeit und Mitgefühl?
PHILIPPER 2,1

Barmherzigkeit und Mitgefühl sind wunderbare Eigenschaften im zwischenmenschlichen Zusammenleben.

Eine kleine Tiergeschichte soll verdeutlichen, wie wichtig ein hilfreiches Mitgefühl ist. Ein Pferd und ein großer Hund haben sich angefreundet. Aber die Freundschaft bekommt einen schweren Dämpfer, als beide dem anderen ein Geschenk machen wollen. Der Hund hat von seinem Herrchen einen frischen und saftigen Knochen bekommen. Er verzichtet selbst auf den Genuss und schenkt dem Pferd das schöne Stück. Das Pferd will dem Hund ebenfalls eine Freude bereiten und schenkt ihm einen kleinen, wohl duftenden Heuballen. Beide schauen sich betroffen an und entdecken im Gesicht des anderen die große Enttäuschung.

Menschen, die sich lieben, ergeht es ähnlich. Sie glauben, dem Partner eine große Freude zu machen, wenn sie dem anderen etwas schenken, was ihnen selbst viel bedeutet. Aber da beginnen die Missverständnisse und Enttäuschungen. Wir alle haben unterschiedliche Geschmäcker, unterschiedliche Wünsche und unterschiedliche Bedürfnisse. Wenn wir uns gegenseitig in Liebe trösten wollen, müssen wir uns in den anderen hineinversetzen. Wir müssen seine Wünsche, seine Vorlieben, seinen Geschmack und seine Bedürfnisse verstehen.

Barmherzigkeit und Mitgefühl sind umso wirkungsvoller, wenn wir die innigsten Erwartungen des Herzens verstanden haben. Wenn wir wirklich als Christen im Heiligen Geist miteinander verbunden sind, geben wir uns Mühe, den anderen – besonders den Lebenspartner – in seinen Erwartungen und Vorlieben ernst zu nehmen.

Liebe ist Mitgefühl.

Liebe ist vollkommenes Ernstnehmen des anderen.

Liebe heißt, sich in den anderen hineinzuversetzen.

Wohin die menschliche Selbstsucht führt, kann jeder sehen: zu Unzucht, Verdorbenheit und Ausschweifungen, Götzendienst und Zauberei, Streit, Gehässigkeit, Rivalität, Jähzorn …
GALATER 5,19–20

Zu den Sünden der Selbstsucht gehört auch der Zorn.

Ein amerikanischer Seelsorger und Therapeut schreibt über die Folgen des Zorns für Ehe und Partnerschaft Folgendes: »Vor einigen Jahren wurde in einer Zeitschrift ein Artikel veröffentlicht, in dem der Verfasser sehr zaghaft die These aufstellt: Der Hauptgrund für das Scheitern der Ehe sei die Unfähigkeit, mit dem Zorn richtig umzugehen. In seinem neuesten Buch hat derselbe Autor, David Mace, diese These erweitert. Er behauptet nun mit Nachdruck, dass die Ehe beim Durchschnittsmenschen mehr Zorn auslöst als jede andere Beziehung. Unsere Unfähigkeit, Zorn konstruktiv zu verarbeiten, ist die Wurzel aller Eheprobleme und somit auch die Ursache der hohen Scheidungsraten. Warum ist das Problem des Zorns so lange unbeachtet geblieben? Vielleicht, weil Zorn mit so verschiedenen Gesichtern auftritt.«

Zorn ist in der Tat ein verkanntes, destruktives Verhaltensmuster. Zorn hat viele Gesichter: Hass, Wut, Ärger, Gekränktsein, Bitterkeit, Jähzorn und Aggression.

William Barclay erklärt den Begriff Zorn aus der griechischen Sprache so: »›Thymos hat seinen Namen vom Wüten und Kochen der Seele‹, schreibt Platon … Thymos, dieser unberechenbare Charakterzug, ist etwas, das der Christ aus seinem Leben entfernen sollte … Man sollte den Menschen daran erinnern, dass er die Leidenschaft nur mit der Kraft des Heiligen Geistes in seinem Herzen zügeln kann.«

Zorn ist menschlich. Aus Selbstsucht wird der Zorn von vielen Christen verdrängt, verleugnet, geschluckt, unterdrückt oder herausgeschrien. Dies sind alles falsche und ungeistliche Verhaltensmuster! Zorn ist Selbstsucht. Wer ihn bekämpfen will, braucht Gottes Heiligen Geist!

15. SEPTEMBER

Kain stieg das Blut in den Kopf, und er starrte verbittert vor sich hin. Der Herr sah es und sagte zu Kain: »Warum wirst du so zornig?«

1. MOSE 4,5–6

Ein amerikanischer Arzt benötigte eine volle Schreibmaschinenseite, um die körperlichen Reaktionen und Anzeichen von Zorn aufzuschreiben. Die wichtigsten sind:

»Eine Rötung der Haut, blutunterlaufene Augen,

... der Blutgerinnungsprozess beschleunigt sich um ein Vielfaches,

... die Muskeln am Magenausgang ziehen sich stark zusammen, sodass nichts entweichen kann,

... der gesamte Verdauungskanal verkrampft sich, Unterleibsschmerzen können ausgelöst werden,

... die Herzfrequenz steigt merklich an,

... die Kranzarterien ziehen sich so stark zusammen, dass es zu einer Angina Pectoris oder sogar zu einem Herzschlag kommen kann.«

Zorn ist nicht nur eine Sache des Gemütes. Zorn trifft den ganzen Menschen an Leib, Seele und Geist. Treffend beschreibt auch die Bibel, wie Zorn den ganzen Menschen heimsucht. Bluthochdruck stellt sich ein. Das Gesicht verzerrt sich. Im Inneren werden destruktive Gedanken gewälzt.

Wut, Zorn und Aggression müssen nicht ausgelebt werden. Wir sollten – so sagt es Paulus – mit allen Menschen Frieden haben. Was sagte Gott zu Kain: »Wenn du Böses planst, lauert die Sünde vor der Tür deines Herzens und will dich verschlingen. Du musst Herr über sie sein!« Was wollen wir, dem Zorn freien Lauf lassen oder ihn beherrschen? Wir haben es in der Hand.

Weil wir nun solche Verheißungen haben, meine Lieben, so lasset uns von aller Befleckung des Fleisches und des Geistes uns reinigen und die Heiligung vollenden in der Furcht Gottes.
2. KORINTHER 7,1

Sprechen wir heute von der Heiligung. Es ist ein Begriff, der im evangelikalen Raum viel benutzt wird. Was heißt Heiligung?

Pfarrer Paul Breymaier charakterisiert sie so: »In mir lebt der Drang, die Gnade als Gnade zu verkündigen, die Konsequenz der Gnade ist Heiligung. Henhöfer hat dieses Wort in seinem berühmten ›Meersburger Gleichnis‹ deutlich gemacht: Im Schloss zu Meersburg in der Gruft spukte es. Die Klosterherren wagten sich nicht hinunter. Der Klosterschuster aber ging hinunter, nahm seine Ahle, seinen Draht, Pech und Leder mit und arbeitete. Richtig, da regt's sich in einem Sarg. Der Schuster nimmt seinen Hammer, klopft auf einen Sarg und sagt: ›Holla da drin! Was tot ist, das ist tot, das darf nicht mehr raus und sich regen!‹ Seht, das heißt gestorben sein. Wenn der alte Mensch sich regt, muss der neue schnell mit dem Hammer hinklopfen und sagen: ›Holla da drin, was tot ist, das ist tot, das darf sich nicht mehr regen.‹ In dieser Weise möchte ich Heiligung leben und Heiligung verkündigen.«

Die Heiligung ist die Konsequenz der Gnade. Heiligung ist kein geistlicher Kraftakt, keine geistliche Do-it-yourself-Methode. Heiligung ist ein Geschenk. Wir zwingen uns nicht gute Werke ab, sondern leben als solche, die der Sünde gestorben sind. Heiligung heißt, dass wir aus Ihm, durch Ihn und mit Ihm Alltag und Sonntag gestalten. Oder ist das zu wenig?

17. SEPTEMBER

Denn das ist der Wille Gottes, eure Heiligung.
1. THESSALONICHER 4,3

Nur Heilige können Heiligung realisieren. Heiligung meint den Vorgang des Heiligwerdens. Nicht ich mache mich, sondern Gott macht mich durch Christus heilig. Paulus bringt es auf den Punkt: »Christus ist uns gemacht zur Heiligung.« Der katholische Jesuitenpater Alfred Delp, der im Konzentrationslager als Widerstandskämpfer gegen Hitler umgebracht wurde, schrieb:

»Nur die Heiligen heilen die Welt.
Durch die Eiligen wird sie entstellt.
Durch die Hassenden wird sie zerstört,
durch die Prassenden eitel entleert!
Die nur Tüchtigen retten sie nicht,
und die Süchtigen löschen das Licht.
Die still Tragenden bauen das Haus,
die Entsagenden schmücken es aus!
Die Gott Dienenden segnen die Zeit,
und die Sühnenden tilgen das Leid.
Dich zu beteiligen bist du bestellt.
Tritt zu den Heiligen! Heile die Welt.«

Der Theologe Larry Christenson kennzeichnet den Unterschied zwischen Rechtfertigung und Heiligung: »Rechtfertigung und Heiligung beschreiben die Beziehung eines Gläubigen zu Gott. Die Rechtfertigung verdeutlicht, worauf unsere Beziehung beruht: nämlich auf der Gnade Gottes, die er uns am Kreuz Christi aus freien Stücken gewährt hat. Die Heiligung dagegen umfasst alles, was in dieser Beziehung geschieht: Durch seine Gnade und Kraft verwirklicht Gott seinen Willen in uns. Es ist durchaus einsichtig, dass die Rechtfertigung vorrangig und grundlegend ist. Von ihr ist die Heiligung abzuleiten; sie ist daher nachgeordnet.«

So ist es. Gott in Christus verwirklicht seinen Willen in uns. Sein Heiliger Geist befähigt uns, Gottes Willen zu tun.

In seinem 39. Regierungsjahr erkrankte Asa an einem Fußleiden. Obwohl die Krankheit sehr ernst wurde, suchte er auch damals seine Hilfe nicht beim Herrn, sondern bei den Ärzten.
2. CHRONIK 16,12

Wen suchen wir auf, wenn wir krank werden, den Herrn oder den Arzt?

Was im Alten Testament vom israelischen König Asa berichtet wird, kann uns schon sehr nachdenklich machen. Der Direktor des Evangeliumsrundfunks hat eine treffsichere Glosse formuliert:

> »Der Kirche laufen die Mitglieder davon, und sie suchte nicht den Herrn, sondern die Werbeagenturen.
> Dem ERF ging das Geld aus, und er suchte nicht den Herrn, sondern Unternehmensberater und Fundraising-Experten.
> Einer christlichen Zeitschrift fehlten Mitarbeiter, und sie suchte nicht den Herrn, sondern die Anzeigenabteilung von ›idea‹.
> Die Mitarbeiterin einer Missionsgesellschaft fühlte sich ungerecht behandelt, und sie suchte nicht den Herrn, sondern einen Anwalt.
> Die Evangelikalen wollten ihr Anliegen besser publiziert wissen, und sie suchten nicht den Herrn, sondern Medienpolitiker und Chefredakteure.
> Jürgen Werth war nervös und abgespannt, und er suchte nicht den Herrn, sondern den Apotheker.«

Und wir? Versuchen wir vielleicht, beides zu tun? Wir wenden uns an Gott und den Arzt, an Gott und den Rechtsanwalt, an Gott und den Apotheker, an Gott und den Steuerberater. Was ist daran gut, und was ist daran problematisch? Es lohnt sich, wenn wir uns vor dem lebendigen Gott ehrlich prüfen.

In einem jeglichen offenbaren sich die Gaben des Geistes zu gemeinem Nutzen.
1. KORINTHER 12,7

Jeder Christ ist ein Charismatiker. Allerdings sind die Gnadengaben oder Charismen verschieden.

Eine Geschichte macht das deutlich: »Eines schönen Tages entschlossen sich die Tiere der neuen Welt, etwas Sinnvolles zu tun, um den Problemen zu begegnen. Sie organisierten eine Schule. So stellten sie unter anderem einen Sport-Lehrplan mit den Fächern auf: Laufen, Klettern, Schwimmen und Fliegen. Sie entschieden, dass alle Tiere an allen Fächern teilnehmen sollten. Die Ente war eine ausgezeichnete Schwimmerin. Aber sie war nur ›befriedigend‹ im Fliegen. Da sie so langsam im Laufen war, musste sie Schwimmen ausfallen lassen, um zusätzlichen Unterricht im Fach ›Laufen‹ zu belegen. Dadurch wurden ihre Schwimmhäute ganz abgenutzt. Der Hase stand an der Spitze seiner Klasse im Laufen, aber er zog sich eine nervöse Zerrung in seinen Beinmuskeln zu – aufgrund der übergroßen Anstrengung beim Schwimmen. Das Eichhörnchen war ausgezeichnet im Klettern, aber es erlebte eine ständige Frustration beim Fliegen. Der Lehrer verlangte immer von ihm, vom Boden zu starten anstatt von den Baumspitzen. Es bekam einen Muskelkater von dieser Überanstrengung. Die Moral dieser Geschichte: Wir sollten nicht versuchen, unsere Schwächen zu polieren, sondern unsere Stärken zu kennen und diese einzusetzen.«

Wer nach Gaben und Charismen strebt, die ihm nicht gemäß sind, handelt gegen den Geist Gottes. Unser Herr will ein Zusammenspiel aller Gaben und Kräfte. Die Gemeinde braucht keine Superbegabten und keine Hochleistungs-Charismatiker. Wer egoistisch und selbstherrlich seine Gaben in den Mittelpunkt setzt, handelt gegen die »Gemeinnützigkeit«. Das Zusammenspiel der Gaben ist garantiert, wenn jeder ohne Eifersucht und Neid, ohne Konkurrenzkampf und Machtstreben seine Charismen für die Gemeinschaft einsetzt.

Aber das alles bewirkt ein und derselbe Geist.
Aus freiem Ermessen gibt er jedem seine besondere Fähigkeit.
1. KORINTHER 12,11

Jeder Christ hat Charismen oder Gnadengaben. Sie sind den Menschen »zum Nutzen für andere« gegeben, schreibt Paulus. Es sind keine Geschenke, die unseren Selbstwert erhöhen sollen. Niemand kann sich etwas darauf einbilden. Und damit soll ich auch nicht nach Gaben streben, die mir Macht und Prestige verleihen.

Es gibt eine jüdische Legende, die beschreibt, wie wir uns als begabte Christen verstehen sollen. Da wird erzählt, dass der Rabbi namens Susja vor seinem Tode gefragt wurde, ob er sein Leben rechtschaffen und in Frömmigkeit wie der Erzvater Mose geführt habe. Der Rabbi Susja antwortete darauf: »In der kommenden Welt wird man nicht fragen: Warum bist du nicht Mose gewesen? Man wird mich fragen, warum bist du nicht Susja gewesen?«

Das ist der springende Punkt. Gott liebt uns, wie wir sind. Er liebt uns als Originale. Er fragt nicht, ob wir wie Mutter Teresa, wie Dietrich Bonhoeffer, wie Albert Schweitzer oder Martin Luther King gelebt haben. Wir sollen unsere Talente einsetzen und nicht vergraben, in Dienst stellen und nicht einrosten lassen. Aus »freiem Ermessen« hat Gott jedem »besondere Fähigkeiten« geschenkt. Wie kommt es, dass unsere Gaben ungenutzt in uns schlummern? Wie lauten unsere Ausflüchte?

»Die Frau Meier und der Herr Müller können das viel besser.«

»Ich traue mir das nicht zu!«

»Ich möchte einem anderen nicht vorgreifen!«

»Der Heilige Geist hat uns noch nicht die volle Bestätigung gegeben.«

»In zehn Jahren vielleicht sind meine Gaben so ausgereift, dass sie wirklich zur Ehre Gottes eingesetzt werden können. Bis dahin, lieber Herr, musst du noch ein bisschen Geduld mit mir haben.«

Sie können ganz sicher sein, der Teufel wird dankbar »Amen« sagen. Mit »zerbrochenen Stäben« will Gott Wunder tun!

Esst das heute! An diesem Tag ist Sabbat, der dem Herrn geweiht ist. Da werdet ihr draußen nichts finden.
2. MOSE 16,25

Das Heute hat im Leben der Christen eine besondere Bedeutung.

Zu einem klugen und erfahrenen alten Seelsorger kam eines Tages ein Mann, der die Welt bereist und viele gescheite und namhafte Philosophen und Weisheitslehrer konsultiert hatte. »Am meisten hat mich beeindruckt«, sagte er zu dem alten Seelsorger, »wie einer unter ihnen die Vergangenheit und die Zukunft gedeutet hat. Zum ersten Mal habe ich in meinem Leben einen Einblick in die geschichtlichen Abläufe erhalten, die mich faszinierten. Auch die Zukunftsschau war ein genialer Wurf. Aber im Tiefsten bin ich unzufrieden geblieben. Darum komme ich zu Ihnen, um zu hören, welche Botschaft Sie für die Menschen haben?«

Der Alte dachte einen Augenblick nach und sagte: »Ich kann verstehen, dass Sie von dem Weisen beeindruckt waren, der Vergangenheit und Zukunft genau deuten konnte. Aber diese Frage interessiert mich nicht.« »Das überrascht mich sehr«, sagte der Fremde. »Ich kann mir nichts vorstellen, was schwerer ist, als Vergangenheit und Zukunft zu deuten.« Der Alte lächelte und sagte: »Eins ist schwerer – nach Gottes Plan in der Gegenwart zu leben.«

Auch Mose hatte große Schwierigkeiten, den Israeliten auf der Wüstenwanderung begreiflich zu machen, dass das Manna sich nur ein, höchstens zwei Tage hält. In der Tat, viele kluge Leute machen kluge Aussagen über die Vergangenheit und über die Zukunft. Sie kennen alle Einzelheiten über die Zukunft unserer Welt und wissen genau, was nach biblischen Aussagen alles auf uns zukommen wird. Aber sie haben es schwer, im Hier und Jetzt Gottes Plan in ihrem Leben zu realisieren.

Ist es nicht so: Die Vergangenheit liegt hinter uns, sie muss uns nicht mehr beschweren. Die Zukunft liegt vor uns und ist in Gottes Händen gut aufgehoben. Aber für die Bewältigung der Gegenwart brauchen wir seinen Beistand und seine Führung.

Und wenn euer Wohlstand wächst,
hängt euer Herz nicht daran!
PSALM 62,11

Wir bezeichnen das Herz auch als das Zentrum der Persönlichkeit. Was es denkt und plant, das charakterisiert uns.

Eine Gruppe von zehn Männern im mittleren Alter macht eine Art Überlebenstraining in der Wüste. Doch die Gruppe wird getrennt. Acht Männer sind am Morgen verschwunden. Ihre Schlafsäcke sind leer. Zwei Männer sind übrig geblieben; einer davon ist ein sehr reicher Unternehmer, der in den letzten Jahren viel Geld verdient hat.

Mit den acht Personen, die in der Nacht auf geheimnisvolle Weise verschwunden sind, sind auch Kompass, Lebensmittel und Wasservorräte weg. Die beiden übrig Gebliebenen wachen auf und sind entsetzt. Die Sonne brennt vom Himmel, und bald quält sie der Durst. In der Ferne sehen sie das Gebirge, aber die Wanderung bis dahin scheint unerträglich.

Plötzlich erscheinen Räuber – es sind vermutlich die gleichen, die die acht anderen in ihre Gewalt gebracht haben. Sie wissen, dass einer der beiden Männer außergewöhnlich reich ist, und fragen den Unternehmer, was er zu opfern bereit wäre, wenn er hier, in der Wüste des Todes, mit Lebensmitteln und Getränken eingedeckt würde. Der Mann schaut die Männer auf den Pferden an, er ahnt, dass es um Leben und Tod geht. »Bevor ich hier elend verrecke, verzichte ich auf 10 Millionen meines Reichtums.« Die Männer auf den Pferden sehen sich an, geben beiden einen Kompass, Lebensmittel und Getränke und wollen losreiten, doch ihr Anführer dreht sich noch einmal auf seinem Pferd um und sagt zu dem reichen Unternehmer: »Wie kannst du dein Herz an eine Firma hängen, die du im Ernstfall für ein paar Lebensmittel und Getränke, die vielleicht zehn Dollar kosten, aufgibst!«

Martin Luther brachte es auf den Punkt: »Woran du dein Herz hängst, das ist dein Gott.« Und woran hängt unser Herz?

Siehe, das ist Gottes Lamm,
das der Welt Sünde trägt.
JOHANNES 1,29

Wer ist Christus für uns, für die Menschen, für die Welt?

War er ein großer Morallehrer, ein Wundertäter, ein Prophet? Oder war er mehr? Wir können seine Ethik bewundern und stehen staunend vor seinem opferbereiten Leben. Aber das rettet uns nicht.

C. S. Lewis schreibt in seinem Buch »Pardon, ich bin Christ«: »Ich möchte damit jedermann vor dem wirklich dummen Einwand bewahren, er sei zwar bereit, Jesus als großen Morallehrer anzuerkennen, nicht aber seinen Anspruch, Gott zu sein. Denn gerade das können wir nicht sagen. Ein Mensch, der solche Dinge sagen würde, wie Jesus sie gesagt hat, wäre kein großer Morallehrer. Er wäre entweder ein Irrer oder der Satan in Person. Wir müssen uns deshalb entscheiden: Entweder war und ist dieser Mensch Gottes Sohn, oder er war ein Narr oder Schlimmeres. Wir können ihn als Geisteskranken einsperren, wir können ihn verachten oder als Dämon töten. Oder wir können ihm zu Füßen fallen und ihn Herr und Gott nennen. Aber wir können ihn nicht mit gönnerhafter Herablassung als einen großen Lehrer der Menschheit bezeichnen. Das war nie seine Absicht; diese Möglichkeit hat er uns nicht offengelassen.«

Als fleischgewordener Gott hat Jesus unsere Sünde am Kreuz gesühnt. Dieser höchste Akt der Liebe ist unsere Rettung. Er war nicht nur ein Mensch, er war Gott in Menschengestalt. Das Lamm ist eins der am häufigsten benutzten Opfertiere, und es wurde zum Symbol für Vergebung und Rechtfertigung. Wenn wir an ihn glauben, können wir seine Liebe zu uns nur mit vorbehaltloser Hingabe beantworten.

Die ganze Nacht verbringe ich mit Grübeln.
Immer wieder bewegen dieselben Fragen mein Herz:
Hat der Herr uns für immer verstoßen?
PSALM 77,7–8

Wut und Depression spielen im Alten und Neuen Testament eine große Rolle. Die Depression wird nicht so benannt, aber konkret entsprechend beschrieben. Was haben Wut und Zorn mit Depression zu tun?

Ein Psychiater formuliert es so: »In der Realität sieht es nämlich so aus, dass 95 Prozent aller Depressionen durch verdrängte Wut auf sich selber oder auf diejenigen, die einem übel mitgespielt haben, entstehen. Und die Mehrzahl der Angstneurosen sind Ausdruck der Furcht vor dem Gewahrwerden verdrängter Wut … Jemand hat einmal gesagt, es sei buchstäblich eine schwere Last, Groll mit sich herumzutragen. Wenn man bedenkt, dass 90 bis 95 Prozent aller schweren Depressionen etwas mit Wut und Groll zu tun haben, dann fragt man sich schon, woher diese Wut kommt. Unsere Erfahrung mit Tausenden von Patienten zeigt, dass es sehr verschiedene Quellen für den sich allmählich ansammelnden Groll gibt: Es sind die Menschen, die ungerecht und gemein zu uns in der Kindheit waren; es sind wir selber, wenn wir uns schlimme Dinge vorwerfen; es ist Gott, wenn er die Boshaftigkeiten, unter denen wir leiden, zulässt; und es können ganz allgemein unsere Lebensumstände sein, weil wir ständig unter Stress stehen oder unerfüllbare Erwartungen an uns selber stellen.«

Schlaflosigkeit, Grübelei und versteckte Wut sind Kennzeichen der Depression. Selbst Gott bekommt indirekt die Wut zu spüren. Warum hilft er nicht? Warum zeigt er sich nicht deutlicher? Warum tut er nichts gegen die Verlassenheitsgefühle?

Ziel der Seelsorge mit Depressiven ist es, die unterschwellige Wut und die Verbitterung bewusst zu machen und beim Namen zu nennen. Gegen wen richten sich Enttäuschung und Zorn? Wem werden Unverschämtheiten nachgetragen? Wer diese Wutquellen klar erkennt, kann vergeben. Die Vergebung aber befreit von Zorn und Bitterkeit.

Aus tiefer Verzweiflung schrie ich zu dir.
Herr, höre mich doch!
Sei nicht taub für meinen Hilferuf!
PSALM 130,1–2

Wie gehen wir mit tiefer Depression und Niedergeschlagenheit um?

Im »Spiegel« las ich einmal einen Beitrag über die Fußballnation Brasilien. Da hieß es: »Keine andere der 24 in den USA teilnehmenden Mannschaften hat mit ähnlichen Schwankungen zwischen Euphorie und Depression zu kämpfen wie die Brasilianer. Der Erwartungsdruck, dem die Turnierfavoriten aus Südamerika ausgesetzt sind, ist ›nicht mehr zu steigern‹, urteilt Italiens Trainer Arrigo Sacchi ... Doch je größer im Land die Probleme durch Armut oder Kriminalität werden, je näher die Lichtgestalten durch mediale Dauerpräsenz rücken, desto absurder wird die Verantwortung, die sie übernehmen müssen ... Sollte Brasilien Zweiter werden, haben Anhänger dem Verband schriftlich angekündigt, springen sie aus dem Fenster. Kann aber die wohl beste Mannschaft der Welt noch unbeschwert aufspielen, wenn es, so Verteidiger Ricardo Rocha, ›um Leben und Tod‹ geht?«

Wer das Höchste anstrebt, muss mit der tiefsten Tiefe rechnen. Das ist ein Naturgesetz. Ein Star der Brasilianer bringt es auf den Punkt: »Die Nation wird beten und tanzen, wenn ich ihr den Titel schenke, aber sie wird weinen, wenn meine Mission scheitert.«

Verzweiflung ist nicht selten der Ausdruck furchtbaren Ehrgeizes. Himmelstürmende Erwartungen haben dann katastrophale Depressionen zur Folge. Die Enttäuschung über uns, über die anderen, über fehlgeschlagene Ziele ist grenzenlos. Ich habe noch niemals einen Depressiven in der Seelsorge erlebt, der nicht hochgradig ehrgeizig war, der – auf welchem Gebiet auch immer – von hohen Erwartungen ergriffen war. Entscheidend ist, dass wir in »tiefer Verzweiflung« die Kontakte zum Herrn Jesus nicht abreißen lassen. Wer so beten kann wie der Psalmist, wird nicht in der Verzweiflung stecken bleiben, auch wenn es Wochen oder Monate dauert.

Ich frage nicht nach weit gesteckten Zielen, die unerreichbar für mich wären. Nein, still und ruhig ist mein Herz, so wie ein sattes Kind im Arme der Mutter.
PSALM 131,1–2

Ein Problem, das bei den meisten depressiv Kranken zum Vorschein kommt, ist ihr extrem hoher Anspruch. Sie haben in der Regel »weit gesteckte und unerreichbare Ziele«.

Vor Jahren hörte ich in Holland einen amerikanischen Psychiater, der über Depressionen sprach und mit einem englischen Wortspiel die Depression kennzeichnete. Das Wortspiel lautete: »Nobility – no ability.« (Die freie Übersetzung lautet etwa: Das Noble, das Edle, das Höchste und Vornehmste auf der einen Seite, die Unfähigkeit auf der anderen.)

Viele Depressive sind Alles-oder-nichts-Denker. Hochgesteckte Ziele und überspitzte Erwartungen auf der einen Seite, Resignation, Hoffnungslosigkeit und Depression auf der anderen. Alles-oder-nichts-Positionen verraten Neurosen, schwere seelische Störungen. Sie wollen das Unmögliche, greifen nach den Sternen und landen im Sumpf der Verzweiflung. Je höher die Erwartungen an das Leben, an den Glauben, an die Ehe, an die Kindererziehung, an die Leistung, desto tiefer der Fall in die Enttäuschung und in die Verbitterung.

Der Psalmbeter David hat diese Gefahr erkannt. Er hat die Tiefen der Depression ausgelotet. Eine Reihe Psalmen kennzeichnen den »Schrei aus der Tiefe«. Die überehrgeizigen Ziele seines Herzens haben ihn seelisch abstürzen lassen. Ein trotziges »Nein« setzt er diesen hochfliegenden Zielen entgegen. Sein Herz ist zur Ruhe gekommen. Das Zentrum seiner Persönlichkeit wird nicht mehr von superehrgeizigen Vorstellungen heimgesucht. Seine Seele ist gesättigt, das Vertrauen auf den lebendigen Gott hat ihn ruhig und gelassen gemacht.

Können wir das auch sagen, oder wird unser Herz von »unerreichbaren Zielen« beherrscht?

In meiner Angst suche ich den Herrn; nachts strecke ich die Hand nach ihm aus, ohne davon zu ermüden ... Denke ich an Gott, so muss ich stöhnen. Komme ich ins Grübeln, so packt mich Verzweiflung.
PSALM 77,3–4

Wie können sich Depressionen in unserem Leben auswirken? Die Bibel berichtet an vielen Stellen von Depressionen, von Schwermut und tiefster Verzweiflung.

Charles Baudelaire hat sie in seiner Gedichtsammlung »Die Blumen des Bösen« eindrücklich beschrieben: »Und lange Leichenwagen, ohne Trompeten und Musik, ziehen in meiner Seele langsam vorbei: Die Hoffnung, die besiegte, weint, und graue Angst pflanzt herrisch auf meinem gesenkten Schädel schwarze Fahnen auf.«

In der Tat, die Hoffnung ist besiegt. Die Grübelmaschine läuft auf Hochtouren. Die Angst kriecht aus allen Löchern. Vergangenheit, Gegenwart und Zukunft sind in Schwarz gehüllt. Der Depressive kann nur noch stöhnen, wie der Psalmist es ausdrückt.

Folgende Fehler sollen Angehörige vermeiden. Fehler Nummer 1: »Du schaffst es schon, wenn du nur willst!« Es ist falsch, den Depressiven aufzurütteln, sich am Riemen zu reißen. Fehler Nummer 2: »Du brauchst Ferien!« In den Ferien wird nur gegrübelt. Jede Ortsveränderung wirkt wie ein Berg, der überschritten werden muss. Fehler Nummer 3: »Du liebst mich nicht mehr!« Das Denken, Fühlen und Wollen kreist um Negatives. Auch die Liebe ist blockiert. Fehler Nummer 4: »Ich ziehe mich zurück!« Der abgebrochene Kontakt ist ein grober Fehler. Im Grunde braucht der Depressive einen treuen Begleiter. Fehler Nummer 5: »Ich werde den Kranken durch Witze und Scherze ablenken!« Der Depressive hat keinen Humor. Er leidet und will nicht abgelenkt werden. Wer ablenken will, hat den Kranken nicht verstanden.

Fehlt dem Kranken die Kraft zum Beten, wir beten für ihn. Sucht er keine Hoffnung mehr, wir geben die Hoffnung nicht auf.

Auch wenn die Nacht lang ist, strecken Sie die Hand zum Herrn Jesus aus! Sie dürfen klagen und stöhnen! Sie dürfen grübeln und traurig sein.

Der Mensch lebt nicht vom Brot allein, sondern von einem jeglichen Wort, das durch den Mund Gottes geht.
MATTHÄUS 4,4

Der Mensch lebt nicht allein von Essen und anderen Genüssen. Natürlich, die materielle Komponente gehört mit zum Leben, aber sie stellt nur einen Aspekt unseres Daseins dar.

In einem Buch las ich eine interessante Betrachtung hierzu: Ein amerikanischer Sozialpsychologe hatte mit seinen Mitarbeitern das Essverhalten von übergewichtigen und das von normalgewichtigen Menschen untersucht. Die Studie förderte einen wichtigen Unterschied zutage. Menschen, die sehr auf die Essenszeiten achten, werden schnell übergewichtig, während Menschen, die essen, wann sie Hunger haben, entschieden weniger zunehmen. Bei Tests, bei denen man den Teilnehmern falsche Uhrzeiten angegeben hatte, aßen die Übergewichtigen mehr, wenn sie auf die Uhr schauten und feststellten, dass ihre Essenszeit vorbei war.

Essen ist auch eine Gewohnheit. Wer in erster Linie die Uhr im Auge hat, bekommt das Gefühl, jetzt ist Essen dran. Er isst mehr, als er wirklich braucht.

Wie gut, wenn wir auch die geistige Dimension unseres Lebens im Auge haben. Der Sinn unseres Lebens verlangt mehr als Essen und Trinken. Sie machen uns zwar körperlich satt, aber dennoch bleiben wir seelisch und geistlich hungrig.

Viel essen hat auch den Sinn, eine fehlende existenzielle Zufriedenheit mit Nahrung oder Süßigkeiten zu kompensieren. Typisch für Übergewichtige ist oft, dass sie den Kühlschrank heimsuchen, wenn sie sich leer fühlen, einsam sind und den wahren Sinn im Leben vermissen. Sie essen aus Frust, sie essen aus Langeweile.

Wer Gott und seinem Wert im Leben mehr Spielraum schenkt, lebt ausgefüllter. Er wird mehr beansprucht und hat mehr Kontakt im zwischenmenschlichen Bereich. Der Hunger nach Liebe und der Hunger nach Sinn werden gestillt. Die Zufriedenheit erfasst den ganzen Menschen nach Leib, Seele und Geist.

Deshalb verlässt ein Mann Vater und Mutter, um mit seiner Frau zu leben. Sie sind also nicht mehr zwei, sondern eins.
MATTHÄUS 19,5

Zwei Menschen, die eins geworden sind, tragen die Verpflichtung füreinander.

Ein amerikanischer Psychiater hat eine ganze Anzahl »Lügen« formuliert, die dem Zusammenleben der Christen schaden. Eine Lüge betrifft die Ehe: »Ich sollte mich nicht verändern müssen.« Wörtlich heißt es bei ihm: »Als ich ein Jugendlicher war, gab es ein Lied, das ich sehr mochte. Darin hieß es: ›Ich bin, was ich bin, und das ist alles, was ich je sein werde.‹ Genau das sagen häufig Ehepaare, wenn sie sich dafür rechtfertigen, dass sie sich nicht verändern können (oder wollen). Die Stoßrichtung solcher Aussagen ist die Lüge, dass in einer guten Ehe ein Partner im Blick auf den anderen nichts daran ändern muss, was er ist ... ›Eins‹ zu werden ist unmöglich, solange einer der Ehepartner oder beide sich weigern, sich füreinander zu verändern.«

Wir sagen: »Du musst mich so nehmen, wie ich bin!« »Gott hat mich so geschaffen, Ich kann nichts dafür.« »Ich kann nicht aus meiner Haut!«

Gesammelte Ausreden von Menschen, die sich egoistisch durchsetzen wollen. Verheiratete sind ein Wir; nicht mehr ein Ich, sondern eine Einheit; nicht mehr zwei Körper, sondern »ein Fleisch«. Wer mit dem anderen zusammenleben will, muss Kompromisse schließen. Kompromisse sind nicht »faule Zugeständnisse«, sondern Übereinkünfte, die beiden Partnern helfen. Sie sind füreinander verantwortlich.

Liebe heißt: Dir zuliebe gebe ich unangenehme Gewohnheiten, lieblose Eigenwilligkeiten und Marotten auf, die das Zusammenleben stören. Liebe heißt: Ich verändere mich für dich. Liebe heißt: Ich respektiere deine Wünsche, deine Bedürfnisse, deine Schwächen und Gewohnheiten.

Was Gott zusammengefügt hat,
das soll der Mensch nicht scheiden.
MATTHÄUS 19,6

Es geht um die Unauflöslichkeit der Ehe. Sie ist ein unwiderruflicher Treuebund. Martin Buber schreibt dazu: »Dies kommt in dem deutschen Wort ›Ehe‹ zum Ausdruck.« Buber schreibt: »Wenn ein Freund heiratet, schlage ich gern auf, was Jakob Grimm über die Ehe zu sagen hat, dass in dem gotischen Wort ›aiva‹, aus dem das deutsche Wort ›Ehe‹ kommt, Ewigkeit und Gesetz dicht beieinander gewohnt haben, ehe sie zur ›êwe‹ (Ewigkeit) und ›ê‹ (Gesetz, Erhebung, Ehe) auseinandertraten. Damit scheint mir doch mehr gesagt zu sein, als dass es in der Ehe um eine ewige Ordnung geht. Wir werden darauf hingewiesen, dass der Einzelne, der als Ganzes, also ehelich mit dem anderen sich verhält und den Bund mit ihm schließt, in einer besonderen, nur so sich öffnenden Weise den ewigen Charakter des menschlichen Daseins verspürt.«

Beide Dinge gehören zusammen: die Ewigkeit der Ehe und der Vertragscharakter der Ehe. Es gibt drei Übersetzungen für den Text:

»Was Gott zusammengefügt hat, das darf der Mensch nicht trennen.« (J. Gnilke) »Was Gott zusammengefügt hat, das soll der Mensch nicht trennen.« (Romano Guardini) »Was Gott zusammengefügt hat, das kann der Mensch nicht scheiden.« (Dietrich Bonhoeffer) Dr. Bovet formulierte: »Man kann eine Ehe ebenso wenig scheiden, wie man einen lebendigen Leib entzweischneiden kann.«

Nicht die menschliche Liebe trägt die Ehe, sondern Gottes Liebe gibt den Liebenden die Kraft, zusammenzuhalten und zusammenzubleiben. Wer in die Ehe einwilligt, wird von Gott beschlagnahmt. Von daher gibt es keine Ehe auf Probe und keine Ehe auf Zeit.

1. OKTOBER

Solange die Erde steht, soll nicht aufhören Saat und Ernte, Frost und Hitze, Sommer und Winter, Tag und Nacht.
1. MOSE 8,22

Der Monat Oktober ist der Monat der Ernte. Da erinnern wir uns auch immer wieder daran, wie gut Gott alles wachsen lässt und dafür sorgt, dass wir eine reiche Ernte einfahren dürfen.

Susanne Breit-Kessler hat einmal geschrieben, dass sie regelmäßig am Erntedankfest ihre Steuererklärung anfertigt. Sie hält es nicht für unpassend, denn sie meint, dass Ernte und der Rückblick auf ein Jahr zusammenhängen. Sie schaut beim Ausfüllen noch mal an, welche Ernte sie letztes Jahr eingefahren hat – zumindestens finanziell. In der unsicheren Zeit ist sie dankbar für ihre Arbeit, dankbar, nicht arbeitslos zu sein. Und beim Ausfüllen der Formulare erinnert sie sich daran, was sie getan und wofür sie ihr Geld bekommen hat. »Das ist ein gutes Gefühl, sagen zu können: Ich habe es verdient. Ich habe gesät und durfte ernten.«

Sie will nicht allein für sich säen und ernten. Sie möchte mit anderen gemeinsam für eine soziale Gesellschaft sorgen. Ernten heißt auch die Gaben der Felder und die Gaben des Geistes einfahren.

Gott hat uns reichlich beschenkt. Saat und Ernte, Sommer und Winter, Tag und Nacht sind seine Gaben. Der lebendige Gott hat es versprochen. Aber die Gaben sind nicht selbstverständlich. Auch wenn bei uns der Strom aus der Steckdose kommt und die Lebensmittel im Regal des Supermarktes stehen, ohne Gottes Segen bleibt die Steckdose ohne Strom, die Regale in den Supermärkten bleiben leer, und das Wasser hört auf zu fließen.

Die Zeit der Ernte ist auch ein Prüfstein unseres Glaubens. Gott erwartet ein Opfer, nicht einfach nur eine Kollekte. Wir ehren Gott, wenn wir nicht nur mit einem ehrlichen Herzen, sondern auch mit einer geöffneten Geldbörse ihm und den Millionen Hungernden in der Welt unseren Dank abstatten.

Wohin die menschliche Selbstsucht führt ... zu Geltungsdrang ... Trunk- und Fresssucht und noch vieles dergleichen.
GALATER 5,19–21

Die Sucht ist ein ernstes menschliches Problem, auch bei Christen. Es gibt unzählige Süchte. Putzsucht, Eifersucht, Naschsucht, Gefallsucht, Arbeitssucht, Drogensucht, Prahlsucht, Geltungssucht, Trunksucht. Was sind die Gründe und Motive? Was fördert das Suchtverhalten? Ein Seelenarzt definiert es in einem Fachbuch folgendermaßen: »Das geschwächte Selbstwertgefühl erzeugt einen Leidensdruck, und dem versuchen sich Eltern zu entziehen, indem sie Zuflucht in irgendeiner Sucht suchen. Das kann die Sucht nach Alkohol, Sex, Sport oder Geldverschwendung sein. Selbst die Gemeinde mit ihren Aktivitäten kann zur Sucht werden. Und das sind nur ein paar Beispiele von vielen Möglichkeiten. ›Gemeindesüchtig‹ ist nach unserer Definition derjenige, der so viel Zeit jede Woche in der Gemeinde verbringt, dass er Gottes Missfallen erregt, weil er eine biblische Lehre nicht beachtet: Wer die Belange seiner eigenen Familie nicht sieht, der ist in den Augen des Herrn schlimmer als ein Ungläubiger ... Eltern können so beschäftigt sein mit ihren mannigfachen Süchten, dass die Kinder sich bald vernachlässigt fühlen. Und eines Tages stellt sich bei ihnen tiefe Niedergeschlagenheit ein und das Gefühl, völlig wertlos zu sein.«

Kinder, die vernachlässigt werden, leiden unter Selbstwertstörungen. Minderwertigkeitsgefühle werden überausgeglichen, und die Folge sind Süchte verschiedenster Art. Leider gibt es nicht nur weltliche Süchte, es gibt auch »fromme Süchte«. Arbeitssucht und Gemeindesucht – alle Arbeit geschieht nur für den Herrn – sind verführerische, teuflische Süchte. Mit einem frommen Mäntelchen praktizieren wir Selbstsucht und Geltungssucht. Es sind Lügen, die wir glauben, und Selbstrechtfertigungen, die wir für wahr halten.

Ein anderer sagte: »Ja, Herr, ich will mit dir gehen, aber lass mich zuerst noch von meiner Familie Abschied nehmen.« Doch Jesus sagte: »Wer eine Hand an den Pflug legt und dann zurückschaut, ist nicht geeignet für das Reich Gottes.«
LUKAS 9,61–62

Die Entscheidung muss heute fallen!

Wir alle kennen das Sprichwort: »Morgen, morgen, nur nicht heute, sagen alle faulen Leute!«

Jesus ruft Menschen in seine Nachfolge. Die meisten haben triftige Gründe, ihre Entscheidung zu verschieben. Oft klingen die Einwände vernünftig. Ist Jesus unbarmherzig?

Dietrich Bonhoeffer, der in den Dreißigerjahren von den Kirchen eine klare Stellungnahme gegen die Verfolgung der Juden in Deutschland erwartete und der kurz vor Kriegsende noch von den Nazis hingerichtet wurde, schrieb: »Aus lauter Angst vor Irrtum überhaupt nicht zum Handeln zu kommen scheint mir fast gegen die Liebe zu gehen. Verzögerte oder verpasste Entscheidungen können sündiger sein als falsche Entscheidungen, die aus dem Glauben und aus der Liebe kommen. ›Erlaube mir, dass ich zuvor hingehe …‹, heißt es im Evangelium; o, wie oft schwätzen wir das vor! Und gerade hier heißt es: jetzt oder nie. ›Zu spät‹ heißt ›nie‹. Bekenntnis heißt's heute. Weg mit der Angst vor diesem Wort. Die Sache Christi ist auf dem Spiel. Wollen wir schlafend gefunden werden?«

Bonhoeffers Worte gehen unter die Haut. Wie oft haben wir geschwiegen, wo wir hätten reden sollen. Wie oft haben wir uns gedrückt, wo wir hätten bekennen müssen. Wie oft haben wir uns herausgeredet, wo wir sofort eine klare Entscheidung hätten treffen müssen.

Herr, vergib uns unseren Kleinglauben! Schärfe unser Gewissen, dass wir klar und überzeugend Stellung beziehen!

Aber sie fingen alle an, Entschuldigungen vorzubringen. Einer sagte, er habe gerade ein Feld gekauft und wolle es nun begutachten; er bat ihn, ihn deshalb zu entschuldigen. Ein anderer erklärte, dass er gerade fünf Paar Ochsen gekauft habe und sie prüfen wolle. Wieder ein anderer hatte gerade geheiratet und meinte, er könne deshalb nicht kommen.
LUKAS 14,18–20

Entschuldigungen spielen im zwischenmenschlichen Leben eine große Rolle. Viele Entschuldigungen sind Ausreden. Wir reden uns heraus. Wir ziehen uns aus der Affäre.

In einem Monatsanzeiger der Wuppertaler Methodistenkirche fand ich eine treffsichere Auflistung von Ausreden in der Bibel.

»Das nächste Mal, wenn du glaubst, warum dich Gott nicht gebrauchen kann, denke an folgende Personen:
Abraham war zu alt, Naomi war eine Witwe,
Isaak war ein Träumer, Hiob verlor alles,
Jakob war ein Lügner, Zachäus war zu klein,
Lea war hässlich, Petrus war zu impulsiv,
Josef wurde misshandelt, Markus hat aufgegeben,
Debora war ein weiblicher Richter, Timotheus war magenkrank,
Gideon hatte Angst, Elia war depressiv,
Jeremia und Timotheus waren zu jung,
Jona rannte vor Gott weg.«

Ausreden sind teuflisch. Kennen Sie den Spruch? »Warum schlug der Teufel seine Großmutter? Antwort: Weil sie keine Ausrede wusste.« Entschuldigungen sind Ausreden, die mit halben Lügen verglichen werden können. Jesus lädt uns ein, zu ihm zu kommen, aber es gibt tausend Rechtfertigungen, die Entscheidung hinauszuschieben. Vieles geht vor, bis es plötzlich zu spät ist.

Ist Ihnen auch schon eine glaubhafte Entschuldigung eingefallen?

Denn wer zweifelt, der ist auch unbeständig in allem, was er unternimmt.
JAKOBUS 1,8

Wir müssen den normalen vom ungesunden Zweifel unterscheiden. Im zwischenmenschlichen Bereich und im Glaubensleben spielen Zweifel eine Rolle. Ein gesunder Zweifel lässt uns vorsichtig und abwägend sein. Der neurotische Zweifel lähmt alle Entscheidungen, untergräbt jede Aktivität und zwingt zum Rückzug, zum Stillstand und zur Entschlusslosigkeit.

Bruce Marshall lässt in seinem Roman »Der rote Hut« folgende Sätze über einen Gläubigen formulieren: »Ein Gläubiger ist, wer seine Zweifel mehr bezweifelt als das, was er glaubt; und ein Ungläubiger ist einer, der, was er glaubt, mehr bezweifelt als seine Zweifel.«

Das heißt: Der Gläubige zweifelt nicht am Glauben, aber an seinen Zweifeln. Der Ungläubige zweifelt an seinem Christusglauben und glaubt an seinen Zweifel.

Der Zweifel gehört zu unserem Leben. Seit die Sünde in der Welt ist, gehört auch der Zweifel dazu. Im Zweifel steckt eine gefährliche Entwicklung. Der Zweifel untergräbt das Vertrauen zu Gott, das Vertrauen zu anderen und das Vertrauen zu uns selbst.

Der Begründer der Individualpsychologie, Alfred Adler, schreibt über den Zweifel: »Hier schließt sich unser Verständnis für die psychologische Struktur des Zweifels. Auch beim Zweifel bestehen nicht etwa zwei verschiedene Ziele, sondern ein einziges: Stillstand. Die gleiche Überlegung gilt für alle sogenannten nervösen Symptome. Wie eine verschleiernde Bremswirkung greifen sie in die Bewegung des Fortschritts ein.«

In der Tat, auch Jakobus kritisiert die Bremswirkung des Zweifels. Der Mensch ist unbeständig in allem, was er unternimmt. Der Zweifel blockiert den Lebens- und Glaubensmut. Er kann den Lebenswillen zerstören und in Ver-zweiflung enden. Glauben wir doch dem Herrn Jesus und seinen Zusagen.

Tut alles ohne Murren und ohne Zweifel.
PHILIPPER 2,14

Der Zweifel kann Menschen lähmen und völlig verunsichern.

Im Wörterbuch heißt es: »Zweifel = lat. dubius: in der Überzeugung oder im Entschluss schwankend, ungewiss, unschlüssig, unsicher.« Der Zweifler schwankt hin und her. Er kann sich nicht entscheiden. Der Zweifel lässt seine Aktivität erstarren.

Hanna Ahrens schreibt über den Zweifel: »Manchmal habe ich Angst, dass ich eines Morgens aufwachen könnte und Gott mir nicht mehr bedeutet als eine Vokabel, die ich früher einmal gelernt habe. Dass ich plötzlich nicht mehr an ihn glauben kann und dies mich nicht einmal stört. In einer solchen Zeit rief ein befreundeter Pastor an und fragte, ob ich ihn am kommenden Sonntag im Gottesdienst vertreten könnte. Predigttext sei ein Abschnitt aus Lukas 22. Etwas zögernd sagte ich zu. Ich las den Text und traute meinen Augen nicht. Da stand das Wort, mit dem Jesus sich nach dem letzten Mahl von Petrus verabschiedete: ›Ich habe für dich gebetet, dass dein Glaube nicht aufhöre.‹ Ich erschrak und war doch zugleich ganz übermütig glücklich. Was für ein Abschiedswort! Gott selbst wird für meinen Glauben sorgen – so wie er für mein Leben sorgt. Er wird ihn mir erhalten. Ich brauche keine Angst zu haben. Jesus sagt dieses Wort, obwohl er weiß, dass Petrus ihn später verleugnen wird. Dennoch verspricht Jesus: Dein Glaube soll nicht aufhören. Ich selbst trete für dich ein. Und das gilt auch für dunkle Zeiten. Nichts soll dich von Gott trennen; weder Verrat noch Zweifel.«

Ein wunderbares Abschiedswort Jesu. Er betet für uns, dass unser Glaube nicht aufhört und dass wir nicht im Zweifel untergehen.

O, welch unermessliche Vielfalt zeigen deine Werke!
Sie alle sind Zeugen deiner Weisheit, die ganze Erde ist
voll von deinen Geschöpfen.
PSALM 104,24

Lob des Schöpfers.

Christen in den USA wollen die Schöpfungsgeschichte im Lehrplan verankern. Philip Johnson, kalifornischer Jurist und Anführer der Bewegung, bezeichnet seine Theorie als ID (Intelligent Design). Ein übermenschlicher Designer müsse am Werk gewesen sein, der diese Welt ins Leben gerufen habe. Er nennt Gott nicht mit Namen, meint ihn aber.

Viele Wissenschaftler in Deutschland haben sich inzwischen als Anhänger dieser Bewegung bekannt. Sie richtet sich gegen die sogenannten »Kreationisten«, die überzeugt sind, dass Gott die Welt vor zehntausend Jahren erschuf, und damit weltweit auf Widerspruch stoßen. Die Kreationisten glauben, dass Gott den Menschen etwa im Jahre 4004 vor Christus geschaffen habe. Die Vertreter des »Intelligent Design« akzeptieren dagegen, dass sich Lebewesen über Jahrmillionen entwickeln konnten. Sie glauben, dass die Erde viele Milliarden Jahre alt sei und dass sich viele höher entwickelte Lebewesen aus einfachen entwickelt haben können. Allerdings erkennen die Anhänger von ID grundsätzlich die Schöpfung als Werk eines höheren Wesens an. Auch komplexe dialogische Systeme – unter anderem die Blutgerinnung oder das Eiweißtransponat in der Zelle – könnten nur durch eine schöpferische Hand entstanden sein. Sie seien auf keinen Fall Produkte der Evolution.

Menschen, Tiere und alle Lebewesen sind Wunderwerke aus Gottes Hand. Die unermessliche Vielfalt der Natur preist Gottes Werk. Wir stehen bewundernd und staunend davor.

Fertige dir kein Gottesbild an, mach dir auch kein Abbild von irgendetwas im Himmel, auf der Erde oder im Meer.
2. MOSE 20,4

Falsche Gottesbilder spielen im Leben von Christen eine große Rolle. Wir alle haben ein Bild von Gott. Leider gibt es viele falsche Glaubensvorstellungen und Gedanken über Gott.

Kurt Scherer hat einige Irrtümer zusammengestellt. Bei ihm heißt es: »Wie kann ein falsches Gottesbild entstehen? Durch falsche, einseitige Verkündigung. Folgende Aussagen verdeutlichen das.

– ›Mit Jesus bist du nie mehr einsam!‹ – Doch! Wer mit Jesus lebt, ist zwar nicht mehr allein, aber einsam kann er trotzdem sein.

– ›Bei Jesus bist du immer fröhlich!‹ – Das ist doch nicht wahr! Denken Sie nur an das Heer der Depressiven, an die von Schmerz Geplagten und von Kummer und Trauer Bedrückten.

– ›Jesus löst alle deine Probleme!‹ – Auch das stimmt nicht! Jesus kann sie lösen, ganz gewiss. Er kann aber auch meine Einstellung dazu ändern. Er kann mir die Kraft geben, die Probleme zu tragen und zu ertragen. Ja, er kann sogar wollen, dass ich an den Problemen reife, und deswegen lässt er sie mir (2. Korinther 12,9).

– ›Jesus gibt Antwort auf alle Fragen!‹ – Nein! Es gibt in meinem Leben und im Leben vieler Nachfolger Jesu unbeantwortete Fragen.«

Falsche Gottesbilder. Das zweite Gebot macht ausdrücklich darauf aufmerksam, uns keine Gottesbilder anzufertigen. Selbstverständlich sind im Gebot auch materielle Abbildungen gemeint. Unsere falschen Gottesbilder können durch falsche Verkündigung, aber auch durch richtige Verkündigung und unsere falsche Interpretation entstanden sein. Wir hören, was wir hören wollen. Wir deuten, was unseren Vorstellungen entspricht. Wir leben, was unsere Erfahrungen widerspiegeln. Und wo bekommen wir die Korrektur? »Wo zwei oder drei in meinem Namen versammelt sind, da bin ich mitten unter ihnen.« Falsche Gottesbilder und Glaubensirrtümer entstehen, wenn wir allein unseren Gefühlen vertrauen.

Der Herr kennt die Gedanken des Menschen.
PSALM 94,11

Gedanken und Wünsche spielen auch in unserem Christenleben eine große Rolle. Das Sprichwort kennzeichnet es so: »Der Wunsch ist der Vater des Gedankens.« Unbewusste Bedürfnisse beeinflussen unsere Gedanken und Überzeugungen. Und die Gedanken wiederum sind die Wegbereiter des Handelns.

Ein amerikanischer Seelsorger schrieb über das Zusammenspiel der Kräfte: »Der biochemische Zustand Ihres Körpers hat Einfluss auf Ihr Empfinden. Es gibt verschiedene Möglichkeiten, biochemische Vorgänge in uns zu verändern ... Ihre Gedanken können Einfluss nehmen auf die biochemischen Vorgänge in Ihnen. Können Sie sich vorstellen, dass Ihre Selbstgespräche die Funktion ihrer Drüsen, Muskeln und Nerven beeinflussen? Es verhält sich tatsächlich so. Einige Psychologen versuchen zurzeit den Beweis zu liefern, dass die Gedanken die Empfindungen beeinflussen. Sie sprechen dabei von einer absolut neuen Entdeckung. Doch ist diese Entdeckung bereits mehrere Tausend Jahre alt. Im Buch der Sprüche lesen wir: ›Wie er in seinem Herzen denkt, so ist er.‹ ... Unsere Gedanken bestimmen unser Verhalten.«

Unsere Gedanken und Überzeugungen beeinflussen den Körper, das Immunsystem. Unsere Gedanken lösen biochemische Prozesse aus und verändern das Wohlbefinden. Wir selbst haben es in der Hand, wie wir mit Kränkungen, Beleidigungen, Hass- und Neidgedanken und Versagensgefühlen umgehen. Negative Gedanken schwächen das menschliche Abwehrsystem. Wie wunderbar ist unser Organismus, den Gott geschaffen hat. Wenn wir uns an den lebendigen Gott binden, erfahren Gedanken, Gefühle und alle Organe eine positive Anregung. Ist das nicht eine Sinnesänderung wert?

Wie er in seinem Herzen denkt, so ist er.
SPRÜCHE 23,7

So lautet die Übersetzung der King-James-Bibel. Was ist das menschliche Herz? Das Herz ist zunächst außer dem Zentralorgan unseres Leibes der Mittelpunkt aller geistigen Regungen und Bewegungen. Das Herz ist auch Zentrum des Verstandes. Gedanken und Gefühle, Gedanken und Verhalten sind in der Regel identisch. »Sag mir, was du denkst, und ich sage dir, wie du handelst.« Was der Verstand ausbrütet, das vollziehen Arme, Beine und Hände. Arme und Beine können nicht denken. Sie sind Werkzeuge, Glieder, die in Dienst gestellt sind von unserer Persönlichkeit. Wer böse denkt, handelt böse. Darum muss unser Herz umgepolt werden. Aus ihm kommen böse Gedanken. Das Herz brütet Schlechtes, Gemeines und Liebloses aus. Das Herz ist die Etage, wo die Bosheiten für morgen auf dem Reißbrett entworfen werden. Mund, Arme und Beine sind die willigen Arbeiter, die Ideen in die Tat umzusetzen. Ist unser Herz auf Christus und sein Wort ausgerichtet, werden positive Gedanken die gesamte Persönlichkeit beherrschen. Sein Wort macht aus der Mördergrube eine Oase, die Lebensfreude schenkt und nicht den Mitmenschen mit Feindseligkeit, Hass, Neid und Rivalität begegnet.

11. OKTOBER

Denn aus dem Herzen kommen böse Gedanken, Mord, Ehebruch, sexuelle Abartigkeiten, falsche Zeugenaussagen, Verleumdung. Das sind die Dinge, die den Menschen unrein machen.
MATTHÄUS 15,19–20

Noch einmal geht es um unser Herz. Dr. David Seamands schreibt über das Herz: »Die Bibel gebraucht das Wort ›Herz‹ mehr als siebenhundertmal in unterschiedlicher Bedeutung. Manchmal ist damit die Gesinnung gemeint oder das Verständnis, manchmal der Wille oder das Gefühlsleben und die Gemütsbewegung, manchmal das Gewissen, und manchmal meint der Begriff ›Herz‹ sogar den ganzen Menschen. Und es handelt sich dabei immer um jene zentrale Festung unseres Ichs, in der Gefühle, Verstand und Wille zusammentreffen und die von diesem Zentrum motivierte Persönlichkeit bilden. Wir können es auch das Zentralorgan der Seele nennen: den Sitz unserer Wünsche, Leidenschaften, Empfindungen, Motive, Impulse, Reflexe und Entscheidungen. Die geheimnisvolle, starke innere Quelle für den Strom unserer Personalität.«

Ein unreines Herz, ein Herz, das nicht von Christus gereinigt und erneuert wurde, ist das Hauptproblem geistlicher Gesundheit. In der Tat, das Herz ist die Quelle unseres Kummers. Das Herz ist die Quelle für Krieg, Hass, Unehrlichkeit, für sexuelle Perversionen und für alle zwischenmenschlichen Konflikte. Diese Mördergrube muss gründlich gesäubert und ausgehoben werden. Wer Christus nicht nur zur Kurzvisite, sondern als Besitzer hereinlässt, wird eine Erneuerung seines Herzens erfahren.

Da Jesus ihre Gedanken merkte, sprach er:
Warum denkt ihr so Arges in eurem Herzen?
MATTHÄUS 9,4

Helmut Thielicke schrieb eine Auslegung über die Versuchung Jesu in der Wüste. Da heißt es an einer Stelle: »So war nicht die Schlange gefährlich und nicht der Apfel; überhaupt nichts, was von außen kam, war ihm gefährlich, sondern allein er selbst. Der Mensch wurde sich gefährlich. Sein prometheisches Herz, das explodierte, das war sprengendes Dynamit. Was ›von außen‹ kommt, das verunreinigt den Menschen nicht, das berührt ihn gleichsam nicht ... Aber was seinem Herzen entströmt: Das ist er selbst. An seinem Herzen – an sich selbst! – kann er sterben und gnadenlos werden ... Dann haben Äpfel und Schlangen nur noch ein kleines Stück Arbeit zu leisten ... Hier erkennen wir das Geheimnis der Versuchung: Der Versucher thront im Herzen selbst, und er regt uns zu Diebstahl und Mord an. Und die Gelegenheit, die Diebe macht, all das, was von außen kommt, das sind nur Hilfstruppen und Verstärkungsmanöver für seine Macht – aber nicht diese Macht selbst.«

Jesus tadelt die Pharisäer und Schriftgelehrten zu Recht. Sie denken schlecht. Das Herz ist eine destruktive Denkfabrik. Nicht von außen kommen in erster Linie die Verführungen und Versuchungen. Im Zentrum unserer Persönlichkeit hat der Teufel einen Brückenkopf. Mensch sein heißt: anfechtbar sein! Im Keller hausen die Wölfe. Darum brauchen wir im Herzen keinen Tapetenwechsel, sondern eine Totalerneuerung.

13. OKTOBER

Petrus beschwor und ermahnte sie noch weiter: Lasst euch retten vor dem Verderben, das über diese schuldbeladene Generation hereinbricht. Viele nahmen seine Worte zu Herzen und ließen sich taufen.
APOSTELGESCHICHTE 2,40–41

Wie gehen wir eigentlich mit Ermahnungen und Kritik um?

Hässliche und wütende Kritik ist kein Problem einer frechen Zunge, sondern eines bösen Herzens. Wenn das Herz überläuft, dann kommt die Zunge ins Schwitzen. Jemand sagte einmal: »Der Versuch, unsere hässlichen Worte zu unterdrücken, gleicht dem Bemühen, einer Termitenplage Herr zu werden.« Denn wenn es gelingt, ein paar Termiten unschädlich zu machen, wird der ganze Bau rebellisch.

Kritik ist notwendig und bringt Fehler und Missstände an den Tag. Sie führt oft auch zur Verbesserung geplanter Maßnahmen. Aus diesem Grund setzte die katholische Kirche einen »advocatus diaboli«, einen Anwalt des Teufels, ein, wenn es um Heiligungsprozesse ging. Der Advocatus Diaboli sollte den Lebenslauf des frommen Vorbildes kritisieren, die Argumente begründen, um so die Heiligsprechung vor Bloßstellungen und Enthüllungen zu bewahren. Die Entscheidung der Kirche sollte unter allen Umständen »wasserdicht« sein. Alle künftigen Einwände und Diskussionspunkte sollten bereits im Vorfeld zur Sprache gebracht werden.

Wer auf Kritik verzichtet, redet anderen Menschen nach dem Mund, will gefallen und versteckt seine innerste Überzeugung. Paulus nahm kein Blatt vor den Mund, er beschwor und ermahnte seine Zuhörer. Ohne Angst sprach er seine Kritik über die »schuldbeladene Gemeinde« aus. Und seine Kritik erreichte die Menschen, denn viele nahmen sein Wort ernst und ließen sich taufen.

*Stattdessen wollen wir die Wahrheit in Liebe leben
und zu Christus hinwachsen, dem Haupt der Gemeinde.*
EPHESER 4,16

Stellen wir uns erneut die Frage: Wie gehen wir mit Kritik um?

Von Anthony de Mello wird die Geschichte eines sehr kritikempfindlichen Menschen erzählt, der darunter litt und den Meister aufsuchte, ihm zu helfen. Der Meister riet ihm: »Hör auf die Worte des Kritikers. Er verrät, was deine Freunde vor dir verbergen.« Aber er ergänzte auch: »Lass dich nicht von dem, was der Kritiker sagt, niederdrücken. Noch niemals wurde zu Ehren eines Kritikers ein Denkmal errichtet. Wohl aber für Kritisierte.«

Wer sich nur mit Menschen umgibt, die ihm nach dem Munde reden, umgibt sich mit Heuchlern und Lügnern. Konrad Adenauer pflegte zu sagen: »Wenn zwei einer Meinung sind, ist einer überflüssig.«

Kritik ist hilfreich.
Kritik ist notwendig.
Kritik lässt unsere Persönlichkeit reifen.
Kritik bewahrt uns vor falschen Schritten.

Aber Paulus hat ein entscheidendes Kriterium dafür genannt, wie wir miteinander umgehen sollen. Gemeindeglieder sollen »die Wahrheit in Liebe leben«.

Kritik ist notwendig, aber in Liebe. Kritik, die im Geist der Liebe geschieht, baut auf und wird gehört. Können wir Kritik hören, oder reagieren wir beleidigt? Können wir Kritik hören, oder rechtfertigen wir uns?

Jesus zu Simon Petrus: Du bist mir ein Ärgernis, denn du meinst nicht, was göttlich, sondern was menschlich ist.
MATTHÄUS 16,23

Die Kunst der Rüge wird im heutigen Text angesprochen.

Wie aber lerne ich, Kritik und Korrektur anzunehmen? Es fällt uns nämlich schwer, Kritik positiv zu verwerten. Wir sind beleidigt, fühlen uns gekränkt und wehren uns innerlich und äußerlich.

Der amerikanische Theologe Gordon MacDonald war Pastor verschiedener Gemeinden und lebt heute als Autor an der Ostküste der USA. Er hat einige Prinzipien genannt, die bei Kritik, Rügen und Zurechtweisungen hilfreich sind:

> »Ich achte sehr darauf, dass meine Zurechtweisung nicht missverstanden werden kann.
> Ich weise nie jemanden zurecht, solange ich noch vor Wut koche.
> Zurechtweisungen geschehen nicht schriftlich oder telefonisch – nur im persönlichen Gespräch.
> Ich greife die Würde des anderen nicht an.
> Ich achte darauf, dass ich die ganze Geschichte kenne.
> Ich achte darauf, dass meine eigenen Motive und Absichten klar sind.
> Ich achte darauf, dass ich die Folgen des Verhaltens beim Namen nenne.
> Ich biete dem anderen immer die Gelegenheit und die Möglichkeit, sein falsches Verhalten zuzugeben und einen neuen Anfang zu machen.«

Auch Jesus packt seine Kritik nicht in Watte. Er sagt deutlich, was er denkt. Häufig sind wir Christen nur verlegen, reden unseren Mitmenschen nach dem Mund, oder wir lassen unserer Wut und Enttäuschung freie Bahn. Da sind McDonalds Worte hilfreiche Anstöße, um über Kritik und Zurechtweisung nachzudenken.

Als Jesus am See von Galiläa entlangging, sah er zwei Brüder, die von Beruf Fischer waren. Simon, der auch Petrus genannt wird, und Andreas. Sie warfen gerade ihre Netze aus. Jesus sagte zu ihnen: »Geht mit mir! Ich mache euch zu Menschenfischern.« Sofort ließen sie ihre Netze liegen und folgten ihm.

MATTHÄUS 4,18–20

Worauf kommt es beim Fischen an?

Bror Jonzon aus Lappland, der viele Jahre als Fischer arbeitete, hat uns ein treffendes Gleichnis für »Menschenfischerei« gegeben. Er schreibt: »Beim Fischen in Lappland habe ich einige Lektionen gelernt. Erstens: Es zählen die Fische, die man gefangen hat, und nicht diejenigen, die man erschrecken, beeindrucken oder interessieren konnte. Zweitens: Es ist ausgeschlossen, einen Fisch zum Anbeißen zu zwingen. Er muss von sich aus kommen. Drittens: Ruhe ist wichtig. Spricht man zu viel oder bewegt man sich unnötig, so ergreift der Fisch, der anbeißen will, die Flucht. Viertens: Wer das Fischen nicht liebt, kann nie ein guter Fischer werden. Man muss das Warten genießen können. Gleichgültig, ob es kalt ist, ob es regnet oder ob die Mücken stechen. Fünftens: Manche Fischer nehmen immer denselben Köder, ungeachtet der Fischart, die sie fangen sollen. Doch eine Forelle wird durch einen anderen Köder angelockt als ein Kabeljau. Sechstens: Man muss die Angel dort auswerfen, wo die Fische sind, und nicht erwarten, dass sie zu einem kommen. Manche Leute ziehen es vor, sich bequem am Ufer niederzulassen, statt sich auf die Felsen zu wagen oder in die Mitte der Strömung. So viel zum Fischen ...«

Jesus hat zwei Brüder zum Menschenfischen berufen. Sie ließen sich von Jesus nicht nur begeistern, sie folgten ihm nach. Sie erbaten keine lange Bedenkzeit, sondern ließen »sofort« alles stehen und liegen.

Und wir? Wie sieht es bei uns aus? Wie betreiben wir unseren Menschenfischfang?

17. OKTOBER

Wer gewillt ist, des Vaters Willen zu tun, der wird herausfinden, ob meine Botschaft von Gott kommt oder ob ich aus mir selbst rede.

JOHANNES 7,17

In dieser Besinnung geht es um den Willen Gottes. Zwischen unserem Willen und Gottes Willen wird es, solange wir leben, Reibungen geben. Und das ist höflich ausgedrückt.

Der Begründer des Jesuitenordens, Ignatius von Loyola, forderte von seinen Ordensbrüdern bedingungslosen Gehorsam. In einem Gebet formuliert Ignatius: »Lehre uns, lieber Herr, dir zu dienen, wie du es verdienst; zu geben und die Kosten nicht zu scheuen; uns zu mühen und nicht nach Ruhe zu fragen; zu kämpfen und der Wunden nicht zu achten; zu arbeiten und keinen Lohn zu begehren als nur den, dass wir gewiss seien, deinen Willen zu tun.«

»Ich will!«, das ist der Kampfruf des Menschen von heute. Er fordert und verlangt sein Recht. Er führt seine Pläne aus und geht, wenn es sein muss, über Leichen.

Wir überschlagen schon die Kosten, wenn wir Gottes Willen tun. Wir achten sehr wohl auf Wunden, Verletzungen und Krankheiten, wenn wir ihm nachfolgen. Wir denken gar nicht daran, ohne Lohn zu arbeiten. Jesus gibt uns Gelegenheit, Gott auf die Probe zu stellen. Er will uns beschenken, will uns glücklich machen, will uns Frieden und Freude in Fülle schenken. Er will mit uns sein. Er will seinen Heiligen Geist ausgießen, den Geist der Gnade. Lassen wir uns auf die Prüfung ein? Probieren wir aus, ob er hält, was er verspricht, wenn wir seinen Willen tun? Es ist wahrhaftig ein faires Angebot.

Er hat uns aus Liebe im Voraus dazu bestimmt, seine Söhne zu werden durch Jesus Christus und nach seinem gnädigen Willen zu ihm zu gelangen.
EPHESER 1,5

Es geht um den Stellenwert unseres Willens. Siegfried Kettling setzt sich in einem Buch mit Luther und Erasmus von Rotterdam auseinander. Die Auseinandersetzung geht um den freien oder unfreien Willen. Er schreibt: »Luther denkt streng theologisch, also von Gott her ... Die griechische Philosophie – mit ihr auch Erasmus – versteht Freiheit nach dem berühmten Modell ›Herkules am Scheidewege‹. Der Jüngling wird an einer Weggabelung von zwei attraktiven Frauen angesprochen. Jede ruft ›Folge mir‹. Die eine verspricht Luxus und Lust, die andere unsterblichen Ruhm als Lohn für harte Strapazen. Indem Herkules den Weg der Unsterblichkeit einschlägt, hat er sich in freier Entscheidung gebunden. Zuvor aber stand er im Niemandsland, im neutralen Bereich ... Von der biblischen Offenbarung her ist diese Herkulessituation ganz unmöglich ... Weil er ursprunghaft, wesenhaft zu Gott gehört, ist er frei nur in der Bindung an Gott (so wie ein Fisch nur innerhalb seines Lebenselementes Wasser frei sein kann).«

In den Augen des Erasmus von Rotterdam konnte Herkules sich frei entscheiden. Luther hat hier widersprochen und die Bibel auf seiner Seite. Wollen und Vollbringen sind Geschenke Gottes. Der Ehrentitel »freier Wille« gebührt allein Gott. Jeder Mensch gelangt nur zu Jesus durch seinen gnädigen Willen. Gott ist in der Tat der Allmächtige, und sein Wirken und Handeln sind allwirksam. Paulus hat es klar formuliert und Luther hat die Theo-logia auf seiner Seite, wenn er den »unfreien Willen« der Menschen herausstellt.

Darum werdet nicht unverständig, sondern verstehet, was da sei des Herrn Wille.
EPHESER 5,17

Der Wille Gottes und der Wille des Menschen werden sich ein Leben lang diametral gegenüberstehen. Wir sollen nicht unverständig oder uneinsichtig sein und den Willen Gottes nicht außer Acht lassen. Aber das fällt uns schwer. Gottes Wille macht viele Wünsche, Pläne und Absichten zunichte. Nicht umsonst hat der reformierte Theologe Emil Brunner seine Dogmatik genannt: »Gott und sein Rebell«. Prägnanter kann man die Beziehung des Menschen zu Gott seit dem Sündenfall nicht charakterisieren. Gottes Wille und des Menschen Wille laufen gegeneinander.

Seine Pläne und unsere sind oft nicht deckungsgleich.

Gottes Erwartungen und unsere Erwartungen verraten unterschiedliche Ziele. Uns darf nicht egal sein, was Gott über uns denkt. »Sag mir, womit du dich beschäftigst, und ich sage dir, wohin dein Leben steuert. Sag mir, wie du die Maßstäbe der Bibel beurteilst, und ich sage dir, wie du über Gottes Willen denkst!«

Als Christen können wir uns nur entschieden gesagt sein lassen: Es geht in unserem Jüngerleben nicht darum, möglichst viel zu tun, sondern das zu tun, was der Herr will. Unsere wohlgemeinten Aktivitäten »für den Herrn«, die fromm und geistlich aussehen, sind häufig Beiträge, die uns Anerkennung und Bestätigung bringen sollen. Jeder von uns muss sich die Frage gefallen lassen: Sind es eigenwillige Aktionen, oder sind sie abgestimmt mit dem Willen Gottes?

Denn Gott ist es, der in euch das Wollen und das Vollbringen bewirkt, noch über euren guten Willen hinaus.

PHILIPPER 2,13

Welche Rolle spielt unser Wille im christlichen Leben?

Der englische Erweckungsprediger C. H. Spurgeon hat in einer präzisen Selbstbeschreibung die Akzente richtig gesetzt.

»Der Gedanke traf mich: ›Wie bist du Christ geworden?‹ ›Ich habe den Herrn gesucht!‹ ›Aber wie bist du darauf gekommen, den Herrn zu suchen?‹ In diesem einzigen Augenblick leuchtet die Wahrheit in mir auf: Ich hätte ihn nicht gesucht, wenn er nicht schon vorher meine Gedanken beeinflusst hätte, indem er mich dazu brachte, ihn zu suchen. – ›Ich betete‹, so dachte ich. Aber dann frage ich mich: ›Wie kam ich dazu zu beten?‹ ›Ich wurde durch die Heilige Schrift zum Beten ermuntert.‹ ›Wie kam ich dazu, die Heilige Schrift zu lesen?‹ ›Ich las sie, aber was hatte mich dazu gebracht?‹ – Da, in einem Augenblick sah ich, dass Gott der Urgrund aller Dinge ist, dass er der Urheber meines Glaubens war, und so öffnete sich die ganze Lehre der Gnade vor mir … ich verdanke meine ganze Veränderung nur Gott.«

Alles ist Gottes Werk. Verborgene Regungen, innere Impulse, Anstöße im Unbewussten, Einfälle in unserer Fantasie. Unser Suchen, unser Leben, unser Tun und Lassen, wir können uns mit keiner eigenen Leistung brüsten. Mein Wollen und mein Wille werden bewegt durch den Heiligen Geist.

Wir hören den Aufruf: »Kommet her zu mir!« Die Einladung steht auf dieser Seite des Torbogens. Wir gehen freiwillig hindurch und lesen auf der Rückseite: »Allein aus Gnaden.«

Deshalb sind wir in unserem Handeln nicht frei; wir tun nämlich, nicht was wir eigentlich wollen, sondern was wir verabscheuen.
RÖMER 7,15

Wie frei ist unser Wille eigentlich? Ist es in der Tat so hoffnungslos, wie Paulus uns Menschen charakterisiert? Professor Barclay kommentiert dieses Wollen so: »Seneca sprach von der menschlichen Hilflosigkeit im Hinblick auf das Notwendige. Er sprach davon, dass die Menschen ihre Sünde gleichzeitig hassen und lieben. Der römische Dichter Ovid tat den Ausspruch: ›Wohl seh' ich das Bessre und lob' es, aber ich folge dem Schlechteren!‹ Niemandem war dieses Problem bewusster als den Juden, die es damit erklärten, dass sich in jedem Menschen zwei Naturen, zwei Strömungen, zwei Antriebskräfte feststellen ließen. Sie sprachen von Yetser hatob und Yetser hara. Die Juden glaubten, Gott habe die Menschen mit guten und bösen Regungen geschaffen. Manche Rabbiner sagten, schon im Mutterleibe sei der Mensch mit diesen beiden unterschiedlichen Regungen versehen, bei denen es sich um eine ›feindselige zweite Persönlichkeit‹ handele ...«

Haben wir wirklich zwei Naturen in uns? Hat Goethe recht, wenn er schreibt: »Zwei Seelen wohnen ach, in meiner Brust!« Nein, wir haben nur eine Seele in unserer Brust. Die Seele wird von zwei Mächten hin- und hergerissen. Der Wille ist nicht frei. Die Sünde hat uns fest im Griff. Das Rechte erkennen heißt eben nicht, das Rechte tun. Selbst Erkanntes macht uns noch lange nicht zu Menschen mit ehrlichem Wollen. Erst wenn wir uns Christus völlig ausliefern, sind wir imstande zu tun, was er will. Wir leben aus Ihm, durch Ihn, mit Ihm.

Ihr Israeliten! Der Herr, euer Gott, verlangt von euch nur das Eine, dass ihr ihn ernst nehmt, seinen Weisungen folgt und ihn mit ganzem Herzen und mit allen Kräften liebt und ehrt.

5. MOSE 10,12

Ich las eine orientalische Geschichte. »Ein Derwisch, ein Bettler, Mitglied eines islamischen Ordens, traf einst einen Fürsten, dessen Reichtum alles übertraf, was der Derwisch je gesehen hatte. Das Zelt des Adeligen, der außerhalb der Stadt zur Erholung lagerte, war aus kostbaren Stoffen, und selbst die Zeltnägel, die es hielten, waren aus purem Gold. Der Derwisch, der es gewohnt war, Askese zu predigen, überfiel den Fürsten mit einem Wortschwall, wie nichtig doch der irdische Reichtum, wie eitel die goldenen Zeltnägel, wie vergeblich das menschliche Mühen sei. Ernst und nachdenklich hörte der Fürst zu. Er ergriff die Hand des Derwischs: ›Deine Worte sind für mich wie die Glut der Mittagssonne und die Klarheit des Abendwindes. Freund, komm mit mir.‹ Ohne rückwärtszuschauen, ohne Geld, ein Reitpferd oder einen Diener mitzunehmen, begab sich der Fürst auf den Weg. Erstaunt eilte der Derwisch hinterher: ›Herr! Wenn es so ist, warte auf mich, dass ich schnell meinen Pilgermantel hole.‹ Gütig lächelnd antwortete der Fürst: ›Ich habe meinen Reichtum, meine Pferde, mein Gold, mein Zelt, meine Diener und alles, was ich hatte, zurückgelassen, musst du dann wegen eines Mantels den Weg zurückgehen?‹ ›Herr‹, staunte der Derwisch, ›erkläre mir bitte, wie konntest du alle deine Schätze zurücklassen und selbst auf deinen Fürstenmantel verzichten?‹ Der Fürst sprach langsam, aber mit sicherer Stimme: ›Wir haben die goldenen Zeltnägel in den Erdboden geschlagen, nicht aber in unser Herz!‹« Sind wir – wie der steinreiche Fürst – bereit, mit ganzem, ungeteiltem Herzen ihm zu folgen? Können wir zurücklassen, was wir mit Mühe und Fleiß in den Erdboden gepflanzt und hineingesteckt haben?

Du sollst deinen Nächsten lieben wie dich selbst. Ich bin der Herr!
3. MOSE 19,18

Der christliche Glaube und das christliche Leben können in einem Satz zusammengefasst werden: Wir sollen Gott über alles lieben und unseren Nächsten wie uns selbst. Altes und Neues Testament sind an mehreren Stellen Meisterwerke der Kurzfassung.

Drei Aspekte spielen im Glauben eine entscheidende Rolle – Gott, der Nächste und ich.

Die deutsch-amerikanische Psychotherapeutin Ruth Cohn, die die themenzentrierte interaktionelle Methode (TZI) entwickelte, hat ein Dreieck der Kommunikation erstellt. Das Dreieck enthält drei Schwerpunkte, die in Gruppengesprächen und zwischen Menschen im Allgemeinen eine Rolle spielen: das Thema, das Ich und das Wir. Der Sachaspekt, der Ichaspekt und der Wiraspekt garantieren Harmonie im Mitmenschlichen.

Wenn das Thema unseres Lebens Gott ist, können wir problemlos dieses Dreieck auf unser Zusammenleben als Christen anwenden. Die Spitze des Dreiecks ist der lebendige Gott. Sein Wort sollte Thema Nummer eins im Denken, Fühlen und Handeln sein. Aber auch die beiden anderen Eckpunkte – das Ich und das Wir – sollten gleichwertig zur Sprache kommen. Egozentriker stellen sich über Gott und den Nächsten. Das Ich übernimmt die Spitze des Dreiecks. Auch der andere darf nicht die Spitze des Dreiecks bilden. Sonst machen wir uns von Menschen abhängig und nicht von Gott. Die Nächstenliebe sollte keine egoistischen und selbstsüchtigen Motive verfolgen.

Dieses geistliche Kommunikationsdreieck ist wirkungsvoll und von jedem Menschen zu begreifen. Viele Konflikte und Probleme unseres Lebens würden sich fühlbar verringern, wenn wir diese Eckpunkte eines Dreiecks ernst nähmen. Wer sich bei allen Fragen, Schwierigkeiten und Auseinandersetzungen zuerst an Christus wendet, statt Anwälte, Fachleute aller Spielarten und menschliche Ratgeber zu konsultieren, wird entscheidende geistliche Impulse vernehmen, die sein Handeln für morgen bestimmen.

Am siebten Tage hatte Gott sein Schöpfungswerk vollendet und ruhte von seiner Arbeit aus. Deshalb segnete er den siebten Tag und erklärte: Dieser Tag ist heilig, er gehört mir!
1. MOSE 2,2–3

Der erste Müßiggänger der Bibel ist Gott selbst. Denn er ruhte am siebten Tage von allen seinen Werken.

Ruhe und Nichtarbeit sind eine Qualität des göttlichen Lebens, an der der Mensch teilhaben soll. Schließlich ist er zum Ebenbild Gottes geschaffen. Bischof Augustinus schrieb schon vor fast 2000 Jahren: »Du lockst uns, dich zu preisen und darüber fröhlich zu werden. Du hast uns zu dir geschaffen, und unruhig ist unser Herz, bis es Ruhe findet in dir. Ich will dich suchen, Herr, wer dich sucht, der wird dich finden. Dann wirst du es sein, der in uns ruht, und deine Ruhe in uns wird unsere Ruhe sein.«

Ein hilfreiches Wort: Wer in ihm lebt, kommt zur Ruhe, und zwar innerlich und äußerlich. Er kann abschalten und sich eine Auszeit nehmen. Ruhen heißt aber nicht nichts tun. Wie sagte eine Frau von ihrem Gatten, der im Ruhestand war, mit seiner freien Zeit aber nichts anfangen konnte: »Meinem Mann ergeht es wie dem Kind, dem man sein Spielzeug weggenommen hat: Er ist todunglücklich.«

Ruhe will geübt sein. Ruhe muss systematisch trainiert werden. Das gilt besonders für Menschen, die beinahe süchtig nach Arbeit sind, die in der Tat unausstehlich werden, wenn sie nicht arbeiten können.

Ruhe heißt: Die Zeit wird unwichtig. Die Uhr wird abgelegt.
Ruhe heißt: sich fallen lassen in die Geborgenheit der Hände Gottes.
Ruhe heißt: Ich lasse meine Seele baumeln.
Ruhe heißt: Ich werde still und höre auf seine Stimme, die meinem Leben das Tempo und den Takt vorgibt.

Martin Luther hat es so formuliert: »Man kann Gott nicht allein mit Arbeit, sondern auch mit Feiern und Ruhen dienen, darum hat er das dritte Gebot gegeben und den Sabbat geboten.«

Denn ich war hungrig, aber ihr habt mir nichts zu essen gegeben. Ich war durstig, aber ihr habt mir nichts zu trinken gegeben. Ich war ein Fremder unter euch, aber ihr habt mich nicht aufgenommen.
MATTHÄUS 25,42

»Gute Vorsätze haben ist gut, aber unsere Hühner legen Eier.« So lautete ein Graffiti an einer Mauer in einer großen Stadt. Fürwahr trefflich ausgedrückt: Gute Vorsätze beruhigen das Gewissen, aber Taten sind besser.

Ein Zeitungsleser antwortete den Demonstranten gegen den amerikanischen Präsidenten und den Irakkrieg: »Es ist leichter, sich gegen Sharon im Kampf gegen Palästina und gegen Bush im Krieg gegen den Irak zu engagieren, als Zeit zu haben für die eigene kranke Großmutter.«

Wie schrieb der Kabarettist Hanns Dieter Hüsch: »He du, mein gebildeter Bürger, Genosse, Bildersammler, Bücherwurm, Konzertabonnent, liberaler Ästhet, Mozartfan, komm mit, wir sind auf dem Marsch, komm mit, wir brauchen dich!

Komm mit, nicht zum Unterschreiben von Resolutionen,
komm mit, nicht zum lauten Demonstrieren,
komm mit und reihe dich ein in die Gruppe der Aktivisten,
die helfen, ohne zu lamentieren,
die helfen und sehen die Not der Armen,
die helfen und schimpfen nicht über die Passivität der Gleichgültigen.

Was ihr getan habt, das zählt. Was ihr nicht getan habt, das zählt leider auch.«

Das will ich euch sagen: was ihr für einen meiner geringsten Brüder getan habt, das habt ihr für mich getan!
MATTHÄUS 25,40

Christus geht verkleidet durch die Welt.

Der ehemalige Pfarrer und Evangelist Paul Deitenbeck hat ein Buch geschrieben, in dem er auch über seine Erfahrungen in russischer Kriegsgefangenschaft berichtet. Dort schreibt er: »Ein russischer Professor redete in England vor deutschen Kriegsgefangenen. Ehe er anfing, hat er sich ganz tief vor ihnen verneigt. Als man ihn fragte, sagte er: ›Ich habe Christus in ihnen begrüßt.‹ Wenn mich einst was zu Tränen bewegte in der Gefangenschaft, so war es dies: Wenn ich als Gefangener arbeitete, irgendeine schwere Arbeit verrichtete, und es kamen ein paar russische Frauen vorbei, die schlugen das Zeichen des Kreuzes, wenn sie mich sahen. Sie grüßten in mir, dem elenden Gefangenen, den König aller Könige.« In der Tat, Christus begegnet uns in den Ärmsten der Armen. Jesus nennt die Geringsten der menschlichen Gesellschaft seine Brüder. Für mich gibt es also eine echte Solidarität und Verbundenheit mit Hungernden, Obdachlosen, Kranken und Gefangenen. Wie sagte Gerhard Bergmann: »Welch eine gesellschaftliche Sozialrevolution steckt doch allein in diesem einen Wort ›Bruder‹.«

Was können wir tun? Wir können in jedem Menschen einen Bruder unseres Herrn sehen. Wir können jeden Menschen mit der Liebe unseres Herrn sehen.

Meine Seele verlangt und sehnt sich nach den Vorhöfen des Herrn;
mein Leib und meine Seele freuen sich in dem lebendigen Gott.
PSALM 84,3

Leib und Seele sind nahtlos miteinander verbunden.

Wenn die Seele froh gestimmt ist, fühlt sich im Allgemeinen der Körper wohl. Geht es dem Körper schlecht, fühlt sich im Allgemeinen die Seele betrübt.

Dr. Siegfried Lins schreibt: »Ich habe als Ausgangspunkt für die Beschäftigung mit der Sinnfrage die Bedürfnisse gewählt. Damit befinde ich mich in Übereinstimmung mit der Bibel. Die häufigste Aussage der Bibel über den Menschen lautet: Der Mensch ist eine ›näfäsch‹. Das Wort näfäsch kommt allein im Alten Testament in Bezug auf den Menschen über siebenhundertmal vor. Keiner anderen Aussage über den Menschen begegnet man in der Bibel annähernd so häufig. Näfäsch wurde meist mit ›Seele‹ übersetzt. Das ruft falsche Vorstellungen hervor. Die Grundbedeutung von näfäsch ist ›Kehle‹ bzw. ›Schlund‹. Mit der Kehle lechzt der Mensch nach dem, was er braucht. Wer dem Menschen an die Kehle geht, schneidet ihn von seinen entscheidenden Bedürfnissen ab (atmen, essen, trinken, sprechen). Die Hauptaussage der Bibel über den Menschen besagt also: Der Mensch ist ein bedürftiges Wesen. Im Wesentlichen besteht er aus Wünschen, Verlangen, Sehnsucht. Nach der biblischen Sicht genügt es nicht zu sagen, der Mensch ›hat‹ Bedürfnisse. Der Mensch ist Bedürfnis. Er hat nicht nur eine näfäsch, er ist näfäsch und lebt als näfäsch. Nur wer das als Ausgangsperspektive all dessen akzeptiert, was sonst noch über den Menschen gesagt werden kann, sieht den Menschen laut Bibel menschlich an.«

Leib und Seele sind in diesem biblischen Sinne eins. Seele ist auch »Kehle und Schlund«. Darum dürsten Leib und Seele. Darum müssen Leib und Seele ernährt, gepflegt und angeregt werden. »Herr, komm in mir wohnen!«

Wenn mir gleich Leib und Seele verschmachten, so bist du doch, Gott, allezeit meines Herzens Trost und mein Teil.
PSALM 73,26

Der Mensch ist ein Ganzes. Leib und Seele sind untrennbar miteinander verbunden. Wenn die Seele schmachtet, schmachtet auch der Leib.

Seit Jahren macht eine neue Forschungsrichtung von sich reden, die Psychoneuroimmunologie. Ein Wortungeheuer. Es gibt das Wechselspiel zwischen seelischem Befinden, den Zellen des Nerven- und Immunsystems, der Funktionsweise des Gehirns auf allen Ebenen wieder. Die Immunologie erforscht das Abwehrsystem des Körpers gegenüber Krankheitserregern. Die Einleitung eines neuen Buches über die Forschungsrichtung lautet so: »›Kummer macht krank‹ und ›Lachen ist die beste Medizin‹ – diese Volksweisheiten behaupten schon seit Jahrhunderten, dass Emotionen irgendwie unsere Gesundheit beeinflussen können. Das Phänomen kennen wir alle: Erst gibt es wochenlang Ärger im Büro, hinzu kommt die Beziehungskrise, und dann liegt man obendrein mit einer hartnäckigen Grippe, einer Bronchitis oder einer Magenschleimhautentzündung im Bett. Schon William Shakespeare verkündete im König Heinrich: ›Kummer und Sorgen schwellen den Leib auf.‹ Und Mark Twain riet: ›Reiß deine Gedanken von deinen Problemen fort – an den Ohren, den Fersen oder wie immer. Das ist das Beste, was der Mensch für seine Gesundheit tun kann.‹ Franz Kafka wurde noch deutlicher und meinte: ›Ich bin geistig krank. Die Lungenkrankheit ist nur ein Aus-den-Ufern-Treten der geistigen Krankheit.‹«

In der Tat: Stress, Trauer, Einsamkeit, Enttäuschungen, seelische Spannungen und depressive Verstimmungen schwächen die körpereigenen Abwehrkräfte. Und das Gegenteil können wir auch wissenschaftlich belegen: Freude, Hoffnung, Glaube, Trost und Ermutigung sind Stärkungen des Immunsystems. Der Glaube an den lebendigen Gott ist eine Kraftquelle für Leib und Seele.

Sondern wir rühmen uns auch der Trübsale, weil wir wissen, dass Trübsal Geduld bringt.
RÖMER 5,3

Wie verstehen wir Trübsal und Leiden? Wie gehen wir damit um? Leiden gehört zu den Grundproblemen unserer Welt. Wie es keine Rosen ohne Dornen gibt, so kennen wir kein Leben ohne Leiden. William Barclay kommentiert: »›Thlipsis‹, das im griechischen Text verwendete Wort für Trübsal, bedeutet wörtlich Druck. Alles Mögliche kann schwer auf den Christen lasten: Bedrückung durch Mangel und Not, bedrängte Verhältnisse, Bedrängnis durch Trauer, der Druck der Verfolgung, Unpopularität und Einsamkeit. Alle diese Bedrängnisse bewirken Geduld, sagt Paulus, ›hypomoné‹, wie es im griechischen Text heißt. Hypomoné bedeutet mehr als Ausdauer; es bedeutet nicht nur passives Erdulden, sondern aktives Standhalten und Überwinden der Drangsal. Als Beethoven die Taubheit auf sich zukommen sah, sagte er: ›Ich werde das Leben an der Kehle packen.‹ Das ist hypomoné.«

Wir wünschen keinen Druck, Trübsal und Leiden. Und doch können sie hilfreich und segensreich sein. Unser Sprichwort sagt es treffend: Druck erzeugt Gegendruck. Leiden macht leidensfähig. Gott schenke uns, dass Druck und Leiden uns nicht ruinieren, sondern dass uns »die Ruinen« den Blick freigeben für den Himmel.

Selig sind, die da Leid tragen, denn sie sollen getröstet werden.
MATTHÄUS 5,4

Menschen werden glückselig gepriesen, die Leid tragen. Das ist menschlich gesehen Unsinn. Das ist kaum nachvollziehbar. Oder? Viktor Frankl drückt es so aus: »Dieser Wagemut, der Mut zum Leiden, das ist es, worauf es ankommt. Es gilt, das Leiden anzunehmen, das Schicksal zu bejahen, sich ihm zu stellen ... Vor der Flucht und Furcht vor dem Leiden erfüllt waren nunmehr drei Jahrhunderte mit dem Versuch, die Wirklichkeit zu beschönigen ... Man wollte ausweichen vor der Wirklichkeit, vor der Notwendigkeit des Leidens und vor der Möglichkeit, das Leiden mit Sinn zu füllen.«

Wer den heilen und ganzen Menschen verstehen will, muss Aktion und Passion, Aktivität und Leiden zusammen sehen. Wer das Leid ausklammert, reduziert den Menschen. Auch der nicht christliche Arzt und Psychotherapeut Professor Dr. Horst-Eberhard Richter beschreibt in einem seiner Bücher die Leidensscheu und Leidensverhütung. Bei ihm heißt es: »Aber in den Übertreibungen und kultischen Verherrlichungen der Trimm-dich-Bewegung kommt doch sehr deutlich zum Ausdruck, dass es sich zu einem erheblichen Teil wiederum nur um eine angstgetriebene Leidensabwehr handelt. Man möchte sich einreden, das Leiden perfekt wegtrainieren zu können, und befindet sich damit natürlich im Einklang mit dem traditionellen kulturellen Grundkonzept von der manipulierbaren Unvergänglichkeit und Omnipotenz.«

Die Leidensverhütung geht mit Angst vor dem Tode einher. Kraft- und Mutproben von Millionen dienen der Fantasie, das Leben sei unzerstörbar. Nein, Leben und Tod, Freud und Leid kennzeichnen unser Dasein. Wir wollen das Leid nicht suchen, wir wollen lernen, es zu bejahen. Die Leidtragenden erfahren Trost. Trost ist die von Gott geschenkte Glaubenserfahrung, dass im größten Leid und in der ausweglosesten Situation Gottes unbegreifliche Liebe da ist.

31. OKTOBER

Du bist mein grausamer Feind geworden, mit aller Kraft greifst du mich an! Du wirbelst mich empor in die Luft, treibst mich vor dem Sturm dahin und zerschmetterst mich dann mit lautem Krachen.

HIOB 30,21–22

Hiob ist am Boden zerstört und klagt Gott an.

Der österreichische Schriftsteller Joseph Roth floh vor den Nazis nach Paris und schrieb dort sein bekanntestes Buch: »Hiob – Roman eines einfachen Mannes«. Erzählt wird das Leben und Leiden des Kaftan-Juden Mendel-Singer. Er wandert zu seinem Sohn nach Amerika aus und lässt einen kranken Sohn zurück. Doch sein Sohn fällt als amerikanischer Soldat in Europa. Singers Frau Deborah stirbt, als sie die Nachricht vom Tod ihres Sohnes bekommt. Die Tochter Mirjam kommt in eine Klinik, weil sie geisteskrank geworden ist. Mendel-Singer ist einsam und unglücklich geworden. Er hört auf zu beten, will seine Gebetbücher, seine Gebetsriemen und seinen Gebetsmantel verbrennen. Freunde kommen und fragen ihn: »Also sag uns, was du verbrennen willst!«

»Gott will ich verbrennen. Ich habe keine Angst vor der Hölle, meine Haut ist schon verbrannt. Gütiger als Gott ist der Teufel. Da er nicht so mächtig ist, kann er nicht so grausam sein.«

Da verstummen die Freunde. Aber sie wollen Mendel nicht allein lassen, also bleiben sie schweigend sitzen.

Die Erzählung von Mendel-Singer zeigt uns einen Menschen, der an Gott zerbrochen ist. Sie endet tragischer als die Hiobsgeschichte, die uns in der Bibel geschildert wird. Hiob schreit sein Unglück und sein Elend Gott ins Angesicht. Aber er gibt nicht auf. Und Gott lässt ihn nicht fallen, sondern schenkt ihm doppelt so viel, wie er vorher besessen hat.

Und am Schluss heißt es: »Der Herr segnete Hiob von jetzt an mehr als zuvor.«

Denn Christus wird so lange herrschen, bis er alle Feinde unterworfen hat. Als letzten Feind wird er den Tod vernichten.
1. KORINTHER 15,25–26

Jeder von uns muss seinen Tod sterben.

In der Vergangenheit hat es eine »Ars Moriendi«, eine Sterbekunst gegeben. Der Theologe Eberhard Jüngel behauptet, es sei ein heidnischer Einfluss gewesen, der diese Sterbekunst hervorgebracht habe. »Der Glaubende ist kein Sterbekünstler. Er kann es schon deshalb nicht sein, weil das eigene Ich bei solchen Künsten unerträglich überschätzt wird. Ars Moriendi ist die raffinierteste Art, sich selber noch interessant zu machen.«

Heinrich Heine, der große Spötter, änderte am Lebensende seine Gesinnung und schrieb: »Wenn man auf dem Sterbebette liegt, wird man sehr empfindsam und möchte Frieden machen mit Gott und der Welt ... Gedichte, die nur halbwegs Anzüglichkeiten gegen Gott enthielten, habe ich mit ängstlichem Eifer den Flammen überliefert. Es ist besser, dass die Verse brennen als der Versemacher ... Ich bin zu Gott zurückgekehrt wie ein verlorener Sohn, nachdem ich lange bei den Hegelianern die Schweine gehütet habe ... In der Theologie muss ich mich des Rückschreitens beschuldigen, indem ich zu einem persönlichen Gott zurückkehrte.«

Wir bauen auf die Verheißung – im Leben und im Sterben –, dass der Auferstandene den letzten Feind, den Tod, vernichten wird.

Niemand von uns kann sein Sterben im Voraus einüben.

Niemand von uns kann über Leben und Tod verfügen.

Doch eines weiß ich: Mein Erlöser lebt; auf dieser todgeweihten Erde spricht er das letzte Wort.
HIOB 19,25

Der Tod hat nicht das letzte Wort.

Als die Pastorin Hannelore Risch im Alter von 36 Jahren ihren Ehemann verlor, stand sie plötzlich mit sechs kleinen Kindern alleine da. Sie schrieb später, dass ihr eine Karte in der Trauerpost geholfen habe, mit diesem Schicksal fertig zu werden. Die Karte enthielt folgenden Text:

»Siehe nicht in das Grab,
siehe nicht hinter das Grab,
vor dem Grab steh ich.
Sieh mich an, sagt Jesus, denn ich bin die Auferstehung
und das Leben.«

Viele behaupten: »Tot ist tot. Wie der Baum fällt und das Tier stirbt, so vergeht auch der Mensch. Das ist eben der Lauf der Natur.« Und doch besteht ein gewaltiger Unterschied. Baum und Tier können nicht über ihren Tod nachdenken. Ihnen fehlt die Fähigkeit, über den Sinn des Lebens, über Geburt und Tod Fragen zu stellen.

Der November ist der Monat des Sterbens. In den kommenden Wochen gedenken wir der Toten. Der Gedanke an den Tod macht viele Menschen hoffnungslos, treibt viele in die Verzweiflung. Der Verzweifelte will die Realität nicht wahrhaben. Er flieht in die Arbeit, in Drogen und in die Zerstreuung.

Hiob war verzweifelt, aber eine Gewissheit hielt ihn aufrecht: »Mein Erlöser lebt.« Der Tod hat auf dieser waidwunden Erde nicht das letzte Wort. Die Auferstehung Jesu ist die Bürgschaft für unsere Auferstehung.

Die Auferstehung Jesu nimmt uns die Hoffnungslosigkeit und die Verzweiflung.

Herr, gib uns jeden Tag dieses Brot, baten ihn alle.
Ich bin das Brot des Lebens, sagte Jesus zu ihnen.
JOHANNES 6,34–35

Ein Vers über das Brot des Lebens.

Die Konfirmationsfeier in der Kirche war vorbei. Ein Junge hielt die Bibel, die der Pfarrer ihm überreicht hatte, fest in Händen. Er las seinen Konfirmationsspruch: »Ich bin das Brot des Lebens«, lautete er. Dann bat er den Pfarrer, ihm bitte eine Widmung hineinzuschreiben. Der zückte seinen Kugelschreiber, las den Konfirmationsspruch des Jungen und schrieb unter das Wort vom Brot des Lebens: »Lass es nicht verschimmeln! Dein Konfirmator.«

Viele Konfirmierte stellen ihre Bibel nun sorgfältig in den Wandschrank und schauen immer mal wieder hinein, etwa dann, wenn Heirat, Kindstaufe oder ein Trauerfall in der Familie anstehen. So lassen wir das Brot des Lebens verschimmeln.

In unserer Gesellschaft stehen die Produktion von Gütern und Konsumdenken im Mittelpunkt. Jesus hat aber nicht gesagt: »Ich bin die Sahnetorte für einen gemütlichen Sonntagnachmittag« oder »Ich bin das Festtagsgebäck für alle festlichen Anlässe«. Er will für uns keine schöne Leckerei sein, kein schmackhaftes Dessert, das uns auf der Zunge zergeht.

Noch etwas zum Thema Brot: In der Welt sterben jährlich 40 Millionen Menschen an Hunger. Und wir vernichten große Teile von Überschussernten, um die Preise zu halten. Wir werfen gedankenlos tonnenweise Brot in den Müll und in die Abfallkübel. Wir lassen es in der Tat verschimmeln.

Jesus ist die Hauptmahlzeit, das Grundnahrungsmittel.
Jesus ist der Mittelpunkt unseres Lebens.
Jesus ist das lebendige Brot.

Also wird auch Freude im Himmel sein über einen Sünder, der Buße tut, mehr als über 99 Gerechte, die der Buße nicht bedürfen.
LUKAS 15,7

Bekehrung, Umkehr und Buße sind die herausragenden Botschaften des Neuen Testamentes. Hier entscheidet sich, was unser Christsein beinhaltet. Diese Begriffe geben den Missionsbefehl wieder. Manfred Hausmann, Prediger, Dichter und Schriftsteller, schrieb über einen Gottesdienstbesuch Folgendes: »Ich ahnte nicht im Geringsten, was mich erwartete, als ich an jenem Sonntag des Jahres 1921 die Kirche betrat. Den Gottesdienst hielt ein Fremder (es war der Theologe Karl Barth), der den Predigttext auf eine so ungewohnte Weise anging, dass ich sofort gepackt war. Das Gepacktsein steigerte sich im Laufe des Gottesdienstes zu einem Aufgewühltsein, zu einer Erschütterung, die bis in die letzten Tiefen meines Wesens drang. Ich verließ die Kirche als einer, der nicht mehr wusste, wo er bleiben sollte. Der Blitz war nicht neben mir niedergefahren, sondern mitten in mich hinein. Hier war die Revolution, von der ich die ganze Zeit nur etwas geahnt hatte, dunkel nur und unklar, aber doch unabweisbar, die Revolution, die nicht die Dinge, sondern erst einmal den Menschen veränderte. Denn hier war vermittels dieses merkwürdigen Pfarrers Gott am Werke, von dem ich mir bislang eine grundfalsche Vorstellung gemacht, dessen Existenz ich bezweifelt, mit dem ich mich nicht weiter eingelassen hatte. Aber jetzt hatte er sich mit mir eingelassen, und wie er sich mit mir eingelassen hatte! Jetzt wurde alles anders.«

Buße ist in der Tat eine Revolution, die nicht Dinge verändert, sondern den Menschen. Nicht konstruktive Ideen und umwerfende Erfindungen in der Technik sind das Beherrschende, sondern die Wende im Zentrum der Persönlichkeit. Wie sagte Manfred Hausmann: »Jetzt wurde alles anders!« Ein erneuerter Mensch begegnet andern anders. Umkehr ist eine Beziehungsfrage. Der Mensch, der vorher dem lebendigen Gott den Rücken zugedreht hat, macht eine völlige Kehrtwendung. Unsere Umkehr ist die Reaktion auf die Hinkehr Gottes in Christus zu uns.

Niemand kann gleichzeitig zwei Herren dienen.
MATTHÄUS 6,24

Warum geht das eigentlich nicht?

Albert Ellis, Begründer der rational-emotiven Therapie, hat einen klugen und einleuchtenden Satz geprägt, den er zu den wesentlichen Lebensirrtümern zählt: »Wer es allen recht machen will, sitzt zwischen allen Stühlen.«

Wer es allen recht machen will, muss sich verrenken.
Wer es allen recht machen will, ist standpunktlos.
Wer es allen recht machen will, ist rückgratlos und verlogen.
Wer es allen recht machen will, wird schließlich von keinem mehr ernst genommen.

Viele Christen wollen beides:
Sie wollen Gott dienen und der Karriere.
Sie wollen Gott dienen und dem Mammon.
Sie wollen Gott dienen und ihren Ehrgeiz befriedigen.
Das ist ein Widerspruch in sich.

Ich hatte vor Jahren eine Dame in der Seelsorge, die darunter litt, dass sie von allen Männern, die sie kennengelernt hatte, schnell sitzen gelassen wurde. Sie war sehr unglücklich. Nach mehreren Gesprächen wurde ihr Kernproblem deutlich. Sie hatte eine panische Angst davor, verlassen zu werden. Darum vermied sie jeden Konflikt und jede Auseinandersetzung. Aber sie verlor dabei völlig ihr wahres Ich, ihre Identität. Sie wollte gefallen und nicht missfallen.

Wer allen gefallen will, handelt verlogen und ungeistlich. Unser Herr will, dass wir eine klare Entscheidung für ihn treffen.

Allerdings genügt es nicht, seine Botschaft nur anzuhören; ihr aber müsst auch danach handeln. Alles andere ist Selbstbetrug!
JAKOBUS 1,22

Echte und falsche Frömmigkeit. So überschreibt die »Hoffnung für alle« diesen Abschnitt. Wie sagte der liebenswerte Dichter Erich Kästner, ein scharfsichtiger Kenner des menschlichen Herzens: »Es gibt kein Gutes, außer man tut es!«

Uns Christen ist dieses Wort ins Stammbuch geschrieben. Schon Konfuzius, der Begründer der chinesischen Staatsreligion, der von 551 bis 479 vor Christi Geburt lebte, lehrte: »Das Rechte erkennen und nicht tun ist Mangel an Mut.«

Mangel an Mut ist das Kennzeichen vieler Christen.
Wir erkennen das Rechte, aber uns fehlt der Mut.
Wir erkennen das Notwendige, aber wir haben keine Zeit.
Wir erkennen die Probleme, aber wir sind zu bequem, sie in Angriff zu nehmen.

Dietrich Bonhoeffer hat in seinem Buch »Nachfolge« diesen Selbstbetrug auf den Punkt gebracht: »Nur der Glaubende ist gehorsam – und nur der Gehorsame glaubt. Beide Sätze sind in gleicher Weise wahr. Zu meinen, dass erst geglaubt werden müsse und später der Gehorsam folge, das heißt Glaube und Gehorsam auseinanderreißen. Glaube existiert nur im Gehorsam, niemals ohne Gehorsam.«

Bonhoeffer hat uns nicht nur Gehorsam gepredigt. Er hat Gehorsam gelebt. Für seine konsequente Nachfolge wurde er im Konzentrationslager ermordet.

Wie gehen wir persönlich mit diesem Wort um?

Alles, was ihr tut mit Worten oder mit Werken,
das tut im Namen des Herrn Jesu.
KOLOSSER 3,17

Was Menschen sagen und tun und was Menschen behaupten zu tun, sind zwei komplett verschiedene Dinge. Wer tiefe und ernste Gedanken verströmt, kann durchaus seelenruhig im Sessel sitzen bleiben, ohne etwas zu tun. Große Gedanken sind gut, kleine Schritte aber sind besser.

Von einem unbekannten Verfasser las ich einmal folgende Aussage:

»Ein bisschen mehr Friede und weniger Streit.
Ein bisschen mehr Güte und weniger Neid.
Ein bisschen mehr Liebe und weniger Hass.
Ein bisschen mehr Wahrheit, das wär' etwas.

Statt so viel Unrast ein bisschen mehr Ruh'.
Statt immer nur ich ein bisschen mehr du.
Statt Angst und Hemmung ein bisschen mehr Mut.
Und Kraft zum Handeln, das wäre gut.«

Es wird Zeit, Nägel mit Köpfen zu machen.
Es wird Zeit, aktiv zu werden.
Es wird Zeit, Pläne und gute Absichten nicht hinauszuschieben.«

Stellen Sie sich vor, Sie würden über jeden Tag, den Sie beginnen, die Worte »Im Namen Jesu« schreiben. Über Ihren Plänen, Ihren Wünschen, Ihren Sorgen und über Ihren Zweifeln und Befürchtungen, mit denen Sie den Tag eröffnen, können Sie dann immer lesen: »Im Namen Jesu!« Können Sie sich vorstellen, dass sich Ihre Sorgen verkleinern, Ihre Angst verringert und Ihr Lebensmut vergrößert?«

Herr, wer darf weilen in deinem Zelt? ... Wer mit seiner Zunge nicht verleumdet, wer seinem Nächsten nichts Arges tut und seinen Nächsten nicht schmäht.

PSALM 15,1.3

Die Verleumdung wirkt wie eine ansteckende Krankheit im Zusammenleben der Menschen. Die Zunge, eigentlich nur ein kleines Organ, kann zur bösen Giftspritze werden. Wie schnell fließen diskriminierende Unterstellungen, zweifelhafte Behauptungen und Halbwahrheiten über unsere Lippen! Wie sagte der amerikanische Schauspieler Marlon Brando: »Halbwahrheiten wären gar nicht so gefährlich, wenn nicht die falsche Hälfte geglaubt würde.«

Eine kleine Geschichte soll das veranschaulichen: Eine Frau hatte über den Pfarrer eine hässliche Verleumdung verbreitet und damit viel Unheil angerichtet. Als die Frau krank wurde, bereute sie und bat den Pfarrer um Verzeihung. Der vergab ihr gerne, bat sie aber um einen Gefallen. Sie sollte zu Hause ein Huhn schlachten und ihm alle Federn ausrupfen, sie in einen Korb legen und überall im Dorf die Federn verstreuen, zuletzt vom Kirchturm aus. Dann möge sie den Pfarrer wieder aufsuchen. Am nächsten Tag erschien die Frau wieder artig beim Pfarrer und erhielt die freundliche Aufforderung, nun alle Federn wieder aufzusammeln. Die Frau erschrak und schüttelte den Kopf. »Das ist unmöglich, schließlich hat der Wind sie längst in alle Richtungen zerstreut.«

So verhält es sich auch mit Klatsch, Tratsch und Verleumdungen. Sie fügen dem Nächsten Schaden zu. Der Ruf ist ruiniert, der gute Name in den Schmutz gezogen. Und es ist beinahe unmöglich, den Schaden wiedergutzumachen.

Der Psalmist drückt es unzweideutig aus: Wer bei Gott wohnen und ihm gehören will, muss seine Zunge im Zaum halten. Wer seinen Nächsten schmäht und verleumdet, kann nicht zur Familie Gottes gehören.

Einer belügt den anderen, mit glatter Zunge lobt man einander, aber im Herzen spielt jeder ein doppeltes Spiel.
PSALM 12,3

Der Mensch redet viel, wenn der Tag lang ist. Er hat eine »glatte Zunge«, lügt und betrügt.

Rabbi Schemarjahu Noah hat einem solchen Vielredner eine Lektion erteilt. »Einst erhielt Rabbi Noah Besuch von einem Mann, der lange bei ihm blieb und dabei ohne Unterbrechung redete. Sogar wenn der Rabbi selbst etwas zu sagen versuchte, unterbrach ihn der Besucher mitten im Satz. Als der Mann jedoch bemerkte: ›Einmal habe ich eine wunderschöne Geschichte gehört …‹, unterbrach der Rabbi ihn: ›Du bist ein Lügner!‹ Der Mann war befremdet: ›Warum glaubt ihr mir nicht?‹, fragte er. ›Wie könnt ihr bezweifeln, dass ich die Geschichte hörte, ohne dass ich sie überhaupt erzählt habe?‹ ›Das ist ganz einfach‹, erwiderte Rabbi Schemarjahu Noah mit einem kleinen Lächeln. ›Du hast mir, seitdem du die Stube betratest, noch nicht einmal Gelegenheit gegeben, auch nur ein einziges Wort zu sagen. Wie soll ich dann glauben, dass du jemanden einmal eine ganze Geschichte erzählen ließest?‹«

Jemand hat einmal den bösen Satz gesagt: »Konversation ist die Kunst zu reden, ohne zu denken. Und der Small Talk ist die Leidenschaft von Menschen, dummes Zeug zu reden und sich dabei wohlzufühlen.«

Die glatte Zunge ist eine leichte Zunge. Sie kommuniziert, ohne nachzudenken. Die Bibel ist voll von Hinweisen, unsere Zunge im Zaum zu halten, die Wahrheit zu sagen und nicht die Lüge. Und sogar im siebten Gebot ermahnt sie den Menschen, nichts Unwahres über den Mitmenschen zu sagen.

Hüten wir uns davor, im Herzen ein »doppeltes Spiel« zu spielen!

Hört auf, euch gegenseitig zu belügen. Ihr habt doch euer früheres Leben mit allem, was dazugehörte, wie alte Kleider abgelegt.
KOLOSSER 3,9

Alle logen bis auf einen.

Das Flüchtlingsschiff »Cap Anamur« hatte 37 afrikanische Asylsuchende im Mittelmeer an Bord genommen. Die Nachrichten und namhafte Zeitungen brachten ausführliche Kommentare und Berichte über den jungen Mann Drobat, der als Einziger nicht gelogen, sondern ehrlich Auskunft darüber gegeben hatte, woher er kam, nämlich aus Nigeria und nicht, wie die anderen behauptet hatten, aus dem leidgeprüften Sudan. In der Tat kamen fast alle aus Ghana, Nigeria oder aus dem Niger. Auf die Frage, warum er nicht gelogen habe, antwortete Drobat: »Gott will nicht, dass ich lüge.«

Lügen sind weit verbreitet. Thomas Manns Hochstapler Felix Krull, Odysseus, Pinocchio und der Baron von Münchhausen waren ausgekochte Lügner. Es gibt seriöse Untersuchungen, die die Zahl der täglichen Lügen eines Menschen auf etwa 200 beziffern. Dazu gerechnet werden allerdings auch Angebereien, Floskeln, Ausreden, Übertreibungen und Höflichkeitslügen. »Das Geschenk gefällt mir gut!« – obwohl man den Kitsch am liebsten der Schwiegermutter zu Weihnachten auftischen möchte.

Die Lüge ist nichts Schlimmes mehr, sie ist zum Massengebrauchsartikel geworden. Bei uns Christen sollte es aber anders sein. Paulus scheint auch die Gemeindeglieder in Kolossä beim Lügen erwischt zu haben. Christen aber sollen die alten Gewohnheiten wie alte Kleider abgelegt haben.

Der große deutsche Philosoph Immanuel Kant stellte überdeutlich fest: »Die Lüge ist der eigentliche faule Fleck in der menschlichen Natur.«

Wer zu Christus gehört, sollte das Lügen nicht mehr nötig haben.

Rede dich nicht damit heraus, dass du nichts gewusst hast. Gott sieht dir ins Herz und weiß, ob du die Wahrheit sagst. Er belohnt oder er bestraft jeden, wie er es aufgrund seiner Taten verdient hat.
SPRÜCHE 24,12

Rechtfertigungen und Entschuldigungen sind beliebte Strategien des Menschen.

Professor Helmut Thielicke schrieb in einer Auslegung zum »Barmherzigen Samariter«: »Selbst der größte Dummkopf denkt auf einmal scharfsinnig wie ein Mathematikprofessor, wenn er Gründe für seine Drückebergerei finden soll. Der Weg zur Hölle ist nicht nur mit guten Vorsätzen, sondern auch mit guten Gründen gepflastert.«

In der Psychotherapie zählt die Rechtfertigung, die Entschuldigung bzw. die Rationalisierung zu den beliebtesten Abwehrstrategien des Menschen. Warum verhält er sich so?

Er will sich vor Blamagen und Enttäuschungen schützen.
Er will sich drücken und seinen Kopf nicht hinhalten.
Er will sich herausreden und mit einer weißen Weste dastehen.
Rechtfertigungen sind Lügen, an die wir glauben.
Rechtfertigungen sind Täuschungen, von denen wir überzeugt sind.

Rechtfertigung des Sünders – das heißt: Gott lässt uns gelten, so wie wir sind, ohne eine Bedingung und ohne Vorleistung, um Jesu Christi willen. Deshalb können und sollen wir dem gottlosen Satz den Abschied geben: »Ich bin schon recht!«

Gott lässt uns gelten, weil Jesus Christus für uns einsteht. Das ist unser unverlierbarer Wert. Wir haben es nicht mehr nötig, uns herauszureden.

Versündigt euch nicht, wenn ihr in Zorn geratet ...
EPHESER 4,26

Wie gehen wir mit Zorn um?

Professor James Dobson, ein gläubiger Kinderpsychiater, schreibt:

»Im Hinblick auf die psychologischen Fragestellungen des Themas verdient die zurzeit gängige Auffassung, aggressive Gefühle dürfen nicht verdrängt oder verinnerlicht werden, durchaus Beachtung. Wenn irgendein starkes negatives Gefühl aus dem Bewusstsein abgedrängt wird, während es in voller Stärke wütet, so kann es uns innerlich zerreißen. Der Prozess, durch den wir Emotionen ins Unterbewusstsein abschieben, heißt ›Verdrängung‹. Er birgt eine Gefahr für die Psyche. Der Druck, der durch die Verdrängung entsteht, wird sich gewöhnlich an anderer Stelle Luft machen, z. B. in Form von Depressionen, Angstzuständen, inneren Spannungen oder in einer Reihe anderer psychischer Störungen ...«

Gott will nicht, dass wir unseren Zorn verdrängen, verleugnen oder überspielen. Wer verdrängt, stapelt Bitterkeit im Herzen. Negative Gedanken und Gefühle vergiften uns. Verdrängung und Verleugnung sind die falschen Wege. Wir setzen unseren Organismus unter Druck und handeln uns viele psychosomatische Krankheiten ein. Schweigen aus Schwäche ist Schuld. Schweigen aus Angst ist Feigheit. Wer verdrängt, will Konflikten aus dem Wege gehen. Er will Eskalation vermeiden, aber er belastet sich selbst. »Wenn dein Bruder (oder deine Schwester) dir Unrecht getan hat, dann geh zu ihm (oder zu ihr) hin und stell ihn (oder sie) unter vier Augen zur Rede.« Je schneller wir klären, desto geringer der Zornstau in unserem Herzen.

Halte dir den Ärger von der Seele und die Krankheit vom Leib. Jugend und dunkles Haar vergehen schnell.
PREDIGER 11,10

Wie gehen wir mit Zorn und Ärger um?

Von Eugen Roth stammt ein schönes Gedicht über den Ärger:

»Es gilt, just bei nervösen Leiden,
Aufregung aller Art zu meiden;
besonders wie der Doktor rät,
vorm Schlafengehen, abends spät.
Noch mehr fast, fleht er, gib dir Müh,
dich nicht zu ärgern in der Früh.
Und, bitte, ja nicht zu vergessen,
niemals vorm, beim und nach dem Essen.
Wer streng zu folgen ihm bereit, hat, sich zu ärgern, kaum noch Zeit.«

Eugen Roth gibt gute Ratschläge, die sehr schwer einzuhalten sind. Warum? Viele Menschen wollen sich ärgern. Sie können Unrecht, Beleidigungen und Anklagen nicht stehen lassen. Sie müssen sich rechtfertigen. Aber sie belasten sich auch. Wie sagte Konrad Adenauer: »Wer sich ärgert, büßt für die Sünden anderer Menschen.« Wollen Sie büßen? Haben Sie beschlossen, sich krank zu machen? Wir haben es in der Hand, das bekräftigt der Evangelist und Missionar Stanley Jones, wenn er sagt: »Ein Christ sündigt weniger durch seine ›Aktionen‹ als durch seine ›Reaktionen‹«.

Was können wir tun? Wir halten uns den Ärger vom Leib. Wir entscheiden, ob wir uns ärgern wollen. Wir selbst bestimmen, ob der Ärger sich lohnt. Wir selbst, sonst niemand sind für Ärger und Wut verantwortlich. Sich nicht zu ärgern ist eine Willensentscheidung.

Der Dummkopf gibt jedem Ärger freien Lauf;
der Kluge kann sich beherrschen.
SPRÜCHE 29,11

Nicht nur im Zwischenmenschlichen richtet Ärger Schaden an. Auch der Organismus kann in Mitleidenschaft gezogen werden. In einer Zeitschrift lese ich einen wissenschaftlichen Beitrag unter dem Thema: »Risikofaktor Ärger«. Da heißt es: »Dem Ärger ist auch ein psychologisches Reaktionsmuster zugeordnet, wobei den Hormonen Adrenalin und Noradrenalin eine entscheidende Rolle zukommt. Adrenalin steigert beispielsweise die Pulsfrequenz, den systolischen Blutdruck (erster gemessener Wert) und erhöht die aus dem Herzen getriebene Blutmenge, das Herzminutenvolumen. Adrenalin bewirkt darüber hinaus eine Gefäßerweiterung und vor allem eine Erhöhung des diastolischen Blutdrucks (zweiter gemessener Wert). Noradrenalin wirkt im Gegensatz gefäßverengend und pulssenkend ... Wer seinen Ärger inadäquat oder gar nicht verarbeitet, läuft Gefahr, dass sich seine Blutdruckwerte krankhaft chronifizieren, und riskiert somit eine Herz- und Kreislauferkrankung.«

Unser Herr hat uns wunderbar geschaffen. Der Körper ist ein Wunderwerk seiner Schöpfung. Aber aufgestauter Ärger, den wir uns selbst zufügen, kann Herz und Kreislauf krank machen. Der Blutdruck steigt, der Körper wird belastet. Die Infarktgefährdung erhöht sich. Die Bibel hat recht, nur der Dummkopf lässt jedem Ärger freien Lauf. Beherrschung heißt nicht, den Ärger herunterzuschlucken. Es heißt, ihn kontrolliert zur Sprache zu bringen. »Hast du etwas gegen deinen Bruder (beziehungsweise gegen deine Schwester), sage es ihm (beziehungsweise ihr) unter vier Augen.« Das ist die biblische Kommunikationsregel, die auch einen positiven Umgang mit Ärger einschließt. Ärger muss verarbeitet und geklärt werden. Wer schweigt, löst keine Probleme. Er setzt lediglich seinen Organismus unter Druck. Auch der Umgang mit Ärger drückt aus, wie ernst wir Gottes Gebote nehmen.

Wenn du fromm bist, so kannst du frei den Blick erheben. Bist du aber nicht fromm, so lauert die Sünde vor der Tür, und nach dir hat sie Verlangen; du aber herrsche über sie.
1. MOSE 4,7

Gott will, dass wir gegen den Zeitgeist, gegen die falsche Toleranz, gegen schuldhaftes Schweigen, gegen Unrecht und Lieblosigkeit und gegen die Sünde unser entschiedenes Aber setzen.

Pfarrer Hermann Traub hat ein schönes Gedicht über Nein und Aber geschrieben:

NEIN – Bäume reißen wir keine aus.
ABER – Bäume pflanzen können wir doch.
NEIN – Systeme von Kapital und Profit ändern wir nicht.
ABER – systematisch setzen wir Zeichen der Liebe.
NEIN – unmenschliche Großstädte verhindern wir nicht.
ABER – Menschlichkeit in die Slums dieser Städte bringen wir doch.
NEIN – die verfilzte Korruption lösen wir nicht auf.
ABER – wir erheben unsere Stimme für die, denen man keine gibt.
NEIN – sagen einfach zu viele.
JA – sagen können wir, weil Gott uns sein Ja nicht entzieht.

Auch Gott will dem Kain sein verantwortliches Aber verdeutlichen. Kain spielt sich als King auf. Als Erstgeborener beansprucht er den Segen Gottes für sich. Sein kleiner Bruder gehört – nach Kains Meinung – ins zweite Glied und an die zweite Stelle. Mit der Sünde im Paradies zieht die Sünde in die Weltgeschichte ein. »Jenseits von Eden« berichtet die Bibel als Erstes einen Eifersuchtsmord. Kain spielt in Gedanken mit Mord. Sein Zorn ist unbezähmbar. Die Sünde lauert vor der Tür. »Du aber herrsche über sie!« Kain muss nicht seinem Aggressionsstreben folgen. Gott mutet Kain und uns zu, dass wir der Sünde und allen teuflischen Versuchen ein entschiedenes »Aber« entgegensetzen.

Seid aber miteinander freundlich, herzlich und vergebet einer dem anderen, gleichwie Gott euch vergeben hat in Christus.
EPHESER 4,32

Bedenken möchte ich das Thema Vergeben und Vergessen.

Vergebung ist das zentrale Thema der biblischen Verkündigung. Ein Missverständnis beinhaltet, dass wir vergeben und vergessen sollen.

Jay E. Adams hat sich mit »Irrtümern der Vergebung« auseinandergesetzt. Ein Irrtum betrifft das Vergessen. Er schreibt: »Eine alte Geschichte erzählt von einem König, dessen Staatskasse leer war. Er rief deshalb seine Alchemisten zu sich und sagte: ›Ihr arbeitet nun schon lange daran, unedle Metalle in Gold zu verwandeln. Nun brauche ich Gold. Ich gebe euch Zeit bis Freitag, die Formel herauszufinden. Gelingt es euch nicht, so werden eure Köpfe rollen.‹ Es wurde Freitag, und die Köpfe rollten. Der letzte Alchemist trat vor den König und sagte: ›Ich hab's!‹ Der König antwortete: ›Lass die Formel hören!‹ Und so zählte der Alchemist auf: ein Löffelchen Kalkstein, Schmetterlingsflügel, eine Prise Eidechsenzunge, und so ging es fort ... Kurz bevor er zur Tür hinaus war, drehte er sich noch einmal um und sagte: ›Was ich noch zu erwähnen vergaß, mein König: Wenn ihr beim Umrühren an einen Elefanten denkt, dann klappt es nicht!‹ Es versteht sich von selbst, dass der Alchemist eines natürlichen Todes starb. Man kann ganz einfach nicht auf Befehl vergessen, die Bibel verlangt das auch gar nicht.«

Wenn wir vergeben und vergessen können, ist das ein Geschenk Gottes. Wir können uns vornehmen, nicht mehr an die Sünde eines anderen zu denken, aber niemand kann versprechen, den Gedanken an sie völlig zu vergessen. Vergeben heißt: Wir holen die Sünde nicht wieder aus der Mottenkiste und verwenden sie gegen den anderen. Wir haben im Namen Jesu seine Bosheit weggegeben, wir haben den Tatbestand nicht vergessen. Ohne Ressentiment können wir uns an die schlimme Verletzung des anderen erinnern. Wir haben die Wut, die Verletzung und Rachegefühle weggegeben.

Du sollst den Herrn, deinen Gott, lieben von ganzem Herzen, von ganzer Seele, von ganzem Gemüt und von allen deinen Kräften.
MARKUS 12,30

Die hier angesprochene innere Einstellung beinhaltet Anbetung. Sie gehört zu den intimsten und ursprünglichsten Erfahrungen des Christseins. Anbetung heißt:

> Wir preisen Gott mit unserem ganzen Herzen,
> wir loben Gott mit unserem ganzen Verstand,
> wir beten ihn an mit ganzer Seele,
> wir rühmen seinen Namen mit ganzer Kraft.

Viele Christen verstehen unter Anbetung eine bestimmte Musikalität im Gottesdienst. In der Lobpreis-Szene und in der Worship-Praxis haben viele ihren Lieblingsstil entdeckt. Aber Anbetung ist mehr als nur musikalischer Lobpreis. Der ganze Gottesdienst mit Gebet, Schriftlesung, Gesang, Bekenntnis, Stille, Hören auf die Predigt und Abendmahl, das ist Anbetung.

Ein Kritiker der modernen Anbetungspraxis, Hans-Werner Deppe, schreibt: »Anbetungslieder dienen nicht dem Zweck, der modernen Mehrheit zu gefallen – sie können nicht populär sein im Sinne von Pop-Musik. Wenn wir mit geistlichen Liedern in die Hitparade wollen, denken wir nicht göttlich, sondern menschlich.«

> Anbetung kostet unseren Egoismus.
> Anbetung ist nicht nur bequem und angenehm.
> Anbetung ist Lob und Dank, Buße und Demut, Dienst und Barmherzigkeit.

Anbetung Gottes meint, dass wir ganz mit ihm leben. Wenn dann unsere Lobpreislieder aus vollem Herzen und mit emotionaler Verbundenheit gesungen und Gott zur Ehre dargebracht werden, erfüllen sie einen guten Zweck im Rahmen der gottesdienstlichen Anbetung.

Seid wachsam, denn ihr wisst nicht, wann der Herr kommt.
MARKUS 13,35

Schlafen und Schläfrigkeit sind für uns bedenklich.

Rolf Sättler, langjähriger Pädagoge am Jungengymnasium in Wilhelmsdorf, erzählt eine Begebenheit, die er auf einer Halbinsel am Comer See erlebt hatte. Er berichtet von einer Villa Acronati, die einsam vor sich hinträumte. Nur ein Gärtner lebte noch da und veranstaltete Führungen für die Besucher, die hin und wieder die Halbinsel mit der alten Villa ansteuerten.

»Wie lange sind Sie schon hier?«, wurde der Gärtner eines Tages gefragt.

»24 Jahre.«

»Und wie oft waren die Besitzer in den 24 Jahren hier?«

»Viermal.«

»Und wann das letzte Mal?«

»Vor zwölf Jahren«, sagte der Gärtner. »Ich bin fast immer allein. Es passiert nur sehr selten, dass Besuch kommt.«

»Sie haben den Garten so herrlich gepflegt. Er ist so gut in Schuss, dass Ihre Herrschaft morgen kommen könnte.«

Der Gärtner lächelte: »Oggi, signore, oggi!« (Heute, mein Herr, heute!)

Dieser Gärtner ist ein lebendiges Beispiel für Wachsamkeit. Er pflegte Haus und Garten so, als würde die »Herrschaft« jeden Augenblick kommen. Ein gutes Beispiel, auch für uns. Theo Lehmann schrieb einmal: »Was die Kirche umbringt, sind nicht die Modernisten und nicht die Kommunisten, sondern die Schlafmützen.«

Wer in Zerstreuung, Träumerei, auch Arbeitssucht und übergroßen Ehrgeiz flieht, wacht nicht.

Wir schlafen, obwohl wir hochaktiv im Leben stehen.
Wir schlafen, weil wir mit unseren Plänen beschäftigt sind.
Wir sind wach, wenn wir aus Ihm, mit Ihm und durch Ihn leben.

Endlich aber seid alle gleich gesinnt, mitleidig, brüderlich, barmherzig.
1. PETRUS 3,8

Mitleid und Mitleiden sind zwei Paar Schuhe. Marie von Ebner-Eschenbach hat den Unterschied erkannt, als sie schrieb: »Mitleid ist Liebe im Negligé.« Das heißt doch wohl: Mitleid will den anderen verführen. Mitleid will nicht geben, sondern haben, will nicht schenken, sondern genießen. Mitleid ist egoistisch – Mitleiden beinhaltet Nächstenliebe.

Der Schweizer Theologe Heinrich Bolleter schrieb in einem seiner Bücher:

»Eine deutsche Schriftstellerin hat mich darauf aufmerksam gemacht, dass Sympathie eine besondere Begabung des Menschen darstellt, welche ihn von allen anderen Kreaturen unterscheidet. Da war zu lesen: ›Meine junge Tochter fragte mich: Griechisch lernen – wozu? Sym-pathein, sage ich. Eine Fähigkeit, die Tieren und Maschinen abgeht.‹ Sympathie bedeutet Mit-leiden. Die Begabung, welche den Menschen zum Menschen macht, ist beinahe verloren gegangen.«

Sympathie ist bei uns verniedlicht worden. Uns sind Menschen sympathisch, die wir gut leiden können und die uns mögen. Aber Sympathie beinhaltet mehr: mittragen und mitleiden können. Wer seinen Partner sympathisch findet, will mit ihm durch dick und dünn gehen. Er will alles mit ihm tragen, will auch alles mit-erleiden.

Um einen Menschen nur sympathisch zu finden, ihn anziehend und liebenswert zu erleben, dafür muss ich keinen Finger krumm machen. Den wirklichen Sinn von Sympathie beschreibt Petrus: Seid gleich gesinnt, mitleidig, brüderlich, barmherzig. Sympathie ist ein Geschenk, ein Charisma. Wir haben es nicht im Blut. Jesus hat sein Leben für uns gegeben. Jesus hat für uns wahre Sympathie entwickelt. Können wir in diesem Sinn Sympathie für andere entwickeln?

Und wenn ein Glied leidet, so leiden alle Glieder mit.
1. KORINTHER 12,26

Mitleid oder Mitleiden?

Der Sprachforscher Friso Melzer schrieb über den Begriff: »Verweilen wir einen Augenblick bei der Frage nach den Wörtern. In der Alltagssprache gebrauchen wir vielleicht das Wort ›Mitleid‹. Im Alter müssen wir dagegen sagen: Mit-leiden. Das ist das höhere und treffendere Wort. Mitleid, damit haben wir die Bezeichnung für ein (billiges) Gefühl. Dagegen ruft Mit-leiden zur Teilhabe, zum Mittragen, zu einem Geschehen in der Person – Mitte des Menschen.«

Der jüdische Philosoph Martin Buber hat folgende Geschichte aufgeschrieben: »Wann immer Rabbi Mosche Löb einen Menschen leiden sah, an der Seele oder am Leib, nahm er daran mit solcher Inständigkeit teil, dass das Leid des anderen zu seinem eigenen Leid wurde. Als ihm jemand einmal seine Verwunderung darüber aussprach, dass er immer so mitleiden könne, sagte er: ›Wie denn mitleiden. Das ist doch mein eigenes Leid. Wie kann ich denn anders als leiden?‹«

Diese Geschichte macht deutlich, was Mitleid ist. Des anderen Leid wird mein Leid. So macht es auch Gott: Er steht nicht über dem Leid der Menschen, er geht in das menschliche Leid hinein. Vielleicht wundern wir uns darüber. Aber dann sagt Gott: »Des Menschen Leid – das ist auch mein Leid.« Wer Mitleid empfindet, tut in der Regel nichts. Er produziert ein edles Gefühl und lässt seine Hände in beiden Taschen.

Friso Melzer hat recht, Mitleid ist ein billiges Gefühl. Mitleid ist eine fromme Geste, die nichts kostet. Wir produzieren ein beeindruckendes Gefühl ohne praktische Hilfe. Wer mit-leidet, bringt sich existenziell ins Spiel. Mit Händen und Füßen, mit Geld und praktischem Einsatz wird das Wort des Paulus realisiert: »Wenn ein Glied leidet, so leiden alle Glieder mit.«

Denn wir haben nicht einen Hohepriester, der nicht könnte mitleiden mit unserer Schwachheit, sondern der versucht ist allenthalben gleich wie wir, doch ohne Sünde.
HEBRÄER 4,15

Mitleiden ist eine wirkliche geistliche Begabung. Wer mit dem anderen leidet, stellt sich ihm zur Seite. Er trägt mit, er weint mit, er leidet mit. Mit-leiden ist mehr als ein Gefühl des Mitleids.

Im Neukirchener Kalender las ich einen Abschnitt aus einem Dostojewskiroman, den ein Ausleger zitiert: »In einer ergreifenden Szene lässt der russische Dichter Dostojewski ausgerechnet einen verzweifelten Alkoholiker die Worte letzter, größter Hoffnung aussprechen: ›Mitleid aber mit uns wird der haben, der mit allen Mitleid hat und der alle und alles versteht. Er, der Einzige, der Richter. Er wird an jenem Tag kommen, und er wird alle richten und allen verzeihen, den Guten und den Bösen, den Hochmütigen und den Friedsamen. Und wenn er mit allen zu Ende sein wird, dann wird er auch zu uns sprechen: ›Kommt auch her,‹ wird er sagen, ›kommt, ihr Säufer!‹ Und wir alle werden kommen und ohne Scheu vor ihn treten. Und er wird sagen: ›Ihr Schweine! Doch her mit euch!‹ Und die Weisen und Klugen werden ausrufen: ›Herr, warum nimmst du sie auf?‹ Und er wird sagen: ›Ich nehme sie auf, ihr Weisen, ich nehme sie auf, ihr Klugen, weil keiner von ihnen geglaubt hat, dass er dessen Wert ist.‹ Und er wird seine Hände über uns ausstrecken, und wir werden niederfallen und weinen – und alles verstehen. Dann werden wir alles verstehen, und alle werden verstehen. Herr, dein Reich komme!«

Wir haben einen Hohepriester, der für Säufer, Huren und Sünder aller Schattierungen gestorben ist. Wir alle leben von seinem Mit-leiden. Jesus hat nicht nur ein Mitleidsgefühl entwickelt. Der Hinrichtungsbalken auf Golgatha ist ein handfester Beweis seines Mit-leidens für uns.

Wenn ich leide, so geschieht es zu eurem Besten, damit euer Mut gestärkt wird. Und wenn ich ermutigt werde, so geschieht es, damit ihr Mut bekommt, die gleichen Leiden wie ich geduldig zu ertragen.
2. KORINTHER 1,6

Leiden kann Wachstum bedeuten.

Wir wehren uns naturgemäß dagegen, das Leiden zu vergolden, dem Leiden positive Züge abzugewinnen. Der Begründer der Gestalttherapie, Frederick Pearls, schrieb über das Leiden: »Wir haben alle eine krankhafte Angst vor Schmerz und Leiden. Alles, was keinen Spaß macht oder unangenehm ist, muss vermieden werden. So rennen wir vor jeder Frustration, die schmerzhaft sein könnte, davon und versuchen, sie zu vermeiden. Das Resultat ist ein Mangel an Wachstum. Wenn ich über die Bereitschaft zur Auseinandersetzung mit dem Unangenehmen rede, meine ich natürlich nicht die Erziehung zum Masochismus. Ich rede über das Leiden, das zum Wachstum gehört.«

Ohne Leiden kein Wachstum. Das Dunkle und Schwere in der Welt gehört notwendig zu unserem Leben. Im Chinesischen gibt es ein gemeinsames Zeichen für Krise und Chance. Denn Krisen sind Chancen, sind Herausforderungen Gottes. Beide machen uns nachdenklich. Viktor Frankl schrieb den hilfreichen Satz: »Gott legt Menschen auf den Rücken, damit sie besser nach oben schauen können.«

Notzeiten machen uns still. Wir steigen aus dem Gehetze aus. Zu einem Freund, der traurig und beschämt gestand: »Ich bin gerade gefeuert worden«, antwortete C. G. Jung: »Lass uns eine Flasche Wein aufmachen; das ist eine wunderbare Nachricht, jetzt wird etwas Schönes passieren.«

Es geschieht zu unserem Besten. Auch Paulus sucht im Leiden etwas Gutes. Sein Leiden stärkt den Mut seiner Freunde. Und da Paulus gestärkt wurde, soll er seinen Schwestern und Brüdern Mut machen, ähnliches Leiden geduldig zu tragen.

Jesus spricht zu ihnen: Ich bin der Weg und die Wahrheit und das Leben; niemand kommt zum Vater denn durch mich.
JOHANNES 14,6

Am 23. November 1654 wurde ein berühmter Zettel verfasst, der den Wandel eines großen Naturwissenschaftlers und Philosophen charakterisiert. Sein Name war Blaise Pascal. Als er den Zettel schrieb, war er gerade 31 Jahre alt, ein hochbegabter Mann, der die Gebiete Mathematik und Philosophie in gleicher Weise beherrschte. Bei den Reichen und Mächtigen der damaligen Zeit war er bekannt und wurde oft in ihre Häuser eingeladen. Aber er ließ sich nur eine kurze Zeit von Reichtum und den gebotenen Sinnesgenüssen blenden. Schon in jungen Jahren packte ihn der Lebensüberdruss, und er wollte raus aus der Welt eines sinnlosen Scheins. Eines Nachts schrieb er deshalb den berühmten Zettel: »Im Jahre der Gnade 1654, Montag, 23. November, Tag des Heiligen Clemens. Von ungefähr zehn und einhalb Uhr am Abend bis ungefähr eine halbe Stunde nach Mitternacht: Feuer, Gott Abrahams, Gott Israels, Gott Jakobs, nicht der Philosophen und Gelehrten. Gewissheit, Gewissheit, Empfindung, Freude, Friede, Gott Jesu Christi. Dein Gott soll mein Gott sein. Gerechter Vater, die Welt hat dich nicht erkannt, aber ich habe dich erkannt ... Jesus Christus, ich habe mich von ihm getrennt; ich bin vor ihm geflohen, ich habe ihn verleugnet, gekreuzigt. Möge ich nie von ihm getrennt sein ...«

Pascal ist nur 39 Jahre alt geworden, aber er hat der Welt viele tiefsinnige Gedanken über das Leben und über Gott hinterlassen. Er hat Christus nicht nur mit den Lippen bekannt, er ist ihm mit seiner ganzen Existenz nachgefolgt. Für ihn war Christus der Weg, die Wahrheit und das Leben. Am 23. November erinnern wir uns daher an diesen großen Bekenner, denn auch er mahnt uns: Niemand kommt zum Vater denn durch Christus.

»Hilf uns, wenn du kannst!« »Wenn ich kann?«,
fragte Jesus zurück. »Alles ist möglich, wenn du mir vertraust!«
MATTHÄUS 9,23

Wer Vertrauen schenkt, bewegt sich auf den anderen zu.

Von der Gattin Albert Einsteins wird erzählt, dass sie eines Tages von jemandem gefragt wurde, ob sie die Relativitätstheorie ihres Mannes verstanden habe. Sie antwortete: »Nein, aber ich verstehe meinen Mann.«

Kann ich dem anderen nur vertrauen, wenn ich alle mathematischen Formeln begriffen habe?

Kann ich dem anderen nur vertrauen, wenn ich seine philosophischen, technischen, menschlichen und glaubensmäßigen Ansichten verstanden habe?

Vertrauen hat einen völlig anderen Stellenwert. Wer vertraut, schenkt dem anderen seine Gunst. Vertrauen bedeutet, dass wir der Bahn, der Bank, einem Arzt und vor allem den liebsten Menschen einen Vorschuss an Vertrauen entgegenbringen.

Ein Vater bringt seinen Jungen, der vom bösen Geist hin- und hergerissen wird, zu Jesus. Der Vater ist verzweifelt und schenkt dem Lehrer, Heiler und Propheten sein Vertrauen. Und Jesus spricht den entscheidenden Satz: »Alles ist möglich, wenn du mir vertraust!«

Vertrauen ist eine Beziehungsfrage. Wir liefern uns aus.
Vertrauen heißt, ich lasse mich auf den anderen ein.
Vertrauen heißt, ich verlasse mich auf Menschen und auf Gott.
Vertrauen heißt, ich baue auf einen Menschen.
Vertrauen heißt, ich gehe zuversichtlich auf Jesus zu und liefere mich ihm aus.

Du sollst deinen Vater und deine Mutter ehren.
2. MOSE 20,12

Das vierte Gebot auf der zweiten Tafel der Zehn Gebote enthält eine großartige Verheißung. Kann dieses Gebot auch missverstanden werden?

Der amerikanische Psychiater George R. Bach, der einige Bücher über Aggression geschrieben hat, schreibt in einem:

»Das biblische Gebot ›Du sollst deinen Vater und deine Mutter ehren‹ wäre sinnvoller in der abgewandelten Form: ›Du sollst einen fairen Kampf mit Vater und Mutter führen.‹ Viele der bekannten Formen von fehlgeleiteter Aggression wie Herrschsucht, Vorurteile und Grausamkeit gegen Schwächere lassen sich zurückführen auf innerhalb der Familie entstandene oder unterdrückte aggressive Gefühle. In einer konstruktiv aggressiven Familie wird der offene und direkte Ausdruck dieser Gefühle nicht nur akzeptiert, er wirkt auch aktivierend auf alle Energien, die nötig sind zur Verwirklichung echter Beziehungen, in denen aggressive neben liebevollen Gefühlen bestehen dürfen.«

Es ist in der Tat so, Kinder, die in der Familie unterdrückt werden durch Herrschsucht und Machtansprüche der Eltern, zeigen besonders aggressive Verhaltensmuster, wenn sie allein sind und im späteren Alter. Kinder brauchen Liebe, emotionale Zuwendung und die Auseinandersetzung mit den Eltern. Sie müssen durchsetzungsfähig und konfliktfähig werden. Der Respektlosigkeit wird nicht das Wort geredet. Leider missverstehen viele Väter und Mütter ihre Elternfunktion. Die Kinder werden aufgefordert, ihre Eltern zu lieben und zu ehren. Nicht die Eltern werden zur Herrschsucht ermutigt. Überangepasste und überartige Kinder sind häufig lebensuntüchtig, unabgenabelt und entscheidungsschwach. Ihre Energien, die der lebendige Gott uns geschenkt hat, werden unterdrückt. Achtung, Ehre und Respekt für die Eltern werden schon zu Lebzeiten belohnt. Gott schenke allen Eltern die Weisheit, zwischen Herrschsucht und partnerschaftlicher Auseinandersetzung zu unterscheiden.

Im Spiegel des Wassers erkennt man sein Gesicht, und im Spiegel seiner Gedanken erkennt der Mensch sich selbst.
SPRÜCHE 27,19

Es geht um die Macht der Gedanken und Überzeugungen in unserem Leben.

Die beiden Psychotherapeuten und Seelsorger William Backus und Marie Chapian schreiben darüber:

»Die falsche Vorstellung besteht in dem Glauben, andere könnten glücklich sein, andere hätten Erlebnisse mit Gott, andere Menschen seien in der Lage, ihre irrigen Überzeugungen zu ändern, andere könnten von Ängsten, Depressionen und Zorn befreit werden, nur wir selber nicht ... Der Drogenabhängige glaubt, er könne von seiner Droge nicht loskommen. Der unter Fettsucht Leidende glaubt nicht an die Möglichkeit, abnehmen zu können, und der unter Depressionen leidende Neurotiker sagt sich: ›Ich kann mir nicht helfen.‹ Worte wie: ›Ich kann selbst dann nicht, wenn es für andere möglich ist‹, haben eine lähmende Wirkung. Doch wenn Sie Ihren Irrglauben ändern, werden auch Ihre Gefühle und Ihr Verhalten sich ändern.«

»Sag mir, wie du denkst, und ich sage dir, wie du lebst!« Unsere Gedanken, irrigen Überzeugungen und falschen Vorstellungen bestimmen unser Leben. Erst wenn Gottes Wort und seine Maßstäbe den Kurs bestimmen, die Gedanken reinigen und das Denken korrigieren, erfahren wir eine Sinnesänderung, die Gott schenkt. Wenn wir gründlich die Bibel lesen, erfahren wir, wer wir sind. Die Kenntnis der Schrift verhilft uns zur Selbsterkenntnis. Wir beten mit dem Psalmisten:

»Schaffe in mir, Gott, ein reines Herz, und gib mir einen neuen, beständigen Geist.«

Es ist dem Menschen gesetzt, einmal zu sterben, danach das Gericht.
HEBRÄER 9,27

Tod und Leben spricht der heutige Text an.

Der Theologe Siegfried Kettling zog einmal den Vergleich zwischen zwei verschiedenen Uhren: Die eine kennen wir mit dem kreisförmigen Zifferblatt, die andere ist die Sanduhr. Das Kreismodell der Uhr ist kein Zufall, denn unsere Vorfahren orientierten sich am Kreislauf der Gestirne. Sonnenaufgang und Sonnenuntergang wechselten einander ab, ebenso Sommer und Winter. Wir gehen schlafen und stehen am Morgen wieder auf. Wir rechnen fest mit diesem Kreislauf. Wir rechnen mit einem neuen Morgen. Wir rechnen mit einem neuen Tag. Wir sagen: »Nächste Woche sehen wir uns wieder!« – »Dann bis zu deinem nächsten Geburtstag!« – »Nächstes Jahr freuen wir uns wieder auf das Osterfest!«

Ganz anders die Sanduhr. Zwei tropfenförmige Glasgefäße sind mit einem engen Kanal verknüpft. Der Sand fließt langsam, aber unaufhaltsam hindurch. Es ist ein völlig anderes Grundmodell der Zeitmessung.

Unser Leben kann man mit der Sanduhr vergleichen. Kein wiederkehrender Zyklus, sondern ein Verrinnen. Die Zeit verrinnt, unser Leben ebenso.

»Es ist dem Menschen gesetzt, einmal zu sterben, danach das Gericht.« Die Uhr mit dem kreisförmigen Zifferblatt täuscht uns ein Morgen vor, eine tägliche Wiederkehr, eine ständige Wiederholung. Die Sanduhr macht uns dagegen auf unsere Endlichkeit aufmerksam. Die Sandkörner rutschen durch das schmale Röhrchen und zeigen:

Unser Leben ist endlich.

Unsere Lebenszeit ist begrenzt.

Der Tod wartet auf uns, ob wir wollen oder nicht.

»Herr, lass uns erkennen, wie kurz unser Leben ist, damit wir zur Einsicht kommen«, heißt es so richtig in Psalm 90,12.

Herr, erst wollte ich meine Schuld verschweigen;
doch dann wurde ich so krank, dass ich von früh bis spät
nur stöhnen konnte.
PSALM 32,3

Welchen Stellenwert hat unser Gewissen?

In einem Buch las ich eine eindrückliche Geschichte von dem Inder Mahatma Gandhi. »Mahatma Gandhi erzählt, wie er als Heranwachsender Geldschulden hatte und sie dadurch bezahlen wollte, dass er seinem Vater ein goldenes Armband stahl. Aber dann peinigte ihn das Gewissen so sehr, dass er es nicht mehr aushielt und den Diebstahl bekennen wollte. Doch als er vor dem Vater stand, brachte er kein Wort heraus. So schrieb er es auf ein Blatt und übergab ihm das mit zitternden Händen. Der Vater las, schloss die Augen, dann zerriss er den Zettel und sagte: ›Es ist gut.‹ Und dann nahm er den zukünftigen Mahatma in die Arme. Gandhi bemerkte dazu: ›Von da an hatte ich meinen Vater noch viel lieber‹.«

Mahatma heißt »die große Seele«. Er ist ein Ehrentitel für geistig hoch stehende Männer, die in ihrem Volke göttliche Verehrung genießen. Gandhi hat sein Gewissen nicht totgeschlagen. Er hat die Stimme seines Herzens nicht einfach zum Schweigen gebracht. Gandhi war unruhig – wie der Psalmsänger. Menschen, die ehrlich und wahrhaftig leben als Christen, die Gottes Gebote ernst nehmen wollen, können – wie Gandhi – von ihrem Gewissen »gepeinigt« werden. Sie können – wie der Psalmsänger – geradezu krank reagieren und von früh bis spät stöhnen. Aber auch das andere gilt: Wer sein Gewissen entlastet, wird frei. Unser himmlischer Vater vergibt uns. Und wir werden ihn lieber haben als vorher. Das Sprichwort hat in der Tat recht: »Ein gutes Gewissen ist ein sanftes Ruhekissen.«

Gott verlangt: Er muss in allem dem Herrn gehorchen und jederzeit das Rechte tun. Er darf nur die Wahrheit denken und sagen. Er macht niemand bei anderen schlecht, tut nichts, was seinen Freunden schadet.
PSALM 15,2–3

Es geht heute um die Wahrheit. Jemandem die Wahrheit um die Ohren zu schlagen ist lieblos. Wahrheit ohne Liebe ist eine Gemeinheit.

Leo Tolstoi hat über die »Welt ohne Wahrheit« geschrieben:

»Was wäre die Welt ohne mich, die Wahrheit. Erst durch mich wird das Leben klar und rein!

Die Wahrheit kam in eine kleine Stadt und sah, wie eine Anzahl Kinder voller Spannung um ein Märchenbuch herumsaßen. Ein Mädchen las vor von Riesen und Zwergen. ›Was in diesem Buche steht, ist alles Erfindung und Lüge!‹, rief die Wahrheit den Kindern zu. Sie wurden still und in ihren Herzen traurig.

Die Wahrheit ging weiter. Auf einem Jahrmarkt sah sie, wie ein junger Mann an einer Glücksbude gerade einen hell funkelnden goldenen Ring gewonnen hatte und ihn nun seinem Mädchen an den Finger stecken wollte. ›Ihr glaubt wohl, der Ring sei aus Gold?‹, sagte mit spöttischem Lächeln die Wahrheit. ›Oh nein, das Ding ist nur aus wertlosem Messing und wird sehr bald seinen Glanz verlieren!‹

Die Wahrheit schritt weiter. An einer Straßenecke saß ein Kind. Es sah blass, schwach und elend aus und hatte einen Buckel. ›Du armes verkrüppeltes Geschöpf‹, sagte die Wahrheit mitleidig, ›ich wollte, du bräuchtest diesen hässlichen Buckel nicht zu tragen.‹

›Wieso?‹, erwiderte erstaunt, ja erschreckt das Kind. ›In dem Buckel innen drin sind ein paar Flügelchen verborgen, Flügel aus reinem Gold. Und eines Tages werde ich dahinfliegen wie ein Schmetterling!‹ Und die Augen des Kindes strahlten zukunftsfreudig. Da wandte sich die Wahrheit gesenkten Hauptes ab, sagte kein Wort und ging von dannen.«

Wahrheitsfanatiker können das Leben anderer Menschen zerstören. Jesus hat uns vorgemacht, dass Wahrheit und Liebe zusammengehören.

Jesus sagte zu denen, die Vertrauen zu ihm gefasst hatten: Wenn ihr euch an mein Wort haltet, seid ihr wirklich meine Jünger. Dann werdet ihr die Wahrheit erkennen, und die Wahrheit wird euch freimachen.
JOHANNES 8,31–32

Es geht auch in diesem Vers um die Wahrheit.

Dietrich Bonhoeffer 1932 zu Semesterbeginn seiner Studentengemeinde in Berlin: »Wie erkenne ich dies, wovon die christliche Verkündigung redet, als Wahrheit?« Und er fuhr fort: »Hier gibt die Bibel eine seltsame Antwort: ›So ihr bleiben werdet an meiner Rede‹: Nicht durch die freie Forschung, nicht durch uninteressiertes Denken und Suchen, sondern allein durch den freien Lebensversuch, sein Leben auf dies Wort Christi zu setzen, einmal ganz und gar mit ihm zu leben, ihm nachzuleben, ihn zu hören, ihm zu gehorchen. Erst wer sein Leben einmal eingesetzt hat, vermag zu urteilen, ob Christus die Wahrheit sagt und ist. Wer das einmal wagt, der wird die Wahrheit erkennen. Nur im Leben erkennt man Wahrheit, nur im Kampf erprobt man Waffen.«

Über die Wahrheit kann man diskutieren.
Über die Wahrheit kann man philosophieren.
Über die Wahrheit kann man kluge Bücher schreiben.

Leider werden wir auf diese Weise die Wahrheit nicht erleben. Wir fragen in unserem Leben gern: Ist das modern? Ist das wissenschaftlich?

Ist das zeitgemäß? Wir fragen nicht: Ist es die Wahrheit?

Wie antwortete der Theologe Schlatter einem Studenten, der die Bibel für Menschenwort hielt: Er solle einmal zehn Worte Jesu, die er für absolut wahr hielt, leben und nicht theologisch, exegetisch und philosophisch in ihre Bestandteile zerlegen. Sein Leben würde sich radikal ändern, denn hier redet die Wahrheit personifiziert.

Ihr seid das Salz der Erde.
MATTHÄUS 5,13

Es geht um das Salz in der Gemeinde, in Stadt und Land. Wie schrieb John Stott, ein enger Mitarbeiter Billy Grahams: »Wenn das Salz auf das Fleisch oder den Fisch kommt, geschieht etwas: Fäulnis wird verhindert. Warum haben wir Christen keine stärkeren Auswirkungen auf die Gesellschaft? Probleme gibt es doch genug: Rassismus, Gewalt, ein alles durchdringender Materialismus, Korruption auf höchster Ebene, sexuelle Untreue, Verlust von Werten. Wer ist schuld? Alle außer uns? Ich sehe das ganz anders. Ich mache Ihnen heute einen Vorschlag: Wenn die Gesellschaft verroht, dekadent wird, dann ist es unsere Schuld. Wenn das Haus nachts dunkel ist, ist es nicht die Schuld des Hauses, sondern es fehlt dort das Licht. Wenn der Fisch anfängt zu stinken, liegt es nicht am Fisch. Die Frage ist: Wo ist das Salz? Wir klagen voller Hochmut und Selbstgerechtigkeit die Gesellschaft dafür an. Aber Jesus hat uns den Auftrag gegeben, ihr Salz und Licht zu sein. Wir können kein Utopia schaffen, keine perfekte Gesellschaft erreichen. Sie wird erst vollkommen, wenn Jesus wiederkommt. Aber weil wir sie nicht vollkommen haben können, heißt das nicht, dass wir sie nicht verbessern können. Es gibt durch die Geschichte hindurch viele Erfahrungen, dass die Gesellschaft durch engagierte Christen verändert und besser geworden ist.«

Und Theo Lehmann, Jugendpfarrer aus Chemnitz, sagt in einer Predigt: »Wir sollen uns nicht anpassen, wir sollten aufpassen. Die christliche Gemeinschaft von Sardes hatte sich angepasst, war in der degenerierten Stadt zur degenerierten Gemeinde geworden, sie war nicht mehr das Salz, sondern nur noch das Suppengrün der Gesellschaft.«

Salz bewahrt vor Fäulnis. Eine Prise Salz hat eine enorme Wirkung. Wir sind nicht Salz für uns selbst. Ja, wir werden als Salz ungenießbar, wenn wir selbstsüchtig und egoistisch Salz für uns selbst sein wollen. Salz gehört in die Suppe, in die Gesellschaft und die Welt.

Durch die Güte und Barmherzigkeit Gottes wird nun
das Licht des Himmels uns besuchen, um die zu erleuchten,
die in der Dunkelheit und im Schatten des Todes sitzen,
um uns auf den Weg des Friedens zu leiten.
LUKAS 1,78–79

Advent heißt: Jesus kommt! Jesus steht vor der Tür. In einem Jugendgottesdienst während der Adventszeit predigte der verstorbene Evangelist Paul Deitenbeck einmal zu dem Thema: »Der wichtigste Besuch der Weltgeschichte«. Dabei zitierte er Verse eines modernen Dichters:

»Noch einmal ist uns diese Frist verliehen,
dass uns der Engelruf zu Herzen geht,
dass wir nach Bethlehem die Straße ziehen,
dem Sterne zu, der überm Stalle steht.«

Noch einmal haben wir die Gelegenheit, den wichtigsten Besuch der Weltgeschichte nicht zu versäumen.

Noch einmal schenkt uns Gott die Gelegenheit, uns mit dem Kind in der Krippe vertraut zu machen.

Noch einmal machen uns Lichterketten und Adventskränze darauf aufmerksam, dass nicht die Ware Weihnacht im Mittelpunkt steht, sondern die wahre Weihnacht das Kind in der Krippe meint.

In der Regel ist die Adventszeit Stresszeit. Wir sind so beschäftigt und in Eile, unsere Nerven sind so gespannt, dass das Kind in der Krippe völlig vergessen wird. Advent und Weihnachten werden sinnentleert. Doch Jesus steht vor der Tür. Er klingelt nicht Sturm. Er drängt sich keinem auf, er möchte aber auch nicht nur für ein paar Stunden bei uns reinschauen. Er möchte bei uns wohnen. Er möchte in unser Leben aufgenommen werden. Er möchte Licht in unsere Dunkelheit bringen. Oder reichen uns dafür elektrische Kerzen? Auch in dieser Adventszeit ist uns »noch einmal« eine Frist verliehen.

Zerbrecht euch also nicht mehr den Kopf mit Fragen wie: »Werden wir genug zu essen haben? Und was werden wir trinken? Was sollen wir anziehen?« Mit solchen Dingen beschäftigen sich nur Menschen, die Gott nicht kennen.
MATTHÄUS 6,31–32

»Machen Sie sich nicht zu viel Gedanken!« Mit dieser Überschrift überraschte eine theologische Zeitschrift ihre Leser.

Grübeln und Sorgen führen zu keinem Ergebnis. Im Gegenteil: Sie verfinstern unsere Stimmung und können uns langfristig in Krankheit und Isolation treiben. Eine amerikanische Professorin stellt fest: »Wenn Sie zu viel denken, kommen Sie nicht von Ihren negativen Gedanken und Gefühlen los. Sie betrachten Sie von allen Seiten, analysieren sie, kneten sie wie einen Teig. Ich nenne das den ›Hefe-Effekt‹: Genau wie Hefeteig aufgeht, leben sich auch unsere negativen Gedanken aus und wachsen, bis sie unser Gehirn vollständig ausfüllen.«

Die Professorin spricht von drei Grundtypen, die mit Sorgen und Kopfzerbrechen ihr Leben belasten: die übertreibenden Zu-viel-Denker – sie konzentrieren sich auf Unrecht, das ihnen ihrer Meinung nach angetan wurde; die Zu-viel-Denker, die ständig nach Ursachen für ihr Unglück suchen, und die chaotischen Zu-viel-Denker, die von einer Sorge und einem Problem zum anderen springen und sich von Grübeleien überfluten lassen.

Jesus gibt uns allen einen guten Rat: Zerbrecht euch nicht den Kopf mit Alltagssorgen. Er schildert uns die Blume auf dem Felde und die Vögel unter dem Himmel, für die Gott sorgt. Und sind wir Menschen für Jesus Christus nicht viel wichtiger?

Wer sich auf Jesus einlässt, muss sich nicht mehr den Kopf zerbrechen, sondern schaut auf ihn und nicht auf tausend Probleme. Wer sich auf Jesus einlässt, legt sein Leben mit Höhen und Tiefen in seine Hand.

Rufe mich an in der Not, so will ich dich erretten,
und du sollst mich preisen.
PSALM 50,15

»Beten wirkt Wunder!« So lautet der Titel eines Buches von Helga Anton, einer hauptamtlichen Mitarbeiterin für den Gebetsdienst in der Gemeinde. Frau Anton ist fast blind, hat Musik studiert und fand als Geigerin ihre Erfüllung. Eines Tages stellte der Pfarrer ihrer Gemeinde in Itzehoe ihr die Frage, ob sie nicht in der Gemeinde hauptamtlich den Gebetsdienst übernehmen wolle. Sie sagte Ja zu dieser Berufung und erlebte seither als Gebetshelferin auf überwältigende Weise die helfende und heilende Hand Gottes. Frau Anton schreibt: »Er erhört wunderbar unsere Gebete. Nicht immer sofort. Nicht immer so, wie wir es wünschen. Aber immer so, wie es für uns am besten ist.«

Streng genommen wirkt nicht das Gebet die Wunder, sondern der lebendige Gott. Nicht das Gebet hat eine heilende Kraft, sondern der Herr, der errettet und der in der Not hilft. Frau Anton war krebskrank und mit Blindheit geschlagen. Sie ist ein Beweis dafür, dass Gott unsere Pläne durchkreuzt und oft anders handelt, als wir es uns wünschen. Offensichtlich tut Gott auch heute noch Wunder, spektakuläre und unscheinbare, öffentliche und verborgene. Er wirkt vielfältig im Leben des Menschen und kümmert sich um alle Lebensbereiche. Er kümmert sich um unsere Ängste und Sorgen, um unsere Schmerzen und Leiden.

Gebet ist kein Selbstzweck. Gott ist kein »Wunschautomat«. Aber wir dürfen wissen: Gott steht zu seinem Wort. Seine Verheißungen sind ihm wichtig. Seine Zusagen dürfen wir in Anspruch nehmen.

Die menschliche Selbstsucht kämpft gegen den Geist Gottes und der Geist Gottes gegen die menschliche Selbstsucht.
GALATER 5,17

Es geht um Selbstsucht und Egoismus.

Der amerikanische Psychiater Paul Meier hat ein Buch geschrieben mit dem Titel »Ab heute wehre ich mich! Überlebensstrategien in einer Welt voller Egoisten«. Er charakterisiert den Egoisten und Selbstsüchtigen folgendermaßen:

»Das wichtigste Merkmal dieses Menschen ist, dass er zuerst meist an sich selbst denkt. Die Konsequenz daraus ist dann allerdings, dass sein ichbezogenes Denken und Handeln anderen Menschen schadet. Die Wurzel dieses Übels ist die Überzeugung, uns steht fast alles zu. Es sei unser ›gutes Recht‹ zu tun, zu sein und zu haben, was wir wollen. Das zehnte Gebot – ›Du sollst nicht begehren ...‹ – beschränkt eigentlich dieses ›Recht‹. Der Egoist ist auch ein Narzisst. Vielleicht erinnern Sie sich an die alte Geschichte aus der griechischen Mythologie: Narziss saß am Teich und starrte so lange in sein Spiegelbild, bis er sich in sich selbst verliebte. Er war so angetan von seinem Äußeren, dass er nach seinem Tode in jene Blume verwandelt wurde, die noch heute seinen Namen trägt. Narzissmus ist krankhafte Eigenliebe. Das Ich stellt dabei den absoluten Mittelpunkt dar. Niemand besiegt dieses Empfinden, mit allen Rechten ausgestattet zu sein, völlig. Die erste These unseres Buches lautet demnach: Egoismus ist unvermeidbar. Niemand ist perfekt und zur vollkommenen Reife gelangt.«

Wir Menschen sind in der Tat Egoisten und Selbstsüchtige. Paulus charakterisiert diese menschliche Sucht zutreffend. Sie kämpft gegen Gottes Geist. Wir wollen uns durchsetzen und nicht Gottes Geist zu Wort kommen lassen. Selbstherrlich wollen wir bestimmen. Unser Geist und Gottes Geist prallen aufeinander. Ich kann gut verstehen, wenn viele Menschen sich mit Haut und Haaren sträuben, Christen zu werden und sich von Gottes Geist leiten zu lassen. Wie weit haben Sie Ihren Egoismus dem Geist Gottes unterstellt?

6. DEZEMBER

Wer mir nachfolgen will, darf nicht mehr sich selbst in den Mittelpunkt stellen.
MATTHÄUS 16,24

Nachfolge ist kein erholsamer Waldspaziergang. Nachfolge ist aber auch keine Selbstquälerei. Sie besteht nicht darin, sich möglichst viele Entbehrungen, viel Arbeit und Schweres zuzumuten. Jesus respektiert die Freiheit des Menschen. Darum sagt er: »Wer mir nachfolgen will …« Nachfolge ist freiwillig.

Aber es reicht nicht aus,
im Innersten angerührt zu sein,
begeistert zu reagieren,
eine hohe Meinung zu haben,
christliche Literatur zu empfehlen,
biblische Maßstäbe zu würdigen und
von Christus zu schwärmen.

Nur wer geht, praktiziert die Nachfolge. Nur wer den Glauben lebt, gehört zu ihm. Wie sagt das englische Sprichwort: »The proof of the pudding is in the eating – Die Prüfung des Puddings besteht darin, ihn zu essen.«

Wer Jesus nachfolgt, stellt sich selbst nicht in den Mittelpunkt.
Wer Jesus nachfolgt, verleugnet sich selbst.
Wer Jesus nachfolgt, verzichtet auf Selbstverwirklichung.
Wer Jesus nachfolgt, muss nicht sich selbst beachten.

Der Direktor des Evangeliumsrundfunks schreibt: »So sind die Nachfolger Jesu von Beginn an so etwas wie ein ›Himmelfahrtskommando‹. Mit Jesus in dieser Welt unterwegs zum Himmel.«

Nachfolge heißt: einen anderen vorangehen lassen. Auf eine eigene Wahl verzichten. Er steht im Mittelpunkt, nicht wir.

Und es ist der Wille Gottes, dass ich von allen, die er mir gegeben hat, auch nicht einen verliere, sondern sie am letzten Tage zum ewigen Leben auferwecke.
JOHANNES 6,39

Zukunft und Ewigkeit werden von uns Menschen geschickt verdrängt.

Die »Zukunftsforschung« spielt in unserer heutigen Gesellschaft eine große Rolle. Der englische Schauspieler Peter Sellers hat frivol formuliert: »Zukunftsforschung heißt die Kunst, sich zu kratzen, bevor es einen juckt.«

Die Zukunftsforscher füllen die Welt mit Prognosen. Unsere Wissenschaftsgesellschaft sucht neue Antworten auf neue Herausforderungen.

Das Einzige, was im Hinblick auf die Zukunft absolut sicher ist: Niemand weiß, was sie bringen wird. Menschen möchten gerne wissen, was ihnen blüht. Hellseher, Astrologen und Spökenkieker mögen ihr Geschäft mit Vorhersagen machen – nur mit Sterben, Tod und Ewigkeit wollen sie nichts zu tun haben.

Wir wissen, unsere Zeit steht in seinen Händen.
Wir wissen, dass er unsere Namen ins Buch des Lebens geschrieben hat.
Wir wissen, dass unsere ewige Zukunft gesichert ist.
Wir wissen, niemand und nichts wird uns aus seiner Hand reißen.

Dietrich Bonhoeffer hat seine Zukunft in Gottes Hände gelegt und gedichtet:

»Von guten Mächten wunderbar geborgen,
erwarten wir getrost, was kommen mag.
Gott ist bei uns am Abend und am Morgen
und ganz gewiss an jedem neuen Tag.«

Ihr seid das Licht für die Welt. Eine Stadt, die auf einem Berg liegt, kann nicht verborgen bleiben.
MATTHÄUS 5,14

Es geht um uns Menschen als Licht für die Welt.

Sie haben sicher von Diogenes gehört, der im alten Griechenland lebte und am helllichten Tage mit einer Laterne herumlief, als wenn er geisteskrank wäre. Das Licht der Sonne brachte ihm nicht genügend Helligkeit, und darum zündete er um die Mittagszeit eine Laterne an und zog damit durch die Stadt. In alle Winkel der Stadt leuchtete er hinein. Die Leute blieben selbstverständlich stehen und fragten den Weisen, was das solle: »Ich suche einen Menschen, einen wirklichen Menschen!« Diogenes suchte einen Menschen, der sauber, ehrlich, aufrecht und geradlinig mit anderen zusammenlebte. Er fand keinen. Er traf nur auf Verzerrungen des Menschlichen. Er begegnete Menschen, die sich an Geld, Besitz und Macht versklavt hatten. Ihm fielen nur Zeitgenossen auf, die von Neid, Ehrgeiz und Rivalität aufgefressen wurden. Eine Fülle von Schlechtigkeiten hatte diese Menschen verführt und verdorben. Und wenn Diogenes heute lebte, er liefe am helllichten Tage durch unsere Straßen mit einer Laterne.

Würde er den Menschen begegnen, die er suchte? Sind wir Zeitgenossen, die Licht für diese Welt sind? Sind wir Leute, die Orientierung in dieser verrückten Welt anbieten können, sind wir Wegweiser für wahres Leben? Sind wir Vorbilder, ohne uns auf den Sockel zu stellen?

Sind wir Licht für die Menschen? Oder verbinden wir Dunkelheit und Zwielichtigkeit? Verbreiten wir Licht und verhelfen anderen Menschen zur Klarheit? Oder präsentieren wir uns als Irrlichter, die anderen den klaren Weg verbauen? »Ihr seid das Licht der Welt!« Jesus trifft eine Feststellung. Wer zu ihm gehört, spiegelt automatisch sein Licht wider. Niemand muss elektrisch mithelfen und seinen Lichtschein verstärken. Christen, die ernsthaft Jesus nachfolgen, sind wie eine erleuchtete Stadt auf dem Berge. Sie werden wahrgenommen, ob sie wollen oder nicht.

Herr, ich warte auf dein Heil.
PSALM 119,166

Das ist die Botschaft des Advents. Zweifellos ist der Satz des Psalms auch anders zu verstehen. Aber er gibt präzise das Ziel unserer Erwartung bekannt.

Im »Wuppertaler Generalanzeiger« fand ich vor Weihnachten ein freches Gedicht:

»Advent, Advent:
Die Zeit, die rennt, bald läuten Weihnachtsglocken.
Mensch, mach dich auf die Socken!
Advent, Advent:
Der Konsument muss nun beschleunigt denken.
Woran? Na, Mensch: Ans Schenken.
Advent, Advent!
Ein Lichtlein brennt.
Mensch, spar dir doch die Kerzen, wenn's duster bleibt im Herzen.«

Auf dem Wunschzettel des katholischen Regionaldekans in Saarbrücken, Hermann Engel, standen folgende Erwartungen: »Mehr Gehalt, mehr Umsatz, mehr Profit und mehr Energieverschwendung.« Aber der katholische Theologe kommentiert die Erwartungen so: Mehr Gehalt wünsche er sich in den Weihnachtsansprachen, mehr umgesetzt wolle er die weihnachtliche Botschaft von der Liebe sehen, damit die Menschen davon mehr profitieren könnten. Mehr verschwendet werden solle schließlich Energie – für das Wohl anderer.

Was erwarten Sie zu Weihnachten? Ich möchte mir drei Botschaften sehr zu Herzen nehmen: Botschaft 1: Erspare dir die Kerzen, wenn's duster bleibt im Herzen. Und Botschaft 2: Ich schließe mich den Erwartungen des Regionaldekans der katholischen Kirche vollinhaltlich an. Und Botschaft 3: Herr, ich erwarte dein Heil.

10. DEZEMBER

Kehrt euch vom Bösen ab und tut das Gute!
Müht euch mit ganzer Kraft darum,
dass ihr mit allen Menschen Frieden haltet.
PSALM 34,15

Friede ist eine Bewegung von Herz zu Herz.

Der katholische Theologe Heinrich Spaemann hat »Friedensgrundsätze« formuliert, die verdeutlichen, wie Versöhnung gelingen kann:

»Die Abrüstung beginnt in unseren Herzen. Friede ist keine Windstille zwischen zwei Kriegen. Friede ist eine Bewegung von Mensch zu Mensch, von Volk zu Volk. Wenn du Argwohn und Misstrauen in dir nährst, bereitest du Kriege vor. Menschliche Gemeinschaft, Friede unter Menschen, entsteht durch Gespräch. Zuhören können ist wichtiger als selbst reden. Vom letzten Platz her, nicht vom ersten, dient man dem Frieden. Freundschaft mit anderen Menschen und Völkern muss man jeden Tag neu schaffen, sonst zerbricht sie. Die widergöttlichen Ungeheuer höhlen den Frieden aus in den Herzen, schüren den Krieg in der Welt. Gleichgültigkeit – Miesmacherei – Sich's-gut-gehen-Lassen – mit dem Rücken gegen die Not leidenden Brüder.«

Friede ist eine Bewegung von Herz zu Herz.
Frieden kann nur der geben, der selbst vom Frieden mit Gott und den Mitmenschen lebt.
Was tun wir für diesen Frieden?
Machen wir Schritte auf Freunde, auf Außenseiter, auf Notleidende und Wartende zu?
Bemühen wir uns mit ganzer Kraft um den anderen?

Sie (die Botschaft von Christus) zeigt uns, wie Gott uns in seinen Augen gerecht spricht. Das geschieht einzig und allein durch Glauben. Denn es heißt schon in der Schrift: »Durch den Glauben hat ein Gerechter Leben.«
RÖMER 1,17

Wie kommen wir zum Glauben?

Der französische Arbeitspriester Jacques Loew, der zunächst Rechtsanwalt gewesen war, dann in einen katholischen Orden eintrat und dreizehn Jahre lang als Drucker in Marseille arbeitete, formuliert es so: »Wie ich zum Glauben kam. Ich will das sagen, wie ich Christus gefunden habe. Ich habe mich hingekniet. Ich habe gebetet. Ich sagte: ›Herr, wenn das wahr ist, lass mich dich erkennen. Sage du das auch. Oder sage etwas anderes, das aus deinem Herzen aufsteigt. Ich habe es während eines Monats, zweier Monate, sechs Monaten gesagt. Sag auch du es einen Monat, zwei Monate, vielleicht ein Jahr lang. Und eines Tages wirst du sagen, wie ich, wie ich nach so vielen anderen, wie ich, gleich wie der Mann aus dem Evangelium: ›Ich glaube, Herr, hilf meinem Unglauben!‹«

Glaube ist das Wagnis des Vertrauens. Glaube ist das Vertrauen, dass Gott uns in jeder Lage die Treue hält, und dass mein Leben durch ihn Sinn erfährt. Der Glaube ist ein Geschenk, aber er erfordert unsere Mitarbeit. Wer nicht geht, kann nichts erfahren. Wer ihn nicht ausprobiert, kann ihn nicht erleben.

12. DEZEMBER

Siehe, ich stehe vor der Tür und klopfe an ...
und wenn jemand die Tür öffnet, so werde ich bei ihm einkehren.
OFFENBARUNG 3,20

Der Evangelist Gerhard Bergmann schrieb einmal zu diesem Text: »Ich habe öfter ein Bild gesehen, auf dem Christus vor einer Tür steht und anklopft. Das Merkwürdige war: Die Tür hatte keine Klinke von außen. Das Bild ist treffend. Jesus wirbt, ruft, lockt, bittet, wartet. Aber Jesus bricht die Tür nicht gewaltsam auf. Jesus respektiert Ihre und meine Freiheit. Öffnen müssen Sie und ich selbst.«

Normalerweise ist die Adventszeit eine stressige Zeit. Das Fest steht vor der Tür, wir sind so beschäftigt, so in Eile, unsere Nerven sind angespannt, schließlich ist Weihnachten nicht ein Fest unter vielen, sondern es ist das Fest. Dabei bleibt der eigentliche Inhalt dieses Festes auf der Strecke. Jesus klopft an die Tür, er nimmt keinen Hammer und tritt auch nicht wütend dagegen. Er geht uns mit seiner Botschaft nicht auf den Geist. Fritz von Bodelschwingh hat einmal gesagt: »Man darf durch eine neue Tür nur gehen, wenn man die alte Tür hinter sich zumachen kann.« Wer Jesus hereinlässt, muss die alte Tür hinter sich schließen, muss sein altes Leben abschließen. Advent und Weihnachten bedeuten: Jesus will in uns wohnen. Er möchte nicht nur im Wohnzimmer untergebracht sein, sondern uneingeschränktes Wohnrecht haben.

Ein afrikanisches Sprichwort sagt: »Gott besucht uns häufig, aber meistens sind wir nicht zu Hause.« Wir sollten dem Herrn über Leben und Tod unsere Tür öffnen.

13. DEZEMBER

Denn Gott hat die Welt so sehr geliebt, dass er seinen einzigen Sohn hingab, damit jeder, der an ihn glaubt, nicht zugrunde geht, sondern das ewige Leben hat.
JOHANNES 3,16

Weihnachten ist auch ein Fest der Liebe. Aber welche falschen Vorstellungen verbinden sich mit dem Wert »Liebe«! Es besteht nur aus fünf Buchstaben, aber gleichzeitig aus tausend Missverständnissen. Für Teenager ist sie ein schmachtendes Gefühl, eine Ekstase, die sie um den Verstand zu bringen vermag. Aber Liebe ist mehr als ein Gefühl. Sie ist eine Gesinnung.

Sören Kierkegaard schreibt über sie: »Was macht einen Menschen groß, bewundert von der Schöpfung, wohlgefällig in den Augen Gottes? Was macht einen Menschen unerschütterlich, was macht ihn aber auch weicher als Wachs? Es ist die Liebe. Was tröstet, wenn aller Trost versagt: Es ist die Liebe. Was bleibt, wenn alles Unvollkommene getilgt wird? Es ist die Liebe.«

Gott ist Liebe. Das Kind im Stall und der Tod des Mannes am Kreuz verdeutlichen seine Liebe zu uns. Darin zeigt sich kein sentimentales Gefühl, kein Kribbeln in der Magengegend, sondern eine opferbereite Hingabe. Gott verlässt die himmlischen Regionen und begibt sich in unsere kaputte Welt, die von Feindschaft, Lieblosigkeit, Krankheit, Hass und Gemeinheiten zerrüttet ist. Es wird Weihnachten, wenn wir dieser personifizierten Liebe Glauben schenken.

14. DEZEMBER

Seid wie Menschen, die auf ihren Herrn warten.
LUKAS 12,36

Wir leben im Advent. Adventszeit ist Wartezeit. Vor Jahren gab es ein Bühnenstück von Samuel Beckett: »Warten auf Godot«. An einer Straße dieser Welt sitzen zwei Männer und warten. Man erfährt nicht genau, wen sie erwarten, was sie erwarten. Auf alle Fälle, der Herr Godot kommt nicht. Wir alle sitzen in den Straßen dieser Welt und warten. Die einen warten auf das Glück, auf Geld, auf den richtigen Partner, den richtigen Arbeitsplatz, auf Gesundheit und Erfolg.

Elie Wiesel erzählt: »Einer klagt dem Rabbi sein Elend. ›Gott wird dir helfen‹, sagt der Rabbi. ›Ja, gut und schön‹, meint der Getröstete, ›aber was ist in der Wartezeit?‹ ›Gott wird dir beim Warten helfen!‹, sagt der Rabbi.«

Wir warten nicht ins Blaue. Wir warten auf die Geburt des Herrn. Mit der Geburt in Bethlehem ist die Wartezeit zu Ende. Er ist wirklich gekommen. Warten können will gelernt sein. Viele Menschen spiegeln Ungeduld und Hektik wider. Der Rabbi hat recht: Gott wird dir beim Warten helfen. Der Herr aller Herren ist in die Welt gekommen und will, dass wir nicht resignieren und verzweifeln. Er ist für uns ans Kreuz gegangen, gestorben und auferstanden und wird wiederkommen.

Die Männer in Becketts Stück spiegeln Mutlosigkeit wider. Ihre Lebenskraft ist angeschlagen. Wir haben die Gewissheit, unser Herr kommt. Kein Gerücht, das sensationshungrige Leute in die Welt gesetzt haben. Wartezeit ist Wachstumszeit. Wir überwinden kindliche Vorstellungen, lernen aus Niederlagen und Misserfolgen. Der Rabbi hat recht: In der Wartezeit sind wir nicht allein. Der Gekommene und Wiedergekommene ist bei uns. Wir sind keine Waisenkinder, die der himmlische Vater im Stich gelassen hat. Wir halten die Wartezeit aus, weil Er uns wie die Luft umgibt.

Und das Wort ward Fleisch und wohnte unter uns,
und wir sahen seine Herrlichkeit.
JOHANNES 1,14

Wir leben im Advent und gehen auf Weihnachten zu. »Das Wort ward Fleisch«, das ist die Botschaft von Weihnachten. Gott wurde Fleisch – wie unser Fleisch. Er wurde Mensch – wie wir Menschen. Zu Sündern ist er gekommen, nicht zu falschen Heiligen. Der ehemalige Hamburger Theologieprofessor Helmut Thielicke schrieb über Advent und Weihnachten:

»Auf dem Bücherbord gegenüber meinem Schreibtisch steht fast jedes Jahr, wenn es Weihnachten wird, ein kleines Foto, das mir besonders lieb ist. Irgendjemand hat die Szene eines weihnachtlichen Krippenspiels geknipst. Man sieht eine Schar meist jüngerer Männer in langen, weißen Gewändern auf einen Altar zuschreiten. Dabei fällt einem der gesammelte, geradezu ergriffene Gesichtsausdruck der Darsteller auf. Aber es ist kein christlicher Männerverein und keine Diakonenschule. Es ist die Aufnahme von einer Weihnachtsfeier in einer Vollzugsanstalt. Hier wandern Menschen aus einer sehr düsteren Vergangenheit auf die Krippe zu, und das Weihnachtslicht trifft ihr verpfuschtes Leben. Indem es sie aber so trifft, leuchten sie davon auf. Denn obwohl sie aus verschlossenen Zellen kommen und nachher hinter Schloss und Riegel zurückkehren, dürfen sie nun unter dem geöffneten, unter dem ›entriegelten‹ Himmel stehen. Und wenn sie singen: ›Ich lag in meiner Todesnacht, du warest meine Sonne‹ – dann ist es ein Wunder.«

In der Tat, es ist ein Wunder, dass der lebendige Gott den Himmel fahren lässt und sich in unser armes, elendes Fleisch verwandelt. Dieser Schöpfer, Lenker und Erhalter des Weltalls muss zu uns Menschen eine unvorstellbare Liebe haben. Er kommt in eine kaputte Welt, zu kaputten Menschen. Nicht nur zu den Leuten mit ihrem verpfuschten Leben hinter Gefängnismauern, sondern zu jedem von uns, dessen Leben ohne ihn verpfuscht ist. Sehen und empfangen wir diese Herrlichkeit?

16. DEZEMBER

Siehe, dein König kommt zu dir,
ein Gerechter und ein Helfer.
SACHARJA 9,9

Die Adventszeit war ursprünglich eine Bußzeit.

Die Christen sollten Einkehr halten.
Die Christen sollten Inventur machen.
Die Christen sollten fasten statt Feste feiern.
Die Christen sollten sich auf die Geburt des Herrn vorbereiten.

Wilhelm Busch erzählte einmal, dass er in seiner Kindheit einen reichen Onkel gehabt hatte. Wenn der zu Besuch kam, brachte er immer herrliche Geschenke mit, etwa Schokolade und Pralinen. Stürmisch wurde er von den Kindern erwartet. Wilhelm Busch berichtete, dass er gar nicht mehr wusste, wie der Onkel aussah, nur die vollen Taschen, die er mitgebracht hatte, an die konnte er sich gut erinnern. Er musste zugeben: Im Grunde war ihm der Onkel egal, ihm war es nur um die Geschenke gegangen. Wörtlich schreibt Wilhelm Busch: »So machen's die meisten mit dem Heiland. Sie wollen etwas von ihm, aber nicht ihn selber.«

Viele Menschen – junge und alte – erwarten Geschenke; der Heiland, der Retter der Welt, ist selbst nicht gefragt.

Advents- und Weihnachtszeit sind völlig sinnentleerte Festzeiten geworden. Wir beschenken uns gegenseitig, statt uns vom Christuskind beschenken zu lassen. Der König kommt zu uns. Und wir sind nicht da.

Advent: Unser Herr will uns besuchen. Sind wir zu Hause?
Advent: Unser Herr klopft an. Machen wir ihm auf?
Advent: Unser Herr will uns Rettung bringen. Haben wir Zeit?
Advent: Unser Herr kommt. Wir können unsere Pläne noch ändern.

Ich bin gekommen, dass sie das Leben haben – das Leben in aller seiner Fülle.
JOHANNES 10,10

Gott will unser Glück.

Das griechische Wort für Fülle, »perissos«, bedeutet eigentlich ein Überströmen, Überfließen, auf jeden Fall etwas Maßloses. Der Theologe Christian Schwarz schreibt: »Mir scheint, wir sind in unser gemäßigt wohltemperierten Christlichkeit noch Lichtjahre davon entfernt, dem Geheimnis dieses Wortes auf die Spur zu kommen.«

Aber was ist Glück?

Der römische Kaiser und Philosoph Marc Aurel schrieb schon vor einigen Tausend Jahren: »Trachte danach, die Aufgabe, die gerade vor dir liegt, mit gesammelter Kraft und in ernster, aber unverkrampfter Würde, in Liebe zu deinem Nächsten, in innerer Freiheit und Gerechtigkeit als Römer und als Mann zu erfüllen, und verschaffe dir Ruhe vor allen anderen Gedanken. Du siehst, wie wenig es ist, was du meistern musst, um ein glückliches, gottgefälliges Leben führen zu können.«

Gott will unser Glück, nicht unser Unglück.
Gott will unsere Zufriedenheit, nicht unsere Unzufriedenheit.
Gott will unsere Freude, nicht unser Leid.

Nicht der Traumjob, das Traumwetter, das Traumhaus oder der Traumurlaub verspricht das unendliche Glück. Und nicht wir schneidern unser Glück. Jesus hat uns die Augen geöffnet, uns die Maske der Illusion vom Gesicht gerissen. Wahres Glück wohnt in erlösten Menschen, die von ihm zur Zufriedenheit, zur Sinnerfüllung befreit wurden. Glück in Christus und das Leben in seiner Fülle ist etwas völlig anderes, als wenn wir das große Los gezogen hätten.

18. DEZEMBER

Eine Stimme ruft: »Bahnt für den Herrn einen Weg durch die Wüste.«
JESAJA 40,3

Wir leben im Advent. Unser Herr kommt. Welche Vorbereitungen treffen wir? Bleibt es bei Adventsgeschenken, Kränzen und Lichtbogen? Bleibt es bei Adventsmusik, Plätzchen und Kerzenlicht? Die Theologen Hasselhoff und Wicking haben den Text so für unsere Zeit übersetzt:

> »Bereitet dem Herrn den Weg! Das ist der Weg des Friedens, der Weg, auf dem Gott zu uns kommt, der Advent Gottes in unsere Welt.
> Bereitet dem Herrn den Weg!
> Schafft die Steine weg – für andere!
> Beseitigt die Gefahren – für andere!
> Stellt die Schilder auf – für andere!
> Bereitet Frieden!
> Gott ist gekommen, jetzt kommt es auf uns an.«

Schafft die Steine der Vorurteile beiseite. Baut Mauern ab zwischen den Generationen, zwischen Einheimischen und Fremden, zwischen rechts und links, zwischen Fundamentalisten und Liberalen. Die Wüste ist im Vormarsch. Wirkliches Leben erstickt. Auch zwischen Autos und vollen Geschäften, zwischen Fortschritt und technischer Revolution wächst die Wüste. Was wollen wir für uns? Einen Weg, der uns Fortschritt beschert? Einen Weg, der Geld und Karriere beinhaltet? Einen Weg, den wir bestimmen? Oder einen Weg, den der Herr in unser Leben bahnt? Legt die Widerstände, die Vorurteile, die Ausreden, die Zweifel und Ängste beiseite! Unser Herr, der über Gegenwart und Zukunft herrscht, ist auf dem Weg zu uns. Er ist der Weg, die Wahrheit und das Leben.

Wer nun sich selbst erniedrigt wie das Kind,
der ist der Größte im Himmelreich.
Und wer ein solches Kind aufnimmt in
meinem Namen, der nimmt mich auf.
MATTHÄUS 18,4–5

Wir leben in der Adventszeit. Wir erwarten und feiern die Geburt eines Kindes. Wer dieses Kind aufnimmt, der nimmt den Herrn der Welt auf. Das ist die Botschaft für Advent und Weihnachten. In einer Zeitschrift lese ich eine geschichtliche Begebenheit, die die Begegnung mit einem Mächtigen dieser Welt, der unscheinbar und bescheiden auftritt, verdeutlicht. »Am Abend vor der Eröffnung des Reichstages in Augsburg im Jahre 1530 saßen drei achtbare Augsburger Ratsherren zusammen. Ihr Gespräch kreiste um die Eröffnung des Reichstages am anderen Morgen und um den noch jugendlichen Kaiser Karl V., den sie bislang noch nicht gesehen hatten. Sie mutmaßten im aufgeregten Gespräch, wie dieser Kaiser wohl aussehen möge, ob er das für die Habsburger typische Kinn und die nicht minder auffallende Nase habe, und überhaupt, wie seine Art und sein Wesen wohl seien. Nicht beachtet hatten sie, dass während ihres Gesprächs ein Fremder in einem unauffälligen Reisegewand in die Gaststube getreten war und still für sich an einem Tisch Platz nahm. Als aber in dem lauter werdenden Gespräch der drei Ratsherren immer häufiger der Name des Kaisers Karl V. fiel, stand dieser Fremde auf, ging auf die drei Ratsherren zu und sagte ganz schlicht ›Kaiser Karl V., das bin ich.‹ Darum geht es an Weihnachten. Der Kaiser, vor dem man gemeinhin in Ehrfurcht erstarrte, stand plötzlich als gewöhnlicher Mensch unter ihnen. Gott erscheint so inkognito wie damals Karl V. Als Kind in der Krippe.«

Gott schämt sich nicht, in die Rolle eines kleinen Babys zu schlüpfen, um uns Menschen nahezukommen. Wer dieses Kind aufnimmt in sein Herz und sein Leben, der nimmt den Heiland der Welt auf. Der hat Teil an seiner Herrschaft und gehört zur Gottesfamilie.

Und das Wort wurde Fleisch (= Mensch)
und nahm seine Wohnung unter uns,
und wir haben seine Herrlichkeit geschaut.«
JOHANNES 1, 14

Wir feiern in der Weihnachtszeit die Geburt des Retters der Welt.

Selbst der atheistische Philosoph Ernst Bloch hat sich zustimmend zur Geburt des Kindes geäußert. Sein Kommentar überrascht: »Zu einem Kind, das im Stalle geboren, wird gebetet. Näher, niedriger, heimlicher kann kein Blick in die Höhe ungebrochen werden. Zugleich ist der Stall wahr, eine so geringe Herkunft des Stifters wird nicht erfunden. Sage macht keine Elendsmalerei und sicher keine, die sich durch ein ganzes Leben fortsetzt. Der Stall, der Zimmermannssohn, der Schwärmer unter kleinen Leuten, der Galgen am Ende, das ist aus geschichtlichem Stoff, nicht aus dem goldenen, den die Sage liebt. So lebt christlicher Glaube wie keiner von der geschichtlichen Realität seines Stifters, er ist wesentlich Nachfolge eines Wandels, nicht eines Kultbildes und seiner Gnosis. Diese reale Erinnerung wirkte über Jahrhunderte hinweg: Nachfolge Christi war auch bei noch so großer Verinnerlichung und Spiritualisierung primär eine historische und daran erst eine metaphysische Erfahrung.«

Der allmächtige Gott neigt sein Antlitz zur Erde, wird Fleisch und Mensch, wird wie einer von uns. Bloch hat Recht, das ist kein Stoff, aus dem Sagen und Märchen geschaffen wurden. Das ist die unermessliche Liebe Gottes zu den Menschen. Das Kind im Stall und der Tod des Mannes am Kreuz verdeutlichen eine Liebe, die für uns Menschen nahezu unfassbar ist. Gott verlässt die himmlische Region und kommt in unsere kaputte Welt, die von Feindschaft, Lieblosigkeit, Terror und Zerrissenheit geprägt ist. Wer seine Herrlichkeit geschaut hat, wird mit dazu beitragen, ein Leben aus Gott in unserer Welt zu realisieren.

Und sie gebar ihren ersten Sohn und wickelte ihn in Windeln und legte ihn in eine Krippe; denn sie hatten sonst keinen Raum in der Herberge.
LUKAS 2,7

Weihnachten steht vor der Tür. Wen erwarten wir eigentlich? Auf wen freuen wir uns? In einer Zeitschrift las ich die Überschrift: »Gott kam durch die Hintertür in diese Welt.« In der Tat, er kam nicht mit Pauken und Trompeten. Kein Staatsempfang. Kein roter Teppich, kein Musikchor, kein Heer von Journalisten und Fernsehteams. Die »Hintertür« drückt es klar und deutlich aus. Im Text der Zeitschrift hieß es: »Die Geburt Jesu wurde nicht mit Ehrensalut angekündigt. Sie geschah in einem Notquartier in Bethlehem. Man hatte keinen besseren Raum für den hohen Gast. Am Anfang stand der Stall, am Ende der Galgen. Viele Taten Gottes geschehen im Stil von Bethlehem: in unserem persönlichen Leben wie in der Geschichte seiner Gemeinde. Das demütigt und ermutigt zugleich.«

Gott handelt paradox. Er stellt unsere Maßstäbe auf den Kopf. Unsere Werturteile erfahren eine schmerzliche Korrektur. Geboren wird ein König, der auf einem Esel und keinem Schlachtross in Jerusalem einzieht. Geboren wird ein König, der dienen und nicht herrschen will. Geboren wird ein König, der nicht sein Land knechtet, sondern sich selbst als Geschenk für alle hingibt. Er will nicht reich werden, er will uns reich machen. Geboren wird ein König, der sich nicht mit den Mächtigen der Welt verbündet, sondern sich herunterbeugt zu den Niedrigen, Armen, Hungernden, Leidenden und Bedürftigen. Wollen wir uns auf dieses Weihnachtsgeschenk von Herzen freuen und es dankbar empfangen?

Er kam in die Welt, die ihm gehört,
und sein eigenes Volk nahm ihn nicht auf.
JOHANNES 1,11

Wir feiern Weihnachten! Gott wird Mensch! Das größte Ereignis der Welt, ja der gesamten Menschheitsgeschichte wird wahr: Gott wird Mensch aus Fleisch und Blut. Die Geburt Christi ist ein weltumspannendes Geschehen.

Der russische Dichter Nikolai Leskow erzählt in seiner Legende »Ein Gast kommt« von einen Bauern, der die Gewissheit hat, dass Christus selbst als Gast zu ihm kommen wird. Seine Frau muss täglich ein Gedeck für den Herrn auflegen. Nun ist Weihnachtszeit, und er hat viele arme Nachbarn eingeladen. In der großen Stube ist der Tisch liebevoll gedeckt. Aber der Bauer wartet noch immer auf Christus. Und dann klopft es endlich an der Tür. Doch davor steht nicht Christus, sondern sein ehemaliger Vormund, ein Mensch, den er aus tiefster Seele hasst. Der Mann erzählt, er habe sich im Schneesturm verirrt. Ein Fremder, der zum Bauern eingeladen war, hätte ihn angesprochen, ihm den Weg zum Bauernhof gewiesen und gesagt, er solle an seiner Statt der Weihnachtseinladung folgen. Der Bauer kommt in eine schwere innere Krise, als er seinen ehemaligen Vormund erkennt. Aber dann überwindet er sich, lädt ihn ein und sagt zu den Anwesenden: »Christus ist eben angekommen.«

Weihnachten feiern wir Christi Kommen in diese Welt. So wie der Bauer, erwarten Millionen von Menschen, dass Christus uns begegnet, dass es auch bei uns Weihnachten wird. Der Bauer hat ihn aufgenommen.

Und wir? Feiern wir die Geburt des Heilands der Welt, oder freuen wir uns auf ein paar gemütliche Tage mit Kerzenschein, mit gefühlvollen Liedern, Festessen und einer leeren Krippe?

Beten wir, dass uns sein Kommen in die Welt nicht zum Gericht wird.

Ehre sei Gott in der Höhe und Friede auf Erden bei den Menschen seines Wohlgefallens.
LUKAS 2,14

Wir feiern Weihnachten. Das Kind ist geboren, und die himmlischen Heerscharen loben Gott mit den Worten des Verses. Das Fest des Friedens ist vielfach ein Fest des Scheinfriedens. Die heile Welt in den festlich geschmückten Straßen und Häusern ist Fassade.

In einem Mitteilungsblatt eines Fachkrankenhauses für Suchtkranke fand ich ein eindrückliches Bild. Ein riesiger Weihnachtsbaum steht im Mittelpunkt, festlich herausgeputzt. Erst wenn man genauer hinschaut, erschrickt man. An den Zweigen hängen keine uns bekannten Symbole wie Sterne, Glöckchen und Engelsfiguren, sondern Drogenspritzen, Bomben, Raketen, Flugzeuge und Geldscheine. Hinter dem verführerischen Glitzerwerk schimmern die Mächte der Zerstörung hindurch. Unter dem Riesenbaum, klitzeklein, kaum erkennbar, stehen Maria, Josef und das Kind. Wer nicht genau hinsieht, übersieht die drei.

Das Bild spiegelt die Realität unserer Welt wider: Die Symbole beinhalten Friedlosigkeit, Krankheit, Angst und Zerstörungen. Die »Heilige Familie« ist ein unscheinbares, hilfloses Beiwerk. In der Tat, die Geburt in Bethlehem war ein weltpolitisch unscheinbares Geschehen. Und doch: Das hilflose Kind wird zum Retter der Welt.

Hans Graf von Lehndorf gibt in einigen Versen diesem armseligen Geschehen die rechte Bedeutung:

»Komm in unsere stolze Welt, Herr, mit deiner Liebe werben.
Überwinde Macht und Geld, lass die Völker nicht verderben.
Wende Hass und Feindessinn auf dem Weg des Friedens hin.
Komm in unser dunkles Herz, Herr, mit deiner Lichterfülle,
dass nicht Neid, Angst, Not und Schmerz diese Wahrheit uns verhülle, die auch noch in tiefer Nacht Menschenleben herrlich macht.«

Das ist Weihnachten: Sein Kommen in diese kaputte Welt.

24. DEZEMBER

Und der Engel sprach zu ihm: Fürchtet euch nicht, siehe, ich verkündige euch große Freude, die allem Volk widerfahren wird.
LUKAS 2,10

Heute ist Heiligabend.

Die Geburt des Herrn löst Freude und keine Furcht aus, sollte man meinen. In einer Veröffentlichung der »Offensive junger Christen« las ich eine besinnliche Geschichte: »An Heiligabend löste eine verirrte Maus im Elektrizitätswerk einen Kurzschluss aus. Lichter und Kerzen erloschen, Millionen Watt. Plötzlich alles dunkel und still in der Stadt. Da auch die Radio- und Fernsehgeräte nicht gingen, musste man ›Oh, du fröhliche‹ selber singen. Dr. Theol. Rösch musste, ähnlich den Propheten, anstatt vom Blatt aus dem Herzen reden, und irgendwo entzündete jemand ein Kerzenlicht und sagte zu seinem Kind: ›Fürchte dich nicht!‹«

Ich kann mir vorstellen, es bräche eine große Furcht aus, wenn wir tatsächlich an Heiligabend im Dunkeln säßen. Radio, Fernsehen und CD-Player blieben stumm. Die schönen und teuren Geschenke könnten nicht ausgepackt werden. Die gefühlvollen Weihnachtslieder würden schweigen. Und der Engel des Herrn würde uns ansprechen: »Fürchtet euch nicht! Siehe, ich verkündige euch große Freude, die allem Volk widerfahren wird.« Wovor fürchten wir uns? Vor der Leere im Herzen, wenn wir mit uns allein sind? Weil uns etwas Entscheidendes fehlt? Nur in der wirklichen Stille können wir uns auf die Weihnachtsbotschaft konzentrieren. Die Furcht verschwindet, und die Freude kann das Jesuskind in den Mittelpunkt stellen. Die Geschenke, der Festtagsbraten, Essen und Trinken und der ganze Weihnachtsrummel werden nicht überflüssig, aber die wirkliche Freude wird vom Kind in der Krippe bestimmt. Können wir das sagen?

Heute wurde in der Stadt Davids euer Retter geboren – Christus der Herr.
LUKAS 2,11

Heute feiern wir Weihnachten, die Geburt Christi.

Historiker und Theologen sind sich einig, Christus wurde nicht im Jahre 1 geboren, sondern höchstwahrscheinlich im Jahre 7 vor unserer Zeitrechnung. Auch der 25. Dezember ist mit Sicherheit nicht der Geburtstag. Und wie kamen die Forscher auf das Jahr 7? Damals gab es eine starke Annäherung der Planeten Jupiter und Saturn, die eine enorme Leuchtkraft am Himmel entwickelten. Diese wunderbare Himmelserscheinung wurde als der Stern von Bethlehem erkannt. In einer Zeitschrift lese ich folgenden Hinweis: »Dies wurde erst jüngst wieder von dem Wiener Astronomen Konradin Ferrari D'Occhieppo und dem Baseler Mathematiker Alfred Lohr durch Berechnungen präzisiert. Die beiden Wissenschaftler berechneten nicht nur das Jahr, sondern auch die Monate, in denen die Himmelserscheinung sehr wahrscheinlich stattgefunden hat. Oktober bis Dezember des Jahres sieben vor Christus.«

Wir wollen uns nicht mit astronomischen Rechenkunststücken beschäftigen, sondern mit dem Retter der Welt. Wir feiern seinen Geburtstag am 25. Dezember. »Christus, der Retter der Welt, ist geboren.« Das ist exakt die Weihnachtsbotschaft auf den Punkt gebracht. Gott hat nicht darauf gewartet, dass die Menschen zu ihm kommen, er geht zu den Menschen. Der Jugendevangelist Dr. Theo Lehmann aus Chemnitz drückt es so aus: »Ich diene nicht dem Gott der Lametta-Christen, sondern dem Gott ohne Glanzverpackung. Der geboren wurde als ein Mensch wie du und ich. Dem Mensch gewordenen Gott, dem kein Raum in dieser Welt zu hässlich und zu primitiv ist, um darin zu wohnen. Und wenn dein Herz so stur ist wie ein Ochse, so hölzern wie eine Krippe, so finster und schmutzig wie ein Kuhstall, das macht ihm nichts aus. Gerade da möchte er wohnen, in deinem Herzen. Damit es dort wieder hell wird und du wieder froh wirst.«

Euch ist heute der Heiland geboren, welcher ist Christus, der Herr, in der Stadt Davids. Und das habt zum Zeichen: Ihr werdet finden das Kind in Windeln gewickelt und in einer Krippe liegen.
LUKAS 2,11–12

Wir feiern Weihnachten.

Das Geburtsfest in Bethlehem verlief mehr als spartanisch. Obschon der König als König geboren wird, ist das Ambiente kläglich. Kein Festmahl, keine festlichen Gewänder, keine Seidenkissen, kein höfisches Ritual und kein Machtrausch.

Der ehemalige Innenminister und Verteidigungsminister, jetziger Professor Dr. Hans Apel, beschreibt seinen Weihnachtseindruck so: »Da stehe ich nun in Pastor Ulrich Rüß' zauberhafter Johanneskirche in Hamburg-Eppendorf an der Krippe direkt vor dem Altar und denke an Macht. Nach weltlichen Kriterien war ich ein mächtiger Mann; als Verteidigungsminister war ich Dienstherr von 490.000 Soldaten, mit Reservisten sogar 1,2 Millionen. Aber wie lässt sich diese Macht mit dem seltsamen Machtakt vergleichen, den die Stallszene vor dem Kirchenaltar darstellt. Derjenige, von dem das für viele Christen verbindliche nizänische Glaubensbekenntnis sagt, dass ›durch ihn alles geschaffen‹ ist, liegt als ein hilfloses Baby da. Und hilflos wird er 33 Jahre später am Kreuz hängen. Aber ein Gott, der ein ärmliches Baby wird und sich dann qualvoll umbringen lässt – für mich, für uns alle -, ist ein Mächtiger, dessen Tun sich meiner Vernunft entzieht, dieser Vernunft, auf die ich als Politiker, als ein Mann der Wirtschaft, als Professor angewiesen war und bin.«

Hans Apel hat recht: Unsere Macht- und Stärkevorstellungen kommen ins Wanken. Gottes Herrschaft ruht auf einem Kind. Seine Zeichen sind Windeln, Krippe, Armut und Stroh. Der lebendige Gott beugt sich herab zu den Armen und Elenden und paktiert nicht mit den Mächtigen. Er ist in unsere Welt gekommen, um sich über unser Elend und unsere innere Armut zu erbarmen. Können wir das annehmen?

Ich gebe euch ein neues Herz und einen neuen Geist.
Ich nehme das versteinerte Herz aus eurer Brust
und schenke euch ein Herz, das fühlt.
HESEKIEL 36,26

Der große Mönch Bernhard von Clairvaux, der zu den Kreuzzügen aufrief, schrieb einen beachtlichen Brief an seinen ehemaligen Schüler, den späteren Papst Eugen III. »Wo soll ich anfangen? Am besten bei deinen zahlreichen Beschäftigungen, denn ihretwegen habe ich am meisten Mitleid mit dir. Es ist viel klüger, du entziehst dich von Zeit zu Zeit deinen Beschäftigungen, als dass sie dich ziehen und dich nach und nach an einen Punkt führen, an dem du nicht landen willst. Du fragst, an welchen Punkt? An den Punkt, wo das Herz hart wird. Frage nicht weiter, was damit gemeint sei; wenn du jetzt nicht erschrickst, ist dein Herz schon so weit. Das harte Herz ist allein; es ist sich selbst nicht zuwider, weil es sich selbst nicht spürt. Was fragst du mich? Wenn du dein ganzes Leben und Erleben völlig ins Tätigsein verlegst und keinen Raum mehr für die Besinnung vorsiehst, soll ich dich da loben? Wenn du ganz und gar für alle da sein willst, nach dem Beispiel dessen, der alles geworden ist, lobe ich deine Menschlichkeit – aber nur, wenn sie voll und echt ist. Wie lange noch schenkst du allen anderen deine Aufmerksamkeit, nur nicht dir selber? Ja, wer mit sich selbst schlecht umgeht, wem kann er gut sein? Denk also daran: Gönne dich dir selbst.«

Bernhard von Clairvaux hat dem Papst und uns einen guten Rat gegeben: Wer sich für andere von Herzen verströmt und sich vernachlässigt, bekommt ein leeres und hartes Herz. Wer mit sich selbst schlecht umgeht, wem kann er dann gut sein? Viele Beschäftigungen bringen uns Anerkennung und Bestätigung ein, aber sie machen unser Herz gefühllos. Wir wollen gelten, wir brauchen die Bewunderung, aber das Herz wird hart.

Nur wenn wir die Auszeit, den Rückzug, die Stille und die Besinnung auf dein Wort pflegen, erneuert sich unser Herz.

Ich will zu meinem Vater gehen und ihm sagen: Ich bin schuldig geworden an Gott und an dir ... Sieh mich nicht länger als deinen Sohn an, ich bin es nicht wert.
LUKAS 15,18.21

Die Rückkehr des verlorenen Sohnes, diese bekannte Geschichte, ist heute unser Thema.

Der französische Schriftsteller André Gide hat darüber ein Buch verfasst. Aber er hat das biblische Gleichnis völlig umgeschrieben. Er erfindet einen dritten, jüngsten Sohn, der von einer großen Lust und Leidenschaft getrieben wird, es dem verlorenen Sohn gleichzutun. Er will die Freiheit. Er will raus aus der Gefangenschaft bei seinen Eltern. Er wird von Sehnsucht getrieben nach einer Welt, wo alle Wünsche und Bedürfnisse erfüllt werden können. Ihn hat der Durst nach Leben gepackt. Das Gespräch des verlorenen Sohnes mit seinem jüngsten Bruder beherrscht das Buch. Das dritte Kind ist nicht aufzuhalten. Es will den Weg in die Freiheit. Der Gürtel ist bereits geschnallt, die Sandalen hat er nicht ausgezogen. Der verlorene Sohn hält zu ihm, als er nachts heimlich das Haus verlässt, und sagt zu ihm: »Du nimmst alle meine Hoffnungen mit dir!«

Der verlorene Sohn ist in der Erzählung Gides nicht aus Reue und Schuld heimgekehrt, sondern weil er müde und resigniert und mit den Tücken des Lebens nicht mehr allein fertig geworden war.

André Gide sympathisiert mit dem Jüngsten, den die Sehnsucht in die Ferne zieht. Vielen jungen Menschen ist der Jüngste ebenfalls sympathisch, der alle Traditionen abstreift, der den lieben Gott einen guten Mann sein lässt und sich von den »Freiheiten dieser Welt« verlocken lässt.

Der verlorene Sohn ist unsere Geschichte. Er sah seine Erbärmlichkeit. Sein Herz war eine Wüste geworden, ohne Hoffnung, ohne Glauben, ohne Liebe. Aber: er schlug in sich, er kam zu sich, kam zur Besinnung, wie die »Hoffnung für alle« es beschreibt. Er kehrte zum Vater zurück. Er machte seine Reueempfindungen wahr. Er beließ es nicht bei guten Vorsätzen.

29. DEZEMBER

Dein Leben ist doch nicht wie unser Leben,
du zählst es nicht wie wir nach kurzen Jahren.
HIOB 10,5

Wieder geht ein Jahr zu Ende. Das Alte geht, das Neue kommt. Hiob sitzt im Elend und klagt Gott an. Gott lebt von Ewigkeit zu Ewigkeit. Seine Jahre haben kein Ende. Und unser Leben wird nach »kurzen Jahren« bemessen, klagt Hiob. Wenn das alte Jahr zu Ende geht, wird uns spätestens bewusst, wie die »kurzen Jahre« unseres Lebens dahineilen. Wir schlagen das Buch des alten Jahres zu und wollen das neue mit vielen guten Vorsätzen beginnen.

Albrecht Arnold hat Texte von Eugen Roth benutzt und seine guten Vorsätze in Verse geschmiedet:

»Ein Mensch beschließt zur Jahresfrist, weil da die Zeit wohl günstig ist, beschließt für sich im Kämmerlein: ›Von nun an muss ich anders sein. Auch will ich nicht mehr müßig ruhn, will täglich vielen Gutes tun, will Gottes Ebenbilde sein; man solle sich an mir erfreuen ...‹

Der Mensch hat sich viel vorgenommen. Dann kam es, wie es musste kommen: Von der ellenlangen Kladde, die er sich vorgenommen hatte, vergaß er, den Anfang mal zu machen, ernst zu nehmen eine Sache. Der Mensch vertröstet sich verlogen: ›Aufgeschoben ist nicht aufgehoben‹. Alt Adam ist geblieben – die Vorsätz' – in' Kamin geschrieben.«

So ist das häufig. Die guten Vorsätze am Ende des Jahres bleiben Theorie. Der alte Adam arbeitet mit frommen Wünschen, die leider in der Schublade des alten Jahres vermodern. Wir beten mit dem Liederdichter:

»Hilf, Herr Jesu, lass gelingen, hilf, das neue Jahr geht an; lass es neue Kräfte bringen, das aufs neu ich wandeln kann. Neues Glück und neues Leben wollest du aus Gnaden geben.«

30. DEZEMBER

Ihr seid unser Brief, in unser Herz geschrieben, gekannt und gelesen von allen Menschen!
2. KORINTHER 3,2

Briefe sind wichtige Kommunikationsmittel. Die Apostel haben viele Briefe geschrieben, wir können sie immer wieder lesen. Das Geschriebene ist wertvoller als das Gehörte.

Als ich im Studium war, habe ich meiner Freundin – meiner späteren Frau – jeden Tag einen Brief geschrieben. Und jeden Tag bekam ich einen Brief zurück. Damals war das Telefonieren noch sehr teuer. Wir beide haben die Briefe immer wieder gelesen. Das Gehörte wird schnell vergessen, verdreht und falsch wiedergegeben, ein Brief ist eindeutig. Er spiegelt unsere Freude, unsere Skepsis, unser Glück, unsere Sehnsucht, unsere Wünsche und unsere Befindlichkeit wider. Klingen die Gedanken echt oder künstlich? Kommen sie von Herzen, oder sind sie geschönt?

Wir sollen ein Brief Christi sein. Grafologen behaupten, den Charakter eines Menschen aus den Schriftzügen erkennen zu können. Unsere Handschrift verrät uns. Briefe spiegeln unseren Charakter wider, unser Wesen, Aktivität und Passivität, Optimismus und Pessimismus und vieles andere.

Wir Christen sind wie ein offener Brief. Jeder kann ihn lesen. Was aber lesen die Leute in unserem Brief? Ist Christus darin ablesbar? Wie kommt er in unseren Zeilen zur Sprache? Welchen Stellenwert räumen wir ihm ein? Reizt es andere Menschen, uns auf ihn anzusprechen? Drückt der Brief Überzeugung und Leidenschaft aus? Oder finden die Leser uns – und damit ihn – langweilig? In der Tat, wir sind ein Brief Christi, der anspricht, oder wir sind Schreiberlinge, die nichts zu sagen haben.

Wir wollen ein Brief Christi sein, der zu Herzen gehen soll.

»Ich bin das A und das O, der Anfang und das Ende«, spricht der Herr.
OFFENBARUNG 1,8

Das Ende des Jahres steht vor der Tür. Wir halten Rückblick und Ausblick. Wir schauen nach hinten, enttäuscht oder zufrieden; wir schauen nach vorn, ängstlich oder zuversichtlich. Oder denken Sie bei A und O an etwas ganz anderes, wie Gerhard Bruns:

»Es fängt mit ›A‹ an, und es hört mit ›O‹ auf. Was ist das? Natürlich wissen wir alle sofort, was gemeint ist. Es ist das Auto, des Deutschen liebstes Spielzeug. Und ich fahre selber gerne Auto. Auch ich kenne das ›A‹-Gefühl, wenn ich ein neues Auto mein Eigen nennen kann, und ich weiß ›O‹-Schmerz, wenn wieder einmal eine teure Reparaturrechnung zu bezahlen ist. Aber wie oft denke ich, wir sind verrückt. Wir haben uns längst an die Unfallstatistiken gewöhnt. Verbuchen wir es nicht bereits als einen stolzen Erfolg, wenn es in einem Jahr einmal weniger als 9.000 (in Worten: neuntausend!) Verkehrstote sind? ... Jemand sagte kürzlich, das sei wohl eine absurde Form der Religion, die wie in uralten Zeiten ihre Menschenopfer fordert. Ein schrecklicher Gedanke. Von einem Götzen, der so viele Menschenopfer von uns fordert, hätten wir uns längst mit Entsetzen abgewandt ... A und O? – Mit fällt ein, von Gott heißt es in der Bibel, er sei das ›A‹ und das ›O‹. Er sei der Anfang und das Ende, wobei das ›O‹ der letzte Buchstabe im griechischen Alphabet ist.«

Was ist für uns das A und O? Ist es der Götze Auto, der Beruf, die Kinder, die Karriere, das Geld? Sollen Götzen im neuen Jahr unser Leben bestimmen? Oder schauen wir dankbar auf den Herrn der Welt, der das Ende des alten Jahres und den Anfang des neuen Jahres in seinen Händen hält? Die Gewissheit, dass alles in ihm beschlossen liegt, macht mich ruhig und gelassen.

STICHWORTVERZEICHNIS

BIBELSTELLENVERZEICHNIS

NEUES TESTAMENT

Matthäus

Markus

Lukas

VERWENDETE LITERATUR

Adams, Jay E., Befreiende Seelsorge, Brunnen Verlag, Basel/Gießen, 1982;
Adams, Jay E., 70 x 7, Das Einmaleins der Vergebung, Brunnen Verlag, Basel/Gießen, 1992;
Backus, William/Chapian, Marie, Befreiende Wahrheit, Projektion J. Verlag, Hochheim/Main, 1993;
Barclay, William, Begriffe des Neuen Testaments, Aussaat Verlag, Wuppertal, 1979;
Barclay, William, Aus dem Wortschatz des Neuen Testaments, Verlagsverein Lebendiges Wort, Augsburg, 1966;
Barclay, William, Auslegung des Neuen Testaments, Aussaat Verlag, Wuppertal;
Beier, Peter, Kirche ist anders, Neukirchener Verlag, Neukirchen Vluyn, 1990;
Bergmann, Gerhard, Kein Tag ohne Jesus, Schriftenmissions-Verlag, Gladbeck, 1974;
Bräumer, Rosemarie/Hansjörg, Scheidung und Wiederheirat, Hänssler Verlag, 1990;
Brüggemann, Theo, Worauf es ankommt, Verlag Ernst Kaufmann, Lahr, 1963;
Burnham, Sue, Gefühle verstehen - Perspektiven gewinnen, Fancke Ratgeber, Marburg, 1994;
Bürki-Fillenz, Ago, Ich bin nicht mehr die Frau, die du geheiratet hast, Kösel Verlag, München, 1994;
Busch, Wilhelm, Laß Dein Heil uns schauen, Schriftenmissions-Verlag, Gladbeck, 1951;
Carnegie, Dale, Sorge dich nicht, lebe!, Scherz Verlag, Bern/München/Wien, 1972;
Crabb, Lawrence, Die Last des anderen, Brunnen Verlag, Basel/Gießen, 1984;
Dobson, James, Die Macht der Gefühle, Editions Trobisch, Kehl a. Rhein, 1983;
Dobson, James, Minderwertigkeitsgefühle - eine Epidemie, Editions Trobisch, Kehl am Rhein, 1987;
Ebert, Andreas, Auf Schatzsuche, Claudius Verlag, München, 1990;
Ebert, Andreas/Rohr, Richard, Das Eneagramm, Claudius Verlag, München, 1989;
Ebert, Andreas/Rohr, Richard, Erfahrungen mit dem Eneagramm, Claudius Verlag, München, 1991;
Flanigan, Beverly, Nicht vergessen und doch vertrauen, rororo, Reinbek/Hamburg, 1994;
Frankl, Viktor. E., ...trotzdem Ja zum Leben sagen, dtv Verlag, München, 1984;
Frankl, Viktor E., Psychotherapie für jedermann, Herder-Bücherei, Freiburg/Basel/Wien, 1971;
Giesen, Heinrich, Sei fünf Minuten still, Gütersloher Verlagshaus G. Mohn, 1963;
Giesen, Heinrich, Wenn man dich fragt nach Glauben und Leben, Gütersloher Verlagshaus Gerd Mohn, 1963;
Gneist, Joachim, Wenn Haß und Liebe sich umarmen, Piper Verlag, München/Zürich, 1995;
Hark, Helmut, Der Traum als Gottes vergessene Sprache, Herderbücherei, Freiburg/Basel/Wien, 1993;
Ihlenfeld, Kurt (Hrsg.), te deum heute, Eckart Verlag, Witten/Berlin, 1965;
Kettling, Siegfried, Typisch evangelisch, Brunnen Verlag, Gießen und Brockhaus Verlag, Wuppertal, 1993;
Lange, Ernst, Von der Meisterung des Lebens, Burkhardhaus-Verlag, Gelnhausen, 1957;

Lehmann, Theo, Mord und Totschlag in der Kinderstube, Aussaat Verlag, Neukirchen-Vluyn, 1991;
Lehmann, Theo, Nimm dein Haar aus der Suppe, Aussaat Verlag, Neukirchen-Vluyn, 1991;
Litty, Sandra, Jeder Biß eine Niederlage, Brendow Verlag, 1995;
Lukas, Elisabeth, Von der Tiefen- zur Höhenpsychologie, Herderbücherei, Freiburg/Basel/Wien, 1983;
Lukas, Elisabeth, Psychologische Seelsorge, Herderbücherei, Feiburg/Basel/Wien, 1985;
Meyer, Paul/Minirth, Frank/Hemfelt, Robert/Sneed, Sharon, Liebeshunger, Schulte und Gerth, 1992;
Meyer, Paul, Ab heute wehre ich mich!, Francke Verlag, Marburg, 1995;
Müller, Jörg, Und heilt alle deine Gebrechen, J. F. Steinkopf Verlag, Stuttgart, 1989;
Nüchtern, Michael, Die Lebenskrise Krankheit im Spiegel biblischer Erfahrungen, Christliche Verlagsanstalt, Konstanz, 1989;
Peale, Norman Vincent, Die Kraft des positiven Denkens, Oesch Verlag, Thalwil;
Pfeifer, Samuel, Die Schwachen tragen, Brunnen Verlag, Basel/Gießen, 1988;
Priebe, Manfred, Bildlich gesprochen (Band 1 und 2), Selbstverlag, Marl, 1995;
Richter, Horst E., Der Gotteskomplex, rororo Reinbek/ Hamburg, 1990;
Rohr, Richard, Der nackte Gott, Claudius Verlag, München, 1990;
Rohr, Richard, Von der Freiheit loszulassen-Letting go, Claudius Verlag, München, 1994;
Rothenberg, Samuel, Christsein heute und morgen, Christliche Verlagsanstalt, Konstanz, 1981;
Rush, Myron, Ausgebrannt - Was nun?, Verlag Schulte und Gerth, Aßlar, 1991;
Ruthe, Reinhold, Ich bin der Herr dein Gott, Aussaat Verlag, Wuppertal, 1978;
Ruthe, Reinhold, Beziehungskiller, Brendow Verlag, Moers, 1994;
Ruthe, Reinhold/ Ruthe-Preiss, Lydia, Typen und Temperamente, Brendow Verlag, Moers, 1993;
Ruthe, Reinhold, Wenn Zwänge das Leben beherrschen, Brendow Verlag, Moers, 1996;
Ruthe, Reinhold, Wenn die Seele schreit, Brendow Verlag, Moers, 1993;
Ruthe, Reinhold, Das Ehebuch, Brendow Verlag, Moers, 1991;
Scharrer, Erwin, Heilung des Unbewußten, Francke Verlag, Marburg, 1995;
Seamands, David, Heilungen für kranke Herzen, Francke Verlag, Marburg, 1992;
Seamands, David, Heilung der Gefühle, Francke Verlag, Marburg, 2. Auflage, 1986;
Stoop, David, Der Perfektionist in mir, Francke Verlag, Marburg, 1993;
Sullivan, Barbara, Warum bin ich so, Editions Trobisch, Kehl am Rhein, 1984;
Thielicke, Helmut, Glauben als Abenteuer, Quell Verlag, Stuttgart, 1980;
Thielicke, Helmut, Kleines Exercitium für Theologen, Furche Verlag, Hamburg, 1965;
Thurman, Chris, Lügen, die wir glauben, Schulte und Gerth, Aßlar, 1991;
Voot, Nico van der, Warum muß ich immer helfen?, Brockhaus Verlag, Wuppertal, 1995;
Wright, H. Norman, Streß - Ausgebranntsein - Depressionen, Verlag der Liebenzeller Mission, Bad Liebenzell, 1990;
Zink, Jörg, Sieh nach den Sternen - gib acht auf die Gassen, Kreuz Verlag, Stuttgart, 1994;
Zink, Jörg, Womit wir leben können, Kreuz Verlag, Stuttgart, 1993

Bibelübersetzungen

Luther, Martin, Die Bibel oder die ganze heilige Schrift, Österreichische Bibelgesellschaft, Wien, 1977;

Die Gute Nachricht, Die Bibel im heutigen Deutsch, Deutsche Bibelgesellschaft, Stuttgart, 1982;

Menge, Hermann, Die Heilige Schrift, Privileg. Württemb. Bibelanstalt, Stuttgart, 1949;

Die Bibel, Einheitsübersetzung, Herder Verlag, Freiburg/Basel/Wien, 1980

Zeitungen und Zeitschriften

Das Beste, Reader's Digest, Verlag Das Beste, Stuttgart;
Anruf, EC-Monatszeitschrift, Born Verlag, Kassel;
Antenne, Programmzeitschrift des ERF, Wetzlar;
Miteinander unterwegs, Zeitschrift des Frauendienstes, J. G. Oncken Verlag, Kassel;
Lydia, Christliche Zeitschrift für die Frau, Lydia-Verlag, Aßlar;
idea-spektrum, Nachrichten und Meinungen der evangelischen Welt, Wetzlar;
Family, Magazin für Partnerschaft und Familie, Bundes-Verlag, Witten;
Aufatmen, Gott begegnen - authentisch leben, Bundes-Verlag, Witten;
Psychologie heute, Julius Beltz Verlag, Hemsbach;
Auftrag und Weg, Mitarbeiterzeitschrift d. EC, Born-Verlag, Kassel;
Sexualethik und Seelsorge, Verlag Weißes Kreuz, Ahnatal/Kassel;
Hoffen und Handeln, Zeitschrift für engagierte Christen, Kepnerdruck, Eppingen;
OJC, Freundesbrief der ökumenischen Kommunität Junge Christen, Reichelsheim;
Contrapunkt, Verlag MBK, Bad-Salzuflen;
Haus Maranatha, Freundesbrief, CVJM, Köln;
Frau und Mutter, Kreuz Verlag, Stuttgart;
Bausteine, Zeitschrift der Vereinigten Bibelgruppen VBG, Jakob AG, Großhöchstetten;
Netzwerk, Magazin des CVJM-Westbundes, Dönges Druck, Dillenburg;
Brennpunkt Seelsorge, ABS- Verlag und Vertrieb, Christen in der Offensive e.V.;
Kurs, Forum für Christen, CDV Verlagsgesellschaft, Neumünster;
Friedenslicht, Liebenzeller Mission, Bad Liebenzell;
Oncken Maxi-Kalender 1995, Oncken Verlag, Kassel;
Blaukreuz-Kalender, Blaukreuz Verlag, Wuppertal;
Befreiende Wahrheit, Ignis - Akademie für christliche Psychologie, Projektion J., Buch- und Musikverlag, Wiesbaden;
Thema Jugend, Zeitschrift für Jugendschutz und Erziehung, Hamm;
Christsein heute, Zeitschrift für Gemeinde und Familie, Bundes-Verlag, Witten;
Entscheidung, Hänssler-Verlag, Neuhausen/Stuttgart;
Kontakte, Christen in der Wirtschaft, VCK, Erkrath;
Focus, Das moderne Nachrichtenmagazin, Burda-Druck, Offenburg;
Neues Leben, Die Zeitschrift fürs Leben, Neues Leben Medien e.V., Altenkirchen